AF813334

Schulung
für die
juristische Praxis

Ein induktives Lehrbuch

von

Dr. Walter Lux
Rechtsanwalt und Notar in Breslau

3. vollständig neubearbeitete Auflage

II. Abteilung: Zivilprozeß. Preis RM. 7.—.

Berlin und München 1932
Verlag von H. W. Müller

Keine Abteilung ist einzeln zu haben. Die Abnahme der I. Abteilung verpflichtet zum Bezug des ganzen Werkes.

Basch, Jul., Rechtsanwalt und Notar.

Handelsgesetzbuch (ohne Seerecht) mit Wechselordnung, Einführungsgesetz und mit Nebengesetzen. Erläut. durch die Rechtsprechung des Reichsgerichts und vorm. R.-Oberhandelsgerichts. 10. verm. und verb. Aufl. von Walter Basch. kl. 8°. 488 S. 1931. In Leinenband RM. 4.50.

Konkurs- und Treuhandwesen Nr. 3 / 1931: Die seit Jahrzehnten beliebte kleine Textausgabe mit den wichtigsten Reichsgerichtsentscheidungen in den Anmerkungen eignet sich vorzüglich für den täglichen Gebrauch. Das Scheckgesetz, das Wechselgesetz, das GmbH.-Gesetz, das Gesetz betr. die Abzahlungsgeschäfte u. a. sind mit abgedruckt. Besonders hervorzuheben ist der sehr niedrige Preis und die gute Ausstattung des Buches.

Basch, Jul., Rechtsanwalt und Notar.

Wechselordnung mit Scheckgesetz. 8. Auflage. (Sonderdruck aus Basch HGB. 10. Aufl.). kl. 8°. 70 S. 1931. Kart. RM. 1.10.

Behrend, Franz, Landgerichtsrat.

Kommentar zum Reichsgesetz für Jugendwohlfahrt vom 9. Juli 1922. Mit den einschlägigen Bestimmungen des Reichs und Preußens. 8°. VIII, 489 S. Ganzleinen geb. RM. 13.—.

Amtsgerichtsdirektor Rupprecht, München, urteilt in LZ. 1925, Nr. 21: ... Es ist deshalb wertvoll, daß ein in der Praxis und Theorie des Vormundschaftsrechts erfahrener Richter es übernommen hat, das Sondergesetz für Jugendwohlfahrt auszulegen und mit der juristischen auch die soziale, vor allem sozialpädagogische Erfassung und Ergründung der Probleme zu verbinden. So ist eine Arbeit erstanden, welche die bisher bestehende Lücke im Schrifttum auszufüllen geeignet und besonders der vormundschaftsrichterlichen Tätigkeit erwünscht sein wird . . .

Dalcke, Dr. A., weil. Oberstaatsanwalt.

Strafrecht und Strafprozeß. Eine Sammlung der wichtigsten das Strafrecht und das Strafverfahren betr. Gesetze. Zum Handgebrauch für den preußischen Praktiker. Mit den Entscheidungen des Reichsgerichts. 24. neubearb. Aufl. von AGRat P. Dalcke und Oberstaatsanwalt Dr. E. Fuhrmann. 8°. 1287 S. 1932. Geb. RM. 15.50.

Daude, Dr. P., weil. Geh. Regierungsrat.

Strafgesetzbuch für das Deutsche Reich. Mit den Entscheidungen des Reichsgerichts. 17. neubearb. Aufl. von AGDirektor Dr. E. Daude. kl. 8°. 601 S. 1930. Geb. RM. 6.70.

H. W. Müller, Berlin W 8, München 2 NW

Zweite Abteilung:

Zivilprozeß.

7. Kapitel.

Beim Prozeßrichter des Amtsgerichts.

Güte- und Streitverfahren. Schiedsurteil. Haftung für Auskunft, Rat, Empfehlung.

Güteantrag.

„Güteantrag Neumarkt, den 31. Januar 1933.

des Pferdehändlers *Robert Taschner* in Neumarkt in Schlesien, Lessingstraße 5,
Antragstellers,

gegen den Fleischermeister und Pferdehändler *Karl Aigner* in Jakobsdorf, Kreis Breslau,
Antragsgegner.

Am 4. Januar d. J. verkaufte ich auf dem hiesigen Pferdemarkt dem Antragsgegner *Aigner* einen hellbraunen Wallach mit Blässe, den *Aigner* an dem selben Tag an den Gastwirt *Steiner* in Ronsdorf bei Wohlau weiter verkaufte. Wenige Tage nachher erhielt ich von *Aigner* einen Brief, daß der Wallach ein Kehlkopfpfeifer sei, daß *Steiner* deshalb den Kauf mit *Aigner* rückgängig machen wolle und daß ich die Sache mit *Steiner* in Ordnung bringen solle. Ich fuhr darauf am 15. Januar nach Wohlau, nahm den dortigen Kreistierarzt *Dr. Lämchen* mit nach Ronsdorf und ließ den Wallach untersuchen, wobei sich herausstellte, daß das Pferd mit keinem Gewährsmangel behaftet war. An *Dr. Lämchen* habe ich für die Untersuchung und das

Attest . . . . 31.— *RM*

gezahlt, das Fuhrwerk von Wohlau nach Ronsdorf und zurück hat . . . . . . 12.50 *RM*

gekostet. Meine eigenen Reisekosten betragen . . . . 14.50 *RM*

zusammen: 58.— *RM*.

Aigner weigert sich mir, diese Kosten zu ersetzen, obgleich ich sie in seinem Auftrage aufgewandt habe und meine Reise durch die von *Aigner* an mich weitergegebene unrichtige Mitteilung des *Steiner* veranlaßt war.

Ich bitte deshalb um Anberaumung eines Gütetermins wegen meines Anspruchs.

Als Beweismittel gebe ich den Brief *Aigners*, die Postkarte des *Steiner*, meine Quittungen und Belege sowie das Gutachten und Zeugnis des *Dr. Lämchen* an. Letzteren bitte ich zum Termin alsbald vorzuladen, damit ich sofort ein Urteil erhalten kann.

(entwertete Gerichtskostenmarke über 2.00 *RM*) Abschrift anbei.

An

das Amtsgericht

Breslau. *Robert Taschner*."

Terminsanberaumung und Ladung. Der Antrag entspricht dem § 499a ZPO. Bestimmte Anträge (vgl. § 253^{II} Z. 2) brauchen in Gütesachen nicht gestellt zu werden, es genügt Individualisierung des Anspruchs. Nach § $74a^{\mathrm{I}}$ GKG. soll, den Fall der Bedürftigkeit ausgenommen, Termin nicht vor Bezahlung der Gerichtsgebühr anberaumt werden. Taschner hat die Gebühr in Höhe des Minimalsatzes von 2 RM. (§§ 8, 31a GKG., dazu § 13 der 3. NotVO., 6. Teil I. Kap.) entrichtet, so daß formell alles in Ordnung ist.

In der Sache bestehen aber, wie wir alsbald sehen werden, gegen Taschners Anspruch rechtliche Bedenken. Soll deshalb sein Güteantrag gemäß § 499b ZPO. als „von vornherein aussichtslos" a limine zurückgewiesen werden? Man macht von der Zurückweisung so gut wie niemals Gebrauch. Ansprüche, die zunächst aussichtslos scheinen, können im Termin noch schlüssig substanziiert und begründet werden, und selbst wenn sie unbegründet bleiben, hindert das nicht das Zustandekommen eines Vergleichs, in welchem der beklagte Teil aus Billigkeitsgründen dem Kläger eine Abfindung gewährt. Es wird also Termin bestimmt, und die Parteien gemäß §§ 497, 498, 499b II, III, 141 II, III von Amts wegen entsprechend der Anordnung des Richters durch die Geschäftsstelle in folgender Form geladen:

„Geschäftsnummer: 21 C 118.33.

Ladung

in Sachen *Taschner* gegen *Aigner*.

Auf den beim Gericht am 1. Februar 1933 eingegangenen, in beglaubigter Abschrift beigefügten Antrag vom 31. Januar 1933 soll wegen des zwischen Ihnen und Ihrem Gegner bestehenden Streites zur Vermeidung eines förmlichen Streitverfahrens ein gütlicher Ausgleich versucht werden. Sie werden daher zur Güteverhandlung auf den 15. Februar 1933, vormittags 9 Uhr vor das Amtsgericht in Breslau, Schweidnitzer Stadtgraben Nr. 4, 1. Stock, Zimmer 150 geladen.

Falls Sie neue Tatsachen vorbringen wollen, werden Sie ersucht diese zur Vorbereitung der Güteverhandlung umgehend dem Gericht schriftlich in zwei Stücken mitzuteilen oder beim Amtsgericht zu Protokoll des Urkundsbeamten der Geschäftsstelle zu erklären. Ihr Erscheinen im Termin wird jedoch durch eine solche Mitteilung nicht entbehrlich.

Wenn Sie nicht erscheinen und sich auch nicht durch eine mit schriftlicher Vollmacht versehene Person vertreten lassen, kann Ihr Gegner sofortigen Eintritt in das Streitverfahren verlangen, und auf Antrag Versäumnisurteil gegen Sie erlassen werden. In diesem Falle müßten Ihre schriftlichen Mitteilungen unberücksichtigt bleiben.

Ihr persönliches Erscheinen zum Termin wird angeordnet. Wenn Sie im Termin ausbleiben und auch keinen Vertreter entsenden, der zur Aufklärung des Tatbestandes in der Lage und zur Abgabe der gebotenen Erklärungen, insbesondere zu einem Vergleichsabschluß ermächtigt ist, können Sie in die durch das Ausbleiben verursachten Kosten sowie zu einer Geldstrafe von 1—1000 *RM* verurteilt werden.

Es wird Ihnen aufgegeben alle auf die Sache bezüglichen Schriftstücke, möglichst in Urschrift, vor dem Termin unter Angabe der obigen Geschäftsnummer einzureichen oder zum Termin mitzubringen.

Breslau, den 2. Februar 1933.

Urkund

als Urkundsbeamter der Geschäftsstelle."

Die vom Antragsteller gewünschte, an sich nach § 499b III S. 1 zulässige, Ladung des Dr. Lämchen hat der Richter nicht angeordnet. Die Ladung von Zeugen oder Sachverständigen zum ersten Termin (vgl. für das Streitverfahren § 272b II Z. 4, 5), ist immer bedenklich. Tatsachen, die nach der Klage bzw. dem Güteantrag als streitig und beweisbedürftig erscheinen, werden in der Verhandlung oft unstreitig, andrerseits als unstreitig vorgetragene bestritten, so daß vorgeladene Personen unvernommen nach Hause geschickt werden müssen und wegen fehlender Zeugen die Sache ohnehin nicht zum Abschluß gelangt. Außerdem findet im Güteverfahren eine Beweiserhebung nur insoweit statt, als sie notwendig ist, um für den Abschluß eines Vergleichs die notwendige Grundlage zu gewinnen.

Die Ladung wird zugestellt. Statt der Zustellung genügt im Güteverfahren auch Mitteilung mittels Einschreibbriefs oder Übersendung gegen Behändigungsschein (§§ 496^{I}, 498^{I} S. 2).

Güteverhandlung. Übergang ins Streitverfahren.

„Gegenwärtig: Breslau, den 15. Februar 1933.

Amtsgerichtsrat *Richter* als Richter,

Justizsekretär *Urkund* als Urkundsbeamter der Geschäftsstelle.

in Sachen *Taschner* gegen *Aigner* erschienen bei Aufruf:

1. der Antragsteller *Taschner* in Person,
2. der Antragsgegner *Aigner* in Person."

Erfordernisse des Protokolls im Güteverfahren: § 499 g.

Der Richter erörtert gemäß § 499 c S. 1 den Sachverhalt mit den Parteien und sucht einen gütlichen Ausgleich herbeizuführen. Doch gelingt das trotz allen Zuredens nicht, weil Aigner es ablehnt, selbst aus Billigkeitsgründen ohne Anerkennung einer Rechtspflicht vergleichsweise etwas an Taschner zu zahlen. Nunmehr setzt der Richter dem Antragsteller auseinander, daß der Anspruch aller Wahrscheinlichkeit nach aus Rechtsgründen abgewiesen werden müßte, und empfiehlt ihm die Zurücknahme des Güteantrags. So lange nämlich nicht ins Streitverfahren eingetreten ist, kann der Antragsteller seinen Antrag jederzeit ohne Zustimmung des Gegners zurücknehmen und braucht dann nicht einmal die dem Gegner entstandenen Kosten zu ersetzen, weil es an einer dem § 271^{III} entsprechenden Vorschrift für das Güteverfahren fehlt.

Vgl. Stein-Jonas II zu § 499 e. Die Regelung ist für den Antragsgegner besonders dann nachteilig, wenn er in der Erwartung, daß es zum Streitverfahren kommen würde, einen Anwalt angenommen hat, den er im Fall der Zurücknahme des Güteantrags selbst bezahlen muß. Aus außerprozessualen Vorschriften läßt sich ein Anspruch des Antragsgegners auf Ersatz seiner Kosten nur unter den Voraussetzungen des § 826 BGB. herleiten.

Doch Taschner bleibt halsstarrig und verlangt ein Urteil. Vor dem Eintritt ins Streitverfahren müßte eigentlich nach § $74a^{II}$ GKG. zunächst die Differenz zwischen der Prozeßgebühr des Streitverfahrens und der Gütegebühr (§§ 20^{1}, $31a^{III}$, 74^{II} S. 1) in Kostenmarken entrichtet sein (wenn der Kläger durch einen Anwalt vertreten ist, begnügt man sich, um den mit der Nachzahlung verbundenen Aufschub zu vermeiden, auch mit der persönlichen Haftungsübernahme des Anwalts). In unserem Fall sind aber beide Gebühren gleich hoch, nämlich gleich der Mindestgebühr des GKG. von 2 RM. (oben s. 361/62).

„Die Güteverhandlung blieb erfolglos.

Auf Antrag des Antragstellers wurde in das Streitverfahren eingetreten.

Nunmehr wurde in öffentlicher Sitzung verhandelt."

Die Güteverhandlung ist keine Verhandlung vor einem „erkennenden" Gericht und darum nicht öffentlich gewesen (§ 169 GVG.). Überhaupt braucht das Güteverfahren nicht notwendig ein gerichtliches zu sein, wenn auch die Landesjustizverwaltungen von der Möglichkeit, nicht-gerichtliche Gütestellen zu schaffen (§ $495a^{1}$ ZPO.), bisher ganz vereinzelt — zu Gunsten gemeinnütziger Rechtsauskunftsstellen — Gebrauch gemacht haben. Selbstverständlich sind die Vorschriften der ZPO. für das nicht-gerichtliche Güteverfahren nicht maßgebend. — Eine andere wichtige Abweichung des Güteverfahrens vom Prozeß besteht darin, daß bei Nichterscheinen beider Parteien der Güteantrag durch Gerichtsbeschluß für zurückgenommen erklärt wird (§ 499 f I). Daran knüpft § 212a S. 2 BGB. die Folge, daß die Unterbrechung der Verjährung, welche durch den Güteantrag eingetreten war (§ 209 I a), als nicht erfolgt gilt. Der Gläubiger kann nicht einmal (wie im Fall der Klagerücknahme, § 212) durch Klageerhebung innerhalb bestimmter Frist die Unterbrechungswirkung wiederherstellen. Das kurz vor Ablauf der Verjährungsfrist eingeleitete Güteverfahren ist also für den Gläubiger mit Gefahren verbunden!

„Der Kläger beantragte:

den Beklagten zu verurteilen, 58.00 *RM* nebst 6% Zinsen seit dem 24. Januar 1933 an den Kläger zu zahlen.

Der Beklagte beantragte:

die Klage abzuweisen.

Die Parteien verhandelten sodann zur Sache.

Der Kläger überreichte einen Brief, eine Postkarte und ein kreisärztliches Attest. Er schob dem Beklagten den Eid darüber zu, daß der Beklagte ihn am 14. Januar 1933 telephonisch angerufen und erinnert habe, die Sache mit *Steiner* in Ordnung zu bringen, und daß der Kläger erwidert habe: ‚Gut, dann werde ich morgen fahren.' Der Beklagte nahm den Eid an.

Vorgelesen, genehmigt."

Festlegung von Eideszuschiebungen im amtsgerichtlichen Verhandlungsprotokoll: § 510a ZPO.

„Es wurde folgendes

Schiedsurteil

verkündet:

Der Kläger wird mit der Klage abgewiesen und hat die Kosten des Rechtsstreits zu tragen.

Richter. *Urkund.*"

Schiedsurteil. Das auf §§ 18f. EntlastVO. (Fassung vom 13. Mai 1924, RGBl. I 552, dazu 3. Not-VO. 6. Teil I. Kap. § 10 II) beruhende Schiedsurteilsverfahren soll nach dem Gesetz in zwei Fällen zur Anwendung gelangen: 1. in allen der Parteidisposition unterliegenden Sachen (also z. B. nicht Ehesachen) erster und zweiter Instanz ohne Rücksicht auf das Objekt, wenn die Parteien es übereinstimmend beantragen (§ 18 EntlastVO.), wobei auf weiteren Antrag der Parteien nicht-richterliche Beisitzer zuzuziehen sind (§ 19), 2. unabhängig vom Willen der Parteien im amtsgerichtlichen Bagatellprozeß, nämlich bei den nicht berufungsfähigen Sachen bis zu 100 RM. Praktische Bedeutung hat nur der letzte Fall. Die Besonderheit der Schiedsurteilsachen liegt darin, daß das Gericht sein Verfahren völlig nach freiem Ermessen bestimmen kann mit der alleinigen Einschränkung, daß den Parteien „rechtliches Gehör" gewährt sein muß (§ 18 II). Der Begriff des rechtlichen Gehörs ist dabei der gleiche wie im schiedsrichterlichen Verfahren (§ 1041 [4] ZPO.). Das heißt, daß die Parteien Gelegenheit haben müssen alles das vorzubringen, was sie zur Wahrung ihrer Rechte für erforderlich erachten. Sie haben aber keinen Anspruch darauf, daß das Gehör gerade in der Form der mündlichen Verhandlung gewährt wird; auch können sie die Mitteilung von Beweisergebnissen nur verlangen, falls in der Beweisaufnahme neues Tatsachenmaterial oder neue rechtliche Gesichtspunkte hervorgetreten sind. RG. 112, 313.

Viele Richter erlassen im Schiedsurteilsverfahren bei Ausbleiben einer Partei statt des dem Einspruch unterliegenden Versäumnisurteils alsbald unanfechtbares Schiedsurteil oder sehen ganz von mündlicher Verhandlung ab und nehmen das Einverständnis des Beklagten mit dem Inhalt der Klage an, wenn er nicht innerhalb bestimmter Frist schriftlichen Widerspruch erhebt. Voraussetzung hierfür ist, daß die Parteien auf die beabsichtigte Abweichung vom normalen Verfahren vorher hingewiesen sind. Man stellt z. B. dem Beklagten die Klage mit folgender Verfügung zu:

„In Sachen ...... wird Ihnen anbei die Klage mit der Aufforderung zugestellt, Ihre etwaigen Einwendungen durch einen Schriftsatz, dem eine Abschrift für den Kläger beizufügen ist, eingehend zu begründen. Geht innerhalb ..... keine Erklärung ein, so wird das Klagevorbringen als zugestanden angesehen und ohne mündliche Verhandlung durch ein Schiedsurteil, gegen das weder ein Rechtsmittel noch der Einspruch zulässig ist, nach dem Antrag des Klägers entschieden werden."

Oder es wird schon bei Zustellung eines Zahlungsbefehls bis 100 RM. dem Schuldner mitgeteilt, daß das Gericht im Fall eines nicht mit Begründung versehenen Widerspruchs keine mündliche Verhandlung ansetzt und das Zugeständnis der Behauptungen des Gläubigers annehmen würde. Dadurch entlastet sich das Gericht von Kleinarbeit. Es besteht aber doch die Gefahr, daß der Beklagte den ihm bei Zustellung der Klage bzw. des Zahlungsbefehls ausgehändigten Vordruck nicht mit genügender Sorgfalt liest und dadurch Rechtsnachteile erleidet. Namentlich über die Aufnahme der Belehrung in den Zahlungsbefehl sind die Meinungen geteilt. —

Auf schriftliche Begründung des Schiedsurteils können die Parteien — vor oder nach seinem Erlaß — verzichten (§ 18^{II} S. 3 EntlastVO.), während die Vorschriften des § $313^{1-3, 5}$ ZPO. immer erfüllt werden müssen. In unserem Fall ist kein Begründungsverzicht erklärt worden. Das Urteil lautet:

„Schiedsurteil.

Verkündet am 15. Februar 1933.

Urkund

als Urkundsbeamter der Geschäftsstelle.

Im Namen des Volkes!

In Sachen des Pferdehändlers *Robert Taschner* in Neumarkt in Schlesien, Lessingstraße 5,
Klägers,

gegen den Fleischermeister und Pferdehändler *Karl Aigner* in Jakobsdorf, Kreis Breslau,
Beklagten,

wegen Forderung

hat das Amtsgericht in Breslau auf die mündliche Verhandlung vom 15. Februar 1933 durch den Amtsgerichtsrat *Richter* durch Schiedsurteil für Recht erkannt:

Der Kläger wird mit der Klage abgewiesen und hat die Kosten des Rechtsstreits zu tragen."

Zu den Kosten des Rechtsstreits gehören auch die Kosten des vorausgegangenen Güteverfahrens (§ 91^{III}).

„Tatbestand.

Am 4. Januar 1933 verkaufte und übergab der Kläger dem Beklagten auf dem Pferdemarkt in Neumarkt einen hellbraunen Wallach mit Blässe. Der Beklagte verkaufte das Pferd am selben Tag weiter an den Gastwirt *Steiner* in Ronsdorf bei Wohlau und übergab es dem *Steiner*. Am 7. Januar 1933 schrieb *Steiner* dem Beklagten folgende Postkarte:

Teile Ihnen mit, daß der Wallach ein arger Kehlkopfpfeifer ist. Selbstverständlich trete ich vom Kauf zurück und werde Sie verklagen, wenn Sie das Pferd nicht innerhalb 3 Tagen zurücknehmen.

Am 8. Januar 1933 schickte der Beklagte diese Postkarte dem Kläger mit folgendem Begleitschreiben:

> Beifolgend eine heute eingegangene Postkarte von *Steiner*, dem ich den hellbraunen Wallach weiter verkauft habe. Ich ersuche Sie, die Sache mit *Steiner* in Ordnung zu bringen.
>
> Hochachtend
>
> *Karl Aigner.*

Am 14. Januar 1933 fand zwischen den Parteien ein Telephongespräch statt, bei dem, wie der Kläger unter Eideszuschiebung behauptet, der Beklagte ihn erinnert und der Kläger darauf erwidert haben soll: ‚Gut, dann werde ich morgen fahren.‘

Am 15. Januar 1933 fuhr der Kläger nach Wohlau, nahm den dortigen Kreistierarzt *Dr. Lämchen* mit nach Ronsdorf hinaus und ließ das Pferd bei *Steiner* untersuchen. Der Kreistierarzt hat darüber nachstehendes Attest ausgestellt:

> Der heute im Stalle des Gastwirts *Steiner* in Ronsdorf von mir untersuchte hellbraune Wallach mit Blässe, den *Steiner* nach seiner Angabe am 4. d. M. auf dem Pferdemarkt in Neumarkt vom Fleischermeister und Viehhändler *Aigner*-Jakobsdorf gekauft hat, leidet nicht an einer durch einen chronischen und unheilbaren Krankheitszustand des Kehlkopfs oder der Luftröhre verursachten und durch ein hörbares Geräusch gekennzeichneten Atemstörung (Kehlkopfpfeifen), sondern an einem akuten Rachenkatarrh.
>
> Wohlau, den 15. Januar 1933.
>
> *Dr. Lämchen.*
>
> Kreistierarzt.

Der Kläger hat, wie der Beklagte schließlich nicht bestritten hat, für die Untersuchung und das Attest des Kreistierarztes 31 *RM*, für das Fuhrwerk von Wohlau nach Ronsdorf 12.50 *RM* gezahlt und an eigenen Reisekosten 14.50 *RM* aufgewandt. Der Beklagte ist zur Zahlung dieser 58.00 *RM* am 24. Januar 1933 erfolglos gemahnt worden. Der Kläger hält den Beklagten zur Erstattung für verpflichtet, weil die Aufwendungen im Auftrage des Beklagten gemacht und die Reise durch die vom Beklagten an ihn weitergegebene unrichtige Mitteilung des *Steiner* veranlaßt worden sei. Er beantragt:

> den Beklagten zu verurteilen 58.00 *RM* (i. W.) nebst 6% Zinsen seit dem 24. Januar 1933 an den Kläger zu zahlen.

Der Beklagte beantragt:

> die Klage abzuweisen,

indem er unter Eidesannahme den vom Kläger behaupteten Inhalt des Telephongesprächs vom 14. Januar 1933 bestreitet und anführt, daß er lediglich gefragt habe: ‚was macht die Sache mit *Steiner*?‘, worauf der Kläger erwidert habe: ‚morgen fahre ich hin.‘“

Der erste Teil des Tatbestandes bringt die unstreitigen Tatsachen in historischer Reihenfolge. Dabei ist das Telephongespräch vom 14. Januar, obgleich bestritten, in den unstreitigen Sachverhalt (die „Geschichtserzählung“) an der Stelle eingefügt, wo es dem Zusammenhang nach hingehört. Eine Notwendigkeit, den bestrittenen Sachverhalt immer erst nach der Geschichtserzählung mitzuteilen, besteht nicht; nur muß deutlich hervortreten, was bestritten und was unbestritten ist.

Über die Höhe der Aufwendungen hatten die Parteien, wie der Tatbestand erkennen läßt, anfänglich gestritten. Nachdem sie sich geeinigt haben, sind die Aufwendungen als unstreitig mitzuteilen. Denn der Tatbestand soll den Sach- und Streitstand so wiedergeben, wie er bei Erlaß des Urteils lag und die Grundlage der gerichtlichen Entscheidung bildet. Daß ein jetzt unstreitiger Punkt früher einmal bestritten war, interessiert nur insofern, als sich möglicher Weise daran Kostenfolgen aus § 96 ZPO. knüpfen können oder eine stattgehabte Beweisaufnahme dadurch verständlich wird.

Die überreichten Schriftstücke hat der Richter, statt auf sie Bezug zu nehmen, wörtlich eingerückt. Das ist (nicht bloß in Prüfungsarbeiten, sondern auch in Urteilen der Praxis) bei nicht zu langen Urkunden immer zu empfehlen, weil das Urteil dadurch den Parteien, für die es berechnet ist, besser verständlich wird.

Rechtsausführungen der Parteien brauchen an sich nicht in den Tatbestand aufgenommen zu werden. Hier sind die rechtlichen Gesichtspunkte, auf die Taschner seine Klage stützt, kurz angedeutet, weil sie sich nicht von selbst ergeben und die Klage nach Ansicht des Gerichts nicht schlüssig ist. —

Die Entscheidungsgründe folgen dem Gange der richterlichen Kognition. In erster Reihe hat das Gericht (von den prozessualen Vorfragen abgesehen) stets zu untersuchen, ob der Rechtsstreit auf Grund des Vorbringens der Parteien ohne Eingehen auf strittige Behauptungen zur Entscheidung reif ist. Zu diesem Zweck wird der Klageanspruch mit allen nach dem vorgetragenen Sachverhalt denkbaren juristischen Begründungen („iura novit curia“ „da mihi factum, dabo tibi ius“) auf Grund des Schemas: qualis sit actio? actio an sit fundata? actio an sit exceptionibus elisa? mit den Unterfragen: qualis sit exceptio? exceptio an sit fundata? usw. zergliedert. Führt die Prüfung zu dem Ergebnis, daß die Entscheidung von bestrittenen Parteibehauptungen abhängt und die darüber angetretenen Beweise „erheblich“ sind, so ist die Entscheidung des Gerichts ein Beweisbeschluß; sind die Beweise erhoben, so wird ihr Ergebnis im Urteil gewürdigt. Über andersartigen Aufbau der Gründe vgl. das 28. Kap.

In unserem Fall ist der Richter schon bei Prüfung der rechtlichen Schlüssigkeit der Klage zur Endentscheidung gelangt:

„Entscheidungsgründe.

Der Klageanspruch ist nicht begründet.

Kehlkopfpfeifen gehört zu den gesetzlichen Hauptmängeln, für die der Beklagte dem *Steiner*, und in gleicher Weise der Kläger dem Beklagten mit einer Gewährfrist von 14 Tagen seit Übergabe haftete (§§ 482, 483, 446 BGB., § 1, I[4] kais. VO. vom 27. März 1899, RGBl. 219). Die Anzeigefrist des § 485 BGB. war durch die Postkarte des *Steiner* und den Brief des Beklagten gewahrt. Wenn also der verkaufte Wallach tatsächlich ein Kehlkopfpfeifer war, so mußte der Kläger damit rechnen, daß *Steiner* an den Beklagten und der Beklagte an ihn Gewährleistungsansprüche erheben und er schließlich genötigt sein würde das Pferd zurückzunehmen und womöglich die Kosten zweier Prozesse zu tragen. Die einwandfreie Feststellung des Gesundheitszustandes des Tieres lag also vor allem im Interesse des Klägers selbst.

Das im Brief des Beklagten vom 8. Januar 1933 ausgesprochene „Ersuchen“ war deshalb nicht die Offerte zu einem Auftrag, den der Kläger durch die Reise nach Ronsdorf oder durch das Telephongespräch vom 14. Januar angenommen hätte. Aus der ganzen Sachlage ergibt sich vielmehr, daß die Parteien überhaupt nicht den Willen hatten sich gegenseitig zu verpflichten. Der Brief des Beklagten hatte die Bedeutung eines Ratschlags, den er dem Kläger gab. Durch Rat und Empfehlung wird aber eine rechtliche Verbindlichkeit nicht begründet. § 676 BGB.

Die Beurteilung würde sich auch dann nicht ändern, wenn die Parteien am 14. Januar das vom Kläger behauptete Telephongespräch miteinander geführt haben sollten. Die behauptete ‚Erinnerung‘ des Beklagten würde lediglich als Erkundigung, die Erklärung des Klägers, daß er morgen zu *Steiner* fahre, als rein tatsächliche Mitteilung aufzufassen sein. Deshalb war der vom Kläger über das Gespräch zugeschobene Eid unerheblich.

Eine Gewähr für die Richtigkeit der mit dem Schreiben vom 8. Januar an den Kläger weitergegebenen Mitteilungen *Steiners* hat der Beklagte nicht übernommen. Daß die Unrichtigkeit der Angaben dem Beklagten bekannt gewesen sei, hat der Kläger selbst nicht behauptet.

Die Klage war daher abzuweisen."

Haben sich die Parteien am 14. Januar darüber geeinigt, daß Taschner am folgenden Tag zu Steiner nach Ronsdorf fahre, so war damit ein Vertrag im Rechtssinn nur geschlossen, wenn Beide den Willen hatten, rechtsverbindliche Erklärungen abzugeben. Erklärungen, bei denen der „animus sese iuridice obligandi" fehlt, sind rein tatsächliche Vorgänge und begründen Ansprüche lediglich unter den Voraussetzungen der unerlaubten Handlung (§§ 823f.) oder ungerechtfertigten Bereicherung (§§ 812f.). Solche tatsächlichen Erklärungen sind z. B. das Versprechen des ersten Tanzes, die Verabredung eines Besuchs, einer gemeinsamen Reise und ähnliche gesellschaftliche Abmachungen, das Mitfahrenlassen eines müden Handwerksburschen auf der Landstraße, der Hilferuf eines Überfallenen. Dagegen ist Vertrag anzunehmen bei der Einladung eines Automobilhändlers zur Probefahrt an eine Person, die er zum Ankauf eines Wagens bestimmen möchte, oder bei der Aufforderung eines Polizeibeamten an junge Leute, ihm bei der Verfolgung eines flüchtigen Verbrechers behilflich zu sein. RG. 65, 17; JW. 09, 311[7]; 14, 676[4]. Auskünfte, Ratschläge, Empfehlungen werden überwiegend aus Gefälligkeit und ohne Verpflichtungswillen erteilt, können aber — besonders wenn eine Honorierung erfolgt — auch Gegenstand eines Vertrages sein. Darum sagt § 676, daß Rat und Empfehlung „unbeschadet der sich aus einem Vertragsverhältnis oder aus einer unerlaubten Handlung ergebenden Verantwortlichkeit" nicht schadensersatzpflichtig machen.

Haftung für Auskunft, Rat, Empfehlung: 1. Vertragshaftung. Auskunft, Rat und Empfehlung können a) Gegenstand eines selbständigen Vertrages (Anwalt, Arzt, Auskunftsbüro) oder b) Nebenverpflichtungen im Rahmen eines anderen Vertragsverhältnisses sein (z. B. Beratung des Kunden durch den Bankier). In beiden Fällen besteht, Verschulden vorausgesetzt, die gewöhnliche Vertragshaftung. Doch ist gerade bei den Auskunfteien der formularmäßige Ausschluß der Ersatzpflicht in den Geschäftsbedingungen, welche der Kunde durch Unterschrift als maßgebend anerkennen muß, üblich; dann können Ansprüche nur erhoben werden, wenn der Inhaber der Auskunftei (nicht ein bloßer Angestellter!) bei der unrichtigen Auskunft vorsätzlich unrichtig handelte. §§ 276^{II}, 278 S. 2. 2. Deliktshaftung besteht nur unter den Voraussetzungen des § 826, da kein bestimmtes absolutes Recht (§ 823^{I}), sondern lediglich das Vermögen als Ganzes durch die unrichtige Auskunft verletzt wird. Dabei wird wichtig, daß Vorsatz schon gegeben ist, wenn der Auskunfterteilende über die in der Auskunft behandelten Verhältnisse gar nichts Bestimmtes weiß, während er sich den Anschein gibt gut informiert zu sein. Er braucht also nicht das positive Bewußtsein der Unrichtigkeit der von ihm gemachten Angaben zu haben. JW. 09 Beil. 276; 17, 36[3]. Deliktsansprüche aus unrichtiger Auskunft werden in der Regel von demjenigen erhoben, der im Vertrauen auf eine günstige Auskunft Kredit gewährt hat; doch kommt auch der umgekehrte Fall vor, daß der Beauskunftete sich durch ungünstige Auskunft benachteiligt fühlt. Haftung für Dritte nach § 831, also mit Exkulpationsmöglichkeit, außer wenn der Fall des § 31 (Filialleiter, oben S. 302/3) oder der §§ 31, 89 (verfassungsmäßig bestellter Leiter einer öffentlichen Bankanstalt oder Sparkasse) gegeben ist.

Gefälligkeitsfahrt: Gegenüber dem durch das Fahrzeug Beförderten besteht keine Gefährdungshaftung aus dem KFG. (§ 8[1]). Vertragshaftung ist bei unentgeltlicher Gefälligkeitsfahrt im Regelfall zu verneinen. Darüber hinaus kann aber sogar die aus §§ 823 f. BGB. folgende Deliktshaftung durch stillschweigende Vereinbarung ausgeschlossen sein. Hierzu genügt freilich die Unentgeltlichkeit für sich allein noch nicht; es müssen noch weitere Momente hinzutreten (z. B. daß anschließend an die Kraftwagen- bzw. Motorradfahrt eine Weinprobe stattgefunden hat). RG. 128, 229. Ob der stillschweigende Haftungsausschluß sich auf das normale, oder aber auch auf das durch grobe Fahrlässigkeit des Führers entstehende erhöhte Risiko bezieht, kann zweifelhaft sein, vgl. JW. 31, 1975[5] (Köln). Manche Entscheidungen verneinen für den Fall, daß der Kraftfahrzeughalter versichert und dies dem Mitfahrer bekannt war, den Verzichtswillen des Gefälligkeitsfahrers.

Treibjagd: Lädt der Jagdinhaber zu einer Treibjagd ein, deren Leitung er übernimmt, so vergewissert er sich zwar der Zustimmung seiner Gäste, aber es liegen beiderseits Gefälligkeiten ohne rechtlichen Charakter vor, insbesondere „beauftragt" er nicht etwa die Gäste mit dem Abschuß des Wildes. Also auch keine Haftung des Einladenden für andere Gäste aus § 278 oder § 831, sondern lediglich aus eigenem Verschulden (§ 823). RG 128, 39.

Unterschied von vertraglich bindender Zusicherung beim Kaufvertrag und bloß tatsächlicher Mitteilung: unten S. 443. —

Von den Nebenpunkten braucht nur die Kostenentscheidung behandelt zu werden, denn die Stellungnahme zum Zinsanspruch hat sich durch die Klageabweisung erledigt, und ein Ausspruch der vorläufigen Vollstreckbarkeit erübrigt sich, weil die Geschäftsstelle auf Grund der Bezeichnung als „Schiedsurteil" ohne weiteres Rechtskraftattest erteilt.

„Die Kosten des Rechtsstreits hat der Kläger als unterlegener Teil nach § 91^{I} S. 1 ZPO. zu tragen.

Richter."

Anfechtung des Schiedsurteils. Das Schiedsurteil steht einem im ordentlichen Verfahren ergangenen rechtskräftigen Endurteil gleich (§ 18^{II} S. 2 EntlastVO.). Ordentliche Rechtsmittel sind daher ausgeschlossen, was für das amtsgerichtliche Bagatell-Schiedsurteil schon aus der Nichterreichung der Berufungssumme (§ 511 a ZPO.) folgt. Zum Ausgleich erweitert § 18^{II} S. 4 EntlastVO. den außerordentlichen Behelf der Nichtigkeitsklage analog den gegenüber einem Schiedsspruch nach § 1041 ZPO. bestehenden Aufhebungsgründen. Außer auf die Tatbestände des § 579, kann die Nichtigkeitsklage gegen das Schiedsurteil auch darauf gestützt werden, daß der Partei in dem Verfahren kein „rechtliches Gehör" (S. 364) gewährt worden oder daß das Schiedsurteil „nicht mit Gründen versehen" sei. Dieser Nichtigkeitsgrund liegt nicht schon dann vor, wenn die Gründe unrichtig, oberflächlich, unklar oder widerspruchsvoll sind; wohl aber, wenn in ihnen ein ganzer Rechtsbehelf (z. B. eine Klagebegründung oder Einrede) mit Stillschweigen übergangen wird. RG. 109, 201; 120, 398; JW. 27, 1861[40].

Mahnverfahren. Sachlegitimation und Schuldenhaftung im gesetzlichen Güterstand.

Mahngesuch. Prüfung. Mahnsachen müssen den in § 690 vorgeschriebenen Inhalt haben, sie können schriftlich oder mündlich bei Gericht gestellt werden. Bei mündlicher Anbringung ist die Aufnahme eines Protokolls nicht erforderlich (§ 702). Es genügt, daß der aufnehmende Beamte den Zahlungsbefehl nach den Angaben des Gläubigers durch Ausfüllung eines Formulars entwirft und nachher dem zur Entscheidung zuständigen Rechtspfleger vorlegt. Gesuche, die eine zusammenhängende Sachdarstellung nach Art der Klage enthalten, sind selten; in der Geschäftsstelle wird das Gesuch nur dann zu Protokoll genommen, wenn der Urkundsbeamte es für unbegründet hält und die Partei gleichwohl darauf beharrt (§ 29^{I} GeschO.). In der Mehrzahl der Fälle reicht der Gläubiger lediglich einen mehr oder weniger vollständig ausgefüllten Zahlungsbefehlsentwurf mit kurzem Anschreiben bzw. Begleitvermerk als Mahngesuch ein, gewöhnlich in 3, bei mehreren Schuldnern in entsprechend mehr Exemplaren (§ 29^{II}).

In dieser Form beantragt Gastwirt Finke aus Dahme für seine Ehefrau, als deren Prozeßbevollmächtigten er sich bezeichnet, gegen die Eheleute Rädler in Hochkirch Zahlungsbefehl wegen 1050 RM. nebst 6% Zinsen seit 1. Januar 1933:

„aus dem Ihnen (Ehefrau) mit Zustimmung Ihres Ehemanns von der Gläubigerin gewährten, Ende Dezember 1932 fälligen Darlehn",

und zwar gegen Frau Rädler auf Zahlung, gegen den Mann auf Duldung der Zwangsvollstreckung in das eingebrachte Gut.

1. Kostenzahlung.

Entsprechend dem bereits für das Güte- und Streitverfahren festgestellten Prinzip, die Gerichtskasse gegen Ausfälle nach Möglichkeit zu sichern (S. 361, 363), werden Zahlungsbefehle grundsätzlich erst nach Gebührenzahlung erlassen (§ 74^{III} GKG.). Die Gebühr beträgt $^5/_{10}$ (§§ 8, 31^{I}). Die hiernach zu entrichtenden 16 RM. sind in Kostenmarken beigefügt.

2. Zulässigkeit des Mahnverfahrens.

Mahnverfahren, Urkundenprozeß und exekutorische Urkunde sind nur für Ansprüche auf Zahlung einer bestimmten Geldsumme oder Leistung einer bestimmten Quantität anderer vertretbarer Sachen oder Wertpapiere gegeben. §§ 688^{I}, 592, 794^5 ZPO. Daß der dingliche Hypothekenanspruch (§§ 1113, 1147 BGB.), der üblicherweise auf Verurteilung: „die Zwangsvollstreckung in das Pfandgrundstück zu dulden" oder: die Hypothekensumme „zur Vermeidung der Zwangsvollstreckung in das Pfandgrundstück zu zahlen" tenoriert wird, im Sinne der angeführten Bestimmungen Anspruch auf „Zahlung" einer bestimmten Geldsumme ist, sagt das Gesetz ausdrücklich. Der Duldungstitel gegen den Ehemann (§ 739 ZPO.) wird bloß in § 794^5 erwähnt. Aus der inneren Verwandtschaft der drei Verfahrensarten und ihrer besonderen Rechtsschutzvoraussetzungen ist aber zu folgern, daß auch im Mahnverfahren und im Urkundenprozeß die Duldung des Ehemannes ausgesprochen werden kann (selbstverständlich unter der Voraussetzung, daß die Verpflichtung der Frau auf Zahlung einer bestimmten Geldsumme geht).

3. Vollmacht.

Mahngesuch und Widerspruch gegen den Zahlungsbefehl sind vom Vollmachtszwang befreit (§ 703). Erst beim Antrag auf Vollstreckungsbefehl bzw. beim Einspruch gegen den Vollstreckungsbefehl hat sich der Bevollmächtigte, der Regel des § 88^{II} gemäß, durch schriftliche Vollmacht zu legitimieren.

4. Schlüssigkeit des Anspruchs.

Nach § 691 wird das Mahngesuch zurückgewiesen, wenn sich „aus dem Inhalt des Gesuchs ergibt, daß der Anspruch überhaupt oder zur Zeit nicht begründet ist".

Es werden also, wie das auch im Versäumnisverfahren geschieht, die einseitigen Angaben des Gläubigers ohne Nachprüfung als richtig unterstellt und etwaige Gegenrechte des Schuldners (Verjährung und sonstige Einreden im Sinne des materiellen Rechts, Recht auf Herabsetzung einer Vertragsstrafe usw., §§ 202, 222, 343 BGB.) ignoriert. Darüber hinaus sieht man über Mängel und Lücken der Substanziierung hinweg. Es schadet also nichts, daß Finke unterlassen hat anzugeben, ob die Fälligkeit des Darlehns auf besonderer Parteivereinbarung beruht oder durch Kündigung gemäß § 609 eingetreten ist; ebenso wenig daß Rechtsgrund und Höhe der geforderten Zinsen nicht motiviert werden. Da beiderseits Ehefrauen beteiligt sind, bedarf der Fall noch näherer Betrachtung vom Standpunkt des ehelichen Güterrechts.

Frau Finkes Darlehnsforderung ist im Zweifel eingebrachtes Vermögen (§ 1363). Ansprüche des Eingebrachten kann der Mann immer ohne Zustimmung der Frau im eigenen Namen allein geltend machen. Dagegen bedarf die Frau zur Klage des Einverständnisses des Mannes, außer wenn sie gegen die von seinen Gläubigern in ihr Eigentum ausgebrachte Pfändung interveniert und in einigen anderen Fällen. §§ 1380, 1400 II, 1407 4. Die Zustimmung des Mannes wird formlos außerhalb des Prozesses erteilt und macht ihn nicht zur Partei; sie liegt hier darin, daß Finke als Prozeßbevollmächtigter seiner Frau auftritt. Daß Frau Finke die Klägerrolle übernommen hat, läßt für den Kundigen darauf schließen, daß beabsichtigt ist, den Ehemann als Zeugen in Reserve zu halten. —

Der Referendar: Mehrfach habe ich gesehen, daß eine Ehefrau „im Beistand" ihres Mannes klagt. Wird dann der Mann Partei, oder kann er Zeuge sein?

Der Rechtspfleger: Die „Beistands"-Formel ist eine altmodische Ausdrucksweise dafür, daß der Mann gemäß § 1400 II der Klage der Frau außergerichtlich zugestimmt hat; Partei ist also allein die Frau. RG. 60, 85.

§§ 1380, 1400 regeln lediglich die rein prozessuale Legitimation zur Sache. Der zu stellende Klageantrag muß der gesetzlichen Regelung der Verfügungsbefugnis Rechnung tragen, die sich mit der Sachlegitimation nicht deckt. Denn in der Entgegennahme der Klageforderung liegt eine Verfügung über die Forderung (S. 105), und Verfügungen über eingebrachtes Gut darf, von Ausnahmen abgesehen, kein Ehegatte ohne Einverständnis des anderen treffen. Der nach § 1380 klagende Mann kann also nicht schlechthin Zahlung an sich verlangen, sondern entweder Zahlung an beide Ehegatten, oder Zahlung an sich nach beigebrachter Einwilligung der Frau. Hat sich aber die Frau mit der Klageerhebung des Mannes einverstanden erklärt, so ist darin die Zustimmung zur Zahlung an ihn zu finden. RG. 77, 34. Entsprechend in unserem Fall, wo die Frau im Einverständnis mit dem Manne Zahlung an sich allein fordert. — Die angeführte Beschränkung fällt fort, wenn der Mann Nutzungen des eingebrachten Guts einklagt, z. B. Zinsen einer Hypothek der Frau oder Mieten eines ihr gehörenden Grundstücks. Denn die fällig gewordenen Nutzungen sind vom Manne erworben und zählen zu seinem Vermögen. Eine Aktivlegitimation der Frau besteht für derartige Ansprüche überhaupt nicht.

Von den erhobenen Ansprüchen ist der Zahlungsanspruch gegen Frau Rädler ohne weiteres schlüssig, falls sie das behauptete Darlehn empfangen hat: die Verpflichtungsfähigkeit einer Ehefrau wird durch den Güterstand nicht berührt (§ 1399 I). Anders verhält es sich mit dem Duldungsanspruch gegen den Mann, durch welchen der Gläubigerin die Vollstreckung ins eingebrachte Gut erschlossen werden soll (§ 739 ZPO.). Der Duldungstitel setzt voraus, daß nach materiellem Recht der Gläubiger „ohne Rücksicht auf die Verwaltung und Nutznießung des Mannes Befriedigung aus dem eingebrachten Gute verlangen" kann, also:

I. eine voreheliche Schuld der Frau („qui épouse la femme, épouse ses dettes"),
II. oder eine nacheheliche Schuld, die
   1. entweder nicht auf Rechtsgeschäft beruht, z. B. Ansprüche aus unerlaubter Handlung, ungerechtfertigter Bereicherung, Unterhaltspflicht,
   2. oder auf einem Rechtsgeschäft, das
      a) die Zustimmung des Mannes erhalten hat („konsentierte Vertragsschuld"),
      b) oder ohne seine Zustimmung ihm gegenüber wirksam ist; Hauptfall: alle Vertragsabschlüsse, die der Betrieb eines von der Frau ohne Widerspruch des Mannes selbständig geführten Erwerbsgeschäfts mit sich bringt. §§ 1411, 1412, 1405 BGB.

Nach der Darstellung des Mahngesuchs handelt es sich um eine konsentierte Vertragsschuld. —

Der Referendar: Wegen der Kosten des Zahlungsbefehls wird vom Ehemann Rädler nicht bloß Duldung der Zwangsvollstreckung ins eingebrachte Gut der Frau, sondern persönliche Zahlung als Gesamtschuldner mit der Frau verlangt. Wie ist das zu rechtfertigen?

Der Rechtspfleger: Beim Güterstand der Verwaltung und Nutznießung sind die Kosten der von der Frau oder gegen sie geführten Zivil- und Strafprozesse grundsätzlich „Lasten" des eingebrachten Guts und als solche vom Manne zu tragen, weil dieser ja auch die Nutzungen zieht. Die Verpflichtung des Mannes zur Lastentragung hat — anders als beim Nießbrauch des Sachenrechts (S. 269) — Bedeutung über das Innenverhältnis der Ehegatten hinaus, indem sie eine unmittelbare Haftung des Mannes gegenüber den Gläubigern als Gesamtschuldner mit der Frau begründet. §§ 1387, 1388.

Ob die Frau überhaupt eingebrachtes Gut von nennenswerter Höhe besitzt, ist dabei gleichgültig: der abstrakte Güterstand als solcher entscheidet. Dagegen nimmt die Praxis bei der analogen Haftung des Vaters und der Mutter für Lasten des Kindesvermögens an, daß für das Vorhandensein eines der elterlichen Nutznießung unterliegenden Vermögens keine Vermutung bestehe; § 1654 zitiert den § 1387 nicht mit. RG. 97, 175; RGSt. 45, 407; OLG. 7, 73; 14, 253. Im Vergleich zum Ehemann ist der Vater auch insofern benachteiligt, als die Haftung des elterlichen Gewalthabers nach § 1662 durch einseitigen Verzicht auf die Nutznießung für die Zukunft abgewandt werden kann, während ein Ehemann von der, bei verschwenderischen oder verschuldeten Frauen sehr drückenden, Kostenhaftung nur durch Abschluß eines die Verwaltung und Nutznießung aufhebenden Ehevertrages loskommt.

Zahlungsbefehl. Da das Gesuch sich formell und materiell als begründet erwiesen hat, wird der als Entwurf eingereichte Zahlungsbefehl vom Rechtspfleger vollzogen und die Widerspruchsfrist — entsprechend der Einlassungsfrist für Klagen, die im Bezirk des Amtsgerichts zuzustellen sind — auf 3 Tage bestimmt. §§ 692 S. 2, 499^{I} ZPO. Die Geschäftsstelle stellt den Zahlungsbefehl im Amtsbetrieb an die Eheleute Rädler zu (§ 693^{I}), indem sie aus je einem weiteren der eingereichten Entwürfe eine Ausfertigung herstellt. Die Zustellung erfolgt an beide Schuldner am 4. Februar 1933. Erst nach Eingang der Zustellungsurkunden wird der Ehemann Finke als Prozeßbevollmächtigter der Gläubigerin durch Postkarte von der bewirkten Zustellung benachrichtigt (§ 693^{III}).

Antrag auf Vollstreckungsbefehl und Widerspruch. Verweisungsbeschluß. Der 10. Februar bringt zwei Eingänge:

„Vollmacht meiner Ehefrau überreichend, beantrage ich den in Sachen *Finke* gegen *Rädler* erlassenen Zahlungsbefehl — Aktenzeichen 21 B 60/33 — für vollstreckbar zu erklären und mir den Vollstreckungsbefehl zu übersenden.

Dahme (Mark), den 8. Februar 1933.

Erich Finke."

„In Sachen *Finke* gegen *Rädler* — Aktenzeichen 21 B 60/33 — erhebe ich, zugleich namens meiner Ehefrau, Widerspruch gegen den Zahlungsbefehl.

Hochkirch, den 9. Februar 1933.

Gottfried Rädler."

Wegen der Vollmachten s. S. 370.

Die Widerspruchsfrist war bereits am 7. Februar abgelaufen. Über die eigentliche Frist hinaus kann aber nach § 694^{I} der Schuldner so lange Widerspruch erheben, als der Vollstreckungsbefehl noch nicht „verfügt", d. h. in den Akten vollzogen ist. Der Gläubiger hat also das größte Interesse daran den Antrag auf Vollstreckungsbefehl immer unmittelbar nach Ende der Widerspruchsfrist zu stellen, weil er sonst unfreiwillig dem Schuldner die Widerspruchsfrist verlängert.

Wenn die Gläubiger die Zeit nicht richtig ausnutzen, so trägt die Schuld daran vielfach der Umstand, daß infolge der in den Geschäftsstellen und Gerichtskanzleien herrschenden Überlastung die Nachrichten von der Zustellung des Zahlungsbefehls (§ 693^{III}) mit mehrtägiger Verspätung herausgehen. Kann der Gläubiger sich dadurch helfen, daß er schon im Mahngesuch beantragt:

„für den Fall, daß innerhalb der Widerspruchsfrist kein Widerspruch erhoben wird, den Zahlungsbefehl für vollstreckbar zu erklären"?

Die Praxis, besonders der großstädtischen Gerichte, neigt dazu nach dem Vorbild der anderen im Mahnverfahren möglichen Eventualanträge (§§ 696^{I} S. 2, 697^{II} S. 1) auch diesen Antrag zuzulassen. Hiergegen bestehen zwei Bedenken. Eventualanträge der hier in Rede stehenden Art laufen dem Wesen des Zivilprozesses zuwider, weil sie nicht für den Fall gestellt sind, daß der Hauptantrag des Antragstellers zurückgewiesen werden wird; daher liegt ein argumentum e contrario nahe. Wichtiger noch ist der praktische Gesichtspunkt, daß der Eventualantrag auf Vollstreckungsbefehl formularmäßig gestellt und, wenn der Schuldner auf den Zahlungsbefehl hin zahlt, häufig aus Nachlässigkeit vom Gläubiger nicht zurückgenommen werden wird, so daß leicht ungerechtfertigte Vollstreckungsbefehle erlassen werden könnten. Vgl. Stein-Jonas II 1 zu § 699 c. cit.

Im Mahngesuch hatte Finke für den Fall der Widerspruchserhebung um Verweisung an die Zivilkammer des Landgerichts gebeten (§ 697^{II} S. 1). Der Richter erläßt daher folgenden

„Beschluß.

In Sachen .... erklärt sich das Amtsgericht nach erhobenem Widerspruch für unzuständig und verweist den Rechtsstreit gemäß dem von der Gläubigerin gestellten Antrag an das Landgericht, Zivilkammer, hier.

Breslau, den 11. Februar 1933.

Amtsgericht

Richter."

Der Beschluß wird gemäß § 329^{III} beiden Parteien von Amtswegen zugestellt, und die Akten der für Darlehnssachen zuständigen Kammer übersandt. Mit Zustellung des Beschlusses gilt die Sache als im ordentlichen Rechtsstreit beim Landgericht anhängig (§ 697^{II} S. 2) und erhält dort ein O-Aktenzeichen. Jede Partei kann durch einen beim Landgericht zugelassenen Anwalt zur mündlichen Verhandlung laden.

Der Prozeßbevollmächtigte der Gläubigerin hat außerdem sofort Nachricht von dem erhobenen Widerspruch erhalten (§ 694 II).

Anderweiter Abschluß des Mahnverfahrens: 1. Fall: Bei einem amtsgerichtlichen Objekt wird rechtzeitig Widerspruch erhoben. Hier ist grundsätzlich zu warten, bis eine Partei Antrag auf Terminsanberaumung stellt. Der Termin findet im Güteverfahren (natürlich mit Übergang ins Streitverfahren) statt. War der Termin schon im voraus für den Fall des Widerspruchs beantragt (s. das unten stehende Formular), so wird er sofort nach Eingang des Widerspruchs angesetzt. § 696.

2. Fall: Bei einem Landgerichtsobjekt ist rechtzeitig Widerspruch erhoben, der Gläubiger hat aber statt des Verweisungsantrags den Antrag auf Terminsanberaumung vor dem Amtsgericht gestellt, ohne zu behaupten, daß die amtsgerichtliche Zuständigkeit vereinbart sei. Zweifellos muß diesem Antrag entsprochen werden. Bleibt dann im Termin der Beklagte aus, so entsteht die Frage, ob das Amtsgericht sich für unzuständig erklären muß, oder ob es sachliches Versäumnisurteil gegen den Beklagten erlassen darf. Da ein unzuständiges Gericht erst durch vorbehaltsloses Verhandeln des Beklagten zur Hauptsache zuständig wird (§ 39), ist das erste Verfahren theoretisch richtig. Jedoch erlassen die meisten Richter das Versäumnisurteil, hauptsächlich aus dem praktischen Grunde, weil der Schuldner den Widerspruch gewöhnlich nur erhebt, um sich nachher kontumazieren zu lassen und dadurch etwas Zeit zu gewinnen. Stein-Jonas I 2 zu § 672 mit Rechtsprechung und Literatur.

3. Fall: Nach Ablauf der Widerspruchsfrist beantragt der Gläubiger Vollstreckungsbefehl, ohne daß inzwischen vom Schuldner Widerspruch erhoben worden ist. Der Vollstreckungsbefehl wird vom Urkundsbeamten (§ 699 I S. 2) auf die Urschrift des Zahlungsbefehls gesetzt. Hätte beispielsweise im Fall *Finke* gegen *Rädler* die Gläubigerin ihren Antrag am 8. Februar eingereicht, so würde der vollstreckbare Zahlungsbefehl folgendermaßen ausgesehen haben:

„Es wird um Erlaß des nachstehenden Zahlungsbefehls und für den Fall des Widerspruchs um [Ansetzung eines Termins zur mündlichen Verhandlung] Verweisung des Rechtsstreits wegen Unzuständigkeit an das Landgericht, Zivilkammer [Kammer für Handelssachen] gebeten. [Erfüllungsort und Gerichtsstand ..... sind vereinbart].

Dahme (Mark), den 1. Februar 1933.
Für *Anna Finke* geb. *Guder*;
Erich Finke.

(entwertete Gerichtskostenmarken über 16.00 *RM.*)

Geschäftsnummer: 21 B 60/33.

Zahlungsbefehl.

Auf den am 2. Februar 1933 bei Gericht eingegangenen Antrag der Gastwirtsfrau *Anna Finke* geb. *Guder* in Dahme (Mark), Gläubigerin,

Prozeßbevollmächtigter: Gastwirt *Erich Finke* in Dahme (Mark),

wird Ihnen aufgegeben binnen einer vom Tag der Zustellung dieses Befehls laufenden Frist von drei Tagen bei Vermeidung sofortiger Zwangsvollstreckung:

1. der Ehefrau:
   die Gläubigerin wegen des Anspruchs auf Zahlung von 1050.00 *RM* (i. W.) nebst 6% Zinsen seit dem 1. Januar 1933 aus dem Ihnen mit Zustimmung Ihres Ehemanns von der Gläubigerin gewährten, Ende Dezember 1932 fälligen Darlehn sowie 16.00 *RM* Kosten dieses Zahlungsbefehls zu befriedigen,
2. dem Ehemann:
   wegen des zu 1 bezeichneten Anspruchs die Zwangsvollstreckung in das eingebrachte Gut Ihrer Ehefrau zu dulden und die Kosten dieses Zahlungsbefehls mit 16.00 *RM* als Gesamtschuldner mit Ihrer Ehefrau zu zahlen,

oder, wenn Sie Einwendungen gegen den Anspruch haben, bei dem unterzeichneten Gericht Widerspruch zu erheben.

Breslau, den 3. Februar 1933.
Amtsgericht
Pfleger.
Justizobersekretär als Rechtspfleger.

An 1. die verehelichte Frau Stellenbesitzer *Hedwig Rädler* geb. *Guder* in Hochkirch,
2. deren Ehemann, Stellenbesitzer *Gottfried Rädler* daselbst.

(Rückseite)

Vollstreckungsbefehl.

Der umstehende, am 4. Februar 1933 zugestellte, Zahlungsbefehl wird in Höhe der darin angegebenen Beträge [sowie wegen ..... Anwaltskosten für das Gesuch um Erlaß des Vollstreckungsbefehls[1])] für vollstreckbar erklärt.

Breslau, den 8. Februar 1933.
Amtsgericht.
Urkund
als Urkundsbeamter der
Geschäftsstelle."

Nach § 29 VII der jetzigen GeschO. wird der Original-Zahlungsbefehl nicht mehr dem Gläubiger ausgehändigt, sondern verbleibt in den Gerichtsakten. Der Gläubiger erhält eine Ausfertigung, deren Erteilung auf der Urschrift zu vermerken ist. Zur Herstellung der Ausfertigung verwendet die Geschäftsstelle das letzte der vom Gläubiger eingereichten Exemplare des Zahlungsbefehls (S. 370).

Der Vollstreckungsbefehl steht einem für vollstreckbar erklärten Versäumnisurteil gleich (§ 700 S. 1). Deshalb hat die Geschäftsstelle seine Zustellung im Auftrage des Gläubigers zu vermitteln, wenn nicht der Gläubiger eine gegenteilige Erklärung abgegeben hat (§ 699 I S. 5, vgl. § 508 I). Finke hatte z. B. um Aushändigung des Vollstreckungsbefehls an ihn, d. h. um Unterlassung der gerichtlichen Zustellungsvermittlung, gebeten (S. 373), weil er offenbar die Zustellung mit der Mobiliarpfändung verbinden will. Vgl. 12. Kap.

Dem Schuldner steht gegen den Vollstreckungsbefehl Einspruch innerhalb der amtsgerichtlichen Notfrist von einer Woche (§ 508 II) zu.

4. Fall: Weder wird vom Schuldner Widerspruch erhoben, noch vom Gläubiger Vollstreckungsbefehl beantragt. Alsdann verliert sechs Monate nach Ablauf der Widerspruchsfrist der Zahlungsbefehl seine Kraft, so daß er weder zur Grundlage eines Vollstreckungsbefehls werden noch (nach Erhebung eines Widerspruchs) die Überleitung in den Prozeß vermitteln kann (§ 701). Damit wird auch die durch Zustellung des Zahlungsbefehls bewirkte Unterbrechung der Verjährung (§ 209 1 BGB.) wieder hinfällig (§ 213 S. 2). Vom Verjährungsstandpunkt gesehen, ist es also für den Gläubiger vorteilhafter, wenn während der 6 Monate der Schuldner Widerspruch erhebt, als wenn gar nichts geschieht: denn im ersten Fall bleibt die Unterbrechungswirkung bestehen, und es beginnt lediglich eine neue Verjährungsfrist zu laufen, sobald das an den Widerspruch anschließende Güte- bzw. Streitverfahren in

---

[1]) Beim Gericht entstehen durch den Vollstreckungsbefehl keine weiteren Kosten (§ 31 GKG.). Anwaltskosten: § 38 3 GebO. f. RA. ($^5/_{10}$ = Gebühr). Natürlich kann der Gläubiger an dieser Stelle auch andere Kosten (z. B. Porto) liquidieren.

Stillstand gerät (§ 211 II). Gläubiger, die ihren Zahlungsbefehl erst an der Schwelle der Verjährung beantragt haben, können durch Versäumung der Sechsmonatsfrist leicht Schaden nehmen.

Aktenwesen im Mahnverfahren. Über das Mahnverfahren wird kein Aktenregister geführt, sondern die Sachen zu je 50 in loser Hülle aufbewahrt, auf deren Umschlag Namen und Daten zu notieren sind. § 29 III, IV GeschO.

Abzahlungssache. Versäumnisverfahren.

Abzahlungsklage.

„An das Amtsgericht hier. Breslau, den 3. Februar 1933.

Klage

des Kaufmanns *Adolf Schoppe* in Breslau, Neumarkt 16, Klägers,
gegen den Kaufmann *Emil Weinhold* in Breslau, Klosterstr. 50, Beklagten.

Der Beklagte kaufte bei mir am 28. November 1931 2 Betten mit Matratzen und Nachttischen, Spiegel, Wäscheschrank, 1 Tisch, 4 Stühle, 1 Chaiselongue sowie 1 Exzelsior-Grammophon nebst 10 Platten für den vereinbarten Preis von zusammen 780 *RM* auf Abzahlung unter Eigentumsvorbehalt. Im Kaufvertrag, welchen ich im Termin vorlegen werde, ist vereinbart, daß der Kaufpreis in wöchentlichen Raten von 6 *RM*, beginnend am 5. Dezember 1931, zu bezahlen ist, daß bei unpünktlicher Bezahlung von zwei Raten der ganze Restkaufpreis auf einmal fällig wird und der Verkäufer außerdem das Recht hat vom Vertrage zurückzutreten. Der Beklagte hätte bisher zahlen müssen

61 Raten zu je 6 *RM*	=	366.00 *RM*,
Er hat gezahlt		300.00 *RM*,
ist also im Verzuge mit		66.00 *RM*,

d. i. mehr als zwei Raten. Die letzte Zahlung hat er am 2. Januar d. J. geleistet. Nach dem Vertrag ist also der ganze Restkaufpreis von 480 *RM* fällig geworden.

Für den Fall fruchtloser Zwangsvollstreckung erkläre ich schon jetzt mein vorbehaltenes Rücktrittsrecht und verlange die Herausgabe der gelieferten Sachen. In diesem Fall sind dem Beklagten die geleisteten Anzahlungen mit 300 *RM* zurückzugewähren. Dagegen hat der Beklagte für die Überlassung des Gebrauchs und der Benutzung unter Berücksichtigung der eingetretenen Wertminderung eine angemessene Vergütung zu zahlen. Für die Gebrauchsüberlassung werden pro Woche 3 *RM*, im ganzen 183 *RM*, als Wertminderung (Abnützung) 150 *RM*, zusammen 333 *RM*, gefordert. Die geforderten Beträge sind angemessen.

Beweis: Sachverständige.

Der Beklagte hat daher bei Ausübung des Rücktrittrechts noch 33 *RM* zuzuzahlen.

Ich erhebe Klage beim Amtsgericht Breslau, beantrage die Anberaumung eines Verhandlungstermins und werde in diesem beantragen:

I. den Beklagten zu verurteilen
   a) in erster Reihe dem Kläger 480 *RM* (i. W.) nebst 4% Zinsen seit Klagezustellung zu zahlen,
   b) für den Fall fruchtloser Zwangsvollstreckung wegen des Anspruchs zu a: dem Kläger folgende Sachen herauszugeben
      2 Betten mit Matratzen und Nachttischen,
      . . . .
   und noch 33 *RM* (i. W.) nebst 4% Zinsen seit Klagezustellung zu zahlen. Der Anspruch zu a kommt alsdann in Wegfall.

II. die Kosten des Rechtsstreits dem Beklagten aufzuerlegen.

III. das Urteil, nötigen Falls gegen Sicherheitsleistung, für vorläufig vollstreckbar zu erklären.

Die nach einem Streitwert von 663 *RM* berechnete Prozeßgebühr von 21 *RM* wird in Kostenmarken beigefügt.

Abschrift der Klage liegt bei.

Adolf Schoppe."

Der Abzahlungskauf ist eine Abart des Kaufs mit Eigentumsvorbehalt (pactum reservati dominii). Die allgemeine Konstruktion dieses Kaufs gibt § 455 BGB.: ein unbedingter obligatorischer Vertrag, bei dem das Erfüllungsgeschäft, die Übertragung des Eigentums auf den Käufer, unter der aufschiebenden Bedingung der Zahlung des Kaufpreises steht und der Verkäufer zurücktreten kann, wenn der Käufer mit der Zahlung in Verzug gerät. Der Eigentumsvorbehalt hat, hauptsächlich durch die formularmäßigen Lieferungsbedingungen der Fabrikanten- und Großhandelsverbände, so große Verbreitung erlangt, daß für ganze Branchen (Kraftfahrzeuge, Krafträder, Musikinstrumente) geradezu die Ansicht vertreten wird, er sei mangels ausdrücklicher Abrede bei jedem Kreditkauf über derartige Waren als stillschweigend vereinbart zu betrachten. Auch bei Waren, die zum Verkauf oder zur Verarbeitung bestimmt sind, ist die Klausel üblich, unbeschadet der Befugnis des Käufers zur Verarbeitung bzw. Veräußerung; daraus ergibt sich die eigenartige Rechtslage, daß der Käufer zwar auf seinen Abkäufer volles Eigentum übertragen kann, selbst aber niemals Eigentümer der Kaufsache wird. Vielfach bauen die Formularbedingungen den Eigentumsvorbehalt nach dem Muster der fiduziarischen Bank-Sicherungsverträge (S. 9f.) mit Bestimmungen aus, nach denen die Kaufpreisforderung für die unter Eigentumsvorbehalt stehenden Sachen oder gar Ersatzanschaffungen ohne weiteres dem Lieferanten gehören sollen. Wirtschaftlich betrachtet, sind Eigentumsvorbehalt und Sicherungsübereignung absolute Gegensätze. Der Streit, der zwischen Lieferanten und Banken fast bei jeder kaufmännischen Zahlungseinstellung um Lager und Außenstände entsteht, ist insoweit, als es sich um die mit Vorbehalt des Eigentums gelieferten Originalwaren handelt, zu Gunsten des Lieferanten zu entscheiden.

Das Sonderrecht des Abzahlungskaufs setzt voraus, daß der Kaufpreis in regelmäßigen (wöchentlichen, monatlichen usw.) Teilzahlungen berichtigt werden soll. § 1 AbzahlG. vom 16. Mai 1894 (RGBl. 450). Der Verkäufer sichert sich beim typischen Abzahlungsgeschäft dinglich durch Eigentumsvorbehalt (ohne Ausdehnung auf Ersatzanschaffungen) und obligatorisch durch Rücktrittsrecht. Um die Abzahlungskäufer, welche in der Regel wirtschaftlich schwache, rechtlich unerfahrene kleine Leute sind, vor Ausbeutung zu schützen, schafft das Gesetz ius cogens. Hat der Verkäufer die Kaufsache auf Grund des ihm vorbehaltenen Eigentums wieder an sich genommen, so gilt das unweigerlich als Ausübung des Rücktrittsrechts (§ 5), so daß er dann nicht mehr Erfüllung des Vertrages vom Käufer verlangen kann. Der Rücktritt wird — in Übereinstimmung mit der Dispositivvorschrift des § 346 BGB., aber hier zwingend — in der Weise durchgeführt, daß alle beiderseitigen Leistungen, namentlich die vom Käufer bereits bezahlten Abzahlungsraten, zurückzugewähren sind und der Verkäufer für die Überlassung des Gebrauchs und für die Abnutzung der Kaufsache durch den Käufer nur eine angemessene Vergütung erhält. §§ 1, 2 Ges. Es geht also nicht an, daß der Verkäufer sich im voraus einen höheren Betrag als Gebrauchs- und Abnutzungsgebühr versprechen läßt oder gar mit dem Käufer ausmacht, daß die bewirkten Abzahlungen im Falle des Rücktritts als Gebrauchs- und Abnutzungsentschädigung verfallen sollen. Freilich verstehen es, wie die Schoppesche Klage zeigt, die Abzahlungshändler in der Praxis die Rechnung für den Rücktrittsfall nach §§ 1, 2 so aufzumachen, daß sie nicht bloß die empfangenen Raten behalten, sondern noch Geld herauszubekommen haben, und im Versäumnisverfahren ist das Gericht an die hierzu aufgestellten Behauptungen des Verkäufers gebunden. Schließlich stellt § 4^{II} für die Vereinbarung, daß bei unpünktlicher Ratenzahlung die Restkaufpreisschuld sofort fällig werden soll, besondere Voraussetzungen auf.

Wie verhält sich nun der Abzahlungsverkäufer bei Nichterfüllung des Käufers? Am liebsten wird er beim Vertrag stehen bleiben und die sofortige Fälligkeit des Restkaufpreises geltend machen, nicht dagegen das Rücktrittsrecht ausüben, weil ihm sonst (wenigstens bei korrekter Durchführung der Abrechnung) der Verdienst aus dem Geschäft entgeht. Die Realisierung des Kaufpreisanspruchs stößt jedoch in der Zwangsvollstreckung auf Schwierigkeiten. Zwar darf der Verkäufer die von ihm selbst gelieferten und noch in seinem Eigentum stehenden Sachen pfänden (vgl. 12. Kap. „Mobiliarpfändung für mehrere Gläubiger"), die Sachen sind aber, soweit es sich um Möbel, Hausrat, Kleidungsstücke handelt, vielfach durch §§ 811, 812 ZPO. der Vollstreckung entzogen: denn die Unpfändbarkeit beruht auf ihrer Unentbehrlichkeit für den Schuldner und ist unabhängig davon, ob die Sachen im Eigentum des Schuldners oder eines Dritten stehen. Tritt dagegen der Verkäufer vom Kauf zurück und klagt er auf Grund des vorbehaltenen Eigentums und des Rücktritts auf Herausgabe, so findet keine „Zwangsvollstreckung wegen einer Geldforderung" (§§ 803 bis 863) und keine „Pfändung" (§ 803^{I} S. 1), sondern „Wegnahme" wegen eines „Herausgabeanspruchs" (§ 883) statt, für welche die Beschränkungen der §§ 811/2 nicht gelten: mithin kann er auf Grund des Herausgabetitels dem Käufer die gelieferten Sachen, selbst die unentbehrlichsten, wieder fortnehmen lassen. Hieraus erklärt sich das von Schoppe eingeschlagene Verfahren. In erster Reihe begehrt er Verurteilung zu dem geschuldeten Restkaufpreis, für den Fall fruchtloser Vollstreckung wegen des Kaufpreisanspruchs erklärt er den Rücktritt vom Vertrag und verlangt Verurteilung zur Herausgabe der Sachen. Eine Ungewißheit des Beklagten darüber, ob die Bedingung eingetreten ist oder nicht, kann nicht entstehen. Deshalb wird man in diesem Fall die bedingte Rücktrittserklärung zulassen, obgleich grundsätzlich die einseitigen empfangsbedürftigen „Gestaltungsrechte", zu denen die Rücktrittserklärung (§ 349 BGB.) zählt, keine Bedingung vertragen. Daß die beiden im Eventualverhältnis stehenden Klageanträge in einer Klage zusammengefaßt sind, ist auch vom Standpunkt der Prozeßökonomie richtig und spart dem Beklagten die Kosten eines zweiten Prozesses, die er letzten Endes doch sonst zu tragen hätte.

„Bedingungsfeindliche Rechtsgeschäfte" sind einmal „actus legitimi" wie Auflassung, Ehescheidung, Adoption usw. (§§ 925^{II}, 1317^{II}, 1742), außerdem einseitige Gestaltungsrechte („Rechte des rechtlichen Könnens"). Staudinger 6 vor § 158. In den Fällen der zweiten Gruppe spricht das Gesetz (abgesehen von der hierher gehörigen Aufrechnungserklärung, § 388 S. 2) die Unzulässigkeit von Bedingungen nicht aus, sie folgt aber aus dem „Prinzip der Rechtsgewißheit" (S. 141): der Empfänger der Erklärung muß wissen, woran er ist. Eben darum kann man die Fruchtlosigkeit der Vollstreckung ohne Nachteil für den Beklagten als Bedingung anerkennen. — Die „Eventualaufrechnung" ist keine echte Bedingung, sondern conditio iuris. Erklärt der Arbeitgeber oder (außerhalb der Wohnungszwangswirtschaft) der Vermieter, daß er den Vertrag zum nächsten Termin kündige, „wenn" der andere Teil nicht mit Lohnkürzung (bzw. Mietserhöhung) einverstanden sei, so handelt es sich nicht um bedingte Kündigung, sondern um Kombination von unbedingter Kündigung des alten und Offerte zum Abschluß eines neuen Vertrags.

Bei Stellung von Eventualanträgen ist als Objekt der Wert des höheren Antrags maßgebend. Stein-Jonas zu § 3 mit Anm. 30. Bei der *Schoppe*schen Klage ist der Hilfsantrag der höhere: zum Wert der herauszugebenden Sachen (780 RM. minus 150 RM. Abnutzung) treten die herauszuzahlenden 33 RM. So ergibt sich das Objekt von 663 RM., nach dem *Schoppe* die Prozeßgebühr berechnet und bezahlt hat (§§ 8, 20¹ GKG.). Ergeht Urteil nach dem Hauptantrag, so wird es von Amtswegen und ohne Sicherheit als vorläufig vollstreckbar erklärt; bei dem die Summe von 500 Goldmark (§ 709⁴ ZPO.) übersteigenden Hilfsantrag bedarf es eines Antrags und einer Sicherheitsleistung des Klägers (§ 710).

Terminsanberaumung. Grundsätzlich muß jeder amtsgerichtlichen Klage ein Güteverfahren vorausgegangen sein, und wenn dem zuwider eine Klage beim Amtsgericht angebracht wird, ist sie als Güteantrag zu behandeln: s. g. „Priorität des Güteverfahrens". §§ 495a, 500a. Von der Notwendigkeit des vorherigen Güteverfahrens befreit sind insbesondere Urkunden-, Wechsel- und Scheckprozesse (§ 495a³) sowie Fälle, in denen die alsbaldige Klageerhebung durch „wichtige Gründe" gerechtfertigt wird (§ 495a⁶). In der Praxis versuchen die Kläger kaum jemals die letzte Bestimmung zur Anwendung zu bringen und ihre tatsächlichen Voraussetzungen glaubhaft zu machen (§ 500a¹). Man betrachtet das Güteverfahren als unvermeidliche Formalität für die Eröffnung des amtsgerichtlichen Streitverfahrens, faßt den das Verfahren einleitenden Schriftsatz als Klageschrift und verzichtet sogar darauf, bei der vorschußweisen Zahlung der Gebühr, von der die Terminsansetzung abhängt, sich die niedrigeren Sätze des Güteverfahrens zu Nutze zu machen, damit nicht beim späteren Übergang ins Streitverfahren eine Verzögerung entsteht (S. 363). Auch Schoppe hat von vornherein die volle Prozeßgebühr des Streitverfahrens in Kostenmarken entrichtet.

Demgemäß beraumt der Richter Termin zur Güteverhandlung auf den 17. Februar 1933 an und läßt die Parteien nach dem für das Güteverfahren bestimmten Formular (S. 362, natürlich unter Weglassung etwaiger, auf das Schiedsurteilsverfahren berechneter, besonderen Zusätze, vgl. S. 364/5) laden.

Versäumnisantrag. Im Termin erschienen bei Aufruf:

„1. für den Antragsteller dessen gerichtsbekannter Prokurist Kaufmann *Theodor Schwab* aus Breslau,

2. für den Antragsgegner niemand.

Auf Antrag des Antragstellers wurde in das Streitverfahren eingetreten.

Nunmehr wurde in öffentlicher Sitzung verhandelt²)."

Vgl. S. 363. Der Prokurist ist ohne besondere Vollmacht befugt den Geschäftsherrn im Prozeß zu vertreten (§ 49ᴵ HGB.).

„Der Kläger nahm Bezug auf den Antrag der Klageschrift."

Der Richter stellt aus den Akten fest, daß Klage und Terminsladung dem Beklagten am 7. Februar zugestellt sind. Die Einlassungsfrist von 3 Tagen (§ 499 ZPO.) ist also reichlich gewahrt, und ein Versäumnisurteil an sich möglich. —

Der Richter zu Schwab: Nach der Klage befindet sich Weinhold erst mit 66 RM., also weniger als $^1/_{10}$ des Kaufpreises, im Verzug. Die sofortige Fälligkeit der Restschuld ist also nach § 4ᴵᴵ AbzahlG. noch nicht eingetreten.

Schwab: Der Vertrag, den ich vorlegen kann, besagt ohne jede Einschränkung, daß die Schuld durch Verzug mit zwei aufeinander folgenden Raten fällig wird.

²) Für die folgenden amtsgerichtlichen Prozeßfälle wird der Übergang ins Streitverfahren überall als ordnungsgemäß vollzogen unterstellt. Ebenso die Beachtung der §§ 74, 74a GKG.

Weinhold ist außerdem Kaufmann, kann sich also nach § 8 AbzahlG. nicht auf die Schutzvorschriften dieses Gesetzes berufen.

Richter: Behaupten Sie, daß Weinhold im Handelsregister als Kaufmann eingetragen sei?

Schwab: Weinhold ist Expedient bei Ch. F. Müller & Co. Er selbst steht nicht im Handelsregister.

Richter: Dann liegen die Voraussetzungen des § 8 also nicht vor, und die gesetzliche Mindest-Verzugssumme von $1/_{10}$ muß gewahrt sein. Wie viele Raten sind seit Einreichung der Klage weiterhin fällig geworden und wie viel hat der Beklagte seitdem gezahlt?

Schwab: Es sind 2 weitere Raten zu je 6 RM. fällig geworden. Bezahlt hat Weinhold nichts.

Richter: Dann würde der Verzug heute 78 RM., also gerade den zehnten Teil des Kaufpreises, ausmachen. Sie können aber kein Versäumnisurteil bekommen, weil die Behauptung, daß der Beklagte mit weiteren 12 RM. in Verzug geraten sei, nicht mittels Schriftsatzes zugestellt worden ist. Beantragen Sie Vertagung und lassen Sie dem Beklagten zum neuen Termin einen Schriftsatz zustellen!

Schwab: Daß die beiden Raten seit dem 3. Februar fällig geworden sind und daß er sie nicht bezahlt hat, weiß Weinhold ganz gut. Ich verlange ein Versäumnisurteil. —

Protokoll:

„Der Kläger behauptete, daß der Beklagte seit Abfassung der Klage mit zwei weiteren Wochenraten im Gesamtbetrag von 12 *RM* in Verzug gekommen sei und beantragte gegen den Beklagten das Versäumnisurteil zu erlassen.

Vorgelesen, genehmigt."

Während das Versäumnisurteil gegen den Kläger ohne jede rechtliche Prüfung, lediglich auf Grund der Säumnis, ergeht (§ 330 ZPO.), begründet Versäumnis des Beklagten nur die Fiktion eines Geständnisses des tatsächlichen mündlichen Vorbringens des Klägers (§ 331^{I}), so daß Versäumnisurteil gegen ihn bloß dann erlassen wird, wenn nach der rechtlichen Prüfung des Gerichts die als zugestanden anzusehenden Tatsachen den Klageantrag rechtfertigen (§ 331^{II}). Die Fiktion des Geständnisses beschränkt sich auf die in der Klage oder durch besonderen Schriftsatz rechtzeitig zugestellten Behauptungen des Klägers: denn der Beklagte, dem eine rechtlich nicht schlüssige Klage zugestellt wird, soll sich darauf verlassen dürfen, daß er im Termin nicht auf Grund neuer Behauptungen oder Erklärungen des Klägers kontumaziert werden wird. Hieraus ergeben sich für das Versäumnisverfahren gegen Beklagten drei Möglichkeiten: 1. War die Klage schon nach Maßgabe der zugestellten Klageschrift begründet, so kann Versäumnisurteil ergehen. 2. Fehlt der Klage, auch unter Berücksichtigung der etwa im Termin nachgeschobenen tatsächlichen Anführungen, die Schlüssigkeit und beantragt der Kläger gleichwohl Versäumnisurteil, so wird die Klage durch kontradiktorisches Urteil abgewiesen, gegen welches (bei Erreichung der Berufungssumme) Berufung stattfindet (§ 331^{II}). 3. Durch die dem Beklagten mitgeteilten Behauptungen wird der Klageantrag nicht gerechtfertigt, während der Vortrag des Klägers in der mündlichen Verhandlung ausreicht: dann erfolgt keine Klageabweisung, sondern es wird lediglich der Erlaß des Versäumnisurteils durch Beschluß abgelehnt (§ 335^{3}). So liegt hier der

Fall. Die Bestimmung des § 4 II AbzahlG., daß die Vereinbarung der vorzeitigen Fälligkeit „rechtsgültig nur für den Fall getroffen" werden könne, daß sich der Käufer mit zwei auf einander folgenden Raten und mit mindestens 1/10 der Kaufsumme im Verzug befindet, wird ausgelegt, als ob sie lautete: „die Vereinbarung der sofortigen Fälligkeit ist nur für den Fall wirksam, daß usw.". Das Gesetz will ja bloß verhüten, daß die vorzeitige Fälligkeit gegen einen Käufer geltend gemacht wird, der mit einer kleineren Summe im Verzuge ist; man soll die Nichtigkeit wegen Verstoßes gegen gesetzliche Bestimmungen nicht weiter ausdehnen, als es der Zweck des Verbots erfordert. RG. 64, 92. Die im Termin nachgeschobene Behauptung des Klägers würde also, wenn sie dem Beklagten rechtzeitig zugestellt worden wäre, seine Verurteilung tragen:

„Es wurde der Beschluß verkündet:

Der Antrag auf Erlaß des Versäumnisurteils wird zurückgewiesen, weil dem Beklagten ein für die Begründung der Klage wesentliches mündliches Vorbringen, nämlich die Behauptung, daß er seit Abfassung der Klage mit weiteren 12 *RM* in Verzug gekommen sei, nicht mittels Schriftsatzes mitgeteilt worden ist.

Neuer Termin wurde auf den 7. März 1933 vormittags 10½ Uhr bestimmt.

Richter. *Urkund.*"

Zum neuen Termin wird Weinhold wieder geladen. § 335 II ZPO. (Ausnahme von § 218).

Versäumnisurteil in abgekürzter Form. Gegen den Beschluß hat Schoppe sofortige Beschwerde (§ 336 I). Er fügt sich aber der Ansicht des Richters und läßt dem Beklagten die Behauptung durch Schriftsatz zustellen. Am 7. März ist Weinhold wiederum nicht vertreten:

„Der Kläger nahm Bezug auf den Antrag der Klageschrift und beantragte, gegen den Beklagten das Versäumnisurteil zu erlassen.

Vorgelesen, genehmigt."

Diesmal bestehen keine Bedenken:

„Es wurde Versäumnisurteil nach Klageantrag, Zinsen seit 7. Februar 1933, ohne Sicherheitsleistung vorläufig vollstreckbar, verkündet und in abgekürzter Form auf die Klageschrift gesetzt.

Richter. *Urkund.*"

Das Versäumnisurteil wird gemäß § 313 III neben den Antrag der Klageschrift gesetzt (durch Stempel, falls kein entsprechender Vordruck vorhanden) und lautet:

„Verkündet am 7. März 1933.
Urkund
als Urkundsbeamter der Geschäftsstelle

Im Namen des Volkes!
Versäumnisurteil.
Erkannt nach Klageantrag. Zinsen seit 7. Februar 1933.
Das Urteil ist vorläufig vollstreckbar.
Amtsgericht
Richter."

Entsprechend abgekürzte Anerkenntnisurteile, ferner abgekürzte Versäumnis- oder Anerkenntnisurteile nach vorausgegangenem Mahnverfahren (§§ 313 III, 696 IV). Da Versäumnisurteile ohne Rücksicht auf das Objekt für vorläufig vollstreckbar erklärt werden (§ 708 3), war das Sicherheitserbieten Schoppes in der Klageschrift gegenstandslos.

Für **Ausfertigung** eines in abgekürzter Form erlassenen Versäumnis- oder Anerkenntnisurteils stehen nach § 317^{IV} zwei Wege zur Auswahl. Entweder kommt Ausfertigung des obigen Urteilsvermerks auf eine beglaubigte Abschrift der Klage. Oder aber das Urteil wird ohne Klageschrift ausgefertigt, dafür durch Kopf und Formel (§ $313^{1, 2, 5}$) vervollständigt:

„Ausfertigung.

Verkündet am 7. März 1933.

(gez.) *Urkund*

als Urkundsbeamter der Geschäftsstelle.

Versäumnisurteil.

Im Namen des Volkes!

In Sachen des Kaufmanns *Adolf Schoppe* in Breslau, Neumarkt 16, Klägers,
gegen den Kaufmann *Emil Weinhold* in Breslau, Klosterstraße 50, Beklagten,
hat das Amtsgericht in Breslau auf die mündliche Verhandlung vom 7. März 1933 durch den Amtsgerichtsrat *Richter* für Recht erkannt:

I. Der Beklagte wird verurteilt
   a) in erster Reihe dem Kläger 480 *RM* (i. W.) nebst 4% Zinsen seit 7. Februar 1933 zu zahlen,
   b) für den Fall fruchtloser Zwangsvollstreckung wegen des Anspruchs zu a: dem Kläger folgende Sachen herauszugeben
      2 Betten mit Matratzen und Nachttischen,
      . . . .
   und noch 33 *RM* (i. W.) nebst 4% Zinsen seit 7. Febraur 1933 zu zahlen. Der Anspruch zu a kommt alsdann in Wegfall.

II. Die Kosten des Rechtsstreits werden dem Beklagten auferlegt.

III. Das Urteil ist vorläufig vollstreckbar.

(gez.) *Richter.*

Ausgefertigt.

Breslau, den 8. März 1933.

(Siegel) *Urkund*

als Urkundsbeamter der Geschäftsstelle."

Von den Erfordernissen des normalen Urteils (§ 313^{I}) fehlen der vervollständigten Ausfertigung Tatbestand und Entscheidungsgründe; sie werden durch die Überschrift „Versäumnis- (bzw. Anerkenntnis-) Urteil" ersetzt.

Streitige Mietsache. Schriftliche Entscheidung. Beweisbeschluß.

Mietzins- und Räumungsklage.

„An das Amtsgericht hier. Breslau, den 4. Februar 1933.

Klage

des Schokoladenfabrikanten *Albin Noack* in Breslau, Sprudelstraße 15, Klägers,
Prozeßbevollmächtigter: RA. *Schwarz* in Breslau,
gegen den Krankenkassenrendanten *Alois Nickel* in Breslau, Sprudelstraße 15, Beklagten,
wegen Mietzins und Räumung.

Auf Grund des nachstehenden Sachverhalts erhebe ich Klage beim Amtsgericht Breslau und beantrage die Anberaumung eines Verhandlungstermins, in welchem ich beantragen werde:

den Beklagten kostenpflichtig zu verurteilen

a) dem Kläger 120 *RM* (i. W.) nebst 4% Zinsen seit dem 1. Februar 1933 zu zahlen,

b) seine Wohnung im zweiten Stock des Hausgrundstücks Sprudelstraße 15, bestehend aus 3 Zimmern, Küche, Bad nebst zugehörigem Keller und Bodenkammer, zu räumen.

Begründung.

Der Kläger ist Eigentümer des Grundstücks Sprudelstraße 15.

Beweis: das Grundbuch.

Durch schriftlichen Vertrag vom 13. März 1932,

der in Abschrift beigefügt wird,

hat er dem Beklagten im zweiten Stock dieses Grundstücks eine Wohnung von 3 Zimmern, Küche, Bad nebst zugehörigem Keller und Bodenkammer für die Zeit vom 1. Juli 1932 bis 30. September 1935 gegen eine monatlich im Voraus zahlbare Jahresmiete von 1440 *RM* vermietet.

Das Hausgrundstück Sprudelstraße 15 ist im Jahr 1927 als Neubau errichtet worden.

Beweis: Auskunft des städtischen Wohnungsamts."

Bei Neubauten ist das Recht der Wohnungszwangswirtschaft ausgeschaltet. Nickel genießt keinen Mieterschutz, der Fall ist lediglich nach bürgerlichem Recht zu entscheiden. § 33 MSchG. vom 17. Februar 1928 (RGBl. I 25).

Die Wohnungszwangswirtschaft wurde in Deutschland, wie in allen kriegführenden Ländern, während des Krieges zum Schutz der minderbemittelten Bevölkerung eingeführt. In und nach der Inflation wurde sie zu einem umfassenden System öffentlich- und privatrechtlicher Sondervorschriften ausgestaltet, welche tief in das auf Eigentum und Freiheit des obligatorischen Vertragsschlusses gegründete Mietrecht des BGB. eingreifen:

1. „Zwangsbewirtschaftung der Wohnräume" im engeren Sinn: der Eigentümer durfte über die ihm gehörigen unbenutzten Wohnräume nicht frei verfügen, hatte vielmehr freiwerdende Räume dem Wohnungsamt zu melden, das sie „beschlagnahmen" konnte. Weigerte sich der Eigentümer den ihm vom Wohnungsamt Zugewiesenen aufzunehmen, so stand dem Mieteinigungsamt die Entscheidung über Festsetzung eines „Zwangsmietvertrags" zu. §§ 3, 4 WMG. vom 26. Juli 1923 (RGBl. 754).

2. Die Zustimmung des Vermieters zur Untervermietung (§ 549 BGB.) konnte durch das Einigungsamt ersetzt werden. § 29 MSchG. Dadurch wurde namentlich der Wohnungstausch gegen den Willen des Grundstückseigentümers ermöglicht.

3. Einschränkung der freien Mietzinsbildung: Zwar konnten die Vertragsparteien die Miete nach Belieben vereinbaren, doch stand sowohl dem Vermieter wie dem Mieter das Recht zu, schriftlich die Berechnung der Miete nach den Bestimmungen des RMG. vom 20. Februar 1928 (RGBl. I 38) zu verlangen. Alsdann war vom nächsten gesetzlichen Kündigungstermin ab statt der vereinbarten die „gesetzliche" Miete (§ 1) zu zahlen, die aus der „Friedensmiete" mit den behördlich festgesetzten Zuschlägen besteht. Ferner wurde das Fordern und Annehmen unangemessen hoher Mieten und sonstiger Vergütungen für Überlassung oder Verschaffung von Räumen als „Raumwucher" verboten und unter Strafe gestellt. § 49 a MSchG. Über die zivilrechtliche Bedeutung der Vorschrift s. unten S. 464.

4. „Mieterschutz", d. i. Beseitigung der Kündigungsfreiheit des Vermieters: die dem Mieter nach Vertrag oder nach bürgerlichem Recht zustehenden Kündigungsbefugnisse blieben unberührt. Dagegen konnte der Vermieter das Vertragsverhältnis gegen den Willen des Mieters grundsätzlich nur durch die konstitutive „Aufhebungsklage" und nur aus bestimmten Gründen zur Aufhebung bringen: erhebliche Belästigung des Vermieters oder der Mitbewohner durch den Mieter (§ 2 MSchG.), Mietzahlungsverzug von bestimmter Höhe (§ 3), dringendes Interesse des Vermieters an der Erlangung der Mieträume (§ 4). Bis zur IV. Not-VO. war das Gericht für die Entscheidung über Aufhebungsklagen mit „Mietschöffen" besetzt. Im Aufhebungsurteil wurde zugleich die Räumungspflicht des

Mieters ausgesprochen. — Das dem Mahnverfahren nachgebildete „Räumungsbefehl"-Verfahren §§ 1—1 o MSchG.) hat sich in der Praxis niemals eingebürgert.

Seit mehreren Jahren befindet sich die Wohnungszwangswirtschaft im Abbau. Nach der I. Not-VO. (Teil 7 Kap. IV), der 4. Not-VO. (Teil 2 Kap. IV), vgl. Zusammenstellung der Änderungen des MSchG. vom 27. März 1932 (RGBl. I 167), und der VII. pr. Lockerungs-VO. vom 26. Oktober 1931 (GS. 228) ergibt sich folgender Rechtszustand:

a) In Orten unter 20000 Einwohnern gibt es keine Zwangsbewirtschaftung mehr (wohl aber gesetzliche Miete und Mieterschutz). §§ 3, 4 LockVO.

b) Wohnungen von einem bestimmten Friedensmietwert ab sind von der gesamten Wohnungszwangswirtschaft befreit. Art. I, IV[1] der IV. Not-VO. Beispielsweise beginnt in Breslau die Befreiung für RMG. und MSchG. mit 1200, für WMG. sogar schon mit 600 RM.

c) Ebenso sind Neubauten — genauer: die nach dem 1. Juli 1918 bezugsfertig gewordenen Neu-, Um- und Einbauten — völlig zwangswirtschaftsfrei; die frühere Unterscheidung zwischen den mit und ohne öffentlichen Zuschüssen errichteten Neubauten ist beseitigt. Auch Wohnungsteilung hat Befreiung von der Zwangswirtschaft zur Folge. §§ 12 WMG., 16 RMG., 33 MSchG., dazu Art. II[2], III der IV. Not-VO.

d) Ferner Geschäftsräume: Art. I der IV. Not-VO., § 2 LockVO. Hängen Wohnung und Geschäftslokal zusammen oder sind sie wegen des wirtschaftlichen Zusammenhangs gemeinschaftlich vermietet, so unterliegen beide dem RMG. und dem Mieterschutz, nicht aber der Zwangsbewirtschaftung.

e) Bei „Betriebswohnungen", die mit Rücksicht auf ein zwischen den Vertragsteilen bestehendes Dienst- oder Arbeitsverhältnis vermietet bzw. überlassen sind, dauert der Mieterschutz über die Beendigung des Arbeitsverhältnisses hinaus, d. h. der Arbeitgeber bekommt die Wohnung nur unter den besonderen Voraussetzungen des MSchG. frei. Betrifft aber das Dienst- oder Arbeitsverhältnis gerade das Haus, in welchem sich die Wohnung befindet (Hausmeister-, Pförtnerwohnung u. dgl.), so besteht überhaupt kein Mieterschutz. §§ 20, 21, 23 b MSchG. (Art. IV[6] der I. Not-VO.).

f) Gesetzliche Miete und Mieterschutz gelten nicht bei Verträgen, die vom 1. April 1931 ab neu geschlossen sind. Art. I, VII der I. Not-VO.

g) Das Prinzip der „gesetzlichen Miete" hat seine Bedeutung praktisch dadurch verloren, daß Art. III[1] der I. Not-VO. die Berufung auf die gesetzliche Miete nur noch im ersten Mietjahr gestattet.

h) Dem Vermieter steht ein Anspruch auf Wohnung im eigenen Hause zu. § 4 a MSchG. (Art. IV[3] der I. Not-VO.).

i) Eine Ersetzung der Zustimmung des Vermieters zur Untervermietung (oben zu 2) findet nicht mehr statt. Art. II[3] S. 2 der IV. Not-VO.

§ 49 a MSchG. gilt noch immer allgemein.

Anstelle des Mieterschutzes nach §§ 1 f. MSchG. tritt in den Fällen zu b, d und f der „Mieterschutz zweiten Grades" des § 52 e. Art. II[I] S. 2 der I., Art. I[II] S. 2 der IV. Not-VO. Dadurch wird zum Teil zwingendes Recht zu Gunsten des Mieters geschaffen, in anderen Punkten (z. B. Aufrechnung) jedoch die Rechtslage des Mieters gegenüber dem BGB. verschlechtert. Auf Neubauten und Betriebswohnungen ist § 52 e MSchG. nicht anwendbar.

Die nach Vorstehendem zur Zeit noch bestehenden Reste der Wohnungszwangswirtschaft sollen gänzlich beseitigt werden. WMG., RMG. und MSchG. treten am 1. April 1933 außer Kraft, und zwar das WMG. unbedingt, RMG. und MSchG. unter der Voraussetzung, daß bis dahin das Mietrecht des BGB. gesetzlich „unter sozialen Gesichtspunkten ausgestaltet" sein wird. Art. VIII der IV. Not-VO. Wahrscheinlich wird für die in Aussicht genommene soziale Ausgestaltung § 52 e MSchG. vorbildlich sein. —

Dadurch, daß Noack die Räumungsklage auch auf sein Eigentum stützt, wird seine Rechtslage nicht verbessert. Denn gegenüber der Vindikation kann sich Nickel auf das unter den Parteien bestehende obligatorische Vertragsverhältnis berufen. § 986[I] S. 1 BGB. Die Entscheidung hängt also letzten Endes davon ab, ob dieses Vertragsverhältnis durch die alsbald zu erwähnende außerordentliche Kündigung des Klägers vorzeitig aufgelöst worden ist oder nicht: die selben Voraussetzungen, unter denen auch Noacks persönliche Räumungsklage aus § 556 Erfolg haben muß.

„Die am 1. d. M. fällige Miete für Februar 1933 hat der Beklagte nicht bezahlt.

Beweis: Eideszuschiebung."

Waren Behauptung und Beweisantritt notwendig? Wie §§ 345, 358, 363 zeigen, hat stets der Schuldner die Erfüllung zu beweisen. Noack hätte abwarten können, ob der Beklagte Beweis für Zahlung der Februar-Miete anbieten wird. Andrerseits mußte der Kläger, um ein außerordentliches Kündigungsrecht wegen Mietverzuges schlüssig zu begründen, die Behauptung aufstellen, daß der Beklagte die Miete nicht bezahlt habe. Behauptungs- (Substanziierungs-) und Beweislast, die sonst gewöhnlich parallel laufen, fallen hier aus einander.

„Gemäß § 3 des Vertrages ist daher der Kläger zur fristlosen Kündigung berechtigt."

§ 3 des beigefügten Mietvertrages lautet:

„Der Vermieter ist zur fristlosen Kündigung berechtigt, falls der Mieter eine Mietrate nicht pünktlich zahlt."

Nach § 554 BGB. würde Verzug mit zwei auf einander folgenden Raten erforderlich sein.

„Ferner hat der Beklagte, entgegen den einen Bestandteil des Mietvertrags bildenden §§ 5 und 7 der Hausordnung, im Dezember 1932 trotz Verbots der Hausmeisterin wiederholt bis 13½ Uhr nachmittags Teppiche klopfen lassen, wodurch die übrigen Hausbewohner in ihrer Ruhe gestört wurden, und hat im gleichen Monat seine Badeeinrichtung 9mal benutzt.

Beweis: Hausmeisterin *Gründel* in Breslau, Sprudelstraße 15.

Dem Kläger steht daher auch aus § 553 BGB ein fristloses Kündigungsrecht zu."

§ 4 des Mietvertrags bestimmt:

„Der Mieter verpflichtet sich zur strengen Befolgung der auf der Rückseite abgedruckten Hausordnung, die als Bestandteil dieses Vertrages gilt."

Die §§ 5 bzw. 7 der Hausordnung lauten:

Ruhe und Ordnung dürfen im Hause, auf den Treppen, im Hofe, Garten usw. nicht gestört werden. Das Teppichklopfen ist nur am Freitag und Sonnabend vormittags zwischen 8 und 12 Uhr erlaubt."

„Wasserleitungen, Ausgüsse und Badeeinrichtungen müssen in maßvoller Weise benutzt werden. Jede überflüssige Entnahme von Wasser ist dem Mieter untersagt."

Die Klage schließt ab:

„Am 3. Februar 1933 ist dem Beklagten die Kündigung durch eingeschriebenen Brief erklärt worden.

Beweis: das Kündigungsschreiben, dessen Vorlegung vom Beklagten gefordert wird.

Meine Vollmacht sowie eine zur Zustellung an den Beklagten bestimmte Abschrift der Klage liegen bei. Ferner werden 42 RM. als Prozeßgebühr in Kostenmarken beigefügt.

Für den Kläger:

Schwarz, RA."

In den vom Mieterschutz ausgeschlossenen Fällen erfolgt die — gewöhnliche oder außerordentliche — Kündigung außergerichtlich durch einseitige empfangsbedürftige Willenserklärung, und wenn das Gericht zur Räumung verurteilt, so entscheidet es deklaratorisch auf Grund der durch die Kündigung geschaffenen Rechtslage. Für die Räumungsklage ist das Amtsgericht ohne Rücksicht auf den Streitwert, aber nicht ausschließlich, zuständig, während für die Mietzinsklage mangels besonderer Zuständigkeitsvorschriften die allgemeine Kompetenzgrenze von 1000 RM. gilt. § 23² (erster Fall) GVG.

Als Objekt von Räumungsansprüchen ist nach § 8 ZPO. der Betrag des auf die streitige Zeit (hier: bis zum 30. September 1935 als dem normalen Vertragsende) entfallenden Mietzinses, maximal der 25fache Jahresbetrag, anzusehen. Für die Berechnung der Gerichts- und Anwaltskosten bildet aber die einjährige Miete das Maximum. §§ 10ᴵ GKG., 10 GebO. f. RA. Hiernach beträgt das Kostenobjekt 120 RM. (Zahlungsanspruch) + 1440 RM. (Räumungsanspruch) = 1560 RM.

Abweichungen zwischen den Objektsvorschriften der ZPO. und des GKG. bestehen u. a. noch für Renten (§ 9 ZPO.: höchstens 12½facher Jahresbetrag, § 10ᴵᴵ,ᴵᴵᴵ GKG.: bei Unterhalt höchstens einfacher, bei Schadensersatzrenten höchstens fünffacher Jahresbetrag). Die Vorschriften der ZPO. sind (soweit keine besonderen Zuständigkeiten eingreifen wie bei der Räumungsklage) sowohl für die sachliche Zuständigkeit, wie für Berufungs- und Revisionssumme maßgebend. §§ 2, 511 aᴵᴵ, 546ᴵᴵ ZPO.

Die erweiterte Zuständigkeit des Amtsgerichts in Mietsachen beschränkt sich genau auf die dort aufgeführten Streitigkeiten, gilt also z. B. nicht für Feststellungsklagen über das Bestehen oder Nichtbestehen eines Mietverhältnisses. Auf Pachtsachen bezieht sich § 23² GVG. überhaupt nicht!

Vollmacht des Anwalts: § 88ᴵᴵ ZPO. Vorschußweise Zahlung der Prozeßgebühr: §§ 74ᴵᴵ, 74a GKG.

Der Richter setzt Termin zur Güteverhandlung an (S. 379).

Klagebeantwortung. Abzugs- und Schadensersatzrechte des Mieters. Widerklage. Für den Beklagten meldet sich RA. Weiß, überreicht Vollmacht und beantragt:

> „die Klage abzuweisen,
> für den Fall der Verurteilung: dem Beklagten die Abwendung der Zwangsvollstreckung durch Sicherheitsleistung vorzubehalten."

Die Sicherheit des Klägers geht derjenigen des Beklagten immer vor (§ 713ᴵᴵ ZPO.). Das Sicherheitserbieten des Beklagten hat daher praktische Bedeutung nur, wenn eine Verurteilung ohne Sicherheitsleistung des Klägers für vorläufig vollstreckbar zu erklären ist; und selbst in diesem Fall kann der Kläger durch sein Sicherheitserbieten die Hinterlegungsbefugnis des Beklagten aus dem Felde schlagen (unten S. 391). Der Beklagte Nickel muß mit einer ohne Sicherheit des Klägers vorläufig vollstreckbaren Verurteilung rechnen: hinsichtlich der Räumung nach § 709¹, bezüglich der Zahlung, weil dieser Anspruch die Summe von 500 Goldmark (§ 709⁴) nicht übersteigt. Aber auch in Prozessen, deren Objekt über 500 Goldmark hinausgeht und die nicht (wie z. B. Urkundenprozesse, § 708⁴) bezüglich der vorläufigen Vollstreckbarkeit privilegiert sind, sollte der Beklagte vorsichtshalber regelmäßig beantragen, daß — für den Fall eines ohne Sicherheitsleistung des Klägers vollstreckbaren Urteils — ihm die Hinterlegungsbefugnis vorbehalten wird. Denn vielleicht gibt das Gericht der Klage nur in Höhe von 500 Goldmark oder weniger statt, oder es erläßt Teilurteil über eine im Rahmen des § 709⁴ liegende Summe, und dann würde es für den Beklagten eine empfindliche Schädigung bedeuten, wenn er nicht in der Lage ist die Vollstreckung durch Sicherheitsleistung abzuwenden.

Praktische Bedeutung der Hinterlegungsbefugnis: 12. Kap. „Mobiliarpfändung für mehrere Gläubiger."

„Begründung.

Dem Kläger steht weder ein Mietzinsanspruch für Februar 1933 noch ein fristloses Kündigungsrecht zu:

1. Am Abend des 3. Januar 1933 hat die Hausmeisterin des Klägers es trotz der herrschenden Kälte von —9° unterlassen den Hauptwasserhahn abzusperren, weil sie Radio hörte. Infolge dessen platzte während der Nacht das Wasserrohr in der Küche des Beklagten. Die ganze Küche wurde unter Wasser gesetzt und ist erst am 20. Januar 1933 wieder benutzbar geworden.

Beweis: die Ehefrau des Beklagten.

Gemäß § 537 BGB ermäßigt sich also die Januarmiete um den Betrag, der auf die Küche für 16 Tage zu rechnen ist, d. s. mindestens 12 RM.

Beweis: Sachverständige."

Die mangelhafte Erfüllung vertraglicher Schuldverpflichtungen begründet Schadensersatzansprüche nur im Fall des Verschuldens oder der Garantie, während die „ädilizischen" Rechtsbehelfe der Wandelung, Minderung usw. vom Verschulden unabhängig sind. Vgl. für den Kauf § 463 gegen § 462 BGB. Die nach § 537 eintretende gänzliche oder teilweise Befreiung des Mieters von der Mietzahlung zählt zur zweiten Gruppe. Für das Abzugsrecht würde es daher keiner Erörterung der Schuldfrage bedurft haben.

„2. Bei der Überschwemmung der Küche ist ein dem Beklagten gehörender Sack mit Weizenmehl im Wert von 40 RM. verdorben.

Beweis: die Ehefrau des Beklagten.

Diesen Betrag hat der Kläger dem Beklagten zu vergüten."

Hier macht der Beklagte einen Schadensersatzanspruch gemäß § 538 geltend. Dieser steht dem Mieter zu: 1. wenn der Mangel schon bei Vertragsschluß vorhanden war, 2. wenn er (was hier in Betracht kommt) infolge eines vom Vermieter zu vertretenden Umstandes (Haftung für Erfüllungsgehilfen: § 278!) entstanden ist, 3. wenn der Vermieter mit Beseitigung des verschuldeten oder unverschuldeten Mangels in Verzug gerät. Der erste Fall beruht auf dem Gedanken, daß der Vermieter für Tauglichkeit der Mietsache im Zeitpunkt des Vertragsschlusses eine stillschweigende Garantie übernehme. Maßgebend ist dabei nicht das Hervortreten des Mangels, sondern sein objektives Vorhandensein. Bestand der Mangel schon beim Vertragsschluß, wurde er aber zunächst von niemandem bemerkt und führte erst erhebliche Zeit später zu einem Schaden, so muß der Vermieter den Schaden unbedingt ersetzen. RG. 81, 200. Vgl. Punkt 3 der Klagebeantwortung.

„3. Am 10. Januar 1933 hat die Frau des Beklagten ein Bad zubereitet. Plötzlich fiel ohne jeden äußeren Anlaß der Warmwasserhahn heraus und das heiße Wasser strömte heraus, so daß der Frau beide Hände und Unterarme verbrüht wurden.

Beweis: die Ehefrau des Beklagten.

Die hierdurch notwendig gewordene ärztliche Behandlung hat einschließlich Medikamenten 160 *RM* gekostet.

Beweis: die vom St. Elisabethinerinnen-Krankenhaus ausgestellten quittierten Rechnungen, die ich im Termin vorlegen werde.

Ferner war der Beklagte genötigt vom 10. bis 24. Januar 1933, während dessen seine Frau arbeitsunfähig war,

Beweis: *Dr. med. Sebald*, Stationsarzt im Elisabethinerinnen-Krankenhaus,

die häuslichen Arbeiten durch die Aufwartefrau *Schmudicke* verrichten zu lassen, welche dafür 30 *RM* erhalten hat.

Beweis: Frau *Schmudicke* in Breslau, Herderstraße 31.

Wenn der Kläger, wie es jeder sorgfältige Hauswirt tut, von Zeit zu Zeit die Badeeinrichtung durch eine sachverständige Person hätte nachsehen lassen, wäre der Unfall vermieden worden, da der Hahn schon längere Zeit, mindestens seit Abschluß des Mietvertrags der Parteien, morsch und defekt war.

Beweis: Sachverständiges Zeugnis und Gutachten des Klempnermeisters *Giese* in Breslau, Lewaldstr. 44.

Der Kläger hat deshalb dem Beklagten auch die 160 *RM* sowie 30 *RM* zu vergüten."

Sind wegen des Unfalls der Ehefrau, die nicht Vertragspartei ist, vertragliche Schadensersatzansprüche gegeben? Die Pflicht, die Mietsache während der Vertragsdauer in gebrauchsfähigem Zustand zu erhalten (§ 536) und die aus einer mangelhaften Beschaffenheit sich ergebenden Gefahren für Leben, Gesundheit und Eigentum abzuwenden, obliegt dem Vermieter nicht bloß gegenüber dem Mieter sondern auch gegenüber den vom Mieter in die Wohnung aufgenommenen Angehörigen und solchen Angestellten, denen der Mieter gemäß § 618 haftet. Daraus folgt einmal, daß Nickel den ihm durch den Unfall seiner Frau zugefügten Schaden nach Maßgabe des § 538 vom Vermieter fordern kann. RG. 77, 99; 81, 200, 214; 90, 65. Außerdem hat aber auch Frau Nickel wegen ihres Schadens vertragliche Ansprüche an den Vermieter Noack: der Mietvertrag ist Vertrag zu Gunsten des geschädigten Dritten. RG. 91, 21; 102, 231.

Vertrag zu Gunsten Dritter: Ob ein beteiligter Dritter lediglich solutionis causa adiectus ist (wie der Neffe, dem auf Bestellung des Onkels ein Anzug angemessen oder der photographiert wird) oder ob er ein eigenes Recht auf die Leistung erwirbt, hängt bei der elastischen Fassung des § 328 von der Lage des Einzelfalls, besonders vom Zweck des Geschäfts, ab. Die Vereinbarung eines begünstigten Dritten kann auch stillschweigend getroffen werden, ohne daß sich die Vertragschließenden dessen bewußt sind. Ähnliche Grundsätze wie für Angehörige und Angestellte des Mieters hat die Praxis bei Werkverträgen aufgestellt: zu Gunsten der Frau und Tochter, für die eine Droschke genommen wird; zu Gunsten des Kassenmitglieds, welches von der Kasse vertraglich in einem Krankenhaus untergebracht wurde; zu Gunsten der Hausangestellten, deren Gesundheit geschädigt wird, weil eine vom Dienstherrn bestellte Revision des Gasanschlusses nicht ordnungsmäßig ausgeführt worden ist. RG. 127, 218 (mit Übersicht über die Entwicklung der Rechtsprechung).

Sogar der durch Gesundheitsgefährlichkeit der Dienstwohnung erkrankten Ehefrau eines Beamten hat RG. 91, 21 quasi-vertragliche Ansprüche an den Fiskus entsprechend § 618 gewährt. Da das Verhältnis des Beamten zum Dienstherrn weder dem Privatrecht angehört noch auf Vertrag beruht, handelt es sich dabei um Auffindung eines analogen Rechtssatzes im öffentlichen Recht.

Wie verhält sich nun Noacks vertragliche Ersatzpflicht zu seiner Haftung aus unerlaubter Handlung? Die Voraussetzungen des Vertrags- und des Deliktsanspruchs sind selbständig zu prüfen. Hinsichtlich des Verschuldens von Erfüllungsgehilfen, der Verjährung und wohl auch der Beweislast ist das Vertragsrecht dem Geschädigten günstiger als der Deliktsanspruch. Vgl. § 278 gegen § 831, § 195 gegen § 852.

Nach § 823 muß zweifellos der Kläger das Verschulden des Schuldners beweisen. Die Beweislast für das Verschulden beim vertragsmäßigen Schadensersatzanspruch ist streitig. Da das Gesetz in den Fällen der Unmöglichkeit (§ 282) und des Verzuges (§ 285) die Beweislast ausdrücklich dem Schuldner auferlegt, muß die gleiche Beweislastverteilung auch für Ansprüche aus positiver Vertragsverletzung angenommen werden. Hiervon gehen offenbar die unten S. 400 zitierten Entscheidungen aus, welche dem Schuldner die Beweisführung wegen besonderer Schwierigkeiten erleichtern. JW. 23, 286[3] (Urteil des früheren VI. Senats) und Staudinger III zu § 282 bürden jedoch dem Verletzten die Beweislast auf. Dagegen zutreffend Rabel a. a. O. Nach RGR.-Komm. 4 d zu § 276 soll grundsätzlich der Gläubiger beweispflichtig sein, doch kehrt sich die Beweispflicht um, falls der Schaden durch fehlerhafte Vertragserfüllung verursacht ist und dabei das Vorhandensein des Mangels, der den Schaden verursacht hat, an sich gegen geübte Sorgfalt spricht.

Bei manchen Deliktsansprüchen muß der Schuldner sich exkulpieren. Wird z. B. der Mieter durch Ablösung des Gesimses eines Kachelofens beschädigt, so ist neben § 538 als Deliktsanspruch § 836 anwendbar und der Vermieter hat den Entlastungsbeweis aus Abs. I S. 2 zu erbringen. Warn.Rspr. 30 Nr. 153.

Aus dem Vertragsverhältnis läßt sich jedoch nur Ersatz des dem Vertragsgegner (bzw. dem begünstigten Dritten im Fall des § 328) selbst erwachsenen Vermögensschadens (§ 253) herleiten. Alle darüber hinausgehenden Ansprüche, nämlich die Ansprüche der Hinterbliebenen des Getöteten (§ 844), der Anspruch des Ehemanns oder der Eltern wegen Entziehung der ihnen nach §§ 1356, 1617 gesetzlich zustehenden Dienste des Verletzten (§ 845), der Anspruch des Verletzten auf Ersatz des immateriellen Schadens, s.g. „Schmerzensgeldes" (§ 847), setzen voraus, daß der Tatbestand der unerlaubten Handlung nachgewiesen wird. Die für die Aufwartefrau geforderten 30 RM. fallen an sich unter § 845. Da aber Nickel Vertragsgegner des Klägers ist, steht ihm der Betrag auch aus dem Vertrage zu.

„Sofort nach Empfang des Kündigungsschreibens vom 3. Februar d. J. hat der Beklagte dem Kläger erklärt, daß er gegenüber der Februarmiete mit der für Januar zuviel gezahlten Miete sowie mit seinen Schadensersatzforderungen aufrechne.

Beweis: der Brief, dessen Vorlegung vom Kläger gefordert wird."

Das BGB. kennt keine compensatio ipso iure. Als Noack am 3. Februar kündigte, war — das Bestehen der von Nickel geltend gemachten Gegenforderungen unterstellt — zwar „Aufrechnungslage" gegeben, aber es fehlte noch die Aufrechnungserklärung (§ 388). Folglich befand sich Nickel damals tatsächlich mit der Februarmiete im Verzug, und die Voraussetzungen des außerordentlichen Kündigungsrechts aus § 3 des Mietvertrags waren erfüllt. Dann ist aber das Mietverhältnis durch die Kündigung aufgelöst worden und kann durch eine später von Nickel abgegebene Aufrechnungserklärung nicht wieder ins Leben treten.

Dieses Ergebnis entspricht zwar der Logik der juristischen Konstruktion, würde aber eine Härte gegen den Mieter darstellen. Für den gesetzlichen Kündigungsfall des Mietverzuges bestimmt § 554^{II}, daß die vom Vermieter erklärte Kündigung unwirksam wird, wenn dem Mieter eine Aufrechnungsbefugnis zusteht und er die Aufrechnung „unverzüglich" nach Empfang der Kündigung erklärt. Entsprechend § 357 für den Rücktritt. Das Gleiche wird man bei dem vertraglichen Kündigungsgrund des § 3 annehmen müssen.

Wie bei vielen anderen Vertragsschuldverhältnissen, so wird auch im Mietrecht das Gesetz durch formularmäßige Bedingungen fast gänzlich verdrängt. Wer mit einer Bank in Geschäftsverbindung treten, einen Versicherungsvertrag abschließen, eine Maschine kaufen, Waren durch einen Spediteur befördern lassen will, muß sich den allgemeinen Geschäfts-, Versicherungs-, Lieferungs-

Transportbedingungen des anderen Teils unterwerfen. Bei der Miete herrschen die Vertragsformulare der Hausbesitzervereine vor, doch sind auch andere Formulare im Gebrauch. Weil die Formularbedingungen und -verträge eine über den Einzelfall hinausgehende Bedeutung besitzen, wird ihre Auslegung in der Revisionsinstanz in gleicher Weise nachgeprüft, wie die Auslegung von Gesetzen. Dabei macht die Rechtsprechung eine (dem § 549I ZPO. entsprechende) Ausnahme, indem sie formularmäßige Bedingungen von bloß lokaler Bedeutung, wie Bedingungen einer bestimmten Börse, von der Nachprüfung der Auslegung ausschließt (RG 114, 165). Die Auslegung eines Tarifvertrags ist nach § 73 I ArbGG. immer vom Revisionsgericht nachzuprüfen, der Tarifvertrag wird also in dieser Beziehung wie eine Norm des objektiven Rechts behandelt.

Die Auslegung von Formularbedingungen geschieht im Zweifel gegen die Partei, von deren Verband die Bedingungen aufgestellt sind: der andere Teil verliert gegenüber der gesetzlichen Regelung nur diejenigen Rechte, von welchen das im Vertrag deutlich gesagt ist. RG. 92, 55; JW. 16, 571[1]. § 3 des Mietvertrags ist also so zu verstehen, daß zwar Nichtbezahlung einer Rate (statt der zwei Raten des § 554 BGB.) genügt, daß aber das Erfordernis des „Verzuges", d. h. der schuldhaften Nichtbezahlung (§ 285), und die Möglichkeit, durch nachträgliche Aufrechnung die Kündigung des Vermieters unwirksam zu machen, bestehen bleiben, obgleich der Vertragstext nichts davon sagt.

Es gibt auch Mietvertragsformulare, in denen dem Mieter die Befugnis zur Aufrechnung überhaupt entzogen wird. Dann entsteht die Frage, ob eine derartige Bestimmung wegen Verstoßes gegen die guten Sitten (§ 138I) nichtig ist. Vgl. RG. 132, 305 (Aufrechnungsverzicht und Freizeichnungsklausel bei einem Vertrag über Lieferung von Schiffsbaumaterial wegen Ausnutzung einer wirtschaftlichen Monopolstellung nichtig); Staudinger I 5 zu § 138. Bei der Miete kann man der vertraglichen Ausschließung von Aufrechnungs- und Zurückbehaltungsrechten eine gewisse Berechtigung nicht absprechen, denn der Vermieter wird durch schikanöse Ausübung solcher Rechte gehindert seine Hypothekenzinsen und Steuern pünktlich zu zahlen. Im Gebiet des Mieterschutzes ist der Aufrechnungsverzicht teilweise unwirksam (§ 28 MSchG.), ähnlich beim „Mieterschutz zweiten Grades" (S. 384) nach § 52 e[2], wo jedoch die Aufrechnung durch die Notwendigkeit, die Aufrechnungsabsicht einen Monat vor Fälligkeit dem Vermieter schriftlich anzuzeigen, erheblich erschwert wird. —

Der Schriftsatz geht jetzt zu dem zweiten Kündigungsgrund über:

„4. Aus den angeblichen Verletzungen der Hausordnung kann der Kläger schon darum keine Kündigung herleiten, weil er mehr als 1 Monat bis zur Kündigung hat verstreichen lassen. Im übrigen sind nur ein einziges Mal nach 12 Uhr mittags Teppiche geklopft worden, als die Aufwartefrau infolge häuslicher Verhinderung erst um ¾12 Uhr zur Arbeit kommen konnte. Die Badeeinrichtung hat der Beklagte im Dezember 1932 nicht öfter als 3 oder 4mal benutzt.

Beweis: die Ehefrau des Beklagten.

Von ‚erheblichen' Verletzungen, wie sie § 553 BGB. voraussetzt, kann also nicht die Rede sein. Auch wird die dort vorgesehene Abmahnung des Vermieters bestritten."

§ 4 des Mietvertrages mit §§ 5 und 7 der Hausordnung verhalten sich zu § 553 BGB. ebenso, wie § 3 des Vertrages zu § 554. Manche Verträge geben ausdrücklich bei jeder, auch noch so geringfügigen, Verletzung der Hausordnung dem Vermieter die Kündigungsbefugnis, was freilich nach § 138 nichtig sein kann (s. oben).

Obgleich eine gesetzliche Frist zur Ausübung außerordentlicher Kündigungsrechte (§§ 553/4, 626, 723 usw.) nicht besteht, folgert die Rechtsprechung aus dem Prinzip von Treu und Glauben, daß der Kündigungsberechtigte nicht allzu lange warten darf. JW. 02, 69.

„5. Wegen der durch die Aufrechnung vom 4. Februar 1933 nicht verbrauchten Gegenforderungen des Beklagten erhebe ich

Widerklage

mit dem Antrag:

den Kläger und Widerbeklagten zur Zahlung von 122 *RM* (i. W.) nebst 4% Zinsen seit Zustellung dieses Schriftsatzes zu verurteilen.

Weiß, RA."

Replik des Klägers.

„Antrag:

I. zur Klage erbietet sich der Kläger gemäß § 713 II ZPO., vor der Vollstreckung Sicherheit zu leisten.

II. Zur Widerklage wird beantragt:
die Widerklage abzuweisen,
hilfsweise: dem Kläger und Widerbeklagten die Abwendung der Zwangsvollstreckung durch Sicherheitsleistung vorzubehalten."

Warum erbietet sich der Kläger zur Sicherheitsleistung hinsichtlich des Klageanspruchs, obwohl doch das Urteil ohne Sicherheit für vollstreckbar erklärt wird (oben S. 386)? Der Beklagte hatte Hinterlegungsbefugnis für sich beantragt. Gibt also das Gericht der Räumungsklage statt, so müßte zwar die vorläufige Vollstreckbarkeit ausgesprochen, dem Beklagten aber die Abwendung der Vollstreckung durch Sicherheit vorbehalten werden, und der Kläger würde die Wohnung bis zur Rechtskraft des Urteils nicht freibekommen, wodurch ihm unter Umständen eine günstige Vermietungsgelegenheit entgeht. Deshalb hat der Kläger durch sein Sicherheitsangebot dasjenige des Beklagten übertrumpft. Gemäß § 713 II tenoriert man im Verurteilungsfalle:

„Der Beklagte wird verurteilt ....

Das Urteil ist vorläufig vollstreckbar. Dem Beklagten wird nachgelassen die Zwangsvollstreckung durch Sicherheitsleistung in Höhe von ...... abzuwenden. Leistet der Kläger Sicherheit in Höhe von ......, so ist er trotz der vom Beklagten geleisteten Sicherheit zur Vollstreckung berechtigt."

Vgl. Stein-Jonas III zu § 713. Bei Geldansprüchen hat das gegenseitige Festlegen der Sicherheiten natürlich keinen Sinn. —

Zur Sache trägt der Anwalt des Klägers vor:

„Die Hausmeisterin Frau *Gründel* hat der Kläger alsbald nach der Herstellung des Hauses auf Grund der in der Anlage überreichten überaus lobenden Zeugnisse angestellt und sie hat sich während ihrer jahrelangen Tätigkeit beim Kläger niemals etwas zu schulden kommen lassen.

(wird näher dargelegt)."

Erheblich ist der hier vom Kläger gemäß § 831 BGB. für seine diligentia in eligendo angetretene Entlastungsbeweis nur, soweit Nickel Ansprüche aus einer von der Hausmeisterin begangenen unerlaubten Handlung erhebt, nicht auch, soweit er eigenes Verschulden des Klägers behauptet (S. 388) oder seine Ansprüche aus Vertragshaftung herleitet (S. 387).

„Die Kälte betrug am Abend des 3. Januar höchstens —1° oder —2°, so daß mit einem Rohrbruch nicht zu rechnen war. Darum und nicht aus Nachlässigkeit hat Frau *Gründel* die Absperrung unterlassen.

Beweis: ihr Zeugnis."

Liegt bei der Hausmeisterin keine Fahrlässigkeit vor, so kann der Kläger für ihr Verhalten auch nicht nach § 278 verantwortlich gemacht werden. Dagegen ist im Fall des § 831 das Verschulden des Angestellten unerheblich; es genügt, daß er den Schaden objektiv „widerrechtlich" zugefügt hat. Denn die Haftung nach § 831 findet ihren Rechtsgrund im Verschulden des Geschäftsherrn, welches den Gegenstand des von ihm zu führenden Entlastungsbeweises bildet (Abs. I S. 2).

„Nach dem Rohrbruch hat der Kläger alles getan, um die Küche so schnell wie möglich wieder instandzusetzen.

Beweis: Klempnermeister *Giese*."

Mit diesem Vorbringen will der Kläger die Schadensersatzhaftung wegen Verzuges mit der Mängelbeseitigung (S. 387 zu 3) abwenden.

„Dem Beklagten kann durch die zeitweise Unbenutzbarkeit der Küche kein Schaden entstanden sein, weil er bei seiner im Hause wohnenden Schwiegermutter mitgekocht und dadurch sogar noch Kohle bzw. Gas erspart hat.

Beweis: verw. Frau Inspektor *Maiss*."

Unerheblich, da Beklagter den Mietabzug nicht als Schadensersatz geltend macht sondern auf den, vom Verschulden gänzlich abstrahierenden, § 537 gründet.

„Schlimmsten Falls beträgt der Abzug für zeitweise Unbenutzbarkeit der Küche nicht mehr als 8 *RM*. Von der Gesamtmiete entfallen auf die Küche monatlich höchstens 15 *RM*.

Beweis: Gutachten Sachverständiger. Als Sachverständiger wird der gerichtliche Sachverständige Maurermeister *Bruschke* in Breslau vorgeschlagen.

Daß dem Beklagten durch die Überschwemmung der Küche Mehl verdorben sei, wird bestritten.

Dagegen soll für diese Instanz nicht bestritten werden, daß die Frau des Beklagten sich eine Verbrühung an der Badeeinrichtung zugezogen hat und dem Beklagten dadurch die von ihm angegebenen Kosten entstanden sind."

Zwischen bloßem Nichtbestreiten und einem Zugeständnis im technischen Sinne besteht ein wesentlicher Unterschied. Der Widerruf eines Geständnisses ist nämlich nur wirksam, wenn die Partei beweist, daß es unrichtig (Umkehrung der Beweislast!) und daß es außerdem durch einen Irrtum veranlaßt war (§ 290 ZPO.), während bei nichtbestrittenen Behauptungen (§ 138^{II}) das Bestreiten jederzeit nachgeholt werden kann. Im Zweifel ist einfaches Nichtbestreiten anzunehmen. Zugestandene Tatsachen müssen — auch im Urteilstatbestand — wegen der besonderen Rechtsfolgen des Geständnisses besonders gekennzeichnet werden.

„Der Unfall ist aber ausschließlich auf die eigene Unvorsichtigkeit von Frau *Nickel* zurückzuführen, die an dem Hahn so lange gerissen und gerüttelt hat, bis er herausfiel. Hahn und Badeeinrichtung waren von ordnungsmäßiger Beschaffenheit.

Im übrigen könnte der Beklagte, wenn selbst der behauptete Mangel beim Vertragsschluß vorhanden gewesen sein sollte, dieserhalb keine Ansprüche erheben, weil er die Wohnung vorher eingehend besichtigt hatte und die Schadhaftigkeit entweder erkannt oder infolge von grober Fahrlässigkeit nicht erkannt hat.

Beweis: Gutachten des *Giese*."

Kenntnis und grob fahrlässige Unkenntnis wirken auf die Mängelrechte des Mieters in gleicher Weise ein wie auf Gewährleistungsansprüche des Käufers. Hat also der Mieter oder Käufer den Mangel beim Vertragsschluß positiv gekannt, so verliert er alle Rechte. Das Gleiche gilt bei grob fahrlässiger Unkenntnis, hier jedoch mit der Ausnahme, daß der Vermieter (Verkäufer) eine Zusicherung abgegeben oder arglistig gehandelt hat. Erkennt der Mieter (Käufer) den Mangel erst bei Übernahme der Sache, so kann er sich seine Rechte noch durch Vorbehalt wahren; grobe Fahrlässigkeit bei der Übernahme hat überhaupt keine nachteiligen Folgen. §§ 539, 460, 464 BGB.

„Zum mindesten muß der Beklagte den Mangel bei früheren Benutzungen der Badeeinrichtung wahrgenommen haben.

Beweis: Gutachten des *Giese*.

Dann hat er aber die ihm gegenüber dem Kläger obliegende Anzeigepflicht verletzt. Eine Verpflichtung des Klägers zur regelmäßigen Kontrolle der Anlage bestand nicht, er durfte sich darauf verlassen, daß etwaige Mängel vom Mieter angezeigt werden würden."

Schuldhafte Nichterfüllung der Anzeigepflicht (§ 545) macht den Mieter für den daraus entstehenden Schaden ersatzpflichtig. Außerdem entzieht sie ihm die sonst wegen dieses Mangels zustehenden Abzugs- und Schadensersatzansprüche insoweit, als der Vermieter wegen Unterlassung der Anzeige nicht früher Abhilfe schaffen konnte. Nur das Recht des Mieters, eine gesundheitsgefährliche Wohnung fristlos zu kündigen (§ 544), wird durch Verletzung der Anzeigepflicht nicht berührt.

„Es wird jedoch auf alles das nicht ankommen, weil der Beklagte unstreitig die Februar-Miete nicht pünktlich bezahlt hat, womit nach § 3 des Mietvertrags das Kündigungsrecht ohne weiteres gegeben ist, und weil erhebliche Verletzungen der Hausordnung im Sinne des § 553 BGB. vorliegen, der Beklagte auch wiederholt abgemahnt worden war.

(folgen nähere Darlegungen)."

Vgl. dazu S. 390.

„Überdies hat der Beklagte nach der Fälligkeit den Mietanspruch anerkannt und auf seine angeblichen Gegenforderungen bzw. die Aufrechnung mit ihnen verzichtet. Am 2. Februar 1933 fuhren nämlich die Parteien zusammen im Autobus. Als der Kläger sich erkundigte, wie es dem Beklagten gehe, erwiderte dieser: ‚Ach, Sie fragen wohl, weil ich die Miete noch nicht bezahlt habe? Sie brauchen sich nicht zu ängstigen, bis morgen früh haben Sie Ihr Geld. Ich war bloß etwas knapp bei Kasse, weil ich durch den Unfall meiner Frau so viele Extraausgaben hatte.'

Beweis: Musiklehrer *Amadeus Gemoll* in Breslau, Rehdigerstraße 68.

Für den Kläger:

Schwarz, RA."

Ein abstraktes Anerkenntnis der Mietschuld kann die Äußerung des Beklagten (auch abgesehen von dem nicht gewährten Erfordernis der Schriftform, § 781) nicht sein, weil Nickel sicherlich nicht die Absicht hatte einen vom bisherigen Rechtsverhältnis losgelösten Verpflichtungsgrund zu schaffen. Dagegen würde sie sich als Aufrechnungsverzicht auffassen lassen, denn am 2. Februar war dem Beklagten der Sachverhalt, aus dem er sein Aufrechnungsrecht herleitet, sicherlich bekannt.

Streitige Verhandlung. Schriftliche Entscheidung. Im Termin scheitert der vorgeschriebene Güteversuch (S. 363). Der Beklagte bestreitet die in der Replik aufgestellten Behauptungen des Klägers.

„**Der Kläger stellte den Antrag aus der Klageschrift und dem Schriftsatz vom 27. Februar 1933, der Beklagte den Antrag aus der Klagebeantwortung.**

Die Parteien verhandelten sodann zur Sache.

Die Parteien erklärten sich mit schriftlicher Entscheidung einverstanden.

Vorgelesen, genehmigt.

Richter. *Urkund.*"

Mit Einverständnis beider Parteien kann das erstinstanzliche oder Berufungsgericht — in allen Verfahrensarten, auch im Eheprozeß, und unabhängig davon, ob schon einmal mündlich verhandelt worden war — ohne mündliche Verhandlung entscheiden. § 7 EntlastVO. In der Revisionsinstanz bedarf es nicht einmal der Einwilligung der Parteien, nur muß den Parteien vor der Entscheidung Gelegenheit zur schriftlichen Äußerung geboten werden. Art. I des — zeitlich befristeten — RG.-EntlastG. vom 8. Februar 1929 (RGBl. I 19). Die Verkündung der Entscheidung wird durch ihre schriftliche Mitteilung ersetzt. Von dieser Möglichkeit macht man teils in der Weise Gebrauch, daß überhaupt nicht mündlich verhandelt wird (z. B. in Punktensachen und sonstigen Prozessen mit unübersichtlichem Material, bei denen der nicht aus den Akten informierte Beisitzer dem Vortrag der Parteien nur schwer würde folgen können), teils wird, wie in unserem Fall, mündlich verhandelt und nur für die Entscheidung Schriftlichkeit vereinbart. Das zweite, nach der Fassung der Entlast.VO. nicht ganz unbedenkliche Verfahren hat für den Richter die Annehmlichkeit, daß er nicht gezwungen ist seine Entscheidung bis zu einem bestimmten Publikationstermin (vgl. § 310 ZPO.) zu treffen.

Die Entscheidung, zu der das Gericht im schriftlichen Wege gelangt, kann ein Urteil, ein Beweisbeschluß, ein Auflage-Beschluß gemäß § 139 oder eine einfache Vertagung sein. Ist es ein Urteil, so bedarf es förmlicher Zustellung des Urteilstenors an beide Parteien (§ 7 S. 2 EntlastVO.). Diese Zustellung ersetzt aber bloß die Verkündung (§ 310 ZPO.); um die Rechtsmittelfristen in Lauf zu setzen und die Grundlage für Vornahme von Vollstreckungshandlungen zu schaffen, ist außerdem noch Zustellung im Parteibetrieb erforderlich. Berufung kann vor der Parteizustellung (arg. § 516), jedoch nicht vor der die Verkündung ersetzenden Offizialzustellung eingelegt werden.

Bei Beweisbeschlüssen und sonstigen Entscheidungen genügt formlose Mitteilung an die Parteien.

Beweisbeschluß. Soweit es sich um die Räumung handelt, würde der Prozeß ohne Beweis zu Ungunsten des Beklagten entscheidungsreif sein, wenn wir § 3 des Mietvertrags dahin auslegen, daß objektive Nichtzahlung als Kündigungsgrund ausreiche und nachträgliche Aufrechnung die Kündigung nicht mehr unwirksam mache. Doch haben wir die Unrichtigkeit dieser Auslegung bereits festgestellt (S. 389/90.) Daß die Entscheidung über den Zahlungsanspruch des Klägers und über die Widerklage von den streitigen Gegenforderungen des Beklagten abhängt, liegt auf der Hand. Die angeblichen Verfehlungen des Beklagten gegen die Hausordnung sind aus den zu 4 der Klagebeantwortung angeführten Rechtsgründen unerheblich. Hieraus ergibt sich der Umfang der erforderlichen Beweisaufnahme.

Erfordert die Beweisaufnahme kein besonderes Verfahren — beispielsweise die Vorlegung von Urkunden oder Vernehmung von Zeugen oder Sachverständigen, die zur Stelle sind —, so bedarf es keines Beweisbeschlusses (§ 358). In unserem Fall muß Beweisbeschluß (§ 359) erlassen werden. Die schriftliche Entscheidung, welche den Parteien übersandt wird, lautet demgemäß:

„**Beschluß**

in Sachen *Noack* gegen *Nickel*.

I. Über nachstehende streitigen Parteibehauptungen soll Beweis erhoben werden:

1. Hat der Beklagte am 2. Februar 1933 dem Kläger Zahlung der fälligen Miete zugesagt? durch Vernehmung des Musiklehrers *Amadeus Gemoll* in Breslau, Rehdigerstr. 68 als Zeugen, vom Kläger benannt.

2. Herrschte am Abend des 3. Januar 1933 eine Kälte von —9° oder nur eine solche von —1° oder —2°? Warum ist die Absperrung des Haupthahns der Wasserleitung an diesem Tag unterblieben?

durch Vernehmung der Hausmeisterin Frau *Gründel* in Breslau, Sprudelstr. 15 als Zeugin, vom Kläger benannt.

3. Ist dem Beklagten durch Überschwemmung der Küche in der Nacht vom 3. zum 4. Januar 1933 ein Sack mit Weizenmehl im Wert von 40 *RM* verdorben?

durch Vernehmung der Ehefrau des Beklagten als Zeugin, vom Beklagten benannt.

4. Wie hat sich der Unfall am 10. Januar 1933 zugetragen? Hat die Frau des Beklagten am Hahn der Warmwasserleitung gerüttelt und gerissen, bis er herausfiel? Oder fiel der Hahn, als die Frau des Beklagten ein Bad zubereitete, ohne jeden äußeren Anlaß heraus?

durch Vernehmung der Ehefrau des Beklagten als Zeugin, vom Beklagten benannt.

5. Ist anzunehmen, daß der Hahn der Warmwasserleitung im Badezimmer des Beklagten schon am 13. März 1932 morsch und defekt war?

durch Vernehmung des Klempnermeisters *Giese* in Breslau, Lewaldstr. 44 als sachverständigen Zeugen, vom Beklagten benannt.

6. Ist anzunehmen, daß der Beklagte die mangelhafte Beschaffenheit des Hahnes der Warmwasserleitung im Badezimmer seiner Wohnung am 13. März 1932 auf Grund der vorausgegangenen Besichtigung hätte erkennen müssen und daß er sie infolge von grober Fahrlässigkeit nicht erkannte? Wäre der Beklagte in der Lage gewesen, sie bei der Benutzung der Badeeinrichtung vor dem 10. Januar 1933 zu erkennen?

durch Vernehmung des Klempnermeisters *Giese* (zu 5) als Sachverständigen, vom Kläger benannt."

Der Beweisbeschluß soll nach § 359^3 die Partei angeben, die sich auf das Beweismittel berufen hat (den „Beweisführer"). Nicht dagegen soll der Beweisbeschluß einen Ausspruch über die Beweislast enthalten, wie er in der vielfach üblichen Fassung, daß Beweis „über die Behauptung des Klägers, daß usw." erhoben werde, liegt.

„II. Die Ladung der Zeugen wird davon abhängig gemacht, daß zwecks Deckung der Staatskasse wegen der durch die Vernehmung erwachsenden Auslagen zu I 1 und 2 der Kläger, zu I 3, 4, 5 der Beklagte einen Vorschuß von 5 *RM* für jeden Zeugen bis zum 15. März 1933 hinterlegt oder eine schriftliche Verzichtserklärung des Zeugen auf Entschädigung beibringt. Die Ladung des Sachverständigen wird davon abhängig gemacht, daß in der gleichen Frist der Kläger einen Vorschuß von 20 *RM* hinterlegt."

Vgl. §§ 379, 402. Nach § 12 des I. Kap., 6. Teil der III. Not-VO. „soll" das Gericht von diesen Vorschriften Gebrauch machen. Bei auswärtigen Beweisaufnahmen wird der Abgang des Ersuchungsschreibens (§ 362^{I} ZPO.) entsprechend der Ladung zu behandeln sein.

„III. Termin zur Beweisaufnahme und weiteren mündlichen Verhandlung wird auf den 25. März 1933, vormittags 11 Uhr bestimmt.

Breslau, den 4. März 1933.

Amtsgericht.

Richter."

Zu den beweisbedürftigen Punkten gehört an sich auch die unter den Parteien streitige Frage, ob der angemessene Mietsabzug wegen zeitweiliger Unbenutzbarkeit der Küche 12 oder bloß 8 *RM.* beträgt. § 287^{II} gestattet aber dem Gericht, unter Würdigung aller Umstände nach freier Überzeugung und ohne Schätzungseid (Satz 3, 4 des I. Absatzes sind in Abs. II nicht mit zitiert!) zu entscheiden, falls die vollständige Aufklärung aller maßgebenden Umstände „mit Schwierigkeiten verbunden ist, die zu der Bedeutung des streitigen Teils der Forderung in keinem Verhältnis stehen". Die durch den angebotenen Sachverständigenbeweis entstehenden Kosten sind eine solche Schwierigkeit, deshalb hat der Richter von seiner Erhebung abgesehen. Minima non curat praetor!

In Höhe der 8 RM., die der Kläger selbst als richtige Mietminderung bezeichnet, steht das Abzugsrecht des Beklagten schon jetzt fest, so daß insoweit Teilurteil hätte ergehen können (§ 301^I). Bei der Geringfügigkeit der Summe hat der Richter kein Teilurteil erlassen (§ 301^{II}). Nur im Fall des Teil-Anerkenntnisses darf der Erlaß des Teilurteils (als Teil-Anerkenntnisurteil) nicht abgelehnt werden (§ 307).

Übrigens ist das Gericht an die im Beweisbeschluß niedergelegte Rechtsansicht nicht gebunden. Gelangt der Richter bei nochmaliger Überlegung — oder sein Nachfolger im Dezernat — zu einer anderen Auffassung der tatsächlichen oder Rechtsfragen, so hat er, unbehindert durch den Beweisbeschluß, seiner letzten Überzeugung zu folgen (arg. § 318).

Eidesbeweis. Beweislast für Stundung.

Eideszuschiebung. Schneidermeister *Nadel* klagt gegen den Dentisten *Kiefer* in Grünhübel auf Bezahlung eines Frackanzugs. *Kiefer* läßt durch RA. *Weiß* Klageabweisung beantragen:

„1. Bei der Bestellung Anfang Januar d. J. erklärte der Beklagte dem Kläger sofort, daß er nicht bald bezahlen könne. Er heirate im April und erhalte im Mai, spätestens Juni von seinem künftigen Schwiegervater zur Erweiterung seines Betriebes 3000 *RM*, aus denen er auch den Anzug bezahlen wolle. Der Kläger sagte: „Das tut nichts, Herr *Kiefer*, Sie sind mir gut."

Hierüber schiebe ich, vorbehaltlich der Geltendmachung anderer Beweismittel und unter Protest gegen die Beweislast, dem Kläger den Eid zu.

2. Der Anzug ist vollkommen unbrauchbar.

(folgen nähere Darlegungen unter Angabe von Beweismitteln).

Für den Beklagten:
Weiß, RA."

Die beiden vom Beklagten bei der Eideszuschiebung gemachten Vorbehalte sind überflüssige Formeln.

Der Eid ist das letzte und äußerste Beweismittel. Daher wird durch Zuschiebung eines Eides die Geltendmachung anderer Beweismittel seitens der einen oder anderen Partei nicht ausgeschlossen (§ 453 S. 1). Werden andere Beweismittel geltend gemacht, so gilt die Eideszuschiebung nur für den Fall, daß diese Beweismittel erfolglos bleiben (§ 453 S. 2) und muß nach Erhebung oder sonstiger Erledigung der Beweise nochmals wiederholt werden (§ 454^I). Die Partei, welcher der Eid zugeschoben ist (der „Delat"), braucht sich auf einen unter gleichzeitiger Benennung von Zeugen od. dgl. zugeschobenen Eid nicht eher zu erklären, als bis der Deferent die Zuschiebung nach Erledigung des Zeugenbeweises wiederholt (§ 454^I); hatte der Delat bereits vorher eine Erklärung auf den Eid abgegeben, so kann er diese nunmehr widerrufen (§ 454^{II}, Ausnahme von § 458).

Hieraus ergibt sich für den Delaten, der einen ihm zugeschobenen Eid übereilter Weise angenommen oder zurückgeschoben hat, eine einfache Möglichkeit von seiner Erklärung loszukommen: er tritt anderen Beweis an, und nachdem dieser Beweis mißlungen und die Eideszuschiebung wiederholt worden ist, gibt er nunmehr diejenige Erklärung ab, welche seinem endgültigen Willen entspricht.

Natürlich findet das an der Rechtskraft eines bedingten Endurteils, durch das der Eid auferlegt worden ist, seine Grenze. — Der einzige irreparable Nachteil im Eidesbeweis entsteht dann, wenn der Delat trotz ausdrücklicher Aufforderung des Gerichts sich über den Eid nicht erklärt. In diesem Fall gilt nämlich der Eid als verweigert (§§ 452, 455) und damit die Behauptung des Gegners als voll bewiesen (§ 464^{II}).

Daß die nicht beweispflichtige Partei durch Eideszuschiebung keine Beweislast übernimmt, bestimmt § 447.

Beschlußeid. Beweislast für Stundung. Im Termin beruft sich Nadel zum Beweis, daß er dem Beklagten keine Stundung bewilligt habe, auf seinen Lehrling Appel. Appel wird vernommen und sagt aus:

„Ich war zunächst zugegen, als die Parteien über die Bestellung des Anzugs verhandelten. Der Beklagte sagte, daß er nicht sofort bezahlen könne, er heirate im April und erhalte im Mai, spätestens Juni, von seinem künftigen Schwiegervater mehrere Tausend Mark, dann würde er den Anzug bezahlen. Der Kläger erwiderte, daß er bei der großen Kapitalknappheit keinen Kredit mehr gewähren könne. Der Beklagte blieb dabei, daß er Zeit haben müsse. Ich mußte dann einen Anzug abtragen gehen und habe das Weitere nicht mehr gehört. Als ich wegging, sprachen die Parteien immer noch über die Bezahlung.

Vorgelesen, genehmigt.

Die Parteien verzichteten auf Beeidigung des Zeugen.

Der Beklagte schob dem Kläger den Eid darüber zu, daß er bei Bestellung des Anzugs ihm ausdrücklich gestattet habe mit der Bezahlung zu warten, bis der Beklagte im Mai oder Juni von seinem künftigen Schwiegervater Geld erhalten würde.

Der Kläger schob den Eid zurück.

Vorgelesen, genehmigt.

Für den Beklagten wurde folgender Eid normiert:

Bei Bestellung des Anzugs hat mir der Kläger ausdrücklich gestattet mit der Bezahlung zu warten, bis ich im Mai oder Juni von meinem künftigen Schwiegervater Geld erhalten würde, indem er sagte: das tut nichts, Herr *Kiefer*, Sie sind mir gut.

Die Parteien waren über Norm und Erheblichkeit des Eides einig.

Vorgelesen, genehmigt.

Es wurde der Beschluß verkündet:

Termin zur Abnahme des Eides und zur weiteren mündlichen Verhandlung wird auf den 25. März 1933 vormittags 10¾ Uhr bestimmt.

Richter. *Urkund.*"

Vgl. § 370^{I}.

Wie wäre zu verfahren gewesen, wenn die Parteien sich über Norm und Erheblichkeit des Eides nicht geeinigt hätten? Auf Parteieide soll grundsätzlich durch bedingtes Endurteil erkannt und der Eid erst nach Rechtskraft des bedingten Endurteils geleistet werden (§ 460), damit möglichst kein unerheblicher oder unrichtig zugeschobener oder normierter Eid geschworen wird. Ausnahmsweise ist im Interesse der Prozeßbeschleunigung die Auferlegung des zugeschobenen Eides durch Beweisbeschluß vorgeschrieben:

1. im arbeitsgerichtlichen Verfahren (§ 58^{III} ArbGG.),
2. bei der Aufhebungsklage des MSchG. (§ 13^{II}),
3. im Urkundenprozeß (§ 595^{IV} ZPO.),

ferner kann (nicht: muß) das Gericht den Eid durch Beweisbeschluß statt durch Urteil normieren:

4. bei Einverständnis der Parteien über Norm und Erheblichkeit (§ 461^{I}),

5. wenn der Eid zur Erledigung eines Zwischenstreits dient (§ 461^{I}),
6. wenn die Entscheidung über einzelne selbständige Angriffs- und Verteidigungsmittel von der Eidesleistung abhängt (§ 461^{I}),
7. wenn das Urteil „unzweifelhaft" keiner Anfechtung unterliegt (§ 461^{II}): beim Landgericht als Berufungsinstanz, beim Oberlandesgericht in vermögensrechtlichen Streitigkeiten bis 6000 RM., wenn absolute Revisionsgründe (§ 547) nicht in Frage kommen,
8. ferner selbstverständlich im Schiedsurteilsverfahren, wo ja das Gericht an keine Verfahrensvorschriften gebunden ist (S. 364).

Richterliche Eide werden stets durch Urteil auferlegt (§ 477^{III}).

Da die Parteien nicht bloß über die Stundung sondern auch über die von Kiefer weiterhin eingewandten Mängelrechte streiten, handelt es sich um ein „einzelnes" — d. h. eines von mehreren — selbständiges Angriffs- oder Verteidigungsmittel im Sinne des 6. Falles, so daß der Beschlußeid auch ohne Einverständnis der Parteien möglich gewesen wäre. —

Der Referendar: Ich sehe nicht ein, warum der Beklagte den Eid zugeschoben hat. Die Zuschiebung muß von der beweispflichtigen Partei ausgehen. Nun trifft allerdings den Beklagten die Beweislast, wenn er gegenüber einer Vertragsurkunde, in welcher über die Fälligkeit nichts gesagt wird, Stundung behauptet, oder wenn er eine erst nachträglich vereinbarte Stundung geltend macht. Im ersten Fall spricht gegen sein Vorbringen die Vermutung, daß jede Vertragsurkunde den Inhalt der Abmachungen vollständig und richtig wiedergibt[3]); im zweiten handelt es sich um eine Abänderung des zunächst ohne Stundung abgeschlossenen Geschäfts und es ist feststehender Grundsatz, daß Abänderungen von der Partei zu beweisen sind, die sie behauptet, weil „Tatsachen und Veränderungen nicht vermutet" werden, wie § 28 I 13 der Preußischen Allgemeinen Gerichtsordnung es ausdrückte. In unserer Sache soll aber die Stundung von Anfang an ausbedungen gewesen sein, und ein Schriftstück kann Nadel nicht vorlegen. Wenn der Beklagte den vom Kläger behaupteten Werklieferungsvertrag nur mit der Nebenabrede der Stundung gelten lassen will, so bedeutet das rechtlich kein Geständnis der Klagebehauptung unter Hinzufügung einer selbständigen Einrede, sondern der Beklagte gibt ein anderes Geschäft zu, als der Kläger behauptet. Er leugnet in substantiierter Weise den Klagegrund. Folglich muß der Kläger beweisen, daß der Vertrag so, wie er ihn behauptet, geschlossen worden ist und muß die Stundung widerlegen. Daß diese, von Stölzel aufgestellte, Ansicht dem Gesetz entspricht, wird durch die Fassung des § 271 BGB bekräftigt. Denn indem das BGB dem Gläubiger ein Recht auf sofortige Fälligkeit gewährt, falls „eine Zeit für die Leistung weder bestimmt noch aus den Umständen zu entnehmen" ist, belastet es ihn mit der Verpflichtung, die Voraussetzung, daß keine Leistungszeit vereinbart war, zu beweisen. RG. 68, 305.

Der Richter: Im Prinzip erkenne ich die Stölzel'sche Theorie vom motivierten Bestreiten als richtig an. Der Satz: negativa non sunt probanda hat keine allgemeine Gültigkeit, z. B. muß bei Bereicherungsansprüchen der Kläger zweifellos dartun, daß die Vermögensverschiebung „ohne rechtlichen Grund" erfolgt war, d. h. er muß alle vom Beklagten verteidigungsweise vorgebrachten Rechtsgründe widerlegen. Richtig ist auch, daß der Beklagte substantiiert zu bestreiten hat, dafür aber beim

[3]) Vgl. 27. Kap. „Werklieferungsvertrag mit Nachbesserungsklausel, mündliche Nebenabreden."

substantiierten Bestreiten hinsichtlich der Beweislast nicht schlechter behandelt werden darf, als wenn er generell bestritten hätte. Insbesondere macht es keinen Unterschied, ob die vom Beklagten vorgetragene weitere Abrede zu den essentialia oder accidentalia negotii zählt. Macht also z. B. der Beklagte geltend, die Ware vom Kläger nicht fest gekauft sondern „in Kommission" genommen, d. h. unter der Bedingung des Weiterverkaufs gekauft zu haben, so sind das vom Kläger behauptete und das vom Beklagten zugestandene Geschäft nicht identisch und der Kläger muß die Kommissionsklausel widerlegen. Ebenso wenn der Kläger den angemessenen Preis fordert, der Beklagte Vereinbarung eines niedrigeren Preises behauptet. Es gibt aber eine Grenze. Verteidigt sich der Beklagte damit, daß der Kläger ihm eine Garantie geleistet habe, die nicht erfüllt sei, daß die Verjährungsfrist abgekürzt worden, daß ihm ein Wiederverkaufsrecht eingeräumt worden sei, so wäre es im höchsten Grade unbillig dem Kläger die Widerlegung dieses Vorbringens aufzubürden. Auch § 271 spricht nicht für, sondern gegen die Beweislast des Klägers. Sein Inhalt geht dahin, daß die sofortige Fälligkeit als Dispositivnorm die Regel bildet, und unmöglich kann man der Partei, welche sich auf den Regelfall beruft, zumuten zunächst alle Ausnahmemöglichkeiten zu entkräften. Bei dem, sprachlich ganz ähnlich gefaßten, § 269 fällt es niemand ein, in solcher Weise den Sinn des Gesetzes in sein Gegenteil zu verkehren. Überhaupt sollte man Beweislastprobleme weniger nach abstrakt-logischen oder grammatikalischen Gesichtspunkten entscheiden, als vielmehr nach Billigkeit. Wem nach Lage der Sache die Beweisführung am ehesten zuzumuten ist, der hat die Beweislast. Kaum eine andere Einwendung wird so oft zu Unrecht und lediglich zur Prozeßverschleppung vorgebracht, wie gerade der Stundungseinwand.

Gesetzliche Regelung der Beweislast: Wie wir durch Planck (Einl. zum Allg. Teil) und aus den Protokollen der II. Kommission (Bd. 6 S. 384) wissen, wollten die Redaktoren des BGB. durch die Fassung der negativen Bedingungssätze die Beweislastverteilung ausdrücken: a) „Wenn nicht" = „es sei denn daß": der Inhalt des Konditionalsatzes ist Ausnahme, das positive Beweisthema zu beweisen. Beispiel in § 477^{I} S. 1: die Arglist muß bewiesen werden. b) „Wenn .... nicht": die Negation gehört zum Prädikat, die Negative ist zu beweisen. Beispiel: in § 151 S. 1 ist das „nicht zu erwarten", in § 1926$^{III, IV}$ das „nicht mehr leben" = der Tod zu beweisen. c) „wenn er (sie, es) nicht" = „es sei denn daß": die Trennung von „wenn" und „nicht" durch das persönliche Fürwort ist nach den Regeln der deutschen Sprache unvermeidlich, daher ohne Einfluß auf die Beweislast. Beispiel in § 485 S. 1: die Absendung der Anzeige muß bewiesen werden. Eine absichtliche Ausnahme bildet (nach Planck) § 284^{I} S. 1: auf Grund der Wortfassung würde der Gläubiger die Nichtleistung zu beweisen haben, doch soll nach dem Willen der Gesetzesverfasser der allgemeine Grundsatz gelten, daß der Schuldner stets die Erfüllung des einmal entstandenen Anspruchs zu beweisen hat. — Wie oben an §§ 269, 271 gezeigt, sind die Planckschen Regeln mit Vorsicht anzuwenden. Expressis verbis bestimmt das BGB die Beweislast z. B. in §§ 282, 345, 358, 363, 2336^{III}. Ferner durch Aufstellung von „Vermutungen", die gemäß § 292 ZPO. widerlegt werden können (z. B. §§ 18—20, 484, 1591^{II} S. 1, 1720^{II}, 2255^{II} BGB.). Auch darin, daß die Rechtssätze nach dem Verhältnis von Regel und Ausnahme aufgebaut werden, kommt die Beweislast zum Ausdruck. Wer sich auf die Regel beruft, hat keinen besonderen Beweis nötig; wer die Ausnahme für sich in Anspruch nimmt, muß ihre Voraussetzungen dartun. So leitet z. B. § 104 die Lehre von der „Geschäftsfähigkeit" damit ein, daß die Fälle der Geschäftsunfähigkeit aufgezählt werden. Damit ist die volle Geschäftsfähigkeit als Normalfall anerkannt, was sich mit der allgemeinen Ansicht deckt, daß Mängel der Geschäftsfähigkeit besonders zu behaupten und zu beweisen sind. Die gleiche Bedeutung hat die Wendung „es sei denn daß". Vgl. z. B. § 932^{I} S. 1: der böse Glaube bildet die Ausnahme und muß bewiesen werden.

Für den Stölzel'schen Fall Knod gegen Brede (Streit, ob angemessener oder vereinbarter Preis) erklärt RG. 57, 46 den Kläger für beweispflichtig. Behauptet aber der Darlehnsschuldner eine von § 609 BGB. abweichende Hinausschiebung der Fälligkeit, so muß er beweisen (RG. 57, 46). Macht der auf Erfüllung des Kaufvertrags belangte Verkäufer ein angeblich vereinbartes Wiederkaufrecht geltend, so legt ihm RG. 107, 405 die Beweislast auf.

Prima facie-Beweis (Beweis des ersten Anscheins): Wenn in gewissen Fällen, in denen die Führung eines lückenlosen Beweises besondere Schwierigkeiten bereitet, die beweispflichtige Partei für die Richtigkeit ihrer Behauptung eine hohe Wahrscheinlichkeit erbringt, so begnügt sich das Gericht zunächst mit diesem Wahrscheinlichkeitsbeweis und es wird nunmehr Aufgabe des Gegners die Wahrscheinlichkeit zu entkräften. Ihren Ausgang hat diese Lehre von dem Schuldbeweis bei Schiffszusammenstößen (RG. 76, 295) und überhaupt von den unerlaubten Handlungen (JW. 15, 243[6]) genommen; sie wurde dann auf den Beweis arglistigen Verschweigens (JW. 18, 814[1]) und andere Fälle ausgedehnt. Vgl. RG. 95, 249; 98, 58; 119, 58, 347 (Entschuldigung für Schwarzfahrt); 120, 161 c. cit.; JW. 30, 3213[1]. Entsprechend wird der Entlastungsbeweis gegenüber Schadensersatzansprüchen aus positiver Vertragsverletzung (§ 282, oben S. 388/9) bzw. der analoge Beweis bei Ansprüchen wegen Verletzung öffentlich-rechtlicher Pflichten erleichtert: RG. 74, 342 (Verlust einer amtlich anvertrauten Urkunde); 78, 432 (ärztliche Operation); 97, 116; 115, 419; JW. 11, 400[7] (Möglichkeit der anderweiten Vermietung einer Wohnung).

Verwandt hiermit ist der Grundsatz, daß die Beweislast sich umkehrt, wenn der Gegner schuldhafter Weise dem Beweispflichtigen die Führung des Beweises unmöglich gemacht oder erheblich erschwert hat, z. B. durch Vernichtung von Beweisstücken. RG. 20, 5; 60, 147; 87, 434 c. cit.; 101, 197; JW. 15, 1361[7].

Die älteren prima facie-Entscheidungen beruhen auf dem Gedanken einer Umkehrung der Beweislast (vgl. auch JW. 23, 286[3] ,oben S. 389). Neuerdings scheint die gegenteilige Auffassung zur Herrschaft zu gelangen, daß es sich um eine Frage der Beweiswürdigung, nicht der Beweislast, handle. Praktische Folgerung: der Gegner des Beweispflichtigen braucht nicht einen vollständigen Beweis für seine Darstellung zu führen, sondern es genügt, wenn er durch seine Anführungen die Überzeugung des Gerichts, die durch den Beweis des ersten Anscheins zunächst begründet wurde, erschüttert. RG. 134, 237, dazu Rosenberg JW. 32, 1736[14]; RG. 136, 109 c. cit. (Entlastungsbeweis gegenüber § 3[2] AnfG. bei Erfüllungsgeschäften, vgl. unten S. 467). Eine andere, recht unerwünschte, Konsequenz würde sein, daß, so lange die Revisionsbeschränkung aus Art. 1[II] des Kap. II 1. Teil der NotVO. vom 14. Juni 1932 (RGBl. I 285) gilt, eine Verletzung der Grundsätze vom prima facie-Beweis als Verstoß gegen § 286 ZPO. nicht mehr mit der Revision gerügt werden könnte, während sie, als Beweislastproblem aufgefaßt, selbstverständlich weiter revisionsfähig bleiben würde!

Referendar: Kann die Beweislastfrage, nachdem Kiefer den Eid geleistet oder verweigert haben wird, noch aufgerollt werden?

Richter: Grundsätzlich hat die Eidesleistung und -weigerung nicht die Wirkung der §§ 463/4, wenn sich bei der Nachprüfung in der oberen Instanz herausstellt, daß der Eid nicht durch Beweisbeschluß hätte auferlegt werden dürfen, oder daß die Norm nicht den gesetzlichen Vorschriften entsprach, oder daß der Eid entgegen den Beweislastgrundsätzen zugeschoben und auferlegt war. Doch wird die Verkennung der Beweislast durch ausdrückliches Einverständnis der Parteien geheilt. Denn nehmen wir an, daß bei richtiger Beweislastverteilung der Kläger den Eid dem Beklagten hätte zuschieben müssen, so ist durch die von ihm erklärte Zurückschiebung des Eides das gleiche Ergebnis erreicht, als wenn er zugeschoben und der Beklagte angenommen hätte. RG. 53, 38; 76, 313. Deshalb suche ich bei jedem Beschlußeid, auch wenn ich die Voraussetzungen des § 461 und die Beweislast für zweifellos halte, das Einverständnis der Parteien herbeizuführen, um das Eidesverfahren gegen Anfechtung zu schützen.

Ausbleiben des Schwurpflichtigen. Im Termin am 25. März erscheinen nur:

„1. der Kläger in Person,

2. für den Beklagten RA. *Weiß*.

Der Beklagte war nicht erschienen."

Der Referendar: Jetzt wird wohl Beweis über die Mängelrechte des Beklagten zu erheben sein, da sein Nichterscheinen als Verweigerung der Eidesleistung gilt?

Der Richter: Sie hätten Recht, wenn wir im arbeitsgerichtlichen Verfahren wären (§ 58^{IV} ArbGG.). Beim ordentlichen Gericht hat das Nichterscheinen im Eidestermin die Wirkung der Eidesweigerung nur, wenn der Gegner einen entsprechenden Antrag stellt (§ 465 ZPO.). Warten wir also ab, ob der Beklagte vielleicht durch seinen Anwalt erklärt, den Eid nicht leisten zu wollen: dann treten die Folgen des § 464^{II} ipso iure ein. Sonst wird es auf den Antrag des Klägers nach § 465 ankommen, der in solchen Fällen keineswegs immer gestellt wird, z. B. nicht wenn die Parteien außergerichtliche Vergleichsverhandlungen führen. Selbst wenn aber auf Grund des Nichterscheinens in Verbindung mit einem Antrag des Klägers der Eid als verweigert gilt, dürfte heut noch keine Entscheidung ergehen, die auf der fiktiven Eidesweigerung beruht; denn der Schwurpflichtige kann — ohne Angabe besonderer Entschuldigungsgründe — die Folgen seines Nichterscheinens dadurch abwenden, daß er in der Notfrist von einer Woche nachträgliche Eidesabnahme beantragt (§ 466). Es müßte also Verkündungstermin über eine Woche hinaus angesetzt werden (§ 467), damit das Gericht nicht in die Lage versetzt wird, wegen des vom Beklagten aus § 466 gestellten Antrags seine Entscheidung wieder aufheben zu müssen. — Jetzt will ich aber mit den Parteien verhandeln und hören, wie sie sich zu der Sache stellen.

„Der Kläger beantragte, den vom Beklagten zu leistenden Eid als verweigert anzusehen.

Die Parteien verhandelten unter Wiederholung der in der Verhandlung vom ...... gestellten Anträge zur Sache und über das Ergebnis der Beweisaufnahme.

Vorgelesen, genehmigt.

Es wurde der

Beschluß

verkündet:

Die Entscheidung soll im Termin am

4. April 1933, vormittags 11 Uhr

verkündet werden."

Für das Arbeitsgerichtsverfahren hat § 467 keine Geltung. Die Notfrist des § 466 ist dort auf 3 Tage verkürzt (§ 58^{IV} S. 2 ArbGG.). Hat nun, bevor der Antrag auf nachträgliche Eidesabnahme eingeht, das Arbeitsgericht schon sein Urteil verkündet, so bleibt nichts anderes als die Wiederaufhebung des Urteils übrig. § 58^{IV} S. 3, 4.

Welche praktische Bedeutung hat die Beweislast? Seit Stölzel sind wir gewöhnt Beweislastfragen hauptsächlich unter dem Gesichtspunkt des zugeschobenen Eides zu betrachten. Ihre Bedeutung reicht jedoch weiter:

1. Im allgemeinen gehen Beweislast und Behauptungs- (Substanziierungs-) Last parallel. Über Ausnahmen s. oben S. 385.

2. Eideszuschiebungen sind nur dann beachtlich, wenn sie von der beweispflichtigen Partei ausgehen. Heilung durch Einverständnis der Parteien: S. 400.

3. Für die übrigen Beweismittel, insbesondere den Zeugenbeweis, besteht keine solche Beschränkung. Hat allerdings bloß die nicht beweispflichtige Partei Zeugen benannt, und bleibt eine Anregung an den Beweispflichtigen (§ 139 ZPO.), ebenfalls Beweis anzutreten, erfolglos, so wird der angebotene Beweis nicht erhoben, vielmehr der Beweispflichtige als beweisfällig behandelt. Sind aber, wie es fast immer geschieht, Zeugen von beiden Seiten benannt, so sind die Beweise beider zu erheben: der des Beweispflichtigen als „Hauptbeweis", der des Nicht-Beweispflichtigen als „Gegenbeweis". Welches der Haupt- und welches der Gegenbeweis ist, braucht der Richter vorläufig nicht zu entscheiden, da ja der Beweisbeschluß lediglich die Partei, die sich tatsächlich auf das Beweismittel berufen hat, als „Beweisführer" angibt (S. 395).

4. Hat die Beweisaufnahme ein negatives Ergebnis gehabt oder zu einem „non liquet" geführt, so ist der Beweispflichtige „beweisfällig" und muß in diesem Streitpunkt unterliegen.

Bedingtes Urteil in einer Unterhaltssache.

„Geschäftsnummer: 21 C 1632.32.
Verkündet am 10. Februar 1933.
Urkund
als Urkundsbeamter der Geschäftsstelle.

Im Namen des Volkes!

In Sachen 1) der verehelichten Frau Zigarrenhändler *Natalie Bredow* geb. *Marquardt* in Breslau, Katzbachstr. 54 bei *Marquardt*,

2) der am 28. Oktober 1921 geborenen *Liselotte Bredow*, vertreten durch ihren Pfleger, Malermeister *Anselm Kunst* in Breslau, Margaretenstr. 38, Kläger,
Prozeßbevollmächtigter zu 1 und 2: RA. *Schwarz* in Breslau,
gegen den Zigarrenhändler *Hans Jochen Bredow* in Breslau, Feldstr. 17, Beklagten,
Prozeßbevollmächtigter: RA. *Weiß* in Breslau,
wegen Unterhalts

hat das Amtsgericht in Breslau auf die mündliche Verhandlung vom 3. Februar 1933 durch den Amtsgerichtsrat *Richter* für Recht erkannt:

1. Der Beklagte wird verurteilt:
   a) der Klägerin zu 1 vom 21. November 1932 an eine Unterhaltsrente von vierteljährlich 240 *RM* (i. W.),
   b) der Klägerin zu 2 zu Händen ihres Pflegers vom 21. November 1932 an eine Unterhaltsrente von vierteljährlich 120 *RM* (i. W.)

zu zahlen,
   c) der Klägerin zu 1 einen Kleiderschrank, einen Eßtisch, 2 Stühle und ein Sofa herauszugeben.

2. Wenn die Klägerin zu 1 folgenden Eid leistet:
   „Ich habe nicht mit dem Dekorateur *Polster* im Jahre 1932 Ehebruch begangen", so wird der Beklagte verurteilt werden, an sie vom 21. November 1932 ab eine weitere Unterhaltsrente von vierteljährlich 300 *RM* (i. W.) zu zahlen.

3. Verweigert die Klägerin zu 1 die Leistung des unter 2 der Urteilsformel normierten Eides, so wird ihre Klage in Höhe von vierteljährlich 300 *RM* abgewiesen werden.

4. Mit dem Anspruch auf Unterhalt vom 1. Oktober bis 20. November 1932 werden beide Klägerinnen abgewiesen.

5. Der Beklagte hat $^4/_7$ der Gerichtskosten, ferner im Verhältnis zur Klägerin zu 1 $^4/_7$ und im Verhältnis zur Klägerin zu 2 die ganzen außergerichtlichen Kosten unbedingt zu tragen. Leistet die Klägerin zu 1 den Eid, so hat der Beklagte auch die anderen $^3/_7$ der gerichtlichen Kosten und im Verhältnis zur Klägerin zu 1 die anderen $^3/_7$ der außergerichtlichen Kosten zu tragen. Wenn die Klägerin zu 1 den Eid verweigert, so fallen ihr $^3/_7$ der gerichtlichen und im Verhältnis zum Beklagten $^3/_7$ der außergerichtlichen Kosten zur Last.
6. Die Entscheidung zu 1 und der unbedingte Teil der Kostenentscheidung sind vorläufig vollstreckbar. Dem Beklagten wird nachgelassen, die Zwangsvollstreckung durch Sicherheitsleistung in Höhe von 2000 *RM* (i. W.) abzuwenden.

Tatbestand.

Die Klägerin zu 1 und der Beklagte sind Eheleute, die Klägerin zu 2 das einzige Kind aus dieser Ehe.

Im Jahre 1930 erfuhr die Klägerin zu 1, daß der Beklagte ein Liebesverhältnis mit der Kellnerin *Engelmayer* unterhielt. Sie verließ darauf unter Mitnahme der Klägerin zu 2 die Ehewohnung und zog zu ihren Eltern, kehrte aber auf Zureden der Schwester des Beklagten, Frau *Essig*, nach mehreren Monaten zu ihm zurück. Das wiederholte sich im Laufe der folgenden Jahre mehrmals. Am 3. November 1931 kamen Frau *Bredow* und der Beklagte bei Frau *Essig* zu einer Aussprache zusammen. Man war sich dabei darüber einig, daß Frau *Bredow* gegen ihren Mann Scheidungsgründe habe, nicht aber umgekehrt. Der Beklagte wünschte die Scheidung. Frau *Bredow* sträubte sich zunächst und verlangte Wiederherstellung der häuslichen Gemeinschaft, doch erklärte ihr der Beklagte, er wolle niemals wieder mit ihr zusammen leben, und wenn sie sich der Scheidung widersetze, würde sie im Bösen überhaupt keinen Unterhalt von ihm bekommen. Darauf gab Frau *Bredow* nach und es wurde folgender vom Beklagten entworfene Vertrag geschlossen:

> Die Eheleute *Bredow* vereinbaren hierdurch, daß die eheliche Gemeinschaft ab heute aufgelöst wird. Frau *Bredow* wird innerhalb 6 Monaten die Scheidungsklage erheben und auf ehewidrige Beziehungen zu Fräulein *Amanda Engelmayer* stützen. Herr *Bredow* wird gegen die Scheidung keinen Widerspruch erheben. Sowohl für die Dauer des Getrenntlebens wie nach vollzogener Scheidung zahlt Herr *Bredow* an Frau *Bredow* als Unterhalt pro Quartal 400 *RM* (i. W.), und zwar ohne Rücksicht darauf, wer bei der Scheidung für schuldig erklärt wird und ob Herr *Bredow* infolge Wiederverheiratung und mit Rücksicht auf die Unterhaltsverpflichtung gegenüber seinen Kindern gesetzlich seiner jetzigen Frau nur zu einem geringeren Betrage verpflichtet sein würde. Auf Mehrforderungen verzichtet Frau *Bredow* unwiderruflich. Den Unterhalt für das Kind zahlt Herr *Bredow* außerdem in angemessener Höhe. Sollte Frau *Bredow* Strafanzeige gegen ihren Mann erstatten, so verliert sie jeden Unterhaltsanspruch.
>
> Breslau, den 3. November 1931.
>
> *Hans Jochen Bredow.* *Natalie Bredow.*
> geb. *Marquardt.*

Der letzte Satz bezog sich darauf, daß der Beklagte befürchtete, wegen Steuerhinterziehung denunziert zu werden.

Frau *Bredow* hat die Scheidungsklage nicht erhoben.

Der Beklagte hat bis Ende September 1932 die vereinbarten 400 *RM* vierteljährlich sowie 40 *RM* als monatlichen Unterhalt für die Klägerin zu 2 gezahlt. Seither hat er die Zahlungen eingestellt.

Im September 1932 war nämlich auf die Anzeige eines gewissen *Granzow* gegen den Beklagten in den Akten 7 J 1049.32 der hiesigen Staatsanwaltschaft ein Ermittlungsverfahren wegen Steuerhinterziehung eingeleitet worden, das mit Einstellung geendet hat.

Mit der am 21. November 1932 zugestellten Klage beantragen die Klägerinnen:

den Beklagten zu verurteilen:

a) der Klägerin zu 1 vom 1. Oktober 1932 an eine Unterhaltsrente von vierteljährlich 540 *RM*,

b) der Klägerin zu 2 vom 1. Oktober 1932 an eine Unterhaltsrente von vierteljährlich 120 *RM* zu zahlen,

c) der Klägerin zu 1 einen Kleiderschrank, einen Eßtisch, 2 Stühle und 1 Sofa herauszugeben.

Den Anspruch zu a stützt Frau *Bredow* auf die gesetzliche Unterhaltspflicht des Beklagten, in Höhe von 400 *RM* auch auf das Abkommen vom 3. November 1931. Sie behauptet zum Getrenntleben berechtigt zu sein, da der Beklagte bis in die neueste Zeit mit *Amanda Engelmayer* Ehebruch getrieben habe. Die letzte Behauptung hat der Beklagte, nachdem die *Engelmayer* als Zeugin vernommen worden ist, nicht mehr bestritten."

Wenn der Tatbestand den Ehebruch als streitige Behauptung wiedergegeben und erst nach Mitteilung des Beweisbeschlusses und Beweisergebnisses mitgeteilt hätte, daß der Beklagte ihn nicht mehr bestreitet, so würde die Aufmerksamkeit des Lesers unnötig in Anspruch genommen worden sein.

„Die Klägerin zu 1 nimmt als standesmäßigen Unterhalt vierteljährlich 540 *RM*, die Klägerin zu 2 vierteljährlich 120 *RM* in Anspruch, indem sie unter Eideszuschiebung behaupten, der Beklagte habe ein Jahreseinkommen von mindestens 10000 *RM*. Die Sachen zu c des Klageantrags verlangt Frau *Bredow*, weil sie ihr Eigentum seien und sie ihrer zur Führung eines abgesonderten Hausstandes benötige. Auf den die Eigentumsfrage behandelnden Schriftsatz der Klägerin vom 9. Dezember 1932 wird Bezug genommen."

Von der durch § 313^{II} S. 1 ZPO. gestatteten Verweisung auf Schriftsätze und Protokolle soll das Gericht vorsichtigen Gebrauch machen, damit das Urteil ohne Nachlesen der Akten verständlich bleibt. Auf die Eigentumsverhältnisse am Mobiliar kommt es aber, wie wir alsbald sehen werden, überhaupt nicht an. Deshalb hat der Tatbestand zu diesem Punkte lediglich auf die umfangreichen Anführungen der Parteien Bezug genommen.

„Der Beklagte beantragt:

die Klage abzuweisen,

für den Fall der Verurteilung: ihm die Abwendung der Zwangsvollstreckung durch Sicherheitsleistung vorzubehalten.

Er macht geltend, daß er nach dem Vertrag vom 3. November 1931 von der Unterhaltspflicht gegenüber seiner Frau frei sei, weil *Granzow* die Strafanzeige auf ihr Betreiben eingereicht habe. Außerdem habe sie im Jahre 1932 mit dem Dekorateur *Polster* und anderen Männern mehrfach Ehebruch begangen. Über beide Behauptungen schiebt er ihr den Eid zu."

Nicht, wie manchmal gesagt wird: er „schiebe" den Eid zu. Die Eideszuschiebung ist keine streitige Parteibehauptung, wenn sie auch mit solchen zusammenhängt, sondern ein objektiv feststehender Vorgang des Prozesses. Entsprechend „er bestreitet", „er ficht an", „er rechnet auf" usw.

„Die Voraussetzungen eines gesetzlichen Unterhaltsanspruchs in Geld seien für keine der beiden Klägerinnen gegeben. Er sei bereit, die Klägerin zu 2 in seinem Hause zu verpflegen.

Sein Einkommen betrage nicht mehr als 6600 *RM*. Gegenüber der Eideszuschiebung bezieht sich der Beklagte auf seine Veranlagung zur Einkommensteuer und erklärt sich damit einverstanden, daß seine Geschäftsbücher durch einen vereidigten Büchersachverständigen geprüft werden.

Die Klägerin zu 1, die vor der Eheschließung Privatsekretärin gewesen sei, könne sich mit Leichtigkeit ihren Unterhalt selbst verdienen und sei hierzu in Hinblick auf sein geringes Einkommen verpflichtet. Zum Mindesten seien alle über 400 *RM* hinausgehenden Ansprüche durch den im Vertrag vom 3. November ausgesprochenen Verzicht ausgeschlossen.

Die Möbel gehörten nicht der Klägerin zu 1, vielmehr habe er sie teils vor, teils während der Ehe in der zu IV seines Schriftsatzes vom 27. November 1932, auf den in soweit Bezug genommen wird, näher dargelegten Weise zu Eigentum erworben. Daß Frau *Bredow* die Sachen zur Führung eines abgesonderten Hausstandes braucht, bestreitet der Beklagte nicht.

Frau *Bredow* hat die zugeschobenen Eide angenommen.

Auf Befragen des Gerichts hat sie erklärt, daß sie auch jetzt noch bereit sei mit dem Beklagten zusammenzuleben. Dagegen hat der Beklagte das Zusammenleben auch für den Fall, daß die behaupteten Eheverfehlungen der Klägerin nicht bewiesen werden sollten, abgelehnt."

Beweisbeschluß und Beweisaufnahme brauchen nicht mehr mitgeteilt zu werden, weil das einzige Beweisthema — der Ehebruch des Beklagten mit der Engelmayer — unstreitig geworden ist. Gehört an den Anfang der Urteilsgründe eine Erörterung der sachlichen Zuständigkeit? Offenbar überschreiten die Klageansprüche bei weitem die allgemeine Kompetenzgrenze des § 23[1] GVG. Aber der Beklagte hat zur Hauptsache verhandelt, ohne Unzuständigkeit zu rügen. Da der Prozeß einen vermögensrechtlichen Gegenstand hat und ausschließliche Gerichtsstände nicht in Betracht kommen, ist das Amtsgericht damit in jedem Fall zuständig geworden. §§ 39, 40 ZPO. Es würde geradezu ein juristischer Fehler sein, wenn das Urteil noch auf die Zuständigkeitsfrage einginge.

Auch abgesehen von der, in dem vorbehaltslosen Verhandeln des Beklagten liegenden, stillschweigenden Vereinbarung ist hier die amtsgerichtliche Zuständigkeit gegeben. Der 6. Fall des § 23[2] GVG.: „Ansprüche auf Erfüllung einer durch Ehe oder Verwandtschaft begründeten gesetzlichen Unterhaltspflicht" wird, über den Wortlaut hinaus, allgemein auf den Unterhalt nach Scheidung der Ehe (§§ 1578f. BGB.) und auf vertragliche Unterhaltsansprüche bezogen. Stein-Jonas II 2f. zu § 1; RGR.-Komm. 12 zu § 1578. Der Anspruch zu c des Klageantrags wird in § 1361[I] S. 2 als Unterhaltsanspruch konstruiert.

Anders wenn eine mit dem Mann zusammen lebende Frau klagt, weil er sie zwar unterhält, aber in einer Form, bei der ihr die Führung der Wirtschaft entzogen wird und sie kein Geld in die Hände bekommt. Die Frau hat, so lange sie sich nicht als Verschwenderin erweist, einen im Rechtsweg verfolgbaren Anspruch darauf, das gemeinsame Hauswesen selbständig zu leiten und den Unterhalt in der ihr als Ehefrau gebührenden Weise zu empfangen. Erhebt sie demgemäß Klage auf Zahlung von Wirtschaftsgeld, so ist das kein Unterhaltsprozeß, sondern „Klage auf Herstellung des ehelichen Lebens" (§ 1353[I] BGB., § 606 ZPO.), daher Ehesache mit ausschließlicher Zuständigkeit des Landgerichts. RG. 97, 286. Weitere Folgerung aus der personenrechtlichen Natur der Klage: die Verurteilung des Mannes kann nicht vollstreckt werden (§ 888[II] ZPO.).

Kostenberechnung im Unterhaltsprozeß: oben S. 386. Handelt es sich nur um Unterhalt für die Dauer des Scheidungsverfahrens (einstweilige Verfügung, vgl. 10. Kap.), so bildet der halbjährige Betrag das Objekt. § 10[II, IV] GKG. Die Unterhalts-Herstellungsklage hat einen nichtvermögensrechtlichen Streitgegenstand, so daß das Objekt gemäß § 11 geschätzt werden muß. —

Der Aufbau der Urteilsgründe wird dadurch erschwert, daß beide Parteien sich auf den Vertrag vom 3. November 1931 berufen haben — die Klägerin, um einen Teil ihrer Ansprüche unabhängig von der Schuldfrage und der Leistungsfähigkeit des Beklagten zu begründen, der Beklagte, um die Leistungspflicht gegenüber seiner Frau in Abrede zu stellen — und daß andrerseits die Rechtsgültigkeit dieses Vertrages von Amtswegen zu prüfen ist. Deshalb weicht das Urteil von der sonstigen Übung, mit der rechtlichen Natur des Klageanspruchs zu beginnen, ab und stellt die Prüfung der Rechtsgültigkeit des Vertrags an die Spitze:

„Entscheidungsgründe.

I. Die Vereinbarung vom 3. November 1931 wurde unstreitig auf Verlangen des Beklagten getroffen, um ihm zum Getrenntleben von seiner Frau und womöglich zur Scheidung seiner Ehe zu verhelfen. Auf Beides hatte er kein Recht. Dessen waren sich die Parteien auch bewußt. Die Zustimmung der Klägerin zu 1 erreichte der Beklagte durch die Drohung, sie würde „im Bösen" überhaupt keinen Unterhalt von ihm bekommen. Das Abkommen hatte also den Zweck, entgegen dem Wesen der Ehe eine vom Gesetz nicht gebilligte dauernde Trennung der Ehegatten herbeizuführen und den scheidungsberechtigten Gatten durch das Versprechen vermögensrechtlicher Vorteile zur Geltendmachung seines Scheidungsrechts zu bestimmen. Ein solcher Vertrag verstößt gegen die guten Sitten und ist nach § 138^{I} BGB. nichtig. RG. 109, 137; 118, 171; JW. 13, 128[2]; 14, 355[8]; 16, 573[2]. Infolge dessen kann keine Partei Rechte aus dem Abkommen herleiten."

Entscheidend ist, daß nicht Frau Bredow sondern ihr Mann die Trennung und künftige Scheidung gewünscht hat. Verständigen sich Eheleute über Scheidung und Unterhaltsregelung, nicht um die Scheidung dadurch erst zu ermöglichen, sondern lediglich zur Beschleunigung des Verfahrens, so ist der Vertrag nicht zu beanstanden. Dabei kann sogar ein Teil aus Anstandsgründen, um dem anderen das Fortkommen nicht zu erschweren, die Mitschuld auf sich nehmen (Vertrag über die Schuld, nicht über die Scheidung). Liegt aber eine unzulässige Scheidungserleichterung vor, so nützt es nichts, wenn die Parteien sich zunächst unverbindlich über die Prozeßführung verständigen, dann, nachdem ein ihren Wünschen entsprechendes Scheidungsurteil auf Grund eines vorgetäuschten Sachverhalts ergangen ist, die Unterhaltsvereinbarung in verbindlicher Weise wiederholen und hierbei auf Rechtsmittel verzichten. Sogar der auf einer derartigen unzulässigen Vereinbarung beruhende Rechtsmittelverzicht wird von der Nichtigkeit des Gesamtabkommens erfaßt, und die Partei, die verzichtet hat, kann trotzdem wirksam Berufung oder Revision einlegen! RG. 118, 171; 126, 320; JW. 31, 1342[5]; DNotZ. 31, 312[2].

Wäre der Vertrag nicht schon aus den dargelegten Gründen nichtig, so müßte auf eine Reihe weiterer Rechtsfragen eingegangen werden:

I. Ein Verzicht auf Unterhalt für die Zukunft ist grundsätzlich unzulässig (§ 1614^{I}). Ausnahmen bestehen für das Rechtsverhältnis zwischen dem unehelichen Kind und seinem Vater (§ 1714, oben S. 88) und für den Unterhaltsanspruch im Fall der Ehescheidung (arg. § 1580^{III}); der letztere Verzicht kann — natürlich nur soweit keine unsittliche Erleichterung der Scheidung vorliegt — schon vor der Scheidung ausgesprochen werden. Dagegen gilt für den von Frau Bredow geltend gemachten Unterhalt bei bestehender Ehe das Prinzip (§ 1360^{III} S. 2). Soweit also Frau Bredow auf Mehransprüche verzichtet hat, fehlt dem Vertrag unter allen Umständen die Rechtswirksamkeit, und es fragt sich, ob nach § 139 der positive Teil des Abkommens für sich allein zu Recht bestehen kann. Fast alle vor Gericht abgeschlossenen Unterhaltsvergleiche kranken an diesem Mangel, daß sie „hinkende Verträge" sind. Vgl. JW. 19, 824[8].

II. Hätte der Vertrag vom 3. November 1931 einer besonderen Form bedurft? 1. Keinesfalls Schenkungsform (§ 518). Zwar stellt der Vertrag insoweit, als Bredow seiner Frau Leistungen versprochen hat, die über den gesetzlichen Unterhaltsanspruch hinausgehen, objektiv eine unentgeltliche Zuwendung dar. Doch fehlt aus den S. 47 behandelten Gesichtspunkten das subjektive Begriffsmerkmal der Schenkung. 2. Zu denken ist ferner an die (durch den Vertrag übrigens gewahrte) Schriftform des „Leibrenten“-versprechens (§§ 759, 761). Die Judikatur verlangt aber, daß die einzelnen Renten auf Grund eines einheitlichen Stamm-Leibrentenrechts geschuldet werden: deshalb verneint man Leibrentenbegriff und -form beim Ruhegehaltsversprechen eines Arbeitgebers, weil hier die fortlaufenden Zahlungen als Gegenleistung für die früheren Dienstleistungen des Arbeitnehmers aufzufassen seien. RG. 80, 208; 94, 157; RGRKomm. 1 zu § 759. Es sind also auch die Unterhaltszusagen Bredows keine Leibrente. — Eine weitere Einschränkung des Leibrentenbegriffs folgt daraus, daß als Leibrente nur Leistungen auf die Lebenszeit des Gläubigers oder Schuldners anerkannt werden; damit scheidet z. B. das Versprechen eines Schwiegervaters, dem Schwiegersohn bis zur festen Anstellung bestimmte Zuschüsse zu leisten, aus. RG. 67, 204 (mit einer zuerst von Eccius aufgestellten philologisch-historischen Begründung: „Leibrente“ = „lîprente“, „lîp“ = „Leben“, also „Leibrente“ = „Lebensrente“); 111, 286.

III. Verstößt das Abkommen vom 3. November 1931 deshalb gegen die guten Sitten, weil Frau Bredow sich indirekt zur Unterlassung einer Strafanzeige verpflichtet hat? Da abgesehen von wenigen Ausnahmefällen (wie § 139 StGB. oder § 2 RepSchG. vom 25. März 1930, RGBl. I 91) keine Privatperson nötig hat von einem Anderen begangene Straftaten zur Kenntnis der Strafverfolgungsbehörden zu bringen, kann man rechtswirksam die Nichterstattung einer Strafanzeige versprechen. Unsittlich ist bloß die Abhängigmachung dieses Versprechens von einer dafür zu gewährenden besonderen Vergütung, der „Schweigegeldvertrag“. JW. 16, 573[2].

IV. Daß Bredow die Zahlung der 400 RM. je Quartal unabhängig von der Regelung der Schuldfrage im Scheidungsurteil und ohne Rücksicht auf seine finanzielle Leistungsfähigkeit zugesagt hat, deutet möglicherweise auf die Absicht der Scheidungserleichterung hin (s. oben). Hiervon abgesehen, ist es nicht zu beanstanden, wenn ein Mann seiner Frau für den Scheidungsfall über das Maß seiner gesetzlichen Verpflichtung hinaus Unterhalt verspricht.

Nunmehr geht das Urteil zu den einzelnen Ansprüchen über, und zwar zunächst zu denjenigen, die zur Entscheidung ohne Eid reif sind:

„II. Nach § 1360 BGB. ist der gesetzliche Unterhaltsanspruch der Klägerin Frau *Bredow* unabhängig davon, ob sie sich selbst zu unterhalten vermag.“

Wären die Parteien bereits geschieden, so würde der Einwand des Beklagten, daß Frau Bredow sich durch eigene Arbeit erhalten müsse, an sich beachtlich sein. Freilich folgt aus ihrer vorehelichen Berufstätigkeit keineswegs, daß auch „nach den Verhältnissen, in denen die Ehegatten gelebt haben“ (§ 1578[I]), Erwerb durch Arbeit der Frau üblich sei, zumal sie jetzt für das Kind zu sorgen hat.

„Wenn sie sich, wie der Beklagte behauptet, des Ehebruchs schuldig gemacht hat, so würde das ihren Anspruch auf „notdürftigen“ Unterhalt nicht berühren. §§ 1611[II], 2335 BGB. Wegen des festgestellten unverziehenen neuen Ehebruchs des Beklagten mit *Amanda Engelmayer* hat Frau *Bredow* ein Recht auf Scheidung und auf Getrenntleben (§§ 1565, 1353[II]). Die Eheleute leben auch getrennt. Mithin kann Frau *Bredow* den ihr zustehenden Unterhalt gemäß § 1361[I] S. 1 in Geld verlangen. Der Umstand, daß das Zusammenleben nicht von ihr, sondern vom Beklagten verweigert wird, der ein Recht zum Getrenntleben zwar für sich behauptet aber noch nicht bewiesen hat, darf nicht dazu führen die Klägerin in dieser Hinsicht schlechter zu stellen, als wenn der Beklagte ihr gegenüber einwandfrei ein Weigerungsrecht hätte. JW. 02, Beil. 215[59]; 05, 203[7].“

Der Referendar: Meines Erachtens findet der letzte Satz im Gesetz keine Begründung. Vielmehr bestimmt § 1360, daß bei bestehender Ehe der Mann den Unterhalt „in der durch die eheliche Lebensgemeinschaft gebotenen Weise“, also in natura, zu leisten hat, und die Unterhaltsgewährung wird als Ausnahmefall behandelt und durch § 1361 an besondere Voraussetzungen geknüpft: daß die Eheleute tatsächlich getrennt leben; daß einer von ihnen — gleichviel ob der Unterhaltsberechtigte oder der Unterhaltsverpflichtete — die Herstellung des ehelichen Lebens verweigern darf; und daß gerade dieser Ehegatte, dem das Weigerungsrecht zusteht, die Herstellung verweigert. Es sind folgende Konstellationen denkbar: 1. Die Frau hat ein Scheidungsrecht und will getrennt leben: dann kann sie die Geldrente fordern. 2. Der Mann hat das Scheidungsrecht, will aber mit der Frau leben, während sie die Herstellung verweigert: hier steht ihr kein Unterhalt in Geld zu, so daß sie, um den Unterhalt nicht ganz zu verlieren, genötigt sein wird dem berechtigten Rückkehrverlangen des Mannes Folge zu leisten. 3. Der Mann verweigert mit Grund die Herstellung: dann muß er sie, allerdings nur in Höhe des „notdürftigen" Unterhalts (§ 1611 II), in Geld alimentieren, denn so lange sie seine Frau ist, darf er sie nicht verhungern lassen. 4. Wird aber, wie in unserem Fall, die Herstellung vom Manne verweigert, während das Scheidungsrecht der Frau zusteht, so ergibt sich aus der klaren Fassung des Gesetzes das, allerdings überraschende, Resultat, daß sie den Unterhalt in Geldrente nicht verlangen kann.

Der Richter: Hüten Sie sich vor den „überraschenden" Ergebnissen, sie sind immer unbillig und falsch. Ihr Fehler liegt in der Methode. Es gibt 3 Arten der Gesetzesauslegung und -anwendung. Die „konstruktive Jurisprudenz" formuliert, ohne Rücksicht auf die Folgen, die Rechtsbegriffe ein- für allemal fest, setzt die gefundene Formel in die Rechtssätze ein und entscheidet die Rechtsfragen durch Konstruktion aus Rechtssätzen und -begriffen, wie man mathematische Aufgaben durch Konstruktion mit mathematischen Sätzen und Formeln löst. Gesetzeslücken erkennt die Konstruktionsjurisprudenz nur an, wenn keine Rechtsnorm vorhanden ist, die auch nur äußerlich auf den Fall angewandt werden könnte, also so gut wie niemals. Ob das Ergebnis der Billigkeit und dem Rechtsgefühl entspricht, ist dem Konstruktionsjuristen gleichgültig; er findet die unbefriedigende Entscheidung „interessant" und tröstet sich mit einem „dura lex, sed ita scripta est." — Die „Kryptosoziologie" entscheidet den Rechtsfall zunächst nach dem Rechtsgefühl und sucht nachträglich konstruktive Gründe, oder was auf das Gleiche herauskommt: sie konstruiert zuerst, prüft aber die gefundene Entscheidung vom Billigkeitsstandpunkt nach, und wenn sie darnach ungerecht erscheint, wird das Ergebnis wieder umgestoßen, weil „das Gesetz auf den vorliegenden Fall nicht passe", eine „exceptio (oder replica) doli generalis", ein „stillschweigendes Rücktrittsrecht", eine „stillschweigende Bedingung" od. dgl. gegeben, ein Analogieschluß aus anderen gesetzlichen Bestimmungen zu ziehen sei. — Die „soziologische" oder „Freirechtsschule" endlich erkennt die Konstruktion lediglich als technisches Mittel zur Beherrschung des Rechtsstoffes, zur schnellen und sicheren Auffindung der ausschlaggebenden rechtlichen Gesichtspunkte an, verwirft sie dagegen als Maßstab für die Entscheidung zweifelhafter Rechtsfragen. Zur Auslegung des Gesetzes erforscht sie seinen Sinn, die „ratio legis". Daß die soziologische Methode sich vom Gesetz freimache, wird zwar oft behauptet, ist aber unrichtig. Nur wenn eine Lücke im Gesetz besteht, füllt sie der soziologische Jurist unter Abwägung der im Gesetz aufgestellten Richtlinien und unter Abwägung der beiderseitigen Interessen nach Billigkeit aus. Gesetzeslücken sieht die Soziologie allerdings schon dort, wo die konkrete Interessenlage von derjenigen, die dem Gesetzgeber bei Schaffung seiner Norm vorschwebte, grundlegend abweicht.

Gesetzeslücken und soziologische Rechtsanwendung: Wie jeder Praktiker weiß, ist es auch bei allergrößter Umsicht und Sorgfalt unmöglich einen Vertrag so zu fassen, daß er die unendliche

Menge der für die Beziehungen der Vertragsteile bestehenden Möglichkeiten erschöpfend regelt. Man denkt doch immer nur an einzelne bestimmte Tatbestände und Interessenlagen, formuliert im Hinblick auf sie das Gesetz, und wenn später eine nicht vorhergesehene Situation eintritt, haben wir die Vertragslücke. Nicht anders ergeht es dem Gesetzgeber. Er glaubt an alles gedacht zu haben, faßt demgemäß die Gesetzesnorm als allgemeingültig und hat doch bloß an gewisse Normalfälle gedacht. Ergibt sich später eine anormale Lage, so mag der Fall, wenn man sich an den bloßen Wortlaut hält, im Gesetz geregelt sein: in Wahrheit besteht eine Lücke. Z. B. erklärt sich die Aufwertung (eine der wichtigsten Schöpfungen der Freirechtsschule) zwanglos, wenn man davon ausgeht, daß den Verfassern des BGB. bei Schaffung der Vorschriften über die Geldschuld die Unerschütterlichkeit der deutschen Währung als absolut selbstverständlich erschien. Sie kamen darum gar nicht auf den Gedanken, irgend welche Vorsorge für den Währungsverfall zu treffen. Als später die Inflation kam, war, rein äußerlich betrachtet, durch BGB. und Währungsrecht eine Lösung gegeben, nämlich der Satz: „Mark gleich Mark". Aber das Gesetz durfte auf diesen Fall nicht bezogen werden, weil es nicht auf ihn berechnet war: die Folgen des Währungsverfalls waren im Gesetz nicht geregelt.

Man kann das Wesen der soziologischen Methode auch so ausdrücken, daß nicht die Rechtsfolgen nach den Rechtsbegriffen zu bestimmen sind, sondern umgekehrt. Z. B. wird niemand den Begriff der „Kostbarkeit" für das Hinterlegungsrecht und für den Frachtvertrag gleich definieren; man wird vielmehr bei der Begriffsbestimmung davon ausgehen, daß es sich im ersten Fall um die Tauglichkeit zur Hinterlegung, im zweiten um die innere Berechtigung zu einer Ausnahme von den strengen Vorschriften der Frachtführerhaftung handelt.

Die reine Konstruktionsjurisprudenz hat nur noch wenig Anhänger. Die Mehrzahl der Theoretiker wie der wissenschaftlich geschulten Praktiker sind (ohne sich dessen bewußt zu sein) immer noch Krypto-Soziologen, doch befindet sich die soziologische Schule in unaufhaltsamem Vordringen, namentlich in der Rechtsprechung des Reichsgerichts. Außer der Aufwertungsrechtsprechung ist besonders auf die Rechtsprechung über positive Vertragsverletzung (unten S. 529 f.) hinzuweisen, welche zunächst mit wechselnden Begründungen bald auf Unmöglichkeit, bald auf § 276, bald auf Verzugs-Analogien gestützt wurde, bis schließlich unter Verzicht auf konstruktive Einkleidung die Folgen der positiven Vertragsverletzung einfach als feststehende Rechtssätze behandelt wurden. Das ist für die Entstehung soziologischer Sätze typisch. Gesetzesbestimmungen, die den Richter unmittelbar zum soziologischen Interessenausgleich anweisen — wie „gute Sitten", „Treu und Glauben", „Umstände des Falles" (z. B. in § 254), „wichtiger Grund", „erheblicher Anlaß", „rechtliches" und „berechtigtes Interesse" — werden vom Reichsgericht auf Tatbestände angewandt, für die sie ursprünglich nicht gegeben waren. Überhaupt führt die soziologische Methode vielfach zur Übertragung der für einen Tatbestand gegebenen Vorschriften auf andere Tatbestände wegen Rechtsähnlichkeit, also zur Analogie. Doch können sich auch restriktive Interpretationen ergeben. Z. B. schränkt RG. 72, 207 den Erbunwürdigkeitsgrund der Testamentsfälschung auf den Fall ein, daß der Fälscher die Verwirklichung des wahren Willens des Erblassers verhindern wollte; RG. 82, 417 macht von der Beitragspflicht aller Schiffsladungen zur großen Haverei eine „im Gesetz nicht geschriebene" Ausnahme zu Gunsten der Postsendungen usw. Interessante grundsätzliche Ausführungen über Gesetzesauslegung bei einer infolge der Entwicklung der Technik geschaffenen, vom Gesetzgeber nicht vorausgeahnten neuen Situation im Sinne der Soziologie enthält das „Rundfunk"-Urteil RG. 113, 413 f. (besonders S. 418).

Die vorstehenden Anschauungen und Formulierungen schließen sich an die Schriften des verstorbenen Führers der Freirechtsschule Ernst Fuchs-Karlsruhe an. Vgl. „Die Gemeinschädlichkeit der konstruktiven Jurisprudenz", „Juristischer Kulturkampf", die Abhandlungen in JW., Leipz. Ztschr., „Justiz", „Der junge Rechtsgelehrte". Ferner Danz JW. 14, 7. Logisch-philosophische Rechtfertigung der Auslegung der Begriffe nach den Ergebnissen bei Steinitz Bresl. AnwKZtschr. 28, 33 f. (Festschrift f. Heilberg).

So ist es auch mit unserem § 1361. Als Soziologe sage ich: dem Gesetzgeber ist von den vier Fällen, die Sie als denkbar herausgeschält haben, der letzte einfach entgangen, deshalb hat er ihn bei der Formulierung nicht berücksichtigt und das Gesetz hat für diesen Fall eine Lücke. Wie sollen wir die Lücke ausfüllen? Jedenfalls nach dem Gedanken, daß eine Frau, die sich nichts hat zu schulden kommen lassen, nicht schlechter behandelt werden darf als die vom Manne mit Grund aus dem Haus gewiesene. Der wahre Sinn des § 1361 geht also dahin: ausnahmsweise Unterhalt in Geld zu gewähren, wenn entweder der unterhaltsberechtigte Teil ein Recht zum Getrenntleben hat, oder der unterhaltspflichtige die Herstellung des ehelichen Lebens verweigert.

Referendar: Wird durch die soziologische Gesetzesanwendung nicht die Rechtssicherheit erschüttert?

Richter: Im Gegenteil. Zu wirklicher Rechtsunsicherheit führt die konstruktive Jurisprudenz, denn mit bloß formaler Logik läßt sich — außerhalb des Gebiets des Mathematischen — schließlich alles beweisen, und besonders die Entscheidung der so häufig entstehenden Frage, ob ein Analogieschluß oder ein argumentum e contrario am Platze sei, bleibt bei der Konstruktionsmethode im Grund eine rein zufällige. Krypto-Soziologie und Soziologie werden in den praktischen Ergebnissen meist übereinstimmen. Der Unterschied ist der, daß die Krypto-Soziologen sich einreden ein objektiv bereits feststehendes Ergebnis zu finden, während doch die von ihnen vorgenommene Billigkeits-Nachprüfung ein ausgesprochen subjektives Moment enthält, und daß sie bei der Korrektur der durch Konstruktion gewonnenen Resultate mit juristischen Formeln arbeiten, während die soziologische Methode die Interessen in möglichst objektiver Weise abwägt und auf konstruktive Einkleidung ganz verzichtet.

Z. B. sagen die Krypto-Soziologen in der Aufwertungsfrage: „Der Vertrag wird durch die Geldentwertung an sich nicht berührt, aber die Geldentwertung hat die Bedeutung einer den Vertrag aufhebenden Unmöglichkeit", oder: „die Geschäftsgrundlage und damit die Verbindlichkeit des Vertrages ist durch die Geldentwertung fortgefallen". Im Fall Bredow gegen Bredow formuliert man krypto-soziologisch: „Nach dem Gesetz hat Frau Bredow zwar keinen Anspruch auf Geldunterhalt, aber der Berufung des Mannes darauf, daß nur er als nicht weigerungsberechtigter Teil die Herstellung verweigere, steht die exceptio doli entgegen". Vgl. dagegen die soziologische Erklärung. Krypto-soziologisch ist die Einschränkung des Leibrentenbegriffs mit Hilfe des Grimmschen Wörterbuchs (S. 407); spätere Reichsgerichtsentscheidungen zu diesem Thema sprechen offen soziologisch aus, daß das Ziel sein müsse der unglücklichen und verkehrsfeindlichen Formvorschrift des § 761 ein möglichst enges Anwendungsgebiet zu geben. Ähnlich operiert RG. 52, 46 („Bescholtenheit", wenn die Braut vor dem Verlöbnis mit dem späteren Bräutigam unzüchtig verkehrt, aber noch nicht den Beischlaf vollzogen hatte?) krypto-soziologisch mit philologisch-historischen Argumenten, nämlich mit der Ableitung des Wortes „Bescholtenheit", statt soziologisch zu erklären: ein Mädchen kann im Verhältnis zu einem Manne unbescholten, im Verhältnis zu anderen bescholten sein, weil § 1300 auf dem Gedanken der Verführung beruht. —

Auch bei den Ansprüchen des Kindes bedarf es einer soziologischen Korrektur des Gesetzes:

„III. Der Unterhalt der Klägerin zu 2 ist ebenfalls unabhängig davon, ob Frau *Bredow* sich einer Eheverfehlung schuldig gemacht hat. Der Beklagte kann nicht verlangen, daß dem Kinde der Unterhalt in seinem Hause gewährt wird, da es sich ohne eigene Schuld bei der Mutter befindet und dort am besten aufgehoben ist. RG. 57, 69; 74, 76."

Nach § 1612^{II} haben Eltern gegenüber minderjährigen Kindern das Recht zu bestimmen, in welcher Art sie den Unterhalt gewähren wollen. Aus besonderen Gründen kann das Vormundschaftsgericht im Interesse des Kindes die Bestimmung der Eltern abändern, aber so lange dies nicht geschehen ist, würde eigentlich der Beklagte den Einwand haben, daß er gegen seinen Willen nicht in Geld zu alimentieren brauche. Den Fall, daß die Kinder sich bei der Mutter befinden, weil sie den Mann wegen Mißhandlung oder aus sonstigen Gründen verlassen hat, hatte der Gesetzgeber einfach übersehen. — Nachdem die Rechtsprechung die Gesetzeslücke in der angegebenen Weise geschlossen hat, bedarf es keiner Entscheidung des Vormundschaftsgerichts mehr. Deshalb würde das Vormundschaftsgericht sogar den Erlaß der im Gesetz vorgesehenen Anordnung nach § 1612^{II} S. 2 als überflüssige Umständlichkeit abzulehnen haben! KG. 46, 23.

„IV. Der der Klägerin Frau *Bredow* in jedem Fall zustehende notdürftige Unterhalt ist mit Rücksicht auf die Teuerung auf vierteljährlich 240 *RM* bemessen worden. Für das Kind hat das Gericht den Betrag von vierteljährlich 120 *RM*, den der Beklagte auch früher längere Zeit bezahlt hat, als standesmäßigen Unterhalt (§ 1610 BGB.) angenommen.

Beide Unterhaltsansprüche sind aber erst vom Tage der Klagezustellung, dem 21. November 1932, begründet. Für die vorangegangene Zeit würde es einer Mahnung bedurft haben, welche von den Klägerinnen nicht behauptet worden ist. §§ 1613, 1360^{III} S. 2 BGB."

„In praeteritum non vivitur." Nur der uneheliche Vater haftet ohne Rücksicht auf Rechtshängigkeit oder Verzug von der Geburt des Kindes an.

„V. Voraussetzung des von Frau *Bredow* weiterhin erhobenen Anspruchs auf Herausgabe eines Kleiderschranks, eines Eßtisches, zweier Stühle und eines Sofas ist nach § 1361^{I} S. 2 BGB. nur, daß sie ein Recht auf Unterhalt in Geld hat und daß sie der Sachen zur Führung eines abgesonderten Hausstandes bedarf. Beide Voraussetzungen sind gegeben. Darauf, ob die Sachen ihr oder dem Beklagten gehören, kommt es nicht an."

Ebenso wenig wie der Mann sich gegenüber dem Herausgabeanspruch der Frau aus § 1361^{I} S. 2 damit verteidigen kann, daß er Eigentümer sei, kann dies die Frau tun, wenn der Mann von ihr Sachen herausverlangt, die sie an sich genommen hat. Denn im Zweifel gehören die Sachen zum eingebrachten Gut der Frau und unterliegen deshalb dem Besitzrecht des Mannes (§ 1373). Erheblich ist in diesem Falle nur der Einwand der Frau, daß sie nach § 1361^{I} S. 2 ein Recht auf die Sachen habe, oder daß sie Vorbehaltsgut seien.

„VI. Was den Anspruch der Klägerin Frau *Bredow* auf den über das Maß des „notdürftigen" hinausgehenden Unterhalt anlangt, so ist er aus den zu IV dargelegten Gründen jedenfalls für die Zeit bis einschließlich 20. November 1932 unberechtigt.

Im übrigen hängt er davon ab, ob die Klägerin sich des Ehebruchs schuldig gemacht hat. Bedenken gegen die Höhe des geforderten Betrages bestehen nicht. Selbst wenn das Einkommen des Beklagten bloß die von ihm angegebene Höhe von jährlich 6600 *RM* erreicht und davon jährlich 2160 *RM* für Frau *Bredow* und 480 *RM* für das Kind abgehen, verbleiben ihm für seine eigenen Bedürfnisse noch jährlich 3960 *RM*, also fast das Doppelte der der Frau zu zahlenden Summe. Mit 3960 *RM* kann der Beklagte als einzelner Mann seiner Lebensstellung entsprechend leben. Eine Beschränkung der Unterhaltspflicht würde daher der Billigkeit nicht entsprechen, und es kann der Frau, die ihr Kind zu erziehen hat, nicht zugemutet werden sich den Unterhalt ganz oder teilweise durch eigne Arbeit zu verdienen, zumal verheiratete Frauen bei der Bewerbung um freie Stellungen bekanntlich allgemein aus sozialen Gründen zurückgesetzt werden. Vgl. § 1361^{II} BGB.

Deshalb mag dahingestellt bleiben, ob der Beklagte mehr als 6600 RM Jahreseinkommen hat.

Für die hiernach allein noch erhebliche Behauptung des Ehebruchs hat der Beklagte Beweis durch Eideszuschiebung angetreten. Die Eideszuschiebung ist im Unterhaltsprozeß zulässig,"

denn Unterhaltsprozesse sind keine „Ehesachen" im Sinne des § 606 ZPO. (anders die auf Unterhaltsgewährung in der dem Wesen der Ehe entsprechenden Form gerichtete Herstellungsklage, oben S. 405),

„aber nur insoweit, als es sich um den Ehebruch mit *Polster* handelt. Die weitere unter Eid gestellte Behauptung des Beklagten, daß die Klägerin im Jahre 1932 mit anderen Männern mehrfach Ehebruch begangen habe, kann nicht Gegenstand eines Eides sein, so lange nicht die Namen der beteiligten Ehebrecher oder sonstige Merkmale — Zeit, Ort, Begleitumstände — angeführt werden. Ein Eid darf nur über bestimmt zu bezeichnende Tatsachen zugeschoben werden. § 451 ZPO."

Der Eid soll Beweismittel für tatsächliche Behauptungen sein, nicht als „Ausforschungseid" die Anführung konkreter Tatsachen ersetzen. Vgl. Stein-Jonas I zu § 451.

„Die Klägerin hat den Eid angenommen.

Die Entscheidung über die von der Klägerin geforderten weiteren 300 RM vierteljährlich seit dem 21. November 1932 war daher von einem Eide der Klägerin Frau *Bredow* darüber abhängig zu machen, ob sie im Jahre 1932 Ehebruch mit *Polster* begangen hat. Leistet sie den Eid, so ist der Ehebruch widerlegt und der Unterhaltsanspruch in voller Höhe begründet, während im Fall der Eidesweigerung der Ehebruch als bewiesen gilt und demgemäß der Mehranspruch abgewiesen werden muß. §§ 463^{I}, 464^{II} ZPO.

Die Verurteilung zur Zahlung des notdürftigen Unterhalts an Frau *Bredow*, die Verurteilung auf die Klageanträge zu b und c und die Abweisung des Anspruchs für die Zeit vor dem 21. November 1932 sind unbedingt auszusprechen."

Das bedingte Urteil hat (im Tenor) die Folge sowohl der Eidesleistung wie der Nichtleistung so genau anzugeben, als die Lage der Sache es gestattet (§ 462^{I}). Die Gründe müssen in dem Nachweis gipfeln, daß die Entscheidung von dem Eide abhängt. Da das vorliegende Urteil nur teilweise bedingt, zum anderen Teil unbedingt ist, hat der Richter an dieser Stelle zusammengefaßt, inwieweit der Prozeß ohne und inwieweit er mit Eid entscheidungsreif ist.

„VII. Für die Kostenentscheidung war maßgebend, daß der Beklagte mit 960 RM Jahresbetrag gegenüber der Klägerin zu 1, 480 RM Jahresbetrag gegenüber der Klägerin zu 2, endlich mit dem Herausgabeanspruch, dessen Gegenstand die Parteien übereinstimmend auf 160 RM angegeben haben, unbedingt unterliegt, zusammen also mit 1600 RM, während die Entscheidung über 1200 RM Jahresbetrag vom Eide abhängt. Die Zuvielforderung der Klägerinnen für die Zeit vom 1. Oktober bis 20. November 1932 bleibt wegen ihrer Geringfügigkeit, und weil besondere Kosten durch sie nicht entstanden sind, außer Betracht. Gemäß §§ 91, 92 ZPO. sind deshalb $^{4}/_{7}$ der Kosten dem Beklagten unbedingt auferlegt worden, während $^{3}/_{7}$ im Verhältnis der Klägerin zu 1 zum Beklagten von der Eidesleistung abhängen. Die Klägerin zu 2 hat in keinem Fall Kosten zu tragen."

Über die Kostenverteilung in dem (vom Gesetz nicht geregelten) häufigen Fall, daß die Partei gegenüber einem Streitgenossen obsiegt, gegenüber dem anderen unterliegt und die Streitgenossen den gleichen Anwalt hatten, und über ihre praktische Durchführung vgl. Stein-Jonas IV zu § 100; Goltermann JW. 30, 693. Speziell für den Fall des Armenrechts JW. 28, 1153[14] (OLG. Breslau).

„Die Anordnung der vorläufigen Vollstreckbarkeit der unbedingten Verurteilung beruht auf §§ 708^6, 709^4 ZPO."

§ 708^6 beschränkt die vorläufige Vollstreckbarkeit des Unterhaltsurteils auf die Zahlungen seit Klageerhebung und für das letzte Vierteljahr vor der Klage. Die gleiche Einschränkung gilt für die Privilegien des Unterhaltsanspruchs bei der Lohn- und Gehaltspfändung. §§ 850^{IV} ZPO., 4^3, 4 a LohnBeschlG.

Das künftige Läuterungsurteil und die in ihm zu treffende Kostenentscheidung wird nach § 708^2 ZPO. für vorläufig vollstreckbar erklärt. Das braucht im bedingten Endurteil nicht besonders gesagt zu werden.

Sind Klageabweisungen für vorläufig vollstreckbar zu erklären? (wenn sie nicht unter §§ $708^{2, 3, 4, 5, 7}$, $709^{1, 2, 3}$ fallen, auch nicht im Schiedsurteilsverfahren ergehen). Manche Gerichte sprechen die vorläufige Vollstreckbarkeit nach § 709^4 aus, indem sie als „Gegenstand der Verurteilung" die Kosten betrachten: übersteigen also die Kosten nicht die Summe von 500 GM., so wird das Urteil für vollstreckbar erklärt, auch wenn der Hauptanspruch höher war. Andere halten § 709^4 für unanwendbar, weil es bei Klageabweisung an einem „Gegenstand der Verurteilung" fehle, und lassen die Vollstreckbarkeitserklärung nur unter den Voraussetzungen des § 710 S. 1, also auf Antrag und gegen Sicherheit, zu. Am meisten befriedigt die dritte Ansicht, welche „Gegenstand der Verurteilung" mit „Gegenstand des Urteils" gleichsetzt, so daß das klageabweisende Urteil ohne Rücksicht auf die tatsächliche Kostenhöhe immer für vollstreckbar erklärt wird, wenn die Klageforderung nicht größer als 500 GM. war. Vgl. Stein-Jonas III zu § 709, I 1 zu § 710 c. cit. —

Schließlich nimmt das Urteil zum Abwendungsantrag des Beklagten Stellung:

„Dem Beklagten war entsprechend dem von ihm gestellten Antrag nach § 713^{II} ZPO. die Befugnis zur Abwendung der Vollstreckung durch Sicherheitsleistung zuzusprechen.

Richter."

Daß das Gesetz die Hinterlegungsbefugnis auch dem Unterhaltsschuldner gibt, ist prinzipwidrig, weil dadurch die Wirkung des § 708^6 wieder illusorisch wird. Abhilfe gewährt die Möglichkeit der einstweiligen Verfügung. Vgl. 10. Kap.

Nachdem das Urteil Rechtskraft erlangt hat, wird auf Antrag Termin zur Eidesleistung angesetzt. Frau Bredow leistet den Eid und das Urteil wird entsprechend geläutert. —

Der Referendar: Jetzt wird Frau Bredow wohl Scheidungsklage einreichen, da der Ehebruch des Mannes feststeht, während durch ihren Eid bewiesen ist, daß er keinen Scheidungsgrund gegen sie hat?

Der Richter: Die Feststellungen des Unterhaltsprozesses beschränken ihre Wirkung auf den Unterhaltsanspruch, die Gründe nehmen an der Rechtskraft nicht teil (§ 322^I). Durch Leistung des Eides wird der Mann nicht gehindert im Scheidungsprozeß der Frau den Ehebruch mit Polster nachzuweisen, natürlich nur mit den im Eheprozeß zugelassenen Beweismitteln. Umgekehrt würden, wenn Frau Bredow bei uns den Eid verweigert hätte, für den Scheidungsprozeß nicht die Folgen des § 464^{II} eintreten, sondern höchstens ein gewisser Verdacht des Ehebruches begründet werden. Es wäre ja möglich, daß die Klägerin, obgleich sie sich unschuldig fühlte, bloß wegen der Unterhaltsdifferenz nicht schwören wollte. Im übrigen gibt es viele Frauen, die von ihrem Scheidungsrecht keinen Gebrauch machen und es vorziehen, als Ehefrau getrennt zu leben.

Getrennt lebende Ehefrauen: Getrenntleben ist für die Frau finanziell vorteilhafter als Scheidung: 1. Mit der Scheidung verliert sie ihr gesetzliches Erbrecht (§ 1931 BGB.) und Pflichtteilsrecht (§ 2303). Daß die Unterhaltspflicht des Mannes gegenüber der unschuldig geschiedenen Frau passiv vererblich ist (§ 1582, Ausnahme von § 1615), bedeutet keinen vollen Ausgleich, denn der Erbe kann die Unterhaltsrente bis auf die Hälfte der Bezüge herabsetzen, die der Mann z. Zt. des Todes aus seinem Vermögen gehabt hatte (§ 1582^{II}). 2. Beamtenfrauen verlieren ferner durch Scheidung die Witwenpension, haben also nach dem Tode des Mannes keinen Ersatz für den ihnen bis dahin vom Manne gezahlten Unterhalt. Der unschuldig geschiedenen Frau eines verstorbenen Beamten „kann" allerdings nach den Personal-Abbau-Abwickl.-Gesetzen eine „Witwenbeihilfe" bis zur vollen Höhe der Witwenpension bewilligt werden. Art. 6^{II} Reichs-G. vom 4. August 1925 (RGBl. I 181), § 30 pr. G. vom 25. März 1926 (GS. 105). Doch steht die Bewilligung im Ermessen der Zentralbehörde und entscheidet sich erst nach dem Tode des Mannes! 3. Läßt sich die Frau scheiden und heiratet der Mann zum zweiten Mal, so leidet darunter auch der Unterhaltsanspruch der unschuldig geschiedenen ersten Frau, die praktisch hinter die Unterhaltsansprüche der zweiten Frau und ihrer Kinder zurücktreten muß (§ 1579^{I} BGB.). Kann die erste Frau ihren Unterhalt aus der Substanz ihres Vermögens bestreiten, so soll der geschiedene Mann, dessen Mittel nicht ausreichen, um seinen sämtlichen Unterhaltsverpflichtungen nachzukommen, ihr gegenüber sogar ganz befreit sein (§ 1579^{II}). Die Praxis schränkt das allerdings dahin ein, daß der geschiedenen Frau das Angreifen ihres Kapitals nur zugemutet wird, falls ihr noch ein Betrag verbleibt, der zusammen mit ihrem sonstigen Erwerb voraussichtlich ausreicht, um den Unterhalt für ihre ganze Lebenszeit zu decken: also so gut wie niemals. RG. 97, 276.

Kann die Frau dauernd vom Manne getrennt leben und Unterhalt in Geld fordern? Solange die häusliche Gemeinschaft aufgehoben ist, läuft keine Scheidungsfrist (§ 1571^{II} S. 1), so daß ihr Recht zum Getrenntleben und damit auf Geldunterhalt nicht durch Zeitablauf endet. Läßt der Mann die Aufforderung aus § 1571^{II} S. 2 an sie ergehen, so wird damit die Frist in Lauf gesetzt, und zwar unabhängig davon, ob dem Mann an der Rückkehr der Frau ernstlich etwas gelegen war (RG. 61, 160). Unter Umständen gesteht man aber der Frau, deren Scheidungsrecht durch Fristablauf erloschen ist, das Recht auf Getrenntleben und Geldunterhalt auch weiterhin deshalb zu, weil das Herstellungsverlangen des Mannes einen „Mißbrauch" darstellt. § 1353^{II} S. 1, dazu Staudinger Anm. 3 c.

Steht ihr ein Recht auf die Kinder zu? Der Mann kann, so lange sein Personensorgerecht nicht auf Grund des „Eingriffs"-§ 1666 beschränkt worden ist, auf Herausgabe der Kinder klagen (§§ 1631^{I}, 1632). Der Umstand, daß die Kinder sich noch im zarten Alter befinden, genügt nicht, um seine Klage zur Abweisung zu bringen. Dagegen gibt die Rechtsprechung der Frau den Einwand des Mißbrauchs und der Schikane, falls der Mann sie durch die Herausgabeklage nur nötigen will auf Scheidung zu klagen, oder wenn ihre Gesundheit unter der Wegnahme der Kinder empfindlich leiden würde. RG. 55, 419; 69, 94; JW. 07, 6[6]; 12, 395[15]; 15, 1261[6]; 17, 902[6]; 25, 945[14]. Daß den Kindern zur Geltendmachung der Unterhaltsansprüche ein Pfleger bestellt werden muß, und daß die Mutter der Kinder, so lange die Ehe besteht, nicht Pfleger sein kann, wissen wir bereits (S. 98).

Scheckprozeß.

Klage im Scheckprozeß.

„Breslau, den 11. Februar 1933.

Klage im Scheckprozeß

des Kaufmanns *Ottokar Ehlers* in Breslau, Nikolaistraße 36, Klägers,
gegen

1. die offene Handelsgesellschaft Gebr. *Schellenberg*,
2. deren Inhaber:
   a) Kaufmann *Max Schellenberg*,
   b) Kaufmann *Moritz Schellenberg*,

sämtlich in Breslau, Klosterstraße 88, Beklagte,
wegen Anspruchs aus Scheckrecht.

Auf Grund des nachstehenden Sachverhalts erhebe ich beim Amtsgericht Breslau Klage im Scheckprozeß und bitte um Anberaumung eines Verhandlungstermins, in welchem ich beantragen werde:

> die Beklagten kostenpflichtig als Gesamtschuldner zu verurteilen, dem Kläger 357.80 *RM* (i. W.) nebst 7% Zinsen seit dem 5. Februar 1933 zu zahlen.

Begründung.

Die Beklagte zu 1 haftet als Ausstellerin des dieser Klage in Abschrift beigefügten, laut Bescheinigung des Bezogenen vom 5. Februar 1933 auf Vorlegung nicht eingelösten Schecks Nr. 3266 dem Kläger als dem legitimierten Inhaber des Schecks auf den Scheckbetrag von 357.80 *RM* nebst 7% Zinsen seit dem Vorlegungstag.

Die Beklagten zu 2a und b sind ausweislich des in Abschrift beigefügten Registerauszugs Gesellschafter der Beklagten zu 1 und haften als solche für die Verbindlichkeit der Gesellschaft als Gesamtschuldner.

Die Urkunden werde ich im Termin vorlegen und der Beklagten zu 1 über die Echtheit ihrer Unterschrift den

Eid

zuschieben.

3 Abschriften zur Zustellung an die Beklagten sowie 12 *RM* in Kostenmarken[4]) werden beigefügt.

Ottokar Ehlers."

„Abschrift.

(Vorderseite)

Nur zur Verrechnung!

Das Bankhaus *Ferdinand Schilling in Breslau* wolle gegen diesen Scheck aus unserem Guthaben an Herrn *Ottokar Ehlers, Breslau* oder Überbringer den Betrag von *357,80 RM.*, in Worten *dreihundertsiebenundfünfzig Reichsmark achtzig Reichspfennige* zahlen. *Breslau, den 3. Februar 1933.*

Nr. 3266. (gez.) *Gebr. Schellenberg.*

(Rückseite)

Dieser Scheck ist heute zur Verrechnung vorgelegt und nicht eingelöst worden.

Breslau, den 5. Februar 1933.

Ferdinand Schilling.

(gez.) p. pa. *Fürst.*"

„(Abschrift des Registerauszugs betr. die Firma Gebr. *Schellenberg*)."

---

[4]) §§ 8, 20^{1}, 74^{II} GKG. Die Gebühren sind im Urkunden- und ordentlichen Prozeß gleich.

Nach §§ 15 f. ScheckG. begründet die Nichteinlösung rechtzeitig vorgelegter Schecks eine abstrakte Haftung entsprechend dem Vorbild des Wechselrechts. Abweichungen: 1. Die Haftung besteht nicht bloß für den Aussteller und die Indossanten eines Orderschecks, sondern auch die quasi-Indossanten des Inhaberschecks, nämlich alle Personen, die ihren Namen auf die Rückseite des Schecks gesetzt haben (§ 15^{II}). Der Inhaberscheck (Scheck mit „Überbringerklausel"), wie er hier vorliegt, ist in der Praxis die vorherrschende Scheckform. 2. Statt eines förmlichen Protestes (§ 16^{3}) genügt zum Nachweis der Vorlegung und Nichteinlösung eine schriftliche Erklärung des Bezogenen auf dem Scheck (§ 16^{1}). 3. Eine scheckmäßige Haftung des „Bezogenen" (d. i. des Bankiers, auf den der Scheck gezogen ist, § 2) findet nicht statt, mag er selbst im Verhältnis zum Aussteller zur Honorierung des Schecks verpflichtet sein. Sogar ein Akzept, das der Bezogene etwa auf den Scheck gesetzt hat, gilt pro non scripto (§ 10). Demgemäß endet der Scheckregreß beim Aussteller.

Bestätigter Scheck: Da der Annahmevermerk als nicht geschrieben gilt, kann er auch nicht als selbständiges Schuldversprechen aufrechterhalten werden (RG. 105, 362). Häufig fragt der Schecknehmer vor oder nach Empfang des Schecks das bezogene Bankhaus an, ob der Scheck gedeckt sei und eingelöst werden würde. Bestätigt hierbei die Bank den Scheck, so kann darin unter besonderen Umständen ein Garantievertrag liegen. Gewöhnlich aber gibt die Bestätigung dem Scheckinhaber keine Rechte. Nur bei Reichsbankschecks ist eine formelle „Bestätigung" vorgesehen, aus der die Bank für Einlösung haftet (BRVO. vom 31. August 1916, RGBl. 985). Ferner war während der Bankkrise die Bestätigung vorübergehend zugelassen (Art. 5 der VO. vom 18. Juli 1931, RGBl. I 376). Im übrigen scheitert die Konstruktion einer Haftung schon daran, daß die Auskünfte von der Buchhalterei erteilt werden, die gar nicht in der Lage ist rechtliche Verfügungen zu treffen. RG. 112, 317.

Daß es sich um einen Verrechnungs- (oder „gekreuzten") Scheck handelt, hat für den Regreß keine Bedeutung. Zwar darf der Bezogene solche Schecks nur durch Gutschrift (Verrechnung), nicht durch Barzahlung honorieren (§ 14 ScheckG.), aber der Regreß gegen Aussteller und Nachmänner geht, wie immer, auf Geldzahlung. RG. 95, 241; 104, 37.

Die Haftung der Firmeninhaber Max und Moritz Schellenberg aus dem von der Gesellschaft ausgestellten Papier folgt materiell aus § 128 HGB. Bei o.H.G. und K.G. werden Gesellschaftsvermögen und Privatvermögen der Gesellschafter für die Zwangsvollstreckung scharf auseinander gehalten: ein gegen die Firma lautender Titel kann nur ins Gesellschaftsvermögen, ein gegen die Gesellschafter lautender nur ins Privatvermögen vollstreckt werden (§§ 124^{II}, 129^{IV}). Will man also einen überall realisierbaren Titel erlangen, so klagt man gegen Gesellschaft und Gesellschafter als Gesamtschuldner, wie Ehlers es getan hat.

Scheckzinsen: Nach dem Ges. vom 3. Juli 1925 (RGBl. I 93) betragen Wechsel- und Scheckzinsen 2% über dem jeweiligen Reichsbankdiskont, mindestens aber 6%.

Klageformalien: Der „Scheckprozeß" ist, wie der „Wechselprozeß", eine Abart des Urkundenprozesses, auf welchen alle Besonderheiten des Wechselprozesses Anwendung finden (§ 28^{III} ScheckG.). Damit ein Rechtsstreit im allgemeinen Urkundenprozeß, Wechsel- oder Scheckprozeß geführt werde, muß bereits der einleitende Akt, also die Klageschrift, eine entsprechende Erklärung enthalten. Ist sie versäumt worden, so besteht in diesem Verfahren keine Möglichkeit mehr sie nachzuholen. Entsprechend setzt das Urkunden-Mahnverfahren voraus, daß das einleitende Gesuch auf einen Urkunden- (Wechsel-, Scheck-)Zahlungsbefehl gerichtet war (§ 3^{1} EntlastVO.). Umgekehrt kann dagegen der Kläger von der speziellen Verfahrensart zur allgemeineren (z. B. vom Scheck- zum Urkunden- oder ordentlichen

Prozeß) stets einseitig übergehen. § 596 ZPO. Wie allgemein anerkannt wird, endet die Überleitungsbefugnis des Klägers mit der ersten Instanz. Ob er unter Zustimmung des Beklagten noch in der Berufungsinstanz vom Urkundenprozeß Abstand nehmen kann, und wie dann tenoriert werden muß, ist streitig. Vgl. JW. 31, 2039[4], 2040[5] (KG.), dazu Levis.

Wird eine Scheck-Regreßklage als „Klage im Wechselprozeß" bezeichnet, so gilt sie als „Scheckprozeß". RG. 96, 100.

Die Geltendmachung der Solidarhaftung der o.H.G.-Gesellschafter aus der Scheckzeichnung der Firma ist Anspruch „aus" dem Scheck im Sinne des § 602, daher der Scheckprozeß auch gegen die beiden Gesellschafter gegeben. Es müssen jedoch nach dem allgemeinen Grundsatz des § 592 alle klagebegründenden Tatsachen durch Urkunden beweisbar sein. Deshalb beruft sich Kläger auf den Registerauszug.

Für den Urkundenprozeß und seine Abarten gibt es keine Priorität des Güteverfahrens (§ 495a³). Daher wird alsbald Verhandlungstermin im Streitverfahren angesetzt.

Streitige Verhandlung im Scheckprozeß. Vertagung. Im Termin erscheinen:

„1. der Kläger in Person,

2. der Beklagte *Max Schellenberg*, vertretungsberechtigter Gesellschafter der Beklagten zu 1, Vollmacht des Beklagten zu 2 b[5]) und Schriftsatz überreichend. Abschrift des Schriftsatzes wurde dem Kläger ausgehändigt.

Der Kläger stellte den Antrag aus der Klageschrift, die Beklagten beantragten Klageabweisung, für den Fall der Verurteilung die Befugnis zur Sicherheitsleistung.

Die Parteien verhandelten zur Sache.

Der Kläger legte den der Klage zu Grunde liegenden Scheck Nr. 3266 mit Bescheinigung des Bankhauses *Ferdinand Schilling* sowie den Registerauszug betreffend die Firma Gebr. *Schellenberg* vor. Die Beklagten erkannten die Echtheit des Schecks und der Bescheinigung an."

Im Urkunden-, Wechsel- und Scheckprozeß müssen alle klagebegründenden Tatsachen durch Urkunden bewiesen werden, die der Beweisführer selbst vorlegt (§§ 592 S. 1, 595 II). Diese Voraussetzung wird sowohl bei streitiger Entscheidung wie im Versäumnisfalle vorweg von Amts wegen geprüft. § 597 II.

Neuerdings lassen vereinzelte Entscheidungen das Versäumnisurteil ohne Vorlegung der Originalurkunden zu, weil die mit der Klageschrift mitgeteilten Urkunden gemäß § 331 I als zugestanden anzusehen seien, somit keines Beweises bedürften (§ 288) und darnach das Erfordernis des § 592 S. 1 entfalle. Diese Ansicht widerspricht der klaren Gesetzesbestimmung. Es handelt sich nicht um gewöhnliche Tatsachen, sondern die Beweisbarkeit durch Urkunden ist eine selbständige Rechtsschutzvoraussetzung. Der Zwang, die Originalurkunden vorzulegen, hat auch seine innere Berechtigung: die der Klage beigefügten Abschriften sind häufig nicht ganz zuverlässig, besonders hinsichtlich durchstrichener Indossamente, und der Richter muß sich von der Ordnungsmäßigkeit der Urkunden, der wechsel- bzw. scheckmäßigen Legitimation (Art. 36 WO., § 8 II ScheckG.) usw. selbst überzeugen können. Stein-Jonas III 1 2 zu § 597; Wolf LZ. 31, 490. Der Kläger, der einzelne klagbegründende Tatsachen nicht urkundenmäßig belegen kann, gelangt auch dadurch nicht sofort zum Versäumnisurteil, daß er vom Urkundenprozeß Abstand nimmt, sondern die Abstandnahme muß dem Beklagten zugestellt sein, bevor auf ihrer Grundlage Versäumnisurteil im Ordinarium möglich ist (vgl. S. 380).

Jetzt wird der überreichte Schriftsatz verlesen und erörtert:

---

[5]) Als Vertreter der o. H. G. bedarf Max Schellenberg keiner Vollmacht.

„Schriftsatz in Sachen *Ehlers* gegen Gebr. *Schellenberg* und Genossen, 21 C 30. 33.
Wir haben den Scheck dem Kläger zur Bezahlung eines Postens Tabak am 3. Februar nachmittags gegeben. Als am 4. Februar früh die Ware angerollt wurde und wir sie durch unseren Werkmeister *Unkel* untersuchen ließen, stellte sich heraus, daß der Tabak nicht, wie uns der Kläger u. a. versichert hatte, aus lauter Deckblättern bestand und frei von Rippen war, sondern eine vollkommen minderwertige Ware. Wir haben daher am 4. Februar nachmittags den Scheck bei unserem Bankhaus telefonisch sperren lassen. Am 5. Februar kam der Kläger, nachdem das Bankhaus die Einlösung des Schecks verweigert hatte, zu uns, ließ sich von unserem Lagerhalter *Jeenel* den Tabak zeigen und hat selbst erklärt, daß er die Ware zurücknehmen müsse.

Beweis: Zeugnis der Herren *Unkel* und *Jeenel*, Vorlegung von Proben der gelieferten Ware und Gutachten Sachverständiger.

Ferner schieben wir dem Kläger über seine Zusicherungen und darüber, daß er arglistig gehandelt hat, den Eid zu.

Der Klageanspruch ist also unbegründet, denn

1. war Deckung für den Scheck vorhanden, wie wir durch Bescheinigung der Bank jederzeit nachweisen können, und wir haben den Scheck ordnungsmäßig gesperrt,
2. sind wir nicht verpflichtet, die gelieferte Ware abzunehmen und zu bezahlen."

Der Richter (zu Schellenberg): Mit dem ersten Einwand haben Sie unrecht. Der Scheck wird im Verkehr wie bares Geld betrachtet, und wenn Sie Jemand einen Scheck geben, so garantieren Sie ihm unbedingt für Einlösung. Ist also der Scheck innerhalb der 10tägigen Vorlegungsfrist der Bank vorgelegt und von dieser nicht honoriert worden, so steht dem legitimierten Inhaber des Papiers der formale Scheck-Regreßanspruch an Sie zu, gleichviel ob die Nichteinlösung darauf beruht, daß das Konto überzogen war, oder daß Sie den Scheck gesperrt hatten, oder daß die Bank die Honorierung grundlos verweigert hat.

Der Widerruf (so lautet die gesetzliche Bezeichnung für die „Sperrung") hat nur für das Verhältnis des Ausstellers zum Bezogenen, nicht für sein Verhältnis zum Scheck-Nehmer Bedeutung. Bei gewöhnlichen Anweisungen kann der Aussteller bis zur Annahme bzw. Erfüllung frei widerrufen (§ 790 BGB.). Beim Scheck wird das Widerrufsrecht durch die Vorlegungsfrist beeinflußt: 1. Präsentiert der Scheckinhaber den nicht widerrufenen Scheck innerhalb der Vorlegungsfrist und löst die Bank ihn ein, so kann sie den Betrag dem Aussteller belasten; verweigert sie die Honorierung, so hat der legitimierte Inhaber Regreß an Aussteller und Nachmänner. 2. Wird ein widerrufener Scheck in der Vorlegungsfrist präsentiert, so kann die Bank für Rechnung des Ausstellers einlösen, denn man mutet ihr nicht zu vor der Einlösung jedes Mal Nachforschungen wegen eines etwaigen Widerrufs anzustellen (§ 13^{III} ScheckG.). Löst der Bezogene nicht ein, so besteht der zu 1 angegebene Regreß. 3. Ein nicht widerrufener Scheck wird nach Fristablauf präsentiert: dann ist zwar der Bezogene immer noch zur Einlösung für Rechnung des Ausstellers befugt (§ 13^{II}). Löst er aber nicht ein, so entfällt jeder Regreß, weil der Inhaber die Frist versäumt hatte. 4. Ein widerrufener Scheck wird nach Fristablauf zur Einlösung vorgelegt: hier darf der Bankier nicht einmal für Rechnung des Ausstellers einlösen und der Inhaber hat wegen der Nichteinlösung kein Regreßrecht.

(zu Ehlers): Was sagen Sie zu den Anführungen der Beklagten, daß der Scheck zur Bezahlung gekaufter Waren gegeben, daß die Ware nicht in vertragsmäßiger Beschaffenheit geliefert worden sei und daß Sie sich selbst mit der Rücknahme einverstanden erklärt hätten?

Ehlers: Im Scheckprozeß sind derartige Einwendungen doch nicht zulässig, auch nicht beweisbar.

Richter: Gegenüber dem Scheckanspruch haben die Beklagten alle Einwendungen, welche die Gültigkeit ihrer Unterschrift betreffen oder sich aus dem Inhalt des Schecks ergeben oder ihnen unmittelbar gegen Sie zustehen (§ 18^II^). Wenn die Beklagten zur Wandelung oder Anfechtung des Kaufs berechtigt sind, so würde der rechtliche Grund, aus dem der Scheck gegeben wurde, weggefallen sein, und die Beklagten könnten den Scheck nach den Vorschriften über ungerechtfertigte Bereicherung zurückfordern, ebenso wie sie im Fall barer Zahlung das für die Ware gegebene Geld zurückfordern würden. Die Beweisfrage lassen wir vorläufig aus dem Spiel. Zunächst müssen Sie zu den Behauptungen der Beklagten Stellung nehmen. Daraus wird sich ergeben, ob die Entscheidung des Prozesses überhaupt von bestrittenen Behauptungen abhängt und dann ist erst auf die Zulässigkeit der angetretenen Beweise einzugehen.

§ 18^{II} entspricht dem wechselrechtlichen Art. 82 WO. Unbeschadet der „abstrakten", d. h. vom Schuldgrund losgelösten, Haftung kann der Wechsel- oder Scheckschuldner — gegenüber seinem unmittelbaren Nachmann – mit der exceptio condictionis (§§ 812^{II}, 821 BGB.) die Erfüllung verweigern, wie auch gegenüber der abstrakten Grundschuld Mängel des Kausalgeschäfts mittels condictio geltend gemacht werden (S. 245). Über Abschneidung der Einwendungen aus der Person des Vormanns vgl. 9. Kap. „Wechselprozeßurteil". Im Verhältnis von Wechsel-(Scheck-)Geber und -Nehmer bedeutet die Abstraktheit der Haftung praktisch nur eine Umkehrung der Beweislast. Bestreitet z. B. Ehlers den Scheck zur Bezahlung des Tabaks empfangen zu haben und gibt er einen anderen Rechtsgrund an, so müssen die Beklagten seine Darstellung widerlegen.

Die hier behandelte „Erheblichkeit" oder „Schlüssigkeit" der Einwendungen ist eine Frage des materiellen Rechts und hat mit der Frage der Beweismöglichkeit nichts zu tun. Wird z. B. eine Wechsel- oder Scheckklage von Anfang im ordentlichen Verfahren geltend gemacht, oder leitet der Kläger die Sache durch Abstandnahme ins ordentliche Verfahren über (S. 416/7), oder kommt es zum Nachverfahren, so besteht überhaupt keine Beschränkung der Beweismittel. Außerdem werden bisweilen gerade die Behauptungen des Beklagten, die im Urkundenprozeß nicht zu beweisen sind, vom Kläger nicht bestritten.

Im Urkundenprozeß lassen sich freilich Einwendungen aus dem Kauf im allgemeinen nur schwer beweisen. Der Beklagte kann (anders als der Kläger bei den klagebegründenden Tatsachen, oben S. 417) seine Behauptungen, außer durch präsente Urkunden, auch durch Eideszuschiebung beweisen (§ $595^{II, III}$ ZPO.). Wird die Arglist des Verkäufers streitig (etwa im Hinblick auf § 377^{V} HGB. oder auf eine Anfechtung des Kaufs), so ist die Eideszuschiebung über die Arglist möglich, denn auch „innere Tatsachen" sind Gegenstand des Eides. Auf die Arglist kommt es jedoch erst an, wenn der objektive Tatbestand feststeht. Deshalb macht sich bei Einwendungen wegen eines Sachmangels die Ausschließung des Zeugen- und Sachverständigenbeweises sehr fühlbar.

Ehlers bestreitet die meisten Behauptungen der Beklagten. Die Beklagten machen ergänzende Anführungen und schieben Eide zu.

Richter: Im heutigen Termin ist so viel Neues vorgebracht worden, daß ich es im Interesse beider Parteien für richtig halte, wenn vertagt und der neue Termin durch Schriftsätze vorbereitet wird. Auch würde ich Ihnen raten lieber Anwälte zuzuziehen, damit Sie nicht aus Unkenntnis der rechtlichen Folgen Erklärungen abgeben, die später nicht wieder gutzumachen sind.

Über Vertagungen entscheidet das freie Ermessen des Gerichts. Zwar sollen neue tatsächliche Behauptungen, Beweismittel und Anträge von den Parteien dem Gegner so zeitig vor dem Termin mitgeteilt werden, daß er die etwa erforderlichen Erkundigungen einzuziehen vermag (§ 272 ZPO.), im Anwaltsprozeß sind außerdem die Schriftsatzfristen des § 132 zu wahren. Die Parteien haben aber kein absolutes Vertagungsrecht wegen neuen Vorbringens oder verspäteter Schriftsatzzustellung. Lehnt das Gericht der durch neues Vorbringen überraschten Partei die Vertagung ab, so bestimmt es ihr eine Erklärungsfrist und setzt geräumigen Verkündungstermin an; in diesem Fall werden die von der Partei innerhalb der Frist durch Schriftsatz gemachten Anführungen so berücksichtigt, als ob sie in der mündlichen Verhandlung vorgetragen worden wären. § 272 a.

Die Parteien sind einverstanden:

„Die Parteien beantragten übereinstimmend Vertagung.

Vorgelesen, genehmigt.

Es wurde der Beschluß verkündet:

Die Sache wird auf den 28. Februar 1933, vormittags $10^1/_4$ Uhr vertagt.

Richter. *Urkund.*"

Vorbehaltsurteil. Die Parteien folgen dem Rat des Richters und nehmen sich Anwälte, die bis zum neuen Termin Schriftsätze einreichen. Am 28. Februar erscheinen:

„1. der Kläger in Person und für ihn RA. *Schwarz*,

2. der Beklagte *Max Schellenberg* und für die Beklagten RA. *Weiß*.

Die Parteien stellten die gleichen Anträge wie im Termin am 18. Februar d. J. und verhandelten streitig zur Sache.

Vorgelesen, genehmigt.

Für den Kläger wurde folgender ihm von den Beklagten zugeschobene Eid normiert:

Ich habe nicht am 5. Februar d. J. bei Besichtigung des verkauften Tabaks im Speicher der Beklagten zu 1 erklärt, ich sehe selbst ein, daß es eine minderwertige Ware sei und daß ich sie zurücknehmen müsse, weil gar keine Deckblätter, dagegen eine Menge Rippen, Abfall und Bruch dabei wären."

Verweigert Ehlers die Eidesleistung, so haben die Beklagten eine vereinbarte Wandelung (§ 465 BGB.) bewiesen, und es kommt nicht mehr darauf an, ob ihnen das gesetzliche Wandelungsrecht zusteht, dessen Voraussetzungen im Urkundenprozeß nicht beweisbar sind.

„Der Kläger erklärte sich zur Eidesleistung bereit. Hierauf nahmen die Beklagten die Eideszuschiebung und die ihr zu Grunde liegende tatsächliche Behauptung zurück.

Vorgelesen, genehmigt."

Wie ist dieses Verhalten der Beklagten zu erklären?

Hätten sie Ehlers schwören lassen, so würde voller Beweis dafür begründet worden sein, daß keine Wandelung vereinbart wurde (§ 463 ZPO.). Die formale Beweiskraft der Eidesleistung würde auch im Nachverfahren gewirkt haben. Die Beklagten hätten sich also der Möglichkeit beraubt, die Abrede im Nachverfahren durch die ihnen zur Verfügung stehenden Zeugen zu beweisen. Da die Eideszuschiebung nicht Verfügung über den Prozeß ist (wie die Annahme oder Zurückschiebung, oben S. 396), sondern einfacher Beweisantritt, kann sie beliebig zurückgenommen werden. Nun hat das Nachverfahren wesentlich den Zweck, dem Beklagten, der im Urkundenprozeß infolge der dort herrschenden Beschränkung der Beweismittel unterlegen ist, die Ausführung seiner Rechte zu ermöglichen. Der Vorbehalt wird aber schon gemacht, wenn der Beklagte „dem geltend gemachten Anspruch widersprochen", d. h. Klageabweisung beantragt hat (§ 599 I). Um sich den Übergang ins Nachverfahren offenzuhalten, braucht er also im Urkundenprozeß seine Einwendungen nicht zu substanziieren, und wenn er sieht, daß er im Urkundenprozeß doch nicht durchdringen wird, nimmt er — für den Urkundenprozeß — am besten von jeder näheren Darlegung Abstand.

Aus der bindenden Kraft des Vorbehaltsurteils (§ 318) folgt nämlich, daß im Nachverfahren nicht anders entschieden werden darf, außer soweit das Vorbehaltsurteil auf der dem Urkundenprozeß eigentümlichen Beschränkung der Beweismittel beruht. Stein-Jonas V 2 zu § 600. Hat das Vorbehaltsurteil eine Einwendung des Beklagten, die nicht mit im Urkundenprozeß zulässigen Beweismitteln belegt ist, aus Rechtsgründen für unschlüssig erklärt, und erlangt das Vorbehaltsurteil Rechtskraft, so wird damit dem Beklagten die Einwendung auch für das Nachverfahren endgültig abgeschnitten. Er muß dann, um noch eine Chance für das Nachverfahren zu behalten, gegen das Vorbehaltsurteil Berufung einlegen und Klageabweisung beantragen, bloß damit das Berufungsgericht seine Berufung mit der Begründung zurückweist, die Einwendungen seien wegen des Fehlens zulässiger Beweisantritte nicht zu beachten, aber immerhin materiell erheblich.

Die Verurteilung der Beklagten ist jetzt nicht mehr abzuwenden:

„Es wurde das

Urteil

verkündet:

Die Beklagten werden als Gesamtschuldner verurteilt, dem Kläger 357.80 *RM* (i. W.) nebst 7% Zinsen seit dem 5. Februar 1933 zu zahlen und die Kosten des Rechtsstreits zu tragen.

Das Urteil ist vorläufig vollstreckbar.

Den Beklagten wird die Abwendung der Zwangsvollstreckung durch Sicherheitsleistung in Höhe von 400 *RM* (i. W.) vorbehalten.

Den Beklagten wird die Ausführung ihrer Rechte vorbehalten."

Vgl. §§ 599^{I}, 708^{4}, 713^{II}.

Gegen das Urteil haben die Beklagten zwei verschiedene Behelfe: sie können Berufung einlegen, oder sie können das Nachverfahren aufnehmen. Sind ihre Einwendungen nur mit Zeugen oder Sachverständigen zu belegen, so verspricht die Berufung keinen Erfolg. Trotzdem wird sie häufig durchgeführt, und zwar aus einem prozeß-taktischen Grunde. Die Hinterlegungsbefugnis gilt nämlich bloß so lange, bis das Vorbehaltsurteil als solches Rechtskraft erlangt hat. Nach Eintritt der Rechtskraft kann der Kläger die Urteilssumme im Vollstreckungsweg einziehen, und wenn er vermögenslos ist, würden die Beklagten keine Aussicht haben, das einmal Beigetriebene auf Grund des erfolgreich durchgeführten Nachverfahrens wieder zurückzuerlangen. Darum muß der Beklagte bemüht sein einerseits das Nachverfahren zu beschleunigen, andrerseits die formale Rechtskraft des Vorbehaltsurteils möglichst hinzuhalten, damit er mit dem Nachverfahren einen Vorsprung bekommt und die Aufhebung des Vorbehaltsurteils im Nachverfahren (§§ 600^{II}, 302^{IV} S. 2) vor Rechtskraft des Urkundenprozeßurteils erzielt. Ob die Vollstreckung des Vorbehaltsurteils durch einstweilige Verfügung bis zur Beendigung des Nachverfahrens ausgesetzt werden darf, erscheint fraglich. Möglich ist die Sicherung des dem Beklagten für den Fall der Aufhebung des Vorbehaltsurteils an den Kläger zustehenden Rückzahlungsanspruchs durch Arrest (vgl. § 916^{II}), die allgemeinen Voraussetzungen eines Arrestes (§ 917) sind jedoch meist schwer nachzuweisen.

Nachverfahren. Wenn auch das Vorbehaltsurteil in Bezug auf Rechtsmittel und Vollstreckbarkeit einem Endurteil gleichsteht (§ 599^{III}), ist es doch seiner Natur nach Zwischenurteil und der Rechtsstreit von selbst im ordentlichen Verfahren anhängig geblieben (§ 600^{I}). Durch die mit dem Vorbehaltsurteil abschließende Verhandlung ist der Termin nicht „verbraucht". Deshalb lassen manche Richter nach Verkündung des Vorbehaltsurteils alsbald im Ordinarium weiter verhandeln oder beraumen hierzu von Amtswegen neuen Termin an; andere warten den Antrag (im Landgerichtsprozeß: die Ladung) der einen oder der anderen Partei ab, für welche eine Frist nicht besteht. In unserem Falle wird sofort weiter verhandelt:

„Sodann beantragten die Beklagten:

unter Aufhebung des ergangenen Vorbehaltsurteils die Klage abzuweisen.

Der Kläger beantragte:

das Urteil vorbehaltslos aufrecht zu erhalten.

Die Parteien verhandelten im ordentlichen Verfahren.

Vorgelesen, genehmigt."

Hat der Kläger bereits vollstreckt, so kann der Beklagte die von ihm beigetriebene Summe und etwaigen durch die Vollstreckung entstandenen Schaden im Nachverfahren mit geltend machen (§§ 302^{IV} S. 4, 600^{II}). Den Antrag des Klägers formuliert man auch: „das im Scheckprozeß ergangene Urteil zu bestätigen" oder: „den Vorbehalt für erledigt zu erklären".

„Es wurde der

Beschluß

verkündet:

I. Über nachstehende streitigen Parteibehauptungen soll Beweis erhoben werden:

1. Hat der Kläger bei Verkauf des Tabaks an die Beklagten zu 1 ausdrücklich zugesichert, daß es sich um prima Ware, fast nur Deckblätter, frei von Rippen handle?

durch Vernehmung des Werkmeisters *Unkel* in Breslau, Klosterstr. 88 als Zeugen, von den Beklagten benannt.

2. Ist der gelieferte Posten Tabak nicht prima Ware, fast nur aus Deckblättern bestehend und frei von Rippen? Ist die Ware vielmehr minderwertig, zum großen Teil Rippen und fast gar keine Deckblätter? Kann sie als Handelsgut mittlerer Art und Güte bezeichnet werden?

durch Vernehmung des Tabak-Großhändlers *Stefan Klahn* in Breslau als Sachverständigen, von den Beklagten benannt.

3. Hat der Kläger bei Besichtigung des verkauften Tabaks am 5. Februar d. J. im Speicher der Beklagten zu 1 erklärt, er sehe selbst ein, daß es eine minderwertige Ware sei und daß er sie zurücknehmen müsse?

durch Vernehmung des Lagerhalters *Jeenel* in Breslau, Klosterstraße 88 als Zeugen, von den Beklagten benannt.

4. . ...".

Nachdem die Beweisaufnahme die Behauptungen der Beklagten bestätigt hat, ergeht das Endurteil:

„Das im Scheckprozeß ergangene Vorbehaltsurteil vom 28. Februar 1933 wird aufgehoben. Der Kläger wird mit der Klage abgewiesen und hat die Kosten des Rechtsstreits zu tragen. Das Urteil ist vorläufig vollstreckbar."

Arrestverfahren. Verarbeitung gestohlener Sachen.

Arrestgesuch.

„An das Amtsgericht Breslau. Peiskretscham, den 12. Februar 1933.

Arrestgesuch

des Altwarenhändlers *Viktor Hunold* in Peiskretscham, Gläubigers,
Prozeßbevollmächtigter: RA. *Grün* in Peiskretscham,
gegen den Kaufmann und Fabrikbesitzer *Hubert Knoke* in Breslau, Märkischestraße 49, Schuldner.

Im Januar d. J. hat der in der Ratiborer Filiale des Gläubigers als Filialleiter angestellte *Christian Pape* ca. 600 Ztr. feinen Tuchabfall heimlich aus dem unter seinem Verschluß befindlichen Speicher des Gläubigers zu dem Handelsmann *Nikolaus Pape* in Kandrzin, seinem Vetter, schaffen lassen. *Nikolaus Pape* hat die Ware in 3 Waggonladungen an den Schuldner geliefert, der sie in seiner Lumpenreißerei und Spinnerei zu ca. 7500 Decken verarbeitet hat. Nach der ganzen Sachlage besteht kein Zweifel, daß die drei Personen auf Verabredung gehandelt haben und daß insbesondere der Schuldner durch Erwerb der Ware bösgläubig an der Schädigung des Eigentums des Gläubigers mitgewirkt hat. Der Gläubiger ist deshalb berechtigt Herausgabe der aus dem gestohlenen Tuchabfall hergestellten Decken oder — falls angenommen werden sollte, daß das Eigentum an den Decken dem Schuldner zusteht — Zahlung des Werts der gestohlenen Abfälle vom Schuldner zu verlangen. Der Wert beträgt mindestens 7200 *RM*.

Im Hinblick auf die Strafbarkeit der Handlungsweise des Schuldners muß damit gerechnet werden, daß er versuchen wird die Decken und sein sonstiges Vermögen dem Zugriff des Gläubigers zu entziehen. Ein Strafverfahren gegen den Schuldner und die beiden *Pape* wegen Unterschlagung und gewerbsmäßiger Hehlerei schwebt bereits.

Zur Glaubhaftmachung überreiche ich eidesstattliche Versicherung des Geschäftsführers *Althoff* und Brief des vereidigten Sachverständigen *Nolte*. Ich überreiche ferner meine Vollmacht und beantrage:

a) wegen der dem Gläubiger zustehenden Ansprüche auf Herausgabe der Decken oder auf Wertersatz der Tuchabfälle in Höhe von 7200 *RM* (i. W.) nebst 6% Zinsen seit dem 1. Februar 1933 sowie wegen 1200 *RM* (i. W.) Kostenpauschquantum den dinglichen Arrest in das Vermögen des Schuldners anzuordnen,

b) in Vollziehung des Arrestes die Forderung des Schuldners an die Breslauer Kreditbank A.G. in Breslau aus seinem laufenden Konto von 3000 *RM* (i. W.) für den Gläubiger zu pfänden.

Für den Gläubiger:
Grün, RA."

Christian Pape hatte an den in seiner tatsächlichen Gewalt befindlichen Waren nur die Rechtsstellung eines Besitzdieners (§ 855 BGB.). Sachen des Dienstherrn, die der Besitzdiener bei Seite schafft, sind vom Standpunkt des Besitzherrn „abhanden gekommen" (§ 935 I S. 2; über die strafrechtliche Qualifikation vgl. 19. Kap. „Hauptverhandlung im Schnellrichterverfahren"). Daraus folgt, daß Knoke, selbst wenn er gutgläubig gewesen sein sollte, kein Eigentum an den entwendeten Tuchabfällen erworben hat. Dagegen würde Knoke durch die in seinem Betrieb vorgenommene Verarbeitung der Abfälle gemäß § 950 Eigentümer der hergestellten Decken geworden sein, sofern nicht — was Hunold zu beweisen hat — der Wert der Verarbeitung „erheblich geringer" war als der Wert des Stoffes. Hat hiernach Knoke erst durch die Spezifikation Eigentum an den Decken erlangt, so ist er nach § 951 I verpflichtet Hunold den Wert der Abfälle nach den Grundsätzen der ungerechtfertigten Bereicherung zu vergüten, so daß Hunold die Voraussetzungen einer schuldhaften Schädigung seines Eigentums (§§ 989f., 951^{II}) nicht nachzuweisen braucht. Andrerseits wird Knokes Spezifikationserwerb, weil rein tatsächlicher Natur, durch seinen etwaigen bösen Glauben nicht ausgeschlossen. Der Arrestanspruch auf Herausgabe der Decken oder auf Werterſatz ist also vom guten oder bösen Glauben des Schuldners durchaus unabhängig.

Dagegen hat Knokes Bösgläubigkeit, wie wir noch sehen werden, erhebliche Bedeutung für den Arrestgrund (unten S. 425).

Ob Hunold ein Recht auf Herausgabe der Decken oder ein Recht auf Ersatz des Wertes der Tuchabfälle in Geld zusteht, ist noch unklar. Das hindert jedoch den Erlaß des beantragten Arrestes nicht: denn der Arrest findet sowohl zur Sicherung von Geldforderungen als von solchen Individualansprüchen statt, deren Übergang in eine Geldforderung möglich ist (§ 916^{I}). Gemäß §§ 989 f. BGB. kann sich der Eigentumsanspruch an den Decken in eine Schadensersatzforderung verwandeln.

Formalien: Der Arrest zählt zu den Verfahren mit fakultativer Mündlichkeit, welche in der Terminologie der ZPO. nicht durch „Antrag", sondern durch „Gesuch" eingeleitet werden. Vgl. § 920^{I} ZPO. Damit hängt weiter zusammen, daß das Gesuch auf der Geschäftsstelle zu Protokoll erklärt werden kann, daß es — was für Arrest- und einstweilige Verfügungssachen beim Land- und Oberlandesgericht wichtig wird — keinem Anwaltszwang unterliegt und daß die Vollmacht des Prozeßbevollmächtigten nachgewiesen werden muß. §§ 920^{III}, 78^{II}, 88^{II}.

Die gesetzlichen Parteibezeichnungen beim Arrest sind „Gläubiger" und „Schuldner" (§ 929^{I}). Bei einstweiligen Verfügungen spricht man von „Antragsteller" und „Antragsgegner". Statt dieser schwerfälligen Formeln sind auch (für Arrest und einstweilige Verfügung) die Ausdrücke „Arrestkläger" und „Arrestbeklagter" oder — nachdem das Verfahren durch Widerspruch in die Mündlichkeit übergeleitet worden ist — einfach „Kläger" und „Beklagter" üblich.

Die Zuständigkeit des Amtsgerichts zum Erlaß des Arrestes über eine so hohe Summe folgt daraus, daß Knoke in Breslau ansässig und deshalb mit dem Vorhandensein von Pfandobjekten im Gerichtsbezirk zu rechnen ist (§ 919). Das Amtsgericht konkurriert, auch wenn der Fall nicht besonders dringlich ist, mit den Gerichten der Hauptsache: Landgericht Breslau als allgemeiner Gerichtsstand oder Landgericht Ratibor als forum delicti commissi (§§ 13, 32). Als Arrestgericht besitzt das Amtsgericht Breslau auch die Zuständigkeit zur Pfändung von Forderungen in Vollziehung des Arrestbefehls; die Zuständigkeit des in § 828^{II} bezeichneten Gerichts wird dadurch ausgeschlossen. §§ 930^{I} S. 2, 802.

Prüfung. Arrest gegen Sicherheitsleistung. In seiner eidesstattlichen Versicherung schildert Geschäftsführer Althoff ausführlich, wie er, nachdem das Verschwinden der Abfälle entdeckt worden war, mit dem Oppelner Kriminalkommissar die Spur verfolgt habe, dabei nach Breslau zu Knoke gekommen sei und an den noch herumliegenden Resten der größtenteils schon verarbeiteten Abfälle sowie durch die in Gegenwart des Kommissars von Knoke und seinen Leuten abgegebenen Erklärungen die Identität der zur Herstellung der Decken verwandten und der aus dem Hunoldschen Speicher fortgeschafften Ware einwandsfrei festgestellt habe. —

Der Referendar: Für den behaupteten Wert hat der Gläubiger nichts beigebracht als folgenden Brief:

„Herrn *Viktor Hunold*, Peiskretscham.

Da ich mir die Tuchabfälle s. Zt. bei Ihnen nur flüchtig angesehen habe, kann ich

Ihrem Wunsch wegen eines Gutachtens über den Wert leider nicht entsprechen. Es kann aber sein, daß der Wert 10 bis 12 *RM* je Zentner beträgt.

Hochachtungsvoll

Ratibor, den 9. Februar 1933. *Wilhelm Nolte*
vereidigter Sachverständiger für Altmaterialien
für die Gerichte der Landgerichtsbezirke Ratibor und Gleiwitz."

Solche ganz unbestimmte Angaben, deren Richtigkeit Nolte nicht einmal eidesstattlich versichert, stellen keine Glaubhaftmachung dar. Hinsichtlich des Arrestgrundes (§ 917) fehlt es an jeder Substanziierung, geschweige denn Glaubhaftmachung.

Der Richter: Im Wesen der Glaubhaftmachung liegt, daß bei ihr ein geringerer Grad von Überzeugungswert ausreicht als beim eigentlichen Beweis. Deshalb wird in Glaubhaftmachungsfällen die eidliche Zeugen- und Sachverständigenaussage meist durch eidesstattliche Versicherung ersetzt. Aber nirgends ist es vorgeschrieben, daß andere als eidesstattliche Erklärungen zur Glaubhaftmachung ungeeignet wären. § 294, die Grundlage der ganzen Materie, spricht bloß von eidesstattlichen Versicherungen der Partei als Surrogat des Parteieides. Auch für die Glaubhaftmachung gilt der Grundsatz der freien Beweiswürdigung (§ 286) und das Gericht kann sich nach seinem Ermessen mit formloser Erklärung eines Dritten begnügen. Ebenso wie man z. B. ärztliche Atteste allgemein als Glaubhaftmachung anerkennt, halte ich durch den Brief Noltes, der als gerichtlicher Sachverständiger sich seine vorsichtige Schätzung jedenfalls wohl überlegt hat, den Wert von 10 bis 12 RM. für glaubhaft gemacht. — Was den Arrestgrund anlangt, so müssen wir bei einem Manne, der sich Vermögensvorteile durch eine strafbare Handlung verschafft, auch darauf gefaßt sein, daß er bestrebt sein wird sich die Früchte seiner Straftat nötigenfalls durch Vermögensverschiebung zu erhalten. Es ist das, abgesehen vom Ausländerarrest (§ 917^{II}), geradezu der typische Arrestgrund. Vielleicht sind die Voraussetzungen der einfachen oder gar gewerbsmäßigen Hehlerei (§§ 259f. StGB.) nicht glaubhaft gemacht, aber nach dem ganzen Sachverhalt besteht doch gegen Knoke ein starker Verdacht. Das Gericht soll Arrestgesuche, besonders bezüglich des Arrestgrundes, mit einem gewissen Wohlwollen behandeln; denn wenn der Antragsteller die causa arresti ganz einwandfrei glaubhaft zu machen vermag, kommt der Arrest erfahrungsgemäß zu spät. Auf der anderen Seite ist es mißlich, auf Grund einseitiger Angaben des Gläubigers so einschneidende Maßnahmen zu treffen. Zur Beseitigung dieses Dilemmas zunächst den Schuldner zu hören oder gemäß § 921^{I} ZPO. mündliche Verhandlung über das Arrestgesuch anzuordnen, wäre gefährlich. Der Schuldner könnte dadurch gewarnt und veranlaßt werden, noch in letzter Stunde den Erfolg des Arrestschlags durch Verschiebungen zu beseitigen; dagegen kann bei einstweiligen Verfügungen die Anordnung der mündlichen Verhandlung oftmals sachgemäß sein. Darum will ich den Arrest nur gegen Sicherheit erlassen (§ 921^{II}). Daß Hunold nicht, wie das häufig geschieht, sich zur Sicherheitsleistung besonders erboten hat, stört nicht. Bestehen gegen den Erlaß eines Arrestes ohne Kaution Bedenken, so hat das Gericht von Amtswegen zu prüfen, ob nicht dem Gesuch gegen Sicherheitsleistung stattzugeben wäre.

Referendar: Wenn nun Hunold die Sicherheit nicht leisten kann oder will?

Richter: Dann bleibt ihm die Beschwerde. Als Rechtsmittel gegen die Ablehnung von Arrestgesuchen ist einfache unbefristete Beschwerde aus § 567 gegeben, nicht sofortige Beschwerde aus § 793: denn das Arrestverfahren wird zwar im 8. Buch der ZPO. geregelt, ist aber keine Zwangsvollstreckung sondern eine summarische Prozeßart. Mache ich den Arrest von einer Sicherheit des Gläubigers abhängig, so bedeutet das eine Zurückweisung des auf bedingungslosen Erlaß des Arrestbefehls gerichteten Prinzipalantrags und Hunold kann sich demgemäß nach § 567 beschweren.

Verfügung:

„1. An RA. *Grün*: In Sachen .... wird der Erlaß des Arrestbefehls davon abhängig gemacht, daß der Gläubiger binnen 10 Tagen gemäß § 108I S. 2 ZPO. Sicherheit in Höhe von 10000 *RM* leistet. Falls der Gläubiger aus besonderen Gründen eine andere Art der Sicherheitsleistung wünscht, wird ihm anheimgegeben entsprechende Anträge zu stellen (§ 108I S. 1).

2. Nach 10 Tagen."

Die Sicherheit haftet dem Schuldner für seinen etwaigen Schadensersatzanspruch aus § 945, muß also reichlich bemessen werden. Ist die Glaubhaftmachung teilweise beigebracht, so kann das Gericht mit Rücksicht darauf, daß keine große Wahrscheinlichkeit für die künftige Aufhebung des Arrestes besteht, die Sicherheit auch unter dem Betrag der Arrestforderung bestimmen.

Das Gericht gibt entweder zunächst dem Gläubiger die Sicherheitsleistung auf, um nach erfolgter Hinterlegung den Arrest in unbedingter Form zu erlassen, oder es ordnet sofort den Arrest an und macht lediglich seine Vollziehung von Leistung der Sicherheit abhängig. Stein-Jonas III zu § 921. Die zweite Methode, bei welcher erst das Vollstreckungsorgan die Sicherheit nachprüft, hat den Vorzug, daß es dem Gläubiger Zeit erspart. Für unseren Fall kommt es nicht in Betracht, weil die erbetene Forderungspfändung keinesfalls vor Nachweis der Sicherheitsleistung erfolgen darf.

Arrest- und Pfändungsbeschluß. Nachdem Hunold die Sicherheit geleistet hat, ergeht der

„Arrestbefehl und Pfändungsbeschluß.

Geschäftsnummer: 21 G 13.33.

In Sachen des Altwarenhändlers *Viktor Hunold* in Peiskretscham, Gläubigers,
Prozeßbevollmächtigter: RA. *Grün* in Peiskretscham,
gegen den Kaufmann und Fabrikbesitzer *Hubert Knoke* in Breslau, Märkischestraße 49,
Schuldner.

Der Gläubiger hat geltend gemacht

(folgt kurz die Sachdarstellung des Arrestgesuchs).

Diese Behauptungen sind teilweise durch ..... glaubhaft gemacht. Der Gläubiger hat ferner durch Bürgschaftserklärung der Dresdner Bank Filiale Gleiwitz vom 16. Februar 1933 Sicherheit in Höhe von 10000 *RM* geleistet. Auf Antrag des Gläubigers wird daher gemäß §§ 916, 917, 919, 921, 922, 923, 91, 930I S. 3 ZPO. angeordnet:

1. Wegen der Forderung des Gläubigers auf Herausgabe von ca. 7500 aus seinem Tuchabfall hergestellten Decken bezugsweise auf Vergütung des Wertes der zu den Decken verarbeiteten Tuchabfälle in Höhe von 7200 *RM* (i. W.) nebst 6% Zinsen seit 1. Febraur 1933 sowie wegen 1200 *RM* (i. W.) Kostenpauschquantum wird der dingliche Arrest in das Vermögen des Schuldners angeordnet."

Obgleich die Zuständigkeit des Gerichts auf dem im Amtsgerichtsbezirk befindlichen Vermögen des Schuldners beruht, wird der Arrest doch ohne Beschränkung auf dieses Vermögen erlassen; er bildet im ganzen Reiche einen Vollstreckungstitel. Stein-Jonas III zu § 919.

„2. Die Kosten des Arrestverfahrens fallen dem Schuldner zur Last."

Ob der Arrestbeschluß über die Kosten mit entscheiden darf, ist nicht unbestritten. Stein-Jonas II 3 zu § 922. Lehnt das Arrestgericht die Kostenentscheidung ab, so muß der Arrestkläger die Kosten zunächst selbst tragen, kann sie aber durch besondere Klage (oder als Nebenanspruch im Hauptprozeß) geltend machen, weil sie durch den Verzug oder die unerlaubte Handlung des Arrestbeklagten notwendig geworden sind.

„3. In Vollziehung des Arrestes wird die Forderung des Schuldners an die Breslauer Kreditbank A.G. in Breslau aus seinem laufenden Konto auf Zahlung von 3000 *RM* (i. W.) für den Gläubiger gepfändet.

4. Durch Hinterlegung eines Geldbetrags von 9000 *RM* (i. W.) wird die Vollziehung des Arrestes gehemmt und der Schuldner zu dem Antrag auf Aufhebung des vollzogenen Arrestes berechtigt.

Breslau, den 18. Februar 1933.
Amtsgericht.
Richter."

Abweichend von § 329^{III}, welcher Offizialzustellung nicht verkündeter Beschlüsse an beide Parteien vorschreibt, stellt das Gericht den Beschluß nur dem RA. Grün zu, und zwar in einfacher, nicht in vollstreckbarer Ausfertigung (§ 929^{I}). Der Gläubiger hat dann die Zustellung an Knoke sowie an den Drittschuldner im Parteibetrieb zu besorgen (§ 922^{II}). Das hängt damit zusammen, daß Arreste und einstweilige Verfügungen vor der Zustellung an den Schuldner vollzogen werden dürfen (§ 929^{III}): der Gläubiger soll es deshalb in der Hand haben den Zeitpunkt der Zustellung an den Schuldner selbst zu bestimmen. Formlose Aushändigung des Beschlusses an RA. Grün würde nicht genügen, weil von der Zustellung an ihn die einmonatliche Vollziehungsfrist (§ 929^{II}) läuft.

Wahrscheinlich wird der Anwalt des Gläubigers zunächst die Zustellung an die Kreditbank als Drittschuldnerin der gepfändeten Forderung vornehmen, dann den Gerichtsvollzieher mit Mobiliarpfändung in Geschäftslokal und Wohnung des Schuldners beauftragen, und erst darnach den Arrest dem Schuldner selbst zustellen lassen. Diese gesetzlich sanktionierte Überrumpelung ist für Knoke sehr unangenehm. Er hat nicht einmal ein Recht darauf, daß der Gerichtsvollzieher ihm bei der Pfändung das Aktenzeichen der Arrestsache mitteilt und ihm damit die sofortige Erhebung des Widerspruchs ermöglicht!

Widerspruch.

„An das Amtsgericht hier. Breslau, den 23. Februar 1933.

In der Arrestsache *Hunold* gegen *Knoke* überreiche ich Vollmacht des Schuldners auf mich und erhebe gegen den Beschluß vom 18. d. M.

Widerspruch.

Ich werde beantragen:

den Arrestbefehl aufzuheben und die Kosten des Verfahrens dem Gläubiger aufzuerlegen."

In Arrestsachen müssen 1. das rein schriftliche Beschlußverfahren (§§ 921^{I}, 922^{I}), 2. die Entscheidung über die Rechtmäßigkeit des Arrestes durch Urteil auf Grund mündlicher Verhandlung (§§ 924, 925^{I}), 3. die „Hauptsache", d. h. die endgültige Entscheidung über den Arrestanspruch im gewöhnlichen Prozeß, unterschieden werden. Hatte das Amtsgericht mündliche Verhandlung über den Arrestanspruch angeordnet, so ergeht die Entscheidung alsbald durch Urteil (§ 922 I) und schließt die Frage der Rechtmäßigkeit in sich; die Stadien 1 und 2 werden dann zusammengezogen. Sonst bildet der — an keine Frist gebundene — Widerspruch das Mittel, durch welches der Schuldner die Sache aus dem Beschluß- ins Rechtmäßigkeitsstadium überleitet. Ein Rechtsmittel findet gegen Arrestbeschlüsse nicht statt.

Im landgerichtlichen Verfahren muß der Widerspruch die Ladung des Gläubigers zur mündlichen Verhandlung enthalten. Beim Amtsgericht wird der Termin von Amtswegen bestimmt (§ 924 II).

„Begründung.

1. Der Schuldner war bei Erwerb der Tuchabfälle in gutem Glauben.
(wird näher dargelegt).
2. Der Wert betrug nicht 7200, sondern höchstens 4500 *RM*. Der Wert der Verarbeitung übersteigt erheblich den des Materials.
(wird näher dargelegt).
3. Der Schuldner hatte die Abfälle von *Pape* für 4500 *RM* gekauft und diesen Betrag an *Pape* bar bezahlt. Die 4500 *RM* müssen in jedem Fall von der Arrestforderung in Abzug gebracht werden."

Damit hat der Anwalt unrecht. Wären die Abfälle bei Knoke noch unverarbeitet vorgefunden worden, so hätte er sie auf Vindikation des Bestohlenen herausgeben müssen, ohne wegen der an Pape gezahlten Summe ein Lösungsrecht zu haben. Dem entspricht es, daß auch gegenüber dem Wertersatzanspruch aus § 951 I BGB. Aufwendungen, die der Spezifikant für den Erwerb des Eigentums von einem nicht berechtigten Dritten gemacht hat, nicht in Rechnung gestellt werden dürfen. RG. 106, 4.

„4. Von den Decken, die der Schuldner aus den Abfällen hergestellt hat, waren bei Zustellung des Arrestbefehls 1250 Stück bereits an .... verkauft. Wegen dieser Decken bzw. des Wertes der zu ihrer Herstellung verwandten Abfälle — ca. $^1/_6$ des Gesamtquantums — kann sich der Gläubiger daher nur an die Käufer halten."

Falls wegen der Geringwertigkeit der Verarbeitung Hunold nach § 950 I S. 1 Eigentümer der Decken sein sollte, ist er es trotz der Weiterveräußerung durch Knoke geblieben, da die Käufer — trotz guten Glaubens — an res furtivae kein Eigentum erwerben konnten. Folglich hat Hunold, streng genommen, nur die Vindikation gegen die Käufer, nicht aber den Bereicherungsanspruch aus § 816 I S. 1 an Knoke: denn dieser Bereicherungsanspruch setzt voraus, daß die Verfügung Knokes wirksam war und die Abkäufer sind wegen § 935 I nicht Eigentümer der Decken geworden. Die herrschende Meinung gibt jedoch den Bereicherungsanspruch. Durch nachträgliche Genehmigung seitens des Berechtigten wird die an sich unwirksame Verfügung eines Nichtberechtigten wirksam (§ 185 II), und indem Hunold den Erlös der verkauften Decken von Knoke fordert, genehmigt er die Veräußerung an die Käufer. Mithin muß Knoke seinen Erlös an Hunold herausgeben. RG. 106, 44; 115, 31.

Hatte Knoke Spezifikationseigentum erlangt, so ist gegenüber seiner dann bestehenden Haftung aus § 951 I S. 1 der Weiterverkauf unerheblich. Wenn jedoch seine Abkäufer zahlungsunfähig sind, würde dieser Umstand den Einwand des Wegfalls seiner eigenen Bereicherung (§ 818 III) begründen.

„5. Wie der Schuldner erfahren hat, gehörten die in Rede stehenden Tuchabfälle der Großhandlung *Wittich* in Neisse. Dieser waren sie gestohlen und vom Dieb an den Gläubiger verkauft worden. Der Gläubiger ist also selbst niemals Eigentümer der Abfälle gewesen."

Vgl. § 935 I. Folge: Hunold kann weder die Decken vindizieren, noch wegen Verarbeitung der Abfälle Ansprüche nach § 951 erheben.

„6. Es fehlt an einem Arrestgrund.

(wird näher dargelegt).

Die Glaubhaftmachung der Angaben zu 1 bis 6 werde ich im Termin erbringen und die von mir benannten Zeugen und Sachverständigen zum Termin stellen. Ich bitte:

im Wege der Prozeßleitung die Strafakten der Staatsanwaltschaft in Ratibor gegen *Pape* u. Gen. Aktenzeichen 4 J 125.33, sowie die Akten der Staatsanwaltschaft in Neisse gegen *Paucksch* wegen des Diebstahls gegen *Wittich*, Aktenzeichen unbekannt, zum Termin herbeizuziehen.

Für den Schuldner:
Weiß, RA."

Der Richter gibt dem Wunsch des Schuldners statt und ersucht bei Anberaumung des Termins die Gleiwitzer und Neisser Staatsanwaltschaft um schleunige Übersendung der Strafakten.

Verhandlung und Entscheidung über die Rechtmäßigkeit. Im Widerspruchstermin melden sich bei Aufruf:

„1. für den Arrestkläger RA. *Schwarz*, Untervollmacht des RA. *Grün* überreichend und der Arrestkläger in Person,

2. für den Arrestbeklagten RA. *Weiß* und der Arrestbeklagte in Person.

RA. *Schwarz* beantragte:

den Arrestbefehl vom 18. Februar 1933 zu bestätigen.

RA. *Weiß* stellte den Antrag aus der Widerspruchsschrift vom 23. Februar 1933.

Die Parteien verhandelten hierauf zur Sache.

Die Akten der Staatsanwaltschaft in Ratibor gegen *Pape* und Genossen, 4 J 125.33, lagen vor.

Der Arrestkläger überreichte: ....

Der Arrestbeklagte überreichte: ....

Es wurden folgende Zeugen und Sachverständigen vernommen:

1. Zeugin *Klapper*:

Z. P.: Ich heiße *Frida Klapper*, bin 26 Jahre alt, Stenotypistin in Breslau im Geschäft des Arrestbeklagten, mit keiner der Parteien verwandt oder verschwägert, wegen Meineides nicht bestraft.

Z. S.: Der Arrestbeklagte hat für die ca. 600 Ztr. feine Tuchabfälle mit dem Verkäufer *Nikolaus Pape* aus Kandrzin einen Gesamtpreis von 4500 *RM* vereinbart, nachdem *Pape* zuerst 8 *RM* für den Zentner verlangt, der Arrestbeklagte 7 *RM* geboten hatte. Ich hatte den Eindruck, daß es den Beteiligten bei dem Handeln um den Preis ernst war und daß sie nicht bloß zum Schein den Preis vereinbart haben. Bei der Bezahlung, die sofort erfolgen sollte, war nicht ich sondern unser damaliger Korrespondent *Lang* zugegen. Ich wurde, als es so weit war, vom Chef mit einem Auftrage in die Reißerei geschickt. Als ich zurückkehrte, war *Pape* bereits fortgegangen.

Lang ist einen Tag, nachdem der Gerichtsvollzieher bei uns im Geschäft aus dem Arrest gepfändet hatte, verschwunden. Den Grund kenne ich nicht. Unter dem Personal wurde behauptet, daß er in eine Falschspielersache verwickelt sei. Andere sprachen von einer Liebesgeschichte mit halbwüchsigen Mädchen.

Vorgelesen, genehmigt.

Die Zeugin leistete den Zeugeneid.

2. Sachverständiger *Grote*:

Z. P.: Ich heiße *Mathias Grote*, bin 39 Jahre alt, Altmaterialienhändler in Breslau, mit den Parteien weder verwandt noch verschwägert.

Z. S.: Nach den mir heute vom Arrestbeklagten vorgelegten, vom Arrestkläger als richtig anerkannten, Proben halte ich unter der Voraussetzung, daß die Proben dem Durchschnitt der Ware entsprechen, einen Betrag von 12 *RM* für den Zentner für angemessen, da es sich um besonders gute Tuchabfälle handelt. Im Verkehr wird eine solche Ware allerdings manchmal auch mit 8—10 *RM* bezahlt, weil nach so guter Ware wenig Nachfrage besteht.

Die aus dem Tuchabfall hergestellten Decken haben einen Handelswert von 2.10—2.30 *RM* das Stück. Da aus einem Zentner Abfall 12—13 Decken gewonnen werden, sind als Wert des verarbeiteten Tuchabfalls ca. 0.96 *RM* pro Decke einzusetzen. An weiteren Materialien rechne ich pro Decke 0.10 *RM*, an Arbeitslöhnen einschließlich Generalunkosten 0.50—0.60 *RM*.

Vorgelesen, genehmigt.

Der Sachverständige versicherte die Richtigkeit seiner Aussage unter Berufung auf den ein- für allemal geleisteten Sachverständigeneid.

3. ...."

Das Rechtmäßigkeitsverfahren ist immer noch Arrestprozeß (mit dem alten G-Aktenzeichen) und unterliegt als solches dem Prinzip der „Glaubhaftmachung" (§ 920 II ZPO.). Die Glaubhaftmachung wird nach mancher Richtung gegenüber dem Beweise erleichtert (S. 425), auf der anderen Seite bestimmt jedoch § 294 II, daß eine Beweisaufnahme, welche nicht sofort erfolgen kann, unstatthaft ist. Diese Beschränkung auf präsente Beweismittel gilt für Zeugen, Sachverständige und Urkunden in gleicher Weise. Es gibt keine Zeugen- und Sachverständigenladungen durch das Gericht, sondern die glaubhaftmachungspflichtige Partei muß entweder die fertige eidesstattliche (oder sonstige) Erklärung dem Gericht überreichen, oder den Zeugen bzw. Sachverständigen zum Termin „stellen": daher der Schwarm von Beweispersonen, mit denen die Anwälte in Arrest- und einstweiligen Verfügungsterminen in foro aufzutreten pflegen. Vernimmt das Gericht die herbeigeschafften Personen, so haben sie, wie unser Protokoll zeigt, die Richtigkeit ihrer Aussage bzw. ihres Gutachtens nicht bloß an Eidesstatt zu versichern, sondern nach den Regeln des gewöhnlichen Prozeßverfahrens zu beschwören. Daß die Zeugen und Sachverständigen ohne Beweisbeschluß vernommen worden sind, ist übrigens keine Eigentümlichkeit des Arrest- oder Glaubhaftmachungsverfahrens, sondern folgt daraus, daß die Beweisaufnahme durch sofortige Vernehmung präsenter Personen kein „besonderes Verfahren" erfordert (§ 358, oben S. 394). Auch Urkunden müssen zur Stelle sein, einen Beweisantritt durch den Antrag, dem Gegner die Vorlegung aufzugeben oder dem Beweisführer eine Frist zur Herbeischaffung zu bestimmen oder eine Behörde um Mitteilung zu ersuchen (§§ 421, 428, 432), gibt es in den Fällen der Glaubhaftmachung nicht. Soweit es sich jedoch um Akten handelt, wird das durch den in allen Verfahrensarten anwendbaren § 272b² gemildert, nach dem das Gericht Akten zur Vorbereitung des Termins im Wege der Prozeßleitung einfordern darf. Macht das Gericht — von Amtswegen oder auf Parteianregung — von dieser Befugnis Gebrauch und sind die Akten zum

Termin da (wie hier die Strafakten Pape), so kann ihr Inhalt als präsentes Beweismittel verwertet werden; liegen sie nicht vor (wie die Strafakten Pauckſch), so hat die Partei kein Recht ihre Herbeischaffung zu verlangen oder die Verhandlung vertagen zu lassen.

Der Zwang zur Glaubhaftmachung erweist sich für Knoke als verhängnisvoll. Seine Behauptung, daß die Tuchabfälle der Firma Wittich gestohlen seien, wird von Hunold bestritten und ins Reich der Fabel verwiesen; die Akten gegen Pauckſch fehlen; einen Eid kann der Arrestbeklagte dem Arrestkläger nicht zuschieben, und für das Gericht liegt kein Anlaß vor, gemäß § 294^{I} dem Arrestkläger die Abgabe einer eidesstattlichen Versicherung aufzulegen. Der Arrestanspruch ist also für das Gericht glaubhaft gemacht, und zwar nach dem Groteschen Gutachten als Bereicherungsanspruch aus §§ 950^{I}, 951^{I} BGB., weil der Wert der Verarbeitung jedenfalls nicht „erheblich geringer" war als derjenige des Stoffes. Aber auch den Arrestgrund vermag Knoke nicht zu erschüttern, denn die Papeschen Strafakten enthalten Belastendes gegen ihn und das Verschwinden des wichtigen Zeugen Lang unmittelbar nach der Arrestpfändung ist verdächtig. Die Lücken und Schwächen der Glaubhaftmachung gleicht die Sicherheitsleistung des Klägers aus (§§ 921^{II} S. 1, 925^{II} ZPO.).

„Die Parteien verhandelten unter Wiederholung der früheren Anträge zur Sache und über das Ergebnis der Beweisaufnahme.

Vorgelesen, genehmigt.

Es wurde das

Urteil

verkündet:

Der Arrestbefehl vom 18. Februar 1933 wird bestätigt.

Die weiteren Kosten des Verfahrens werden dem Arrestbeklagten auferlegt.

Richter. *Urkund.*"

Aufhebung wegen veränderter Umstände. Was soll ein Arrestbeklagter in Knokes Lage noch gegen den Arrest tun?

1. Im Widerspruchsverfahren steht ihm Berufung ans Landgericht zu, welches über die Rechtmäßigkeit des Arrestes endgültig entscheidet (auch bei landgerichtlichen Arresten gibt es nur zwei Instanzen, sogar in revisiblen Objekten, § 545^{II}). Da das Berufungsgericht wiederum an die Regeln der Glaubhaftmachung gebunden ist, verspricht das Rechtsmittel keinen Erfolg.

2. Knoke muß also versuchen, die Sache ins Ordinarium überzuleiten. Dies geschieht, indem er gegen Hunold im gewöhnlichen Prozeß negative Feststellungsklage (§ 256) erhebt. Will er nicht selbst klagen, so läßt er dem Arrestkläger gemäß § 926^{I} eine Frist bestimmen, in der dieser Klage zur Hauptsache erheben muß. Das ist auch nach rechtskräftiger Bestätigung des Arrestes möglich. Die Fristsetzung erfolgt im Beschlußverfahren, nach fruchtlosem Ablauf der Frist wird auf weiteren Antrag des Arrestbeklagten beim Arrestgericht ein Verhandlungstermin anberaumt und in diesem der Arrest durch Urteil aufgehoben, falls der Arrestkläger nicht noch bis zum Termin die Hauptklage erhoben hat. §§ 926^{II}, 231^{II}.

3. Ferner kann der Arrestbeklagte jederzeit, auch nach rechtskräftiger Bestätigung des Arrestes, seine Aufhebung wegen veränderter Umstände durch Urteil des Arrestgerichts herbeiführen (§ 927). Ob die „veränderten Umstände" im Wegfall des Arrestanspruchs oder Arrestgrundes durch neu eingetretene Tatsachen,

oder bloß darin bestehen, daß neue Beweismittel beigebracht werden, macht keinen Unterschied. Das Verfahren ist Arrestsache mit dem Prinzip der Glaubhaftmachung und dem Aktenzeichen G; eine besondere Klage auf Aufhebung gibt es daneben nicht. RG. 132, 180.

4. Liegt dem Arrestbeklagten vor allem an der Aufhebung der gegen ihn ergangenen Vollziehungsmaßregeln, so hinterlegt er den zu 4 des Arrestbefehls bezeichneten Betrag und läßt sodann vom Vollstreckungsgericht den vollzogenen Arrest im Beschlußverfahren aufheben. § 934$^{I, III}$. —

Knoke läßt das Urteil rechtskräftig werden, stellt auch keinen Antrag aus § 926. Dagegen reicht nach Verlauf mehrerer Monate sein Anwalt einen Antrag aus § 927 ein:

„In der Arrestsache *Hunold* gegen *Knoke* beantrage ich namens des Arrestbeklagten gemäß § 927 ZPO. die Anberaumung eines Termins zur mündlichen Verhandlung über die Aufhebung des Arrestes wegen veränderter Umstände. Ich werde beantragen:

den Arrestbefehl vom 18. Februar 1933 aufzuheben.

Begründung.

1. Im Strafverfahren gegen *Pape* u. Gen. ist der Arrestbeklagte, nachdem der Zeuge *Lang* ermittelt und gemäß § 66^{II} StPO. eidlich vernommen worden war, durch den hiermit überreichten Beschluß der Strafkammer des Landgerichts Ratibor vom 10. Juni 1933 von der Anschuldigung der gewerbsmäßigen Hehlerei außer Verfolgung gesetzt worden (§ 198^{I} StPO.).
2. In das Geschäft des Arrestbeklagten ist laut beiliegendem beglaubigten Auszug aus dem Handelsregister am 18. Juni 1933 der Kaufmann *Ferdinand Bunsen* als persönlich haftender Gesellschafter eingetreten. *Bunsen* besitzt nach der gleichfalls überreichten Bankauskunft ein Barvermögen von 50000 *RM*. Von einer Gefährdung der Forderung des Arrestgläubigers kann mithin nicht mehr die Rede sein.

Abschrift usw.

Für den Arrestbeklagten:
Weiß, RA."

Der Ausschluß der Haftung für die Verbindlichkeiten des bisherigen Inhabers (§ 28^{II} HGB., oben S. 297) ist im Register nicht eingetragen. Die Haftung aus der Firma gemäß §§ 25, 28, 130 sowie die Vertretungsmacht des offenen Handelsgesellschafters (§ 126^{I}) und die Solidarhaftung der Gesellschafter (§ 128) beschränken sich nicht auf vertragliche Verpflichtungen. Man wendet diese Grundsätze auch auf gesetzliche Obligationen (zu denen der bereicherungsartige Anspruch aus § 951^{I} BGB. gehört) an, ja sogar auf Ansprüche aus Delikten und Quasi-Delikten, die auf dem Geschäftsbetrieb beruhen (z. B. Kraftfahrzeug- und Tierhalterhaftung, Boykott, unlauterer Wettbewerb, Patentverletzung, § 831 BGB.). RG. 46, 18; 76, 35; Staub 29 zu § 22; 4 zu § 126. —

Der Arrestkläger gibt jetzt die Sache verloren. Im Termin erscheint:

„1. für den Arrestkläger niemand,
2. für den Arrestbeklagten RA. *Weiß*.

RA. *Weiß* nahm Bezug auf den Antrag des Schriftsatzes vom .... und beantragte, gegen den Arrestkläger das Versäumnisurteil zu erlassen.

Vorgelesen, genehmigt."

Für das Versäumnisverfahren gelten, je nachdem es sich gegen den Kläger oder gegen den Beklagten richtet, verschiedene Grundsätze (S. 380). Wird Hunold als Kläger oder als Beklagter behandelt?

Der Unterschied der §§ 330 und 331 ZPO. beruht auf dem Gedanken, daß die angreifende Partei ohne weitere Sachprüfung, die angegriffene Partei nur nach Prüfung der Schlüssigkeit kontumaziert werden darf. Im Widerspruchsverfahren hat noch der Arrestkläger die Klägerrolle, weil der Arrestbeschluß ohne Anhörung des Gegners erlassen war und darum nicht als vollwertige Entscheidung zählen kann. Dagegen tritt im Aufhebungsverfahren des § 927 eine „Umkehrung der Parteirollen" ein: denn jetzt greift der Arrestbeklagte eine ordnungsmäßig zustande gekommene Entscheidung mit der Behauptung neuer selbständiger Aufhebungsgründe an. Stein-Jonas IV 2 zu § 922; I 1, II zu § 925; VI zu § 927. Folglich ist gemäß § 331 zu prüfen, ob die als zugestanden anzusehenden Behauptungen des Arrestbeklagten die Aufhebung des Arrestes rechtfertigen.

„Es wurde folgendes

Versäumnisurteil

verkündet:

Der Arrestbefehl vom 18. Februar 1933 und das ihn bestätigende Urteil vom 4. März 1933 werden aufgehoben.

Der Arrestkläger hat die Kosten des Aufhebungsverfahrens zu tragen.

Das Urteil ist vorläufig vollstreckbar."

Vgl. §§ 91, 708[5]. Über die Kosten des Arrestbeschluß- und des Widerspruchsverfahrens ergeht keine neue Entscheidung, da die Rechtmäßigkeit des bisherigen Arrestverfahrens durch die Aufhebung nicht berührt wird. Stein-Jonas VI zu § 927 mit Anm. 34.

Schadensersatz wegen ungerechtfertigten Arrestes: § 945 statuiert eine, vom Verschulden unabhängige, Ersatzpflicht des Arrestklägers, wenn ein Arrest oder eine einstweilige Verfügung sich als von Anfang an ungerechtfertigt erwiesen hat oder wegen Nichtbeachtung der Fristen aus § 926 (S. 431) oder § 942^III (S. 494) aufgehoben worden ist. Die Ersatzpflicht umfaßt sowohl den Schaden der Vollziehung selbst, wie auch den Schaden, der dem Arrestbeklagten dadurch entsteht, daß er Sicherheit zur Abwendung der Vollziehung geleistet hatte. Er kann das Interesse des Arrestklägers an der Erwirkung des Arrestes um ein Vielfaches übersteigen: man denke etwa an einstweilige Verfügungen aus gewerblichem Rechtsschutz, durch welche die gewerbliche Produktion eines Fabrikanten lahmgelegt wird, oder an Zerstörung des geschäftlichen Kredits des Schuldners durch die Arrestvollziehung. Der Anwalt sollte, bevor er einen Arrest oder eine einstweilige Verfügung beantragt, stets die Partei auf die ihr hieraus drohende Gefahr aufmerksam machen.

Die Fälle der §§ 926, 942^III sind klar: wer als Arrestkläger die ihm gesetzte Frist zur Klage im Hauptprozeß bzw. zur Ladung über die Rechtmäßigkeit verstreichen läßt, zeigt damit, daß er zu seiner Sache kein rechtes Vertrauen besitzt und muß die Folgen tragen. Was aber bedeutet „von Anfang an ungerechtfertigt", besonders bei Aufhebung wegen veränderter Umstände, wie sie in Sachen Hunold gegen Knoke geschehen ist?

Das im Widerspruchsverfahren ergangene Urteil hat für die Schadensersatzfrage bindende Wirkung, jedoch vorbehaltlich der Entscheidung, die später im Hauptprozeß über den Arrestanspruch erlassen wird. Wenn also der Arrest auf Widerspruch aufgehoben war und die Begründung ergibt, daß das Arrestgericht seine Voraussetzungen von Anfang an verneint, so steht damit die Ersatzpflicht des Arrestklägers endgültig fest. Wurde der Arrest rechtskräftig bestätigt, so ist es immer noch möglich, daß im Ordinarium die Abweisung der Klage erfolgt (z. B. in unserem Fall: weil die gestohlenen Tuchabfälle von Wittich stammten und Hunold deshalb nicht Eigentümer geworden sein kann), woraus sich dann die Unrechtmäßigkeit des Arrestes und damit die Schadensersatzpflicht des Arrestklägers ergeben würde. RG. 58, 236; 59, 355; 72, 27; 106, 289; Stein-Jonas II zu § 945. War im Arrestverfahren über die Rechtmäßigkeit des Arrestes kein Urteil ergangen, so ist der Regreßrichter in der Beurteilung der Rechtmäßigkeitsfrage frei. Er soll sich dabei auf den Zeitpunkt des Arrestes und auf den Standpunkt der Glaubhaftmachung stellen und hinsichtlich des Arrestgrundes prüfen, ob ein ruhiger und vernünftiger Mann damals bei gewissenhafter Überlegung objektiv berechtigt war, sich ernstlich beunruhigt zu fühlen und deshalb den Arrest zur Wahrung seiner Interessen als notwendig zu betrachten. RG. 65, 196; 67, 365. Die Aufhebung wegen veränderter Umstände besagt für die Rechtmäßigkeit und für die Schadensersatzpflicht natürlich nichts.

Während die verwandten Ansprüche der §§ 302^{IV}, 600^{II}, 717^{II} im ursprünglichen Verfahren durch Inzidentantrag geltend gemacht werden können, erfordert der Anspruch aus § 945 stets einen Hauptprozeß, weil er des Beweises bedarf und die im Arrestverfahren herrschende Glaubhaftmachung nicht genügen würde. Er unterliegt der 3jährigen Deliktsverjährung (§ 852 BGB.). Hat der Arrestbeklagte Kenntnis vom Schaden erlangt, so läuft die Frist bereits während des Schwebens des Hauptprozesses. RG. 106, 289.

Auf den Steuerarrest (§ 378 AbgO.) findet § 945 ZPO. weder direkte noch analoge Anwendung, das Reich haftet also nur für schuldhafte Amtspflichtverletzung seiner Beamten gemäß Art. 131 RVerf., § 839 BGB. Dagegen gelten die eigentlichen Verfahrensvorschriften der ZPO. auch für Steuerarreste. RG. 108, 253; RFH. 10, 34.

In der Geschäftsstelle.

Gerichtskostenrechnung. Das Gericht erhebt in Prozeßsachen je eine volle Gebühr nach dem Reichs-GKG. für das Verfahren im allgemeinen („Prozeßgebühr"), für die Anordnung einer Beweisaufnahme („Beweisgebühr") und für ein kontradiktorisches Urteil („Urteilsgebühr"). §§ 8, 20 GKG. Der Abschluß eines gerichtlichen Vergleichs begründet eine besondere Gebühr (von $^1/_4$) nur insoweit, als der Gegenstand des Vergleichs den des Prozesses überschreitet (§ 36): z. B. wenn nach Erhebung einer Teilklage das Gesamtobjekt verglichen wird. Dafür fällt durch den Vergleich eine in der Instanz etwa bereits entstandene Beweisgebühr — nicht hingegen sonstige Gebühren — weg (§ 23). Die Gebühren entstehen in jeder Instanz von neuem (§ 25), sie betragen in der Berufungsinstanz $^{15}/_{10}$, in der Revisionsinstanz $^{20}/_{10}$ der gewöhnlichen Sätze (§ 28). Dazu treten dann noch „Auslagen" (§§ 71 f.), z. B. Zeugen- und Sachverständigengebühren und Schreibgebühren.

Wer ist Kostenschuldner? Einmal, übereinstimmend mit dem Prinzip der freiwilligen Gerichtsbarkeit (S. 213), die Partei, welche das Verfahren der Instanz beantragt hat, also der Kläger bzw. Berufungs- oder Revisionskläger (§ 77^{I}). Liegt aber eine gerichtliche Entscheidung oder ein Vergleich über die Kosten vor, so haftet außerdem die Partei, welcher die Kosten auferlegt worden sind bzw. welche sie übernommen hat (§ 79). In erster Reihe soll die laut Urteil oder Vergleich kostenpflichtige Partei (s. g. „Erstschuldner") zur Zahlung herangezogen werden; ist die Beitreibung von ihm erfolglos geblieben oder von vornherein aussichtslos, so wird der Antragsteller der Instanz — als „Zweitschuldner" — haftbar gemacht. § 82^{II}.

Die Berechnung der Gerichtskosten zählt zu den Obliegenheiten der Geschäftsstelle. Das Verfahren ist folgendes. Der Urkundsbeamte stellt, sobald Gebühren oder Auslagen entstanden sind, eine Kostenrechnung mit Angabe des Zahlungspflichtigen auf, die er unterzeichnet und für deren Richtigkeit er die Verantwortung trägt. § 17^{I} prKassO. vom 28. März 1907 (JMBl. 125). Von jeder Rechnung übermittelt er der Gerichtskasse die Urschrift und eine Reinschrift. Auf Grund der Rechnung wird der Kostenbetrag in den Büchern der Kasse registiert und erhält ein „Kassenzeichen" („Register-Nr."). Mit dem Kassenzeichen versehen, gelangt die Rechnungsurschrift wieder zu den Prozeßakten, in denen sie weiterhin verbleibt. Die Reinschrift wird von der Kasse an den Kostenschuldner gesandt, sie enthält die Aufforderung:

„die nachstehend berechnete Kostenschuld von .... binnen einer Woche nach Empfang an die Gerichtskasse unter Angabe des Kassenzeichens zu zahlen oder mit Angabe dieses Kassenzeichens portofrei einzusenden. Andernfalls tritt ohne weitere Mahnung die Beitreibung im Zwangsverfahren ein."

Die Zahlungsaufforderung trägt die (mechanisch vervielfältigte) Namensunterschrift des Gerichtskassenrendanten, der auch für das etwa notwendig werdende Verwaltungszwangsverfahren Vollstreckungsbehörde ist. §§ $18^{I,II}$, 24, 33^{I}.

Hiernach hat der Urkundsbeamte nur dafür zu sorgen, daß die dem Fiskus zustehenden Gebühren und Auslagen von der Kasse registriert werden, während die Einziehung nachher Sache der Kasse ist. — Das Verfahren vereinfacht sich, soweit Gerichtskosten und Auslagen in Kostenmarken entrichtet werden.

Kostenfestsetzung. In Sachen Noack gegen Nickel (S. 382 f.) ist der Beklagte auf die Klage nur zur Zahlung von 30 RM. nebst Zinsen verurteilt, der Kläger mit dem weitergehenden Zahlungs- und dem Räumungsanspruch, der Beklagte mit der Widerklage abgewiesen worden. Gegen das Urteil hat der Kläger Berufung, der Beklagte Anschlußberufung eingelegt. Beide Berufungen sind, nachdem ein vom Kläger benannter Zeuge in Duisburg vernommen worden war, vom Landgericht zurückgewiesen worden. Von den Kosten beider Instanzen hat der Kläger $^{10}/_{11}$, der Beklagte und Widerkläger $^{1}/_{11}$ zu tragen.

RA. Weiß überreicht eine Berechnung der dem Beklagten entstandenen Kosten und beantragt:
„die vom Kläger nach dem Urteil des Landgerichts vom 7. Februar 1934 an den Beklagten zu erstattenden Kosten nach Maßgabe der dort bestimmten Verteilung festzusetzen und mir vollstreckbare Ausfertigung des Festsetzungsbeschlusses mit Bescheinigung der Zustellung an den Kläger zu erteilen."

Verfügung des Urkundsbeamten (§ 104^{I} S. 1 ZPO.):

„1. Aufforderung an RA. *Schwarz*, binnen einer Woche seit Zustellung die Berechnung der dem Kläger entstandenen erstattungsfähigen Kosten bei der Geschäftsstelle einzureichen, widrigenfalls die Entscheidung ohne Rücksicht auf die Kosten des Klägers erfolgen wird.
2. ......"

In Landgerichtssachen wird die Aufforderung von der die Kostenausgleichung betreibenden Partei zugestellt und der Geschäftsstelle nachgewiesen (§ 106). Nachdem auf die ergangene Aufforderung auch der Kläger seine Kostenaufstellung eingereicht hat, werden die geltend gemachten Einzelpositionen, besonders die Anwaltskostenrechnungen, vom Urkundsbeamten auf ihre Erstattungsfähigkeit (§ 91) geprüft.

Auf Grund der GebO. f. RA. steht dem Anwalt je eine volle Gebühr zu für den Geschäftsbetrieb einschließlich der Information („Prozeßgebühr") und für die mündliche Verhandlung („Verhandlungsgebühr"); für die Vertretung im Beweisverfahren erhält der Anwalt eine halbe Gebühr („Beweisgebühr") und für die weitere mündliche Verhandlung nach einer Beweisaufnahme ebenfalls eine halbe Gebühr[6]). Für die Mitwirkung beim Vergleich erhält der Anwalt die volle Gebühr („Vergleichsgebühr"), § 13^{3}. Der nicht zum Prozeßbevollmächtigten bestellte Anwalt, der lediglich den Schriftwechsel mit dem Prozeßbevollmächtigten führt („Verkehrs"- oder „Korrespondenzanwalt") hat die „Korrespondenzgebühr" in Höhe der Prozeßgebühr zu beanspruchen (§ 44^{I}); der Anwalt, der lediglich einen Beweistermin wahrnimmt, außer der Beweisgebühr eine halbe Prozeßgebühr (§ 45). In der Berufungs- und Revisionsinstanz erhöhen sich die Anwaltsgebühren um drei Zehntel (§ 52).

Neben den Gebührensätzen und Auslagen enthalten die Anwaltskostenrechnungen auch Umsatzsteuerbeträge. Nach § 1^{1} UmsStG. vom 30. Januar 1932 (RGBl. I 39) wird nämlich Umsatzsteuer nicht

[6]) Das Gesetz konstruiert die in der Praxis s. g. „weitere Verhandlungsgebühr" als Erhöhung der dem Anwalt an sich zustehenden Verhandlungsgebühr um die Hälfte. Übernimmt also ein Anwalt die Vertretung der Partei erst nach der Beweisaufnahme, so erhält er die volle Verhandlungsgebühr.

bloß von den Einnahmen der Geschäftsleute, sondern auch von den Entgelten für die Tätigkeit der meisten freien Berufe erhoben. Während nun grundsätzlich die Umsatzsteuer nicht abgewälzt werden darf, kann der Rechtsanwalt sie der Partei besonders in Rechnung stellen, weil er nach einer gesetzlich festgesetzten Gebühr zu liquidieren hat (§ 12^{I})[7].

In einem kontradiktorischen Prozeß mit Beweiserhebung und Urteil entstehen also in jeder Instanz regelmäßig 3 Gerichts- und Anwaltsgebühren, im Fall des Vergleichs eine Gerichts- und 4 Anwaltsgebühren. Demgemäß lautet in Sachen Noack gegen Nickel die zusammenfassende Gerichtskostenrechnung:

„Wert des Streitgegenstands: 1600—1700 *RM*[8]).

1.	Prozeßgebühr	1. Instanz,	§§ 8, 20^{1} GKG. . . .		$(^{10}/_{10})$	44.00 *RM*
2.	Beweisgebühr	„	§§ 8, 20^{2} GKG. . . .		$(^{10}/_{10})$	44.00 *RM*
3.	Urteilsgebühr	„	§§ 8, 20^{3} GKG. . . .		$(^{10}/_{10})$	44.00 *RM*
4.	Prozeßgebühr	2. Instanz,	§§ 8, 20^{1}, 28 GKG. . .		$(^{15}/_{10})$	66.00 *RM*
5.	Beweisgebühr	„	§§ 8, 20^{2}, 28 GKG. . .		$(^{15}/_{10})$	66.00 *RM*
6.	Urteilsgebühr	„	§§ 8, 20^{3}, 28 GKG. . .		$(^{15}/_{10})$	66.00 *RM*
7.	. . . .					

(folgen die Zeugen- und Sachverständigengebühren und sonstigen Auslagen)."

Jeder der beiden Prozeßbevollmächtigten liquidiert:

„Wert des Streitgegenstands: 1600—1700 *RM*.

1.	Prozeßgebühr	1. Instanz,	§§ 9, 13^{1}	GebO. f. RA.	$(^{10}/_{10})$	66.00 *RM*
2.	Verhandlungsgebühr . . .	„	§§ 9, 13^{2}	„	$(^{10}/_{10})$	66.00 *RM*
3.	Beweisgebühr	„	§§ 9, 13^{4}	„	$(^{5}/_{10})$	33.00 *RM*
4.	weitere Verhandlungsgebühr	„	§§ 9, 17	„	$(^{5}/_{10})$	33.00 *RM*
5.	Prozeßgebühr	2. Instanz,	§§ 9, 13^{1}, 52	„	$(^{13}/_{10})$	85.80 *RM*
6.	Verhandlungsgebühr . . .	„	§§ 9, 13^{2}, 52	„	$(^{13}/_{10})$	85.80 *RM*
7.	Beweisgebühr	„	§§ 9, 13^{4}, 52	„	$(^{13}/_{20})$	42.90 *RM*
8.	weitere Verhandlungsgebühr	„	§§ 9, 17, 52	„	$(^{13}/_{20})$	42.90 *RM*
9.	Gebühr für den Kostenfestsetzungsantrag, Wert: 600—700 *RM*, ...		§§ 9, 23^{3}	„	$(^{3}/_{10})$	9.90 *RM*
10.	2% Umsatzsteuer					9.30 *RM*
11.	. . . .					

(folgen die besonders zu erstattenden Auslagen, vgl. §§ 76f.)."

RA. Blau in Duisburg, der für den Beklagten den dortigen Beweistermin wahrgenommen hat (der Kläger war unvertreten), setzt an Gebühren auf:

„1.	Prozeßgebühr,	§§ 9, 13^{1}, 45, 52	GebO. f. RA.	$(^{13}/_{20})$	42.90 *RM*
2.	Beweisgebühr,	§§ 9, 13^{4}, 52	GebO. f. RA.	$(^{13}/_{20})$	42.90 *RM*,"

dazu Umsatzsteuer und Auslagen.

Berücksichtigt werden nur die „zur zweckentsprechenden Rechtsverfolgung oder Rechtsverteidigung notwendigen" Kosten (§ 91^{I} S. 1 ZPO.). Die Kosten eines Anwalts sind immer erstattungsfähig, selbst wenn kein Anwaltszwang bestand (§ 91^{II}). Da die Kosten des Duisburger Anwalts niedriger sind, als wenn RA. Weiß zum Termin nach Duisburg gefahren wäre, sind auch diese Kosten erstattungsfähig.

---

[7]) Umsatzsteuerfrei ist der Notar, soweit er amtliche Funktionen ausübt, nicht dagegen als Verfasser von bloßen Entwürfen, Gutachter, Berater. Vgl. die verwandte Unterscheidung bei der Notarshaftung oben S. 64. Um schwierige Einzelberechnungen zu ersparen, gestattet § 54 DfBest. zum UmfStG. vom 25. Juni 1926 (RGBl. I, 323) eine Pauschalierung.

[8]) Objekt der Klage 1560 *RM* (oben S. 386), dazu nach § 13 GKG. die 122 *RM* der Widerklage.

Regelmäßig genügt „Glaubhaftmachung" der Ansätze (§ 104^{II} S. 1). Hiervon besteht jedoch praktisch eine Ausnahme hinsichtlich der Gerichtskosten. Es muß nämlich verhindert werden, daß der Erstschuldner (z. B. Noack bezüglich der ihm durch das Urteil auferlegten $^{10}/_{11}$) im Festsetzungsbeschluß Gerichtskosten für sich festsetzen läßt, die er noch gar nicht bezahlt hat und zu deren Zahlung an die Gerichtskasse der Gegner möglicherweise einmal als „Zweitschuldner" gezwungen sein wird (z. B. Nickel bezüglich der Kosten der von ihm eingelegten Anschlußberufung). Deshalb setzt der Urkundsbeamte Gerichtskosten, deren Zahlung ihm nicht nachgewiesen ist, zwar auf Antrag mit fest, aber er macht ihre Beitreibung vom Zahlungsnachweis der Partei abhängig. Aus den Prozeßakten ergibt sich die Zahlung nur, wenn sie in Kostenmarken erfolgt war; andernfalls muß sie durch Anfrage bei der Kasse festgestellt oder die Quittung von der Partei beigebracht werden. Nachdem alles erledigt ist, erläßt der Urkundsbeamte den

„Festsetzungsbeschluß.

In Sachen ....

werden die von dem Kläger an den Beklagten nach dem rechtskräftigen Urteil des Landgerichts in Breslau vom 7. Februar 1934 zu erstattenden Kosten auf

528.50 *RM* (i. W.)

festgesetzt. Als erstattungsfähig sind zu berücksichtigen die in der anliegenden Aufstellung berechneten Kosten des Klägers mit 698.50 *RM* und die in der anliegenden Aufstellung berechneten Kosten des Beklagten mit 651.20 *RM*, zusammen 1349.70 *RM*. Hiervon hat der Kläger $^{10}/_{11}$ mit 1227.00 *RM*, der Beklagte $^{1}/_{11}$ mit 122.70 *RM* zu tragen, so daß der Kläger dem Beklagten noch 528.50 *RM* erstatten muß.

Breslau, den 14. März 1934.

Amtsgericht, Geschäftsstelle.

Urkund

als Urkundsbeamter."

Durch den Festsetzungsbeschluß entstehen keine besonderen Gerichtsgebühren mehr. Der Festsetzungsbeschluß wird beiden Parteien von Amtswegen zugestellt (§ 329^{III}). Binnen der Notfrist von zwei Wochen kann gegen den Beschluß des Urkundsbeamten „Erinnerung" an das Gericht, binnen einer weiteren Notfrist von zwei Wochen seit Zustellung der gerichtlichen Entscheidung kann sofortige Beschwerde erhoben werden (§§ 104^{III}, 577^{II}). Der Beklagte erhält vollstreckbare Ausfertigung mit Bescheinigung, an welchem Tage die Zustellung an den Kläger erfolgt ist, weil die Zustellungsurkunde in den Akten verbleibt und er den Zeitpunkt der Zustellung später den Vollstreckungsorganen nachzuweisen hat.

Außer dem hier dargestellten „selbständigen" Kostenfestsetzungsbeschluß gibt es noch die „unselbständige" Festsetzung auf dem Urteil (§ 105), welche für den Kostengläubiger den Vorteil hat, daß er sofort bei Zustellung vollstrecken darf, während beim selbständigen Festsetzungsbeschluß eine Respektfrist von einer Woche einzuhalten ist (§ 798). Die Festsetzung auf dem Urteil setzt voraus, daß bei Anbringung des Festsetzungsgesuchs noch keine Urteilsausfertigung erteilt war und daß keine Verzögerung in der Ausfertigung eintritt, sie kommt also im Fall der Kostenausgleichung nach § 106 nicht in Frage. —

Der Referendar: Nach dem Urteil soll Nickel an Noack 30 RM. nebst Zinsen, nach dem Festsetzungsbeschluß Noack an Nickel 528.50 RM. zahlen. Ist zwischen den beiderseitigen Ansprüchen Aufrechnung möglich?

Der Urkundsbeamte: Der Kostenerstattungsanspruch ist ein privatrechtlicher Anspruch, wenn auch seine Voraussetzungen in der ZPO. geregelt sind, daher bestehen gegen eine Aufrechnung keine Bedenken. Fraglich kann nur sein, von welchem Zeitpunkt an die Aufrechnung möglich ist. Man nimmt an, daß der Anspruch erst mit dem über die Kostenlast entscheidenden Urteil entsteht, während die Parteien vorher wohl Aussicht auf Erlangung eines Kostenanspruchs, aber nicht diesen selbst haben. Mit

Verkündung des Urteils wird der Anspruch, zunächst aufschiebend bedingt durch die Rechtskraft, existent; der später ergehende Festsetzungsbeschluß stellt nur noch seine ziffernmäßige Höhe fest, die aber auch schon vor Erlaß des Beschlusses objektiv bestimmt war. Mit Verkündung des Urteils wird die Aufrechnung zulässig. Stein-Jonas II 4 vor § 91. Steht zu befürchten, daß die Partei, welche einen Teilbetrag der Hauptforderung zugesprochen erhält aber den Hauptteil der Kosten zu tragen hat, sich der Kostenzahlung entziehen werde, so kann der Gegner bereits zwischen Urteilsverkündung und Kostenfestsetzung gemäß § 388 BGB. die Aufrechnung mit seinem Kostenerstattungsanspruch erklären, daraufhin gegen seine Verurteilung in der Hauptsache Vollstreckungsgegenklage erheben und einstweilige Einstellung der Zwangsvollstreckung aus dem Urteil nach §§ 767, 769 ZPO. erwirken, sofern er die ungefähre Höhe seines Erstattungsanspruchs glaubhaft macht.

Referendar: Muß der Anwalt der im Kostenpunkt obsiegenden Partei sich die Aufrechnung gefallen lassen? Er hat doch oftmals keine volle Vorschußdeckung von seiner Partei und ist darauf angewiesen, seine Kosten vom Gegner beizutreiben.

Urkundsbeamter: Der Armenanwalt darf nach § 124 seine Kosten unmittelbar von dem in die Kosten verurteilten Gegner einziehen. Von diesem einzigen Ausnahmefall abgesehen, gibt es keine dem § 79 GKG. (S. 434) entsprechende Rückwirkung der Kostenentscheidung auf die Kostenhaftung. Der Erstattungsanspruch des § 91 ZPO. steht der Partei, nicht dem Anwalt zu, und der Anwalt hat Ansprüche nur an seinen Auftraggeber. Dadurch daß der Anwalt die Akten in der Hand hat, die Festsetzung betreibt und sich den Festsetzungsbeschluß geben läßt, ist er praktisch regelmäßig gesichert. Doch kommt es auch vor, daß die Partei den Kostenerstattungsanspruch zur Aufrechnung verwendet, sich die Kosten vom Gegner auszahlen läßt oder gar — zum Schaden des Anwalts, der ihr den Prozeß gewonnen hat! — sich mit der Gegenpartei über die Kosten vergleicht. Will der Anwalt sich hiergegen schützen, so muß er sich den Kostenerstattungsanspruch abtreten lassen, was bisweilen formularmäßig in der Prozeßvollmacht geschieht. Natürlich erfordert eine solche Abtretung, falls die Kosten mehr als 150 *RM* ausmachen, den Abtretungsstempel (S. 6), und so lange der Gegner sie nicht kennt, kann er kraft seines guten Glaubens die Partei als legitimierten Inhaber des Kostenerstattungsanspruchs betrachten. §§ 406, 407 BGB.

8. Kapitel.

In der Zivilkammer.

Hypothekenurteil. Betrug beim Grundstückskauf.

„Geschäftsnummer: 4 O 257.32.

Im Namen des Volkes!

Verkündet am 15. Februar 1933.

Urkund

als Urkundsbeamter der Geschäftsstelle.

In Sachen des Likörfabrikanten *Max Brandler* in Breslau ...... Klägers,
Prozeßbevollmächtigter: RA. *Schwarz* in Breslau,
gegen den Gastwirt *Hermann Freitag* in Hochkirch bei Breslau, Beklagten,
Prozeßbevollmächtigter: RA. *Weiß* in Breslau,
wegen Anspruchs aus Hypothek und Kauf
hat das Landgericht 4. Zivilkammer in Breslau auf die mündliche Verhandlung vom 15. Februar 1933 durch ...... für Recht erkannt:

Der Beklagte wird verurteilt, zur Vermeidung der Zwangsvollstreckung in das Grundstück Hochkirch Band III Blatt Nr. 69 dem Kläger 7000 *RM* (i. W.) nebst 6% Zinsen seit dem 1. Juli 1932 zu zahlen.

Die persönliche Klage auf Zahlung von 7000 *RM* und Zinsen aus dem Vermögen, das der Beklagte außer dem Grundstück Hochkirch Band III Blatt Nr. 69 besitzt, wird abgewiesen.

Die Kosten des Rechtsstreits werden gegen einander aufgehoben.

Das Urteil ist gegen Sicherheitsleistung des Klägers in Höhe von 8000 *RM* vorläufig vollstreckbar.

Tatbestand.

Der Beklagte ist eingetragener Eigentümer des im Grundbuch von Hochkirch, Kreis Breslau Band III Blatt Nr. 69 verzeichneten Gasthausgrundstücks „Zum Lindenhof", das er durch notariellen Vertrag vom 17. Februar 1930 von dem Voreigentümer, dem inzwischen verstorbenen Fabrikbesitzer *Camphausen* in Sprottau, für 39000 *RM* gekauft hat. In § 3 Absatz IV des Kaufvertrags war vereinbart, daß das Restkaufgeld in Höhe von 7000 *RM* gegen dreimonatliche Kündigung gestundet, mit 6% nachträglich in Vierteljahrsraten verzinst und auf dem Kaufgrundstück hypothekarisch eingetragen werden sollte. Die Kündigung des Gläubigers wurde für einen früheren Zeitpunkt als den 2. Januar 1936 ausgeschlossen, doch sollte der Gläubiger zur sofortigen Geltendmachung der Forderung berechtigt sein, falls eine Zinsrate am sechsten Tage nach der Fälligkeit nicht bezahlt sein würde. Die Hypothek ist in Abt. III unter Nr. 3 für den Verkäufer *Camphausen* eingetragen worden. Beim Kaufabschluß war der Verkäufer durch den Gastwirt *Lichteblau*, der auch das Geschäft vermittelt hat, als Bevollmächtigten vertreten. *Lichteblau* hat das Grundstück vom 1. April 1925 bis 31. März 1930 als Pächter bewirtschaftet. Die Auflassung hat *Camphausen* persönlich am 1. April 1930 erklärt.

Irgend welche Zusicherungen über Umsatz oder Ertrag der Gastwirtschaft sind im Vertrag nicht enthalten.

Im Dezember 1930 wurden Forderung und Hypothek an den Kläger abgetreten und auf ihn im Grundbuch umgeschrieben.

Die am 30. September 1932 fälligen Zinsen für das 3. Vierteljahr 1932 hat der Beklagte nicht bezahlt. Der Kläger hat daher am 7. Oktober 1932 Forderung und Hypothek durch Einschreibebrief zur sofortigen Rückzahlung gekündigt und die Klage erhoben mit dem Antrag:

> den Beklagten zu verurteilen, zur Vermeidung der Zwangsvollstreckung in das Grundstück Hochkirch Band III Blatt Nr. 69 und in sein sonstiges Vermögen dem Kläger 7000 *RM* (i. W.) nebst 6% Zinsen seit dem 1. Juli 1932 zu zahlen und das Urteil, nötigenfalls gegen Sicherheitsleistung, für vorläufig vollstreckbar zu erklären."

Welchem Zweck dient die actio hypothecaria?

Der Grundstückseigentümer als solcher ist nicht Schuldner der Hypothekensumme. Er hat das Recht, nicht auch die Pflicht, den Gläubiger zu befriedigen. Deshalb kann zwar der Eigentümer gegenüber der Hypothek mit einer ihm an den Gläubiger zustehenden Forderung aufrechnen, auch wenn sich der Gläubiger im Konkurs befindet, nicht aber steht dem Gläubiger eine entsprechende Aufrechnungsbefugnis zu: denn die Aufrechnung des Gläubigers würde auf eine Befriedigung aus dem sonstigen Vermögen des Grundstückseigentümers hinauslaufen, auf die er keinen Anspruch hat. Die bestimmungsgemäße Realisierung des hypothekarischen Rechts geschieht so, daß der Gläubiger aus dem Grundstück und den mithaftenden Gegenständen (S. 39) seine Befriedigung im Wege der Zwangsvollstreckung (nicht bloß der Zwangsversteigerung! vgl. den „Zwangsverwaltungs"-Fall des 14. Kap.) sucht. §§ 1113, 1142, 1147 BGB.; JW. 10, 704 II. Um nun zur Vollstreckung zu gelangen, braucht der Hypothekengläubiger einen vollstreckbaren Schuldtitel. Da Freitag zugleich persönlicher Schuldner der Kaufpreisforderung ist, würde der Kläger sich durch die Schuldklage einen Titel gegen ihn verschaffen können, auf Grund dessen das gesamte Vermögen des Beklagten, also auch das Grundstück, zur Zwangsvollstreckung gestellt wird. Aber nicht immer sind Eigentümer und persönlicher Schuldner identisch, und bei der Grundschuld fehlt es überhaupt an einem persönlichen Schuldner. Gegen einen Eigentümer, der nicht gleichzeitig die Schuldnerrolle hat, kann der Hypothekengläubiger nur „dinglich" — auf Duldung der Zwangsvollstreckung in das Grundstück, auf Zahlung aus dem Grundstück, oder auf Zahlung zur Vermeidung der Vollstreckung in das Grundstück — klagen. Und auch in unserem Fall tut der Kläger gut daran, sich nicht mit der persönlichen Schuldklage zu begnügen. Wenn er nämlich die Zwangsvollstreckung ins Grundstück aus persönlichem Schuldtitel betreiben wollte, würde er in der Zwangsvollstreckung die Rechtsstellung eines persönlichen Gläubigers haben. Ins geringste Gebot wären daher nicht nur die seiner Hypothek vorgehenden Rechte sondern sämtliche Belastungen, einschließlich seiner eigenen Hypothek, aufzunehmen (vgl. über die daraus entstehende komplizierte Rechtslage RG. 76, 116); eine Mietpfändung aus persönlichem Titel hätte nicht die Wirkung der „Beschlagnahme" gemäß §§ 1123/24; die §§ 325 III ZPO., 26 ZVG. wären unanwendbar. Auf der anderen Seite wird die Schuldklage mit der actio hypothecaria verbunden, weil der Kläger nicht wissen kann, ob er nicht bei der Befriedigung aus der Immobiliarmasse einen Ausfall erleidet und dann auf Freitags persönliche Haftung zurückgreifen muß.

„Der Beklagte beantragt:

> die Klage abzuweisen,

hilfsweise: dem Beklagten die Abwendung der Zwangsvollstreckung durch Sicherheitsleistung vorzubehalten.

Bei den Kaufverhandlungen habe *Lichteblau*, um die von *Camphausen* für den Fall des Verkaufs ausgesetzte Provision zu verdienen, den Beklagten über den Umsatz getäuscht und ihm wider besseres Wissen eine durchschnittliche Tageslosung von über 100 *RM*, an Sonn- und schönen Sommertagen von über 200 *RM* vorgespiegelt, obgleich der Durchschnitt in Wahrheit bloß 50—60 *RM* betragen habe. Der Beklagte hätte ursprünglich nicht mehr als 30000 *RM* für das Grundstück geben wollen, sei aber durch die Angaben *Lichteblaus* bewogen worden die schließlich vereinbarten 39000 *RM* zu bewilligen. Ohne die arglistige Täuschung durch *Lichteblau* würde der Kauf zu einem Preis von höchstens 32000 *RM* zum Abschluß gekommen sein. Trotz größten Fleißes und vielfacher Anstrengungen sei es dem Beklagten nicht gelungen, den Umsatz über 70 *RM* im Tagesdurchschnitt zu steigern. Wenn die von *Lichteblau* genannten Zahlen die richtigen gewesen wären, so würde das Grundstück 15000 *RM* mehr wert gewesen sein. Diesen Betrag müsse ihm der Verkäufer *Camphausen* als Schaden ersetzen.

Unstreitig hat der Beklagte schon im Mai 1930 dem *Camphausen* brieflich mitgeteilt, daß er von *Lichteblau* betrogen worden sei und Herabsetzung des Kaufpreises verlange. *Camphausen* hat damals abgelehnt. Der Beklagte hat dann Strafanzeige gegen *Lichteblau* erstattet, doch ist das Verfahren eingestellt worden, nachdem das als Hauptzeugin benannte Fräulein *Stiebel* als Verlobte des *Lichteblau* ihr Zeugnis gemäß § 52[1] StPO. verweigert hatte.

Im September 1932, behauptet der Beklagte weiter, habe er durch Frl. *Stiebel*, die das Verlöbnis mit *Lichteblau* inzwischen gelöst hatte, den genauen Sachverhalt erfahren. Er stellt nunmehr einen Teilbetrag seiner Schadensersatzforderung gegenüber der eingeklagten Hypothek und den Zinsen zur Aufrechnung. Der Kläger habe sowohl mit *Lichteblau* wie mit *Camphausen* freundschaftlich verkehrt und daher beim Erwerb der Hypothek die Täuschung gekannt."

In den Zusammenhang des streitigen Vorbringens des Beklagten sind eine Reihe unstreitiger Tatsachen — die Erklärung des Beklagten vom Mai 1930, der Verlauf des Strafverfahrens gegen Lichteblau, die Aufrechnung — eingefügt worden. Wie wir wissen besteht kein Zwang, sämtliche unstreitigen Tatsachen als „Geschichtserzählung" an die Spitze des Tatbestandes zu stellen (S. 366).

„Der Kläger bestreitet die Behauptungen des Beklagten, hält sie aber für unerheblich, weil das Grundstück auch bei dem von *Lichteblau* tatsächlich erzielten Umsatz über 45000 *RM* wert gewesen sei (Beweis: Sachverständige), der Beklagte also durch den Kauf keinen Schaden erlitten habe. Der Kläger habe, indem er *Lichteblau* mit den Verkaufsverhandlungen beauftragte, die im Verkehr erforderliche Sorgfalt beobachtet, denn *Lichteblau* habe damals in Fachkreisen allgemein als unbedingt zuverlässig und gewissenhaft gegolten (Beweis: Brauereidirektor *Methner*)."

Hier teilt das Urteil zum ersten Mal Beweisantritte der Parteien mit. In den Tatbestand gehören nämlich nur die noch unverbrauchten Beweise und die Mehrzahl der angebotenen Beweise hat das Gericht bereits erhoben.

„Auf Grund des Beweisbeschlusses vom 5. November 1932 sind die Ehefrau des Beklagten, Frl. *Stiebel* und *Lichteblau* als Zeugen, der Brauereibesitzer *Hopf* und der Bücherrevisor *Adam Riese* als Sachverständige vernommen worden. Auf den Inhalt des Beweisbeschlusses sowie auf die Protokolle vom 23. November 1932 und 4. Januar 1933 wird Bezug genommen. Ferner haben die Strafakten der hiesigen Staatsanwaltschaft gegen *Lichteblau* wegen Betruges, Aktenzeichen 5 J 460.30, vorgelegen, aus denen .... zum Gegenstand der mündlichen Verhandlung gemacht worden sind."

Bei Heranziehung von Akten sind die Teile, welche zum Gegenstand der mündlichen Verhandlung gemacht wurden, im Tatbestand genau zu bezeichnen. Im Übrigen darf man die Beweisaufnahme eines Vorprozesses bloß dann im Wege des Urkundenbeweises verwerten, wenn keine der Parteien die wiederholte Vernehmung der Zeugen und Sachverständigen verlangt JW. 32, 170[6], dazu Rosenberg.

„Der Beklagte hat dem Kläger den Eid darüber zugeschoben, daß er 1. im Jahre 1930 mit *Lichteblau* und mit *Camphausen* freundschaftlich verkehrt und alle wichtigen geschäftlichen Angelegenheiten mit ihnen besprochen, 2. von dem Brief des Beklagten an *Camphausen* vom Mai 1930 alsbald durch *Camphausen* Kenntnis erlangt habe. Der Kläger hat die Eide angenommen, aber für unerheblich erklärt.

Entscheidungsgründe.

Mit der Klage macht der Kläger sowohl die dingliche Hypothekenhaftung des Grundstücks wie die persönliche Kaufgeldforderung geltend. Beide Ansprüche sind schlüssig begründet, da durch die unstreitige Nichtbezahlung der Zinsen der Kläger zur sofortigen Forderung der 7000 *RM* berechtigt wurde.

Der Beklagte wendet ein, daß *Lichteblau* als Bevollmächtigter des Zedenten des Klägers ihm bei den Kaufverhandlungen arglistig unrichtige Angaben über den Umsatz der Gastwirtschaft gemacht und ihn dadurch bewogen habe, einen um 7000 *RM* zu hohen Preis zu bewilligen. Wenn der Umsatz hinter den dem Beklagten von *Lichteblau* genannten Zahlen zurückblieb, so war darum das Grundstück nicht mit einem ‚Fehler' behaftet, der den Wert oder die Tauglichkeit zu dem gewöhnlichen oder dem nach dem Vertrag vorausgesetzten Gebrauch aufhob oder minderte (§ 459^{I} S. 1 BGB.). Dagegen hätte der Umsatz Gegenstand einer Zusicherung (§ 459^{II}) sein können. Der Beklagte trägt aber selbst nicht vor, daß er von *Lichteblau* eine Versicherung der Richtigkeit der Zahlen gefordert oder daß *Lichteblau* sie ihm gegeben hätte. Da der notarielle Vertrag keine Umsatzgarantie enthält, ist also anzunehmen, daß die Angabe des *Lichteblau* keinen rechtsgeschäftlichen Charakter trug, sondern eine beiläufige, rein tatsächliche Mitteilung war. RG. 54, 219."

Als „Eigenschaften" der Kaufsache werden, auch im Sinne des § 119^{II}, neben den natürlichen Eigenschaften von der Rechtsprechung solche dauernden wirtschaftlichen Beziehungen der Sache anerkannt, welche deren Wert nach der Verkehrsauffassung wesentlich beeinflussen, wie Umsatz, Mietertrag u. dgl. Der abstrakte Wert oder der Börsenkurs als solcher ist keine Eigenschaft RG. 116, 15; JW. 12, 525[1]; LZ. 26, 742[1]. Zusicherungen brauchen nicht notwendig im notariellen Kaufvertrag beurkundet zu sein, denn gemäß § 313 S. 2 wird die nicht ordnungsmäßig beurkundete Nebenabrede mit dem ganzen Vertrag durch Auflassung und Eintragung des Käufers wirksam, vorausgesetzt daß zu dieser Zeit die Vertragsparteien über die Abrede noch einig sind. RG. 51, 179; 52, 1. Damit aber überhaupt eine Zusicherung vorliegt, muß der animus sese iuridice obligandi (S. 368/9) feststellbar sein. Hat der Käufer die Angabe der werterhöhenden Eigenschaft nicht als vertragsmäßig bindend verlangt, der Verkäufer sie nicht in dieser Weise erklärt, so liegt keine Zusicherung sondern bloß eine tatsächliche Mitteilung des Verkäufers vor: nicht jedes „dictum" ist auch ein „promissum". Dazu kommt die „Vermutung der Vollständigkeit und Richtigkeit" der Urkunde, nach welcher die nicht in den endgültigen Vertrag aufgenommenen Abreden im Zweifel fallen gelassen worden sind. Vgl. 27. Kap. „Nachbesserungsklausel".

„Waren aber die Umsatzangaben arglistig, so kann der Beklagte wegen Gleichheit des Rechtsgrundes mit § 463 vom Verkäufer fordern, durch Schadensersatz wegen Nichterfüllung so gestellt zu werden, wie wenn der Verkäufer den Umsatz als Eigenschaft des Grundstücks zugesichert hätte. RG. 59, 155; 63, 110; 66, 335; 99, 121; 103, 154. Das muß besonders dann gelten, wenn ohne die arglistige Täuschung der Kauf zu günstigeren Bedingungen für den Käufer abgeschlossen worden wäre, wie es der Beklagte behauptet. Ob der Wert des Grundstücks mit dem Umsatz, der tatsächlich erzielt wurde, den vereinbarten Kaufpreis übersteigt, ist, wie immer bei Zusicherungen, unerheblich. Auch kann, da es sich um einen vertragsmäßigen Anspruch handelt, der Verkäufer sich für die behaupteten arglistigen Vorspiegelungen seines Vertreters *Lichteblau* nicht mit dem Nachweis entlasten, daß er *Lichteblau* mit der im Verkehr erforderlichen Sorgfalt ausgesucht habe. RG. 83, 241."

Wenn Freitag über den Gastwirtschaftsumsatz arglistig getäuscht wurde, so könnte er selbstverständlich gemäß §§ 823 f. Ersatz des ihm entstandenen Schadens verlangen. Der Schadensersatz würde aber in Herstellung des Zustandes bestehen, der ohne das zum Schadensersatz verpflichtende Tun gegeben wäre (§ 249), d. h. der Käufer würde damit — ebenso wie mit der ihm selbstverständlich ebenfalls offenstehenden Anfechtung aus § 123 — im allgemeinen bloß die Rückgängigmachung des ganzen Geschäfts erreichen, während Freitag doch das Grundstück behalten will. § 463 ist direkt nicht anwendbar, denn Satz 1 setzt eine verbindliche „Zusicherung" voraus, und nach Satz 2 muß der „Fehler", welcher arglistig verschwiegen wurde, Gebrauchsmangel im Sinne von § 459[I] sein. Die im Urteil zitierte Rechtsprechung gibt dem Käufer den Anspruch in Analogie des § 463. Man fragt dabei nicht, ob der Käufer ohne die arglistige Täuschung billiger gekauft haben würde und ob der Verkäufer, wenn der Käufer darauf bestanden hätte, die arglistig vorgespiegelte Eigenschaft auch vertragsmäßig bindend zugesichert haben würde: wer seinem Vertragsgegner Angaben wider besseres Wissen macht, muß sich so behandeln lassen, als seien die Angaben richtig gewesen. Da der Anspruch als ein vertraglicher aufgefaßt wird, hat der Verkäufer für Arglist seines Vertreters nach § 278 einzustehen und kann sich nicht gemäß § 831 exkulpieren; ferner verjährt der Anspruch erst nach 30 Jahren (§§ 195, 477, Fall der Arglist!), nicht 3 Jahre seit Kenntnis (§ 852). Die Praxis geht sogar noch weiter und gibt dem Käufer auch Wandelung oder Minderung an Stelle des Schadensersatzes. RG. 92, 295; JW. 13, 197[8]. Damit wird im Ergebnis neben die beiden gesetzlichen Gewährleistungsfälle des § 459 — Gebrauchsmangel und zugesicherte Eigenschaft (S. 20) — die arglistige Vorspiegelung einer nicht zugesicherten Eigenschaft als dritter selbständiger Fall gesetzt. — Die Rechtsprechung ist sowohl vom konstruktiven wie vom soziologischen Standpunkt nicht unbedenklich. Vgl. Matthiessen JW. 13, 516; Ernst Fuchs DJZ. 14, 913 und LZ. 29, 14; Riehl DJZ. 13, 377. Das Urteil trägt dem insofern Rechnung, als es Wert auf die Behauptung des Beklagten legt, daß er ohne die unrichtigen Angaben billiger gekauft haben würde.

„Soweit der Kläger die ihm abgetretene persönliche Kaufgeldforderung geltend macht, muß er sich alle Einwendungen aus der Person seines Vormannes *Camphausen* gefallen lassen, und der Beklagte kann die aus der arglistigen Täuschung hergeleitete Schadensersatzforderung, welche zur Zeit der Abtretung an den Kläger bereits entstanden war, auch gegenüber dem Kläger aufrechnen. §§ 404, 406 BGB."

Beim Forderungserwerb wird der gutgläubige Zessionar nicht geschützt (S. 7).

„Dagegen darf sich der Kläger in Ansehung der Hypothek gegenüber den Einwendungen des Beklagten auf seinen guten Glauben berufen. § 1138 BGB."

Wird eine Sicherungshypothek abgetreten, so erwirbt der Zessionar, wie die Forderung, auch die Hypothek behaftet mit allen Einwendungen aus der Person des Zedenten, weil die Sicherungshypothek (ebenso wie Mobiliarpfand und Schiffspfandrecht) ein streng akzessorisches Recht ist. Bei der Verkehrshypothek will das Gesetz dem gutgläubigen Erwerber die Gewißheit geben, daß er unter allen Umständen das hypothekarische Recht erlangt. Deshalb verleiht ihr § 1138 „Orderqualität", indem er den öffentlichen Glauben des Grundbuchs „für die Hypothek" auf die Forderung und die ihr entgegenstehenden Einreden ausdehnt.

Besonderheiten der Verkehrshypothek: Außer in der Frage des Schutzes des gutgläubigen Zessionars, unterscheiden sich Sicherungs- und Verkehrshypothek noch bezüglich der Rechtsstellung des gutgläubigen Eigentümers und der Kündigung: 1. Zahlt bei einer Sicherungshypothek der Eigentümer in Unkenntnis der Abtretung an den Zedenten, oder nimmt er gutgläubig ein sonstiges Rechtsgeschäft mit diesem vor, so wird er wegen der akzessorischen Natur der Sicherungshypothek gemäß §§ 406f. befreit. Bei Verkehrshypotheken wird durch § 1156, der die Kehrseite des § 1138 darstellt, die Anwendung der §§ 406f. „hinsichtlich der Hypothek" ausgeschlossen. Neben dem Schutz des gutgläubigen Zessionars ist für einen Schutz des gutgläubigen Eigentümers kein Raum. 2. Sicherungshypotheken werden durch Kündigung der persönlichen Forderung fällig gemacht, die der Gläubiger an den persönlichen Schuldner, oder der persönliche Schuldner an den Gläubiger zu erklären hat. Bei Verkehrshypotheken muß „für die Hypothek" die Kündigung zwischen Gläubiger und Grundstückseigentümer erfolgen.

Systematisch ist die Regelung der Sicherungshypothek die einfachere und verständlichere. Das BGB. geht aber von der Verkehrshypothek als dem Normalfall (S. 211) aus. Demgemäß modifiziert es zunächst in §§ 1138, 1141, 1156 die aus dem Wesen des akzessorischen Pfandrechts folgenden Regeln, um nachher in § 1185^{II} für Sicherungshypotheken die Abweichungen außer Kraft zu setzen und damit die Regel wiederherzustellen. § 1139, der in § 1185^{II} unter den Unterschieden der beiden Hypothekenformen mit aufgeführt wird, enthält eine Einschränkung des § 1138; er ist ohne erhebliche praktische Bedeutung, da Buch-Darlehns-Verkehrshypotheken im Verkehr kaum vorkommen.

Eine (hier nicht in Betracht kommende) Ausnahme gilt für Zinsen von Verkehrshypotheken. Mit der Fälligkeit löst sich die Zinsrate vom Stammrecht ab und verliert ihren Immobiliarcharakter. Deshalb werden rückständige Zinsen nach § 1159 wie gewöhnliche Forderungen ohne Briefübergabe (bei Briefhypotheken) und ohne Grundbuchumschreibung (bei Buchposten) abgetreten. Das Verhältnis des Eigentümers zum neuen Gläubiger bestimmt sich nach Obligationenrecht, d. h. der gute Glaube des Schuldner-Eigentümers, nicht derjenige des Zessionars, wird geschützt. In der Frage des guten Glaubens werden die obligationenrechtlichen Grundsätze durch § 1158 sogar auf die noch nicht fälligen Zinsen des folgenden Quartals erstreckt. Praktischer Grund: der Eigentümer soll gefahrlos Zinsen für ein Quartal im voraus an den ihm bekannten letzten Gläubiger zahlen können, ohne daß er jedes Mal dessen sachenrechtliche Legitimation nachzuprüfen braucht. Damit hängt wiederum zusammen, daß in § 1160^{III} das Recht des Schuldner-Eigentümers auf Vorlegung des Hypothekenbriefs hinsichtlich der Zinsen ausgeschlossen wird.

„Der Beklagte muß also gegenüber der persönlichen Schuldklage beweisen, daß ihm aus betrügerischem Verhalten des *Lichteblau* an den Verkäufer *Camphausen* ein Schadensersatzanspruch wegen Nichterfüllung in Höhe von mindestens 7000 *RM* zusteht, gegenüber der dinglichen Hypothekenklage außerdem, daß der Kläger beim Erwerb der Hypothek die Gegenforderung des Beklagten kannte (§§ 892, 1138)."

Wenn der Beklagte nicht auch für die Bösgläubigkeit des Klägers Beweis angetreten hätte, so wäre im ersten Termin ohne Beweiserhebung durch Teilurteil (§ 301 ZPO.) seine Verurteilung auf die dingliche Klage ausgesprochen worden. —

Nachdem die Gründe bisher die rechtlichen Grundlagen der Entscheidung dargelegt und die Erheblichkeit sowie den Umfang der Beweisaufnahme motiviert haben, wenden sie sich nunmehr der Würdigung der erhobenen Beweise zu:

„*Lichteblau* hat, wie die übereinstimmenden Gutachten der Sachverständigen *Hopf* und *Reise* ergeben, während seiner Pachtzeit im „Lindenhof" nur Umsätze von jährlich 17000 bis 19500 *RM*, also täglich knapp 50 *RM*, erzielt. Als nun für den 16. Februar 1930 der Besuch des damals in Thüringen wohnhaften Beklagten angemeldet wurde, äußerte *Lichteblau* nach Bekundung der Zeugin *Stiebel*: ‚den hellen Sachsen wollen wir mal ordentlich einseifen', lud alle seine Freunde und Bekannten für den Besichtigungstag ein und bat sie, ihm zu Liebe eine recht hohe Zeche zu machen, so daß das Gasthaus am 16. Februar ungewöhnlich stark besucht war und die Tageslosung 117 *RM* betrug. *Lichteblau* hat dem nicht widersprochen, vielmehr sein Zeugnis darüber, ob er die von der *Stiebel* bekundete Äußerung getan habe, auf Grund von § 384² ZPO. verweigert. Das Gericht ist deshalb bei aller Berücksichtigung des zwischen der *Stiebel* und *Lichteblau* bestehenden feindseligen Verhältnisses zu der Überzeugung gelangt, daß die mit großer Sicherheit abgegebene und beschworene Aussage der *Stiebel* den Tatsachen entspricht. Weiterhin steht durch die Beweisaufnahme einwandfrei fest, daß *Lichteblau* abends in Gegenwart des Beklagten Kasse machte und dabei, als er die Summe von 117 *RM* herausgerechnet hatte, ungefragt bemerkte: ‚Das ist bei uns immer so, Sonntags und an schönen Sommertagen haben wir das Doppelte.' Der Erklärung des *Lichteblau*, daß er diese Worte nur ‚zum Spaß' gesagt habe, hat das Gericht keinen Glauben schenken können. Es nimmt vielmehr nach der ganzen Sachlage an, daß *Lichteblau*, um sich die von *Camphausen* versprochene Vermittlerprovision von 500 *RM* zu verdienen, durch planmäßige Täuschung in dem Beklagten die Ansicht erwecken wollte, die Tageslosung von 117 *RM* sei eine Durchschnittslosung. Das ist ihm auch gelungen. Denn wie weiterhin als erwiesen anzusehen, hat der Beklagte, der vorher um den Preis scharf gehandelt hatte und nicht über 30000 *RM* für das Grundstück bewilligen wollte, nach jener Äußerung des *Lichteblau* erklärt, er sei mit dem Preis von 39000 *RM* einverstanden und die Sache solle am folgenden Tage notariell gemacht werden. *Lichteblau* hat glaubwürdig bekundet, daß *Camphausen* die Bemessung des Preises ihm überlassen habe und aller Wahrscheinlichkeit nach auch für 30000 *RM* verkauft haben würde.

Nach dem *Hopf*schen Gutachten, dem sich das Gericht anschließt, ist das Grundstück mit 39000 *RM* nicht überzahlt, würde aber 8 bis 12000 *RM* mehr wert sein, wenn die Gastwirtschaft eine durchschnittliche Tageslosung von 100 *RM* ergeben hätte.

Der vom Beklagten zur Aufrechnung gestellte Schadensersatzanspruch gegen *Camphausen* in Höhe von 7000 *RM* ist daher begründet.

Dagegen hat die Beweisaufnahme keinerlei Anhaltspunkte dafür ergeben, daß der Kläger — sei es durch *Camphausen*, sei es durch *Lichteblau* oder von anderer Seite — beim Erwerb der Hypothek Kenntnis von der gegen den Beklagten begangenen Täuschung und von dem Schadensersatzanspruch des Beklagten gehabt hätte. Auch durch die vom Beklagten dem Kläger zugeschobenen Eide würde der Beweis der Bösgläubigkeit des Klägers nicht erbracht werden. Wenn es selbst richtig wäre, daß der Kläger im Jahre 1930 mit *Lichteblau* und mit *Camphausen* freundschaftlich verkehrt und alle wichtigen geschäftlichen Angelegenheiten mit ihnen besprochen hat, so würde daraus nicht folgen, daß er über den Sachverhalt, aus dem sich der Schadensersatzanspruch des Beklagten ergibt, unterrichtet war. Kannte er den Brief des Beklagten an *Camp-*

hausen vom Mai 1930, so brauchte er daraus nicht die Existenz des Schadensersatzanspruchs zu entnehmen. Der Beklagte hat ja, trotz seines Briefes, die Zinsen bis Ende Juni 1932 pünktlich gezahlt.

Der Beklagte war also auf die Hypothekenklage zur Zahlung der 7000 *RM* nebst Zinsen seit 1. Juli 1932 zu verurteilen, dagegen die auf persönliche Verurteilung gerichtete Klage abzuweisen, weil insoweit die Aufrechnung mit der Schadensersatzforderung durchgreift. Die Kosten des Rechtsstreits sind gemäß § 92I ZPO. gegen einander aufgehoben worden. Auf den vom Kläger gestellten Antrag ist das Urteil gegen eine von ihm zu leistende Sicherheit nach § 710 S. 1 ZPO. für vorläufig vollstreckbar erklärt worden. Der Antrag des Beklagten, ihm die Abwendung der Zwangsvollstreckung gegen Sicherheitsleistung vorzubehalten, erledigt sich, weil der Kläger vor der Vollstreckung Sicherheit zu leisten hat (§ 713II).

Richter I. Richter II. Richter III."

Vgl. S. 391. —

Der Referendar: Wenn das Urteil Rechtskraft erlangt, so hat sich doch die Hypothek in eine Grundschuld verwandelt?

Der Richter: Im praktischen Ergebnis haben Sie nicht unrecht. Das Gesetz vermeidet jedoch die Grundschuldkonstruktion. Es faßt das Rechtsverhältnis so auf, daß die Hypothek akzessorisches Recht bleibt und die Forderung nur „für die Hypothek" — d. h. soweit sie den notwendigen Unterbau für das hypothekarische Recht bildet — als bestehend fingiert wird, während sie sonst — als Forderung — nicht besteht. §§ 1138, 892 BGB. Wir wollen lieber sagen: das Urteil zeigt augenfällig, daß Verkehrshypothek und Forderung verschiedene rechtliche Schicksale haben können. Auch aus § 1156 sowie aus der Kündigungsvorschrift des § 1141 ergeben sich Möglichkeiten des Auseinanderfallens der beiden Haftungen. Verkehrshypothek und Forderung werden in diesen Punkten ähnlich behandelt wie mehrere Gesamtschuldner (vgl. § 425).

Verlöbnissache.
Feststellungsklage. Armenrecht.

Sportlehrer Kraft aus Breslau-Leerbeutel hat auf der Rechtsantragsstelle des Landgerichts folgendes Armenrechtsgesuch (§§ 115, 118, 119 ZPO.) zu Protokoll erklärt:

„Ich beabsichtige gegen

die am 28. August 1913 geborene Bibliotheksgehilfin *Annette Gudehus*, vertreten kraft elterlicher Gewalt durch ihre Mutter, verw. Archivrat *Irene Gudehus* geb. *Vulpius* in Weimar, Ilmenauer Straße 15

auf Grund des nachstehenden Sachverhalts Klage zu erheben.

Die Beklagte war ungefähr 1½ Jahre lang in Breslau als Hilfsbibliothekarin beschäftigt. Wir lernten uns auf einer Skitour kennen und haben seitdem kameradschaftlich und freundschaftlich mit einander verkehrt, uns geduzt, geküßt, zusammen Ausflüge unternommen und uns gegenseitig Geschenke gemacht, uns jedoch nicht verlobt. Vielmehr hat die Beklagte, wenn ich von Verloben und Heiraten sprach, jedesmal erwidert: das sei vorläufig ganz aussichtslos, denn in ihrer Familie halte man nur von Literaturmenschen etwas und wollte keine ‚Muskelidioten', ich müßte bis zu ihrer Volljährigkeit warten. Im September v. J. besuchte ich auf Einladung eines meiner Kunden das Freiluftbad ‚Jungfernsee' und traf dort zufällig mit einer Freundin der Beklagten, *Sonja Brettler*, zusammen. Das wurde der Beklagten in der Weise hinterbracht, als ob ich mich mit *Sonja Brettler* verabredet hätte. Sie schickte mir darauf meine Geschenke zurück und verlangte die ihrigen heraus. Ich gab ihr Aufklärung, doch blieb sie dabei, daß sie mit mir nichts mehr zu tun haben wolle und ist bald nachher von Breslau abgereist. Die Geschenke habe ich ihr nicht zurückgegeben, weil ich sie dadurch zwingen wollte sich später wieder mit mir auszusöhnen. Im Dezember erhielt ich von der Beklagten den hiermit überreichten Brief:

Lieber Kurt!

Du weißt, daß ich s. Zt. Deinetwegen die Stelle beim ‚Verein der Bücherfreunde' in Darmstadt ausgeschlagen habe. Ich würde dort mit 160 *RM* monatlich sofort fest angestellt worden sein und hätte Aussicht auf Gehaltszulage gehabt. Jetzt kann ich trotz aller Bemühungen keine feste Stellung bekommen sondern muß froh sein, ab und zu mit Vertretungen ein paar Mark zu verdienen. 1500 *RM* habe ich bis jetzt schon eingebüßt. Du bist mir moralisch und juristisch zum Ersatz verpflichtet, denn ich habe Darmstadt nur um Deinetwillen abgelehnt, und durch die Sache mit dem Freiluftbad und *Sonja* hast Du mich gezwungen unser Verlöbnis aufzulösen. Also schreibe mir bald, in welcher Weise Du Deine Schuld tilgen willst. Außerdem verlange ich nochmals meine Bilder und die übrigen Geschenke (Zigarettenetui, Armbanduhr, Medaillon) zurück.

Mit Gruß

Annette.

Ich erwiderte am 16. Dezember:

Liebe *Annette*!

Es ist mir etwas ganz Neues von Dir zu erfahren, daß wir verlobt gewesen sind. Früher hast Du vom Verloben nichts wissen wollen. Da Deine Mutter mit unseren Beziehungen nicht einverstanden war, wäre ein wirkliches Verlöbnis auch gar nicht möglich gewesen. Wieso Du mir einen Vorwurf daraus machst, daß ich nach ‚Jungfernsee' gegangen bin, verstehe ich auch nicht, da ich dort nichts Unmoralisches begangen habe. Du wolltest ja sogar gern einmal in ein Freiluftbad mit mir gehen. Also muß ich Deine Schadensersatzansprüche zurückweisen. Solche Ansprüche würden Dir höchstens dann zustehen, wenn wir verlobt gewesen wären und ich grundlos von der Verlobung zurückgetreten wäre. Auch gebe ich Dir Deine Geschenke nicht zurück, denn sie sind mir eine liebe Erinnerung und ich hoffe immer noch, daß Du vernünftig werden wirst und daß wir wieder zusammenkommen.

Mit vielen Grüßen

Dein *Kurt.*

Nunmehr schreibt mir die Mutter der Beklagten:

Einschreiben!

Weimar, den 1. Februar 1933.

Herrn *Kurt Kraft*, Breslau-Leerbeutel.

Im Anschluß an den Brief meiner Tochter vom 3. Dezember v. J. fordere ich Sie auf, binnen 10 Tagen die dort bezeichneten Bilder und Geschenke herauszugeben und 1550 *RM* Verlöbnisschaden zu zahlen. Genaue Schadensberechnung steht Ihnen auf Wunsch zur Verfügung. Nach fruchtlosem Ablauf der gestellten Frist werde ich annehmen, daß Sie die Herbeiführung einer gerichtlichen Entscheidung wünschen.

Irene Gudehus, geb. *Vulpius*."

Die Rechtsnatur des Verlöbnisses ist streitig. Manche fassen es als rein tatsächliches Verhältnis, die Ansprüche der §§ 1298 f. BGB. als deliktsähnliche Obligationen auf. Andere betrachten das Verlöbnis als Vertrag familienrechtlicher Art, auf den die Geschäftsfähigkeitsvorschriften des allgemeinen Teils keine Anwendung finden (vgl. die verwandten Fälle S. 130). Nach diesen Ansichten kann zwischen nicht voll Geschäftsfähigen ein wirksames Verlöbnis ohne Zustimmung der gesetzlichen Vertreter bestehen. Nach herrschender Meinung ist jedoch das Verlöbnis ein Vertrag, dem nur der Erfüllungszwang fehlt (§ 1297), während er sonst den allgemeinen gesetzlichen Vorschriften unterliegt, woraus die Notwendigkeit der Zustimmung des gesetzlichen Vertreters folgt. Andrerseits gibt man dem minderjährigen Verlobten das Recht selbständig vom Verlöbnis zurückzutreten, weil er gegen seinen Willen doch nicht zur Eheschließung gezwungen werden könnte. RG. 98, 13 c. cit. War also Annette Gudehus wirksam zurückgetreten, so würde eine nachträgliche Genehmigung des Verlöbnisses durch ihre Mutter nichts mehr nützen.

Kraft irrt aber mit seiner Ansicht, daß die vom Verlöbnis zurückgetretene Partei niemals Ansprüche habe. Ein zum Schadensersatz verpflichtender Verlöbnisbruch wird sowohl begangen, wenn ein Teil die Verlobung grundlos aufhebt (§ 1298) als auch dann, wenn er dem anderen Rücktrittsgründe gibt (§ 1299). Der Unterschied ist bloß der, daß die Ersatzpflicht des Zurückgetretenen schon durch das Vorhandensein eines objektiven „wichtigen Grundes" (z. B. schwere Krankheit und Siechtum) ausgeschlossen wird, während der Anspruch gegen den Nichtzurückgetretenen nur durch solche „wichtige Gründe" gerechtfertigt wird, die ein Verschulden darstellen. Der Deflorationsanspruch des § 1300 setzt den Tatbestand entweder des § 1298 oder des § 1299 voraus.

Neben diesen, auf wichtigen Grund bzw. Verschulden abgestellten, Schadensersatzforderungen gewährt § 1301 beiden Verlobten bei jeder Auflösung des Verlöbnisses, außer durch Tod, die Kondiktion dessen, was sie dem anderen Verlobten geschenkt oder zum Zeichen des Verlöbnisses gegeben haben (Verlobungsringe!). Trägt eine Partei die Schuld an der Aufhebung des Verlöbnisses, so versagt man ihr die Rückforderung der eigenen Geschenke gemäß § 815, weil sie „wider Treu und Glauben" die Eheschließung verhindert habe. Staudinger 1 zu § 1301. Mit dieser Begründung kann sich aber Kraft der Rückgabe der ihm gemachten Geschenke nicht entziehen: Annette Gudehus hat vielleicht einen harmlosen Vorfall übermäßig aufgebauscht, keinesfalls jedoch dabei gegen ihre bessere Überzeugung gehandelt, so daß ihr ein Verstoß gegen Treu und Glauben sicherlich nicht zur Last zu legen ist.

„Ich will Feststellungsklage erheben mit dem Antrag:
die Beklagte zu verurteilen anzuerkennen:

1. daß der Besuch eines Freiluftbades keinen Grund zur Auflösung eines Verlöbnisses darstellt,
2. daß ein Eheversprechen zwischen uns niemals stattgefunden hat,
3. daß der Beklagten kein Anspruch auf Schadensersatz und auf Herausgabe von Geschenken an mich zusteht."

Das Verhältnis von Recht und Rechtsschutz war im älteren römischen Recht so geregelt, daß klagen nur konnte, wem eine spezielle Klagformel zu Gebote stand. Später wurde dieses „Aktionensystem" — bei dem die actio als materiell-rechtlicher Anspruch im Grunde bloß Abstraktion aus der durch die actio als prozessuale Klagformel geschaffenen Klagmöglichkeit war — aufgegeben und der Grundsatz anerkannt, daß jeder zivilrechtliche Anspruch durch Klage auf die entsprechende Leistung („Leistungs-" oder „Verurteilungsklage") geltend gemacht werden könne. Dagegen blieb die „Feststellungsklage" lange Zeit hindurch auf einzelne besondere Fälle („Präjudizial-" und „Provokationsklagen") beschränkt, bis die ZPO. sie unter den Voraussetzungen des § 256 generell zuließ. Für die dritte Klagart, die auf rechtsänderndes Urteil gerichtete „Rechtsgestaltungs"- oder „Konstitutivklage", gilt noch jetzt das Aktionensystem, denn sie findet ausschließlich in den gesetzlich bestimmten Fällen statt. Die Rechtsgestaltungsklagen zerfallen wieder in zwei Gruppen: Klagen auf Änderung materieller Rechtsverhältnisse (z. B. Ehescheidung, Aufhebung der Verwaltung und Nutznießung, Ausschließung eines offenen Handelsgesellschafters, Auflösung einer o.H.G. oder G.m.b.H.) und Klagen auf Beseitigung prozessualer Akte (Restitutions- und Nichtigkeitsklage, Anfechtungsklage gegen Entmündigungsbeschluß oder Ausschlußurteil, Vollstreckungsgegenklage, Interventionsklage, Klage auf Aufhebung eines Schiedsspruchs u. dgl.); die zweite Gruppe wird, weil sie eine in die Form der erstinstanzlichen Klage gekleidete Anfechtung darstellt, auch als „Rechtsmittelklage" bezeichnet. — Wenn nun Feststellungsklagen auf „Verurteilung" zur „Anerkennung" tenoriert werden, so ist das auf die Unklarheit zurückzuführen, die — in Nachwirkung des alten römischen Aktionensystems mit seiner Doppeldeutigkeit des Begriffs der actio — über das Wesen der Klage und ihr Verhältnis zum materiellen Recht vielfach auch bei Juristen herrscht. Man glaubt, daß jeder Klage ein zwischen den Prozeßparteien bestehender materieller Anspruch zu Grunde liegen müsse (wie es bei der weitaus häufigsten Form, der Leistungsklage, tatsächlich der Fall ist), und gelangt so bei der Feststellungsklage zu einer Art zivilrechtlicher obligatio ad agnoscendum. In Wahrheit ist die Klage im modernen Recht nicht mehr Ausfluß der materiellen Berechtigung. Das beweist gerade die negative Feststellungsklage, bei der ja der Kläger keine solche Berechtigung für sich in Anspruch nimmt, vielmehr lediglich eine ihm durch den Beklagten drohende Gefährdung seiner Rechtssicherheit abwehren will. Das Urteil wird also, wenn Kraft Erfolg hat, nicht auf Verurteilung zur Anerkennung sondern auf Feststellung des Nichtbestehens der Ansprüche der Beklagten lauten müssen.

Tenor: „Es wird festgestellt, daß ....." oder einfacher: „der Beklagten stehen keine Ansprüche auf .... aus ..... gegen den Kläger zu". § 256 spricht (bei der Urkundenechtheitsklage) von „Anerkennung" der Urkunde, meint aber damit Anerkennung durch das Gericht, nicht durch den Beklagten. — Die unkorrekte Fassung eines Feststellungsantrags bildet natürlich keinen Grund die Klage abzuweisen. Gänzlich unzulässig sind aber Krafts Anträge zu 1 und 2. § 256 gestattet grundsätzlich nur die — positive oder negative — Feststellung von Rechtsverhältnissen. Damit schließt das Gesetz sowohl die Feststellung abstrakter Rechtsfragen aus (Klageantrag 1) wie die Feststellung von Tatsachen (Klageantrag 2). Der einzige Ausnahmefall, in welchem Tatsachen zum Gegenstand der Klage und des Urteils gemacht werden dürfen, nämlich die Urkundenechtheits- und -unechtheitsklage, ist für die Praxis ohne Bedeutung. Hat eine Partei Interesse an der gerichtlichen Feststellung von Rechtsfragen oder Tatsachen, so wird sie bei geschickter Formulierung stets einen Weg finden, ihr Ziel durch Feststellung des entsprechenden Rechtsverhältnisses zu erreichen.

Das zur Feststellungsklage erforderliche Interesse wird durch den Einschreibbrief der Mutter mit seiner Klagedrohung zweifellos gegeben. Auch das wirtschaftliche Interesse, „zu wissen, woran man ist", ist „rechtliches" Interesse an der alsbaldigen Feststellung. Kraft braucht nicht zu warten, bis innerhalb der zweijährigen Verjährungsfrist (§ 1302 BGB.) von Frau Gudehus (oder nach erreichter Volljährigkeit von Annette Gudehus selbst) die Leistungsklage erhoben wird.

„Zum Beweis beziehe ich mich auf die beiden hiermit überreichten Originalbriefe, über deren Echtheit ich der Klägerin bzw. ihrer gesetzlichen Vertreterin den Eid zuschiebe. Darüber, daß wir uns die Ehe nicht versprochen und daß wir keine Ringe ausgetauscht haben, werde ich ebenfalls den Eid zuschieben."

Kraft glaubt augenscheinlich, daß er als Kläger das Nichtbestehen der Ansprüche der Beklagten beweisen müsse. Aber dadurch, daß der angebliche Schuldner der Klage des Gegners mit der negativen Feststellungsklage zuvorkommt, wird an der sonst gegebenen Verteilung der Beweislast nichts geändert (Stein-Jonas IV 5 zu § 256). Das Verlöbnis im Rechtssinn, d. h. Einverständnis über die spätere Eheschließung mit Zustimmung der gesetzlichen Vertreterin der minderjährigen Braut und die übrigen anspruchsbegründenden Tatsachen hat also die Beklagte zu beweisen. Überhaupt hängt die Beweislast immer an der materiellen Rechtsstellung, nicht an der Parteirolle im Prozeß, und es ist lediglich ein bequemer aber ungenauer Sprachgebrauch, wenn wir davon sprechen, daß bei einem bestimmten Rechtsverhältnis „der Gläubiger" oder „der Schuldner" die Beweislast habe.

Wenn in der Praxis der negative Feststellungskläger häufig Beweis für die Nichtentstehung des vom Beklagten behaupteten Anspruchs antritt, so beruht das wiederum auf der falschen Vorstellung einer obligatio ad agnoscendum als eines der condictio verwandten Rechts. — Wäre die von Kraft angekündigte Eideszuschiebung erheblich, so würde nach § 473^{II} S. 1 ZPO. der Eid nicht von der gesetzlichen Vertreterin, sondern von der nicht prozeßfähigen Annette Gudehus zu leisten sein. —

Das Gesuch schließt ab:

„Ich überreiche Armutszeugnis des hiesigen Magistrats vom 1. und Bescheinigung des Finanzamts Breslau-Nord vom 8. Februar 1933 und beantrage:

mir für die erste Instanz einschließlich der Zwangsvollstreckung das Armenrecht zu bewilligen und mir zur vorläufig unentgeltlichen Wahrnehmung meiner Rechte einen beim Prozeßgericht zugelassenen Rechtsanwalt und zur vorläufig unentgeltlichen Bewirkung von Zustellungen und Vollstreckungshandlungen einen Gerichtsvollzieher beizuordnen.

Vorgelesen, genehmigt, unterschrieben.

Kurt Kraft.

Geschlossen:

Urkund."

Die Bescheinigungen ergeben, daß Kraft ein Einkommen von weniger als 1200 RM. und kein Vermögen, dagegen ungefähr 1000 RM. Schulden hat, also außerstande ist, ohne Beeinträchtigung des für ihn notwendigen Unterhalts die Kosten zu bestreiten (§ 114^{I}).

Nach § 118^{II} S. 1 wird die Armut regelmäßig durch ein „von der obrigkeitlichen Behörde der Partei" ausgestelltes Zeugnis nachgewiesen. Das ist die Ortspolizeibehörde, in Städten mit staatlicher Polizei die Gemeindeverwaltung (VO. des VolkswohlfMin. vom 25. Juli 1925, MBl. 294), bei Personen unter Vormundschaft oder Pflegschaft das Vormundschaftsgericht (§ 118^{II} S. 2 ZPO.); zur Erhebung der Alimentenklage seitens eines unehelichen Kindes bedarf es überhaupt keines Armutszeugnisses (S. 89). In dem vom Minister vorgeschriebenen Formular muß der Antragsteller das Finanzamt zur Erteilung von Auskünften über seine Steuerverhältnisse ermächtigen und es ist eine Finanzamtsbescheinigung beizubringen. VO. des RFinM. vom 8. April 1922 (prMBl. i. V. 629). Unbeschadet dieser Zeugnisse und Bescheinigungen kann das Gericht selbständig weitere Ermittlungen über die Vermögenslage anstellen und kann die Voraussetzungen des § 114 verneinen.

Bezüglich der Geschenke befindet sich Kraft jedenfalls im Unrecht. Denn lag ein von der Mutter genehmigtes Verlöbnis vor, so sind sie nach § 1301 BGB., andernfalls wegen der Minderjährigkeit der Beklagten herauszugeben. Dagegen erscheint die negative Feststellungsklage über die angedrohten Schadensersatzansprüche durchaus aussichtsvoll (§ 11^I des 6. Teils I. Kap. der III. NotVO.). Die Zuständigkeit des Landgerichts Breslau folgt nach der Vertragstheorie (S. 448) aus §§ 29 ZPO., 269 BGB.: die „streitige Verpflichtung", nämlich die Ersatzpflicht Krafts, ist dort zu erfüllen, wo er bei Entstehung des Rechtsverhältnisses seinen Wohnsitz hatte, also in Breslau.

Nach § 11^III S. 2 NotVO. soll vor der Bewilligung des Armenrechts der Gegner gehört werden. Verfügung:

„1. Abschrift des Armenrechtsgesuchs einschließlich der Briefe erhält verw. Frau Archivrat *Gudehus* zur Erklärung mit Frist von 2 Wochen. Nach dem überreichten Armutszeugnis und der überreichten Bescheinigung des Finanzamts hat der Antragsteller ein Einkommen von weniger als 1200 *RM* und kein Vermögen, dagegen ungefähr 1000 *RM* Schulden. Wird im Hinblick hierauf die Klageandrohung des Briefes vom 1. Februar d. J. aufrecht erhalten?

2. Nach 2 Wochen."

Vielleicht erklärt Frau Gudehus, daß sie eine Klage gegen Kraft mit Rücksicht auf die Unbeitreibbarkeit der Forderung nicht beabsichtige. Dann würde das rechtliche Interesse Krafts an der alsbaldigen Feststellung beseitigt, mithin die Feststellungsklage nicht mehr aussichtsvoll sein. Zum mindesten wäre dann anzunehmen, daß eine Partei, die nicht im Genuß des Armenrechts ist, bei verständiger Würdigung des gleichen Sachverhalts vom Prozessieren absehen würde und demgemäß müßte die Ablehnung des Armenrechts wegen „Mutwilligkeit" erfolgen. § 11^II NotVO.

Ergeben sich aus der Erklärung von Frau Gudehus tatsächliche Streitpunkte von Erheblichkeit, so kann das Gericht gemäß § 11^III vom Antragsteller eine „Glaubhaftmachung" (S. 425, 430) verlangen, oder durch einen beauftragten oder ersuchten Richter Ermittlungen anstellen. Das Gericht kann aber auch das Armenrecht bewilligen und die Klärung der Tatfragen dem Prozeß überlassen, denn „Aussicht auf Erfolg" bedeutet nicht volle Sicherheit des Erfolges, und es ist unerwünscht, wenn die Ermittlungen nach § 11^III, über Einholung von Akten, Auskünften u. dgl. hinausgehend, die Beweisaufnahme des späteren Rechtsstreits vorwegnehmen.

Verspätete Armenrechtsbewilligung: Sucht eine Partei das Armenrecht zur Erhebung des Einspruchs oder eines Rechtsmittels nach und zieht sich die Entscheidung so lange hin, daß die arme Partei darüber die Einspruchs- bzw. Rechtsmittelfrist versäumt, so gibt man ihr auf Antrag Wiedereinsetzung in den vorigen Stand gegen die Versäumung der Notfrist (§ 233^I ZPO.). Die verzögerte Behandlung durch das Gericht bildet vom Standpunkt der Partei einen „unabwendbaren Zufall". Voraussetzung ist allerdings, daß das Gesuch nicht erst im letzten Augenblick, sondern so zeitig eingereicht war, daß man bei normalem Geschäftsgang damit rechnen durfte, nach Bewilligung des Armenrechts die Frist noch wahren zu können. Hierbei wird die Einreichung 3 bis 5 Tage vor Fristablauf gewöhnlich als ausreichend angesehen. Vgl. Kommentare zu § 233.

Entsprechend schützt das — nicht allzu spät eingereichte — Armenrechtsgesuch vor der Verjährung, wenn es eine Klage betrifft, mit der die Verjährung unterbrochen werden sollte. Die Armut der Partei und die Verzögerung der Armenrechtsbewilligung sind „Verhinderung" des Berechtigten durch „höhere Gewalt", daher die Verjährung gehemmt. § 203^II BGB.; RG. 87, 52.

Armenrecht in besonderen Fällen: 1. Das Armenrecht kann in allen zivilprozessualen Verfahrensarten, also auch im Mahnverfahren, Urkundenprozeß, Entmündigungs- und Aufgebotsverfahren, sowie der Zwangsvollstreckung bewilligt werden. Ebenso für Konkurs und Vergleichsverfahren

(§§ 72 KO., 8 VerglO.). Durch das Armenrecht wird der Konkurs-Antragsteller aber nicht von dem Massekostenvorschuß (§§ 107^{I} S. 2, 204^{I} S. 2 KO.) befreit, denn dieser Vorschuß fällt nicht unter die Gerichtskosten und „baren Auslagen" des § 115^{1} ZPO. 2. Im Strafprozeß gibt es ein Armenrecht für den Privatkläger (§ 379^{III} StPO.). 3. Nach § 14 RFGG., Art. 83^{II} PFGG. kann das Armenrecht auch für Angelegenheiten der freiwilligen Gerichtsbarkeit, insbesondere für notarielle Amtshandlungen, bewilligt werden. Der Notar, welcher im Armenrecht tätig werden soll, entscheidet selbst über die Bewilligung; lehnt er ab, so hat der Antragsteller Beschwerde an den Landgerichtspräsidenten im Dienstaufsichtswege. Das Armenrecht bezieht sich nur auf die Gebühren, nicht auf Auslagen. Ein Anspruch auf Gebührenzahlung an die Staatskasse steht dem Notar nicht zu. JW. 31, 2036^{2} (KG.). 4. Juristische Personen haben nach ständiger Praxis keinen Anspruch auf Armenrecht, weil bei ihnen von „Beeinträchtigung des Unterhalts" (§ 114^{I} ZPO.) nicht die Rede sein kann. Mit ähnlicher Begründung lehnt RAG. 6, 142 das Armenrecht der Betriebsvertretung ab. 5. Ebenso wird das Armenrecht dem Konkursverwalter und Nachlaßverwalter versagt, während Nachlaßpfleger und Testamentsvollstrecker es erhalten können. RG. 33, 367; 50, 394; 65, 287; 81, 292; JW. 30, 1487^{2}, 2049^{10}.

Einzelrichterverfahren. Notwendige Streitgenossenschaft.

Verweisung vor den Einzelrichter. Vorbereitender Schriftsatzwechsel. In der durch den Verweisungsbeschluß vom 11. Februar 1933 beim Landgericht anhängig gewordenen Sache Finke gegen Rädler (S. 370 f.) lädt RA. Schwarz als Anwalt der Klägerin die Beklagten mit der Aufforderung, einen beim Prozeßgericht zugelassenen Rechtsanwalt zu bestellen (§ 215 ZPO.), zur mündlichen Verhandlung des Rechtsstreits.

„Ich werde beantragen:

1. die beklagte Ehefrau zu verurteilen, dem Kläger 1050 *RM* (i. W.) nebst 6% Zinsen seit 1. Januar 1933 zu zahlen,
2. den beklagten Ehemann zu verurteilen, wegen des Anspruchs zu 1 die Zwangsvollstreckung in das eingebrachte Gut seiner Ehefrau zu dulden,
3. das Urteil, nötigenfalls gegen Sicherheitsleistung, für vorläufig vollstreckbar zu erklären.

Im November 1931 erhielt die beklagte Ehefrau auf ihr Ersuchen von der Klägerin, ihrer Kusine, ein bares Darlehn von 1050 *RM*, dessen Rückzahlung vereinbarungsgemäß spätestens Ende Dezember 1932 erfolgen sollte. Der beklagte Ehemann hat dem Geschäft zugestimmt.

Beweis: Zeugnis des Ehemanns der Klägerin.

16 *RM* Restprozeßgebühr werden in Kostenmarken beigefügt.

Für die Klägerin:

Schwarz, Rechtsanwalt."

Wegen der vorläufigen Vollstreckbarkeit und der Vorschußzahlung vgl. § 710 S. 1 ZPO., §§ 8, 20^{I}, 31^{II}, 74^{II} GKG., oben S. 363.

Die Ladung wird dem Landgericht in Urschrift nebst einer für das Gericht bestimmten Abschrift zum Zweck der Terminsbestimmung eingereicht. Der Vorsitzende verfügt:

„Herrn Landgerichtsrat *Richter* als Einzelrichter,"

und der Einzelrichter setzt Termin vor sich auf den 5. März 1933 an (§ 348 ZPO.). Die Ladungsurschrift geht an den Anwalt zurück, damit er die Zustellung im Parteibetrieb bewirkt.

Vor der Kammer wird der erste Termin nur in den — verhältnismäßig seltenen — Fällen anberaumt, in denen schon der Inhalt der Klageschrift ergibt, daß es sich um eine außergewöhnliche oder rechtlich zweifelhafte Sache handelt, so daß die Entscheidung, ob und in welchem Umfang Beweis zu erheben ist, zweckmäßiger Weise von Anfang an von der Kammer getroffen wird. Auch wenn mit einem streitigen Urteil im ersten Termin zu rechnen ist, kann die Ansetzung des ersten Termins vor der Kammer angebracht sein. In der Kammer für Handelssachen, bei der nur der Vorsitzende als Einzelrichter in Betracht kommt (§ 350^{I}), werden die ersten Termine grundsätzlich vor dem Einzelrichter abgehalten, damit er die nicht kontradiktorischen Sachen erledigt, in den streitigen die zweifellos erheblichen Beweise aufnimmt und dann an die Kammer verweist. Um Verschleppung durch Erhebung nicht schlüssiger Einwendungen seitens des Beklagten in entscheidungsreifen Sachen (z. B. gewöhnliche Waren- oder Wechselklagen) zu verhindern, setzt der Richter bei der Abgabe an die Kammer sofort in seiner Eigenschaft als Vorsitzender (§ 216^{II}) Kammertermin auf den gleichen Tag zu späterer Stunde oder auf den folgenden Tag an und verkündet ihn: dann bedarf es keiner Ladung, folglich auch keiner Ladungsfrist, mehr (§ 218). In der Zivilkammer muß die Ansetzung des Kammertermins durch den mit dem Einzelrichter nicht identischen Vorsitzenden erfolgen, der Termin kann also nicht verkündet werden. Hier hilft zur Beschleunigung die Abkürzung der Ladungsfrist (§ 224^{II}).

In unserem Fall ist bei Anberaumung des ersten Termins nicht die Einlassungs- (§§ 261, 262) sondern bloß die einwöchige Ladungsfrist (§ 217) zu wahren, weil die Sache bereits beim Landgericht anhängig war (§ 697^{II} S. 2). —

Vor dem Termin meldet sich für den beklagten Ehemann RA. Weiß mit Klagebeantwortung:

„Antrag:

die Klage gegen den beklagten Ehemann abzuweisen, im Falle einer ohne Sicherheitsleistung der Klägerin vorläufig vollstreckbaren Verurteilung:

dem beklagten Ehemann die Abwendung der Zwangsvollstreckung durch Sicherheitsleistung vorzubehalten."

Vgl. § 713^{II}, dazu oben S. 386.

„Begründung.

1. Die beklagte Ehefrau war von dem Töpfermeister *Hans Guder* in Striegau, welcher ein Vetter sowohl der Klägerin wie der beklagten Ehefrau ist, um ein Darlehn angegangen worden.

   Beweis: *Hans Guder*.

   Aus diesem Grunde bat sie die Klägerin, die mit ihrem Manne zu Besuch in Hochkirch weilte, um das Darlehn. Die Klägerin gab das Geld und redete dem beklagten Ehemann zu, seine Zustimmung zu dem Darlehn zu erklären. Dieser verließ jedoch ärgerlich das Zimmer mit den Worten: ‚Meine Frau ist mündig und kann machen, was sie will. Ich mag mit der Sache nichts zu tun haben. Dem verbummelten Hans ist doch nicht zu helfen, es ist schade um jeden Pfennig.'

   Die gegenteilige Darstellung der Klägerin wird bestritten.

2. Die beklagte Ehefrau hat später dem *Hans Guder* die 1050 *RM* in einem Briefe übersandt und dazu geschrieben, daß sie sich das Geld von der Klägerin habe leihen müssen und daß *Hans Guder* nun endlich anfangen solle ein sparsames und ordentliches Leben zu führen.

   Beweis: *Hans Guder*.

3. Im August 1932 war die beklagte Ehefrau zu Besuch bei der Klägerin. Sie erzählte ihr, daß *Hans Guder* gar nicht daran denke ihr die 1050 *RM* zurückzuzahlen, und bat die Klägerin ihr die Rückzahlung zu erlassen, weil sie in guten Verhältnissen sei. Hierauf ging die Klägerin

ein, und der Ehemann *Finke* sagte zu seiner Frau: ‚So ist es richtig. Schließlich ist der Hans ebensogut Dein Vetter wie von der Hedwig.'

Beweis: Eideszuschiebung.

Für den beklagten Ehemann:

Weiß, Rechtsanwalt."

Verhandlung. Notwendige Streitgenossenschaft. Versäumnisurteil und Beweisbeschluß. Anders als der beauftragte und ersuchte Richter (§§ 361, 372 II, 375, 402, 434, 479 ZPO., 156 f. GVG.), ist der Einzelrichter im Rahmen seiner Kompetenzen „erkennendes Gericht" im Sinne der §§ 169 GVG., 78 II, 128 ZPO. Die Verhandlung spielt sich daher in den gleichen Formen der Öffentlichkeit, Mündlichkeit und des Anwaltszwanges ab, wie vor dem Kollegium:

„Öffentliche Sitzung des Einzelrichters der 4. Zivilkammer des Landgerichts. — Breslau, den 5. März 1933.

Gegenwärtig:

Landgerichtsrat *Richter* als Richter,

Justizsekretär *Urkund* als Urkundsbeamter der Geschäftsstelle.

In Sachen *Finke* gegen *Rädler* und Genossen erschienen bei Aufruf der Sache:

1. für die Klägerin RA. *Schwarz*,
2. für den beklagten Ehemann RA. *Weiß*.

Für die beklagte Ehefrau war niemand erschienen.

RA. *Schwarz* verlas den Antrag der Ladungsschrift vom 18. Februar 1933,

RA. *Weiß* verlas den Antrag der Klagebeantwortung vom 28. Februar 1933.

Die Klägerin und der beklagte Ehemann verhandelten hierauf zur Sache.

Gegen die beklagte Ehefrau beantragte RA. *Schwarz*

Erlaß des Versäumnisurteils.

Es wurde nachgewiesen, daß die Ladungsschrift vom 18. Februar 1933 nebst Terminsbestimmung der beklagten Ehefrau am 21. Februar 1933 zugestellt worden ist.

Vorgelesen, genehmigt."

Darf das beantragte Versäumnisurteil ergehen?

Die Rechtskraft der Urteile beschränkt sich grundsätzlich auf die Parteien, ihre Rechtsnachfolger und gewisse andere Personen, deren Rechte wahrzunehmen die Partei befugt war (§§ 325 f. ZPO.). Denn der Zivilprozeß beruht auf der Verhandlungsmaxime, und es wäre unbillig, die Wirkungen eines objektiv unrichtigen Urteils, das vielleicht nur durch fehlerhafte oder nachlässige Prozeßführung der Partei — durch Anerkenntnis, Versäumnis, Nichtbenennung oder verspätete Benennung von Zeugen, Zurückschiebung eines Eides, Unterlassung der Einlegung von Rechtsmitteln usw. — zustande gekommen ist, auf einen Dritten auszudehnen. Hätte Frau Finke das Ehepaar Rädler in zwei gesonderten Prozessen verklagt, so müßte Frau Rädler zweifellos kontumaziert werden, obgleich der Mann nicht bloß (zu 1 der Klagebeantwortung) seine Zustimmung zur Eingehung der Darlehnsverpflichtung bestreitet, sondern außerdem (zu 3) einen von der Klägerin mit Zustimmung ihres Ehemanns (§ 1395 BGB.) bewilligten Schulderlaß (§ 397) geltend macht und die Verurteilung der Frau materiell ungerechtfertigt sein würde, falls der Erlaß bewiesen wird.

Um derartige widerspruchsvolle Entscheidungen zu verhindern, schreibt § 62 ZPO. vor, daß in den Fällen der „notwendigen Streitgenossenschaft", wenn einzelne Streitgenossen einen Termin oder eine Frist versäumen, die Säumigen als durch die Nichtsäumigen vertreten gelten, so daß kein Versäumnisurteil gegen den säumigen Streitgenossen ergehen darf. § 62 setzt voraus, daß a) entweder die Klage aus Gründen des materiellen Rechts von allen Streitgenossen oder gegen alle durchgeführt werden muß, weil der Einzelklage die „exceptio plurium litis consortium" entgegenstehen würde (Notwendigkeit der Streitgenossenschaft „aus einem sonstigen Grunde"), b) oder Einzelklagen zwar möglich sind, aber das Rechtsverhältnis „allen Streitgenossen gegenüber nur einheitlich festgestellt werden kann". Ein Zwang, Ehemann und Ehefrau in gemeinschaftlicher Klage zu belangen, besteht zweifellos nicht. Aber auch Notwendigkeit einheitlicher Feststellung kommt nicht in Frage. Man faßt diesen Begriff nämlich so auf, daß es nicht genügt, wenn infolge der konkreten Rechtsverteidigung der Parteien die Klage aus logischen, also tatsächlichen, Gründen nur entweder im ganzen oder gar nicht Erfolg haben kann, und beschränkt ihn auf Fälle, in denen die Notwendigkeit auf zwingenden Rechtsvorschriften beruht. Nun ist es aus rechtlichen Gründen zwar ausgeschlossen, daß der Mann sich die Befriedigung des Klägers aus dem eingebrachten Gut gefallen lassen müßte, ohne daß die Frau dem Kläger haftet; denkbar wäre es aber, daß die Frau haftet und die Schuld in Ansehung des Eingebrachten dem Manne gegenüber unwirksam ist (S. 372). Deshalb verneint die Rechtsprechung bei der Klage gegen Eheleute gemäß § 739 die „Notwendigkeit einheitlicher Feststellung" und damit die notwendige Streitgenossenschaft. RG. 59, 234; 89, 360.

Die Fälle notwendiger Streitgenossenschaft sind im geltenden Recht überhaupt selten. Z. B. müßten nach der Struktur der Gesamthandberechtigung (S. 43) die Gesamthänder eigentlich zusammen klagen, doch gibt § 2039 BGB. dem Miterben die Befugnis, selbständig auf Zahlung zum ungeteilten Nachlaß zu klagen, und nach Analogie dieser Vorschrift wird die Klage des BGB.-Gesellschafters auf Leistung an die Gesamtheit der Gesellschafter zugelassen. RG. 70, 32. Mehrere Schuldner sind nach BGB. fast immer Gesamtschuldner und als solche einzeln belangbar. Bedarf es zur Vollstreckung in ein Gesamthandsvermögen eines Titels gegen sämtliche Mitberechtigten (z. B. nach § 747 ZPO. zur Vollstreckung in den ungeteilten Nachlaß „eines" gegen alle Erben ergangenen Urteils), so kann sich der Gläubiger die Schuldtitel nach einander durch Einzelklagen verschaffen. Nur wenn von den Miterben eine von ihnen gemeinschaftlich vorzunehmende (§ 2040^{I} BGB.) Verfügung, wie Zustimmung zu einer Grundbuchberichtigung, verlangt wird, ist die Gesamthandklage der einzige Weg. Aber selbst hier braucht der Gläubiger solche Miterben, gegen die schon ein Urteil vorliegt oder die ihm eine formgerechte Urkunde ausstellen, nicht mitzuverklagen. RG. 68, 221; 71, 366; 93, 292; vgl. auch 95, 97. — Positive Beispiele der notwendigen Streitgenossenschaft zu a: Konstitutivklagen auf Änderung eines Rechtsverhältnisses, an welchem insgesamt mehr als zwei Personen beteiligt sind (z. B. Klage auf Auflösung einer o.H.G. mit mehr als 2 Gesellschaftern); Klage des Staatsanwalts oder des Dritten gegen ein Ehepaar auf Nichtigkeitserklärung der Ehe (§ 632^{II} ZPO.); zu b: Fälle, in denen das gegen einen Streitgenossen ergehende Urteil Rechtskraft auch im Verhältnis zum anderen macht (Testamentsvollstrecker und Erbe, Vor- und Nacherbe, §§ 326/7); Anfechtungsklage mehrerer Genossen im Genossenschaftskonkurs gegen die Vor- oder Nachschußberechnung (§§ 111^{II}, 114^{II} GenG., vgl. dazu die Entscheidung RG. 132, 349, welche aber aus der Notwendigkeit der Streitgenossenschaft die falsche Konsequenz zieht: Frankenburger JW. 31, 2103[11]). Bürge und Hauptschuldner sind ebenso wenig notwendige Streitgenossen, wie Eheleute, weil auch hier die Abhängigkeit des Nebenanspruchs vom Hauptanspruch bloß eine einseitige ist.

Die in § 62 ZPO. angeordnete fiktive Vertretung der säumigen Streitgenossen durch die nichtsäumigen bei Versäumung von Fristen bedeutet, daß die von einem eingelegte Berufung oder Revision zu Gunsten aller die Rechtskraft hemmt.

Da die Eheleute Rädler nicht notwendige sondern einfache Streitgenossen sind, stehen sie der Klägerin dergestalt als einzelne gegenüber, daß die Handlungen des einen Streitgenossen dem anderen weder zum Vorteil noch zum Nachteil gereichen (§ 61). Das beantragte Versäumnisurteil ist also unbedenklich. Die Zuständigkeit des Einzelrichters bestimmt § 349⁴:

„Gegen die beklagte Ehefrau wurde Versäumnisurteil nach dem Antrag vom 18. Februar 1933, ohne Sicherheitsleistung vorläufig vollstreckbar verkündet und in abgekürzter Form auf die Ladungsschrift vom 18. Februar 1933 gesetzt."

Vgl. S. 381, wegen der vorläufigen Vollstreckbarkeit: § 708³. Das Urteil muß angeben, daß der Richter „als Einzelrichter" erkannt hat.

Erlangt das Versäumnisurteil Rechtskraft und wird die Klage gegen den Mann rechtskräftig abgewiesen, so ist die Rechtslage praktisch die gleiche, als ob der Klägerin gegen Frau Rädler eine nicht konsentierte Vertragsschuld (S. 372) zugestanden hätte. Das Versäumnisurteil hätte aber gegebenen Falls auch gegen den allein säumigen Ehemann erlassen werden müssen, obgleich ein materielles Rechtsverhältnis, bei dem der Mann sich die Zwangsvollstreckung ins Eingebrachte gefallen lassen muß, während die Frau nicht haftet, schlechterdings unkonstruierbar ist!

„Ferner wurde der

Beschluß

verkündet:

I. Über nachstehende streitige Parteibehauptungen soll Beweis erhoben werden:

1. Hat der beklagte Ehemann seine Zustimmung dazu erklärt, daß seine Frau von der Klägerin im November 1931 ein Darlehn von 1050 *RM* aufnahm?

Oder hat der beklagte Ehemann auf das Zureden der Klägerin, er möge seine Zustimmung erklären, ärgerlich das Zimmer verlassen mit den Worten: ‚Meine Frau ist mündig und kann machen, was sie will. Ich mag mit der Sache nichts zu tun haben. Dem verbummelten Hans ist doch nicht zu helfen, es ist schade um jeden Pfennig'?

2. Hat die Klägerin im August 1932 die Bitte der beklagten Ehefrau, ihr die Rückzahlung des Darlehns zu erlassen, abgelehnt?

Oder hat sie den Erlaß erklärt, weil *Hans Guder* nicht daran denke der beklagten Ehefrau die 1050 *RM* zurückzuzahlen und weil sie selbst in guten Verhältnissen sei?

Hat der Ehemann der Klägerin zu seiner Frau gesagt: ‚So ist es richtig. Schließlich ist der Hans ebensogut Dein Vetter wie von der Hedwig'?

durch Vernehmung des Ehemannes der Klägerin, Gastwirts *Erich Finke* in Dahme (Mark) als Zeugen, von der Klägerin benannt.

II. Die Vernehmung soll durch das Amtsgericht in Dahme erfolgen.

III. Das Vernehmungsersuchen wird davon abhängig gemacht, daß

(folgt Auflage gemäß § 379 ZPO., oben S. 395).

Richter. *Urkund.*"

Auf das Zeugnis des Ehemanns Finke, der ja nicht Partei ist (S. 371), hat sich RA. Schwarz gegenüber der Eideszuschiebung zu 3 der Klagebeantwortung gemäß § 453 S. 1 berufen. —

Der Referendar nach dem Termin zum Richter: Hätte RA. Schwarz statt des Versäumnisurteils nicht lieber Urteil nach Aktenlage (§ 331a) gegen Frau Rädler nehmen sollen? Die Befugnis zum Erlaß eines solchen, als kontradiktorisch geltenden, Urteils hat ja der Einzelrichter ausnahmsweise ohne Zustimmung der Parteien (§ 349⁴).

Der Richter: Urteil nach Aktenlage wäre schon darum nicht möglich gewesen, weil es — zum Unterschied von dem nach Aktenlage erlassenen Beweisbeschluß — voraussetzt, daß bereits einmal mündlich verhandelt worden war (§§ 251a I S. 2, 331a S. 2). Die Entscheidung nach Lage der Akten ist aber überhaupt nicht sehr praktisch, weder in dem Fall, daß sie bei Nichterscheinen beider Parteien nach eigenem Ermessen des Gerichts an die Stelle der Anordnung des Ruhens des Verfahrens (§ 251a), noch daß sie bei Nichterscheinen einer Partei auf Antrag des Anwesenden an Stelle eines Versäumnisurteils tritt. Denn soll die Entscheidung nach Aktenlage ein Urteil sein, so darf dieses nicht alsbald verkündet werden, sondern das Gericht muß zur Verkündung Termin nicht unter einer Woche ansetzen, den Termin der nicht erschienenen Partei durch Einschreibbrief bekanntgeben, und von der Verkündung absehen, falls die Partei vor der Verkündung glaubhaft macht, daß sie im Verhandlungstermin unverschuldet ausgeblieben sei. Dann ist das Verfahren ins Wasser gefallen und die in der Beratung des Gerichts geleistete Arbeit umsonst getan. Für den Beweisbeschluß nach Aktenlage besteht allerdings keine solche Erschwerung. Aber wenn die Parteien nicht erscheinen, so hat das in der Regel seine triftigen Gründe, und ein verständiger Richter wird sich scheuen, einen Beweisbeschluß zu erlassen und auszuführen, während die Parteien vielleicht auf dem Wege zur Verständigung sind oder sich gerade über die in den Beweisbeschluß aufgenommenen, früher streitig gewesenen, Punkte verständigt haben.

Einspruch. Einstellung der Zwangsvollstreckung.

„An das Landgericht Breslau, den 9. März 1933.
4. Zivilkammer
hier.

In Sachen *Finke* gegen *Rädler* und Genossen, Aktenzeichen 4 O 127.33, lege ich namens der Beklagten Frau *Hedwig Rädler* gegen das am 5. d. M. verkündete, noch nicht zugestellte Versäumnisurteil

Einspruch

ein. Ich werde beantragen:

unter Aufhebung des Versäumnisurteils die Klage gegen Frau *Rädler* abzuweisen, im Fall einer ohne Sicherheitsleistung der Klägerin vollstreckbaren Verurteilung: der beklagten Ehefrau die Abwendung der Zwangsvollstreckung durch Sicherheitsleistung vorzubehalten.

Zur Begründung werde ich den Inhalt der Klagebeantwortung des Ehemanns *Rädler* vom 28. Februar 1933 vortragen.

Gleichzeitig beantrage ich:

die Zwangsvollstreckung aus dem Versäumnisurteil einstweilen einzustellen.

Beglaubigte Abschrift zur Zustellung an die Klägerin liegt bei.

Für die beklagte Ehefrau:
Weiß, Rechtsanwalt."

Vgl. §§ 338—340a, 707, 719.

Auf den Einspruch wird Verhandlungstermin vor dem Einzelrichter angesetzt und die Akten vom Amtsgericht Dahme zurückgefordert.

Kann der Einzelrichter selbständig über den Einstellungsantrag befinden? Er hat die allgemeine Aufgabe die Sache so weit zu fördern, daß sie später vom Kollegium möglichst in einem einzigen Termin erledigt wird („Konzentrationsmaxime"). Er ist also z. B. befugt Termine anzuberaumen und zu vertagen, Beweisbeschlüsse zu erlassen, auszuführen und aufzuheben, auswärtige Gerichte um Beweishandlungen zu ersuchen, als „Prozeßgericht" über Beeidigung von Zeugen gemäß § 393^{II} zu entscheiden, Fristen nach § 356 zu bestimmen, sein Verfahren (nicht dagegen das Verfahren vor der Kammer) zur Feriensache zu erklären und wieder als Feriensache abzusetzen (§ 200^{IV} GVG.). Von Entscheidungen weist ihm § 349^I ZPO. insbesondere zu: die nicht kontradiktorischen Urteile, Verweisungen zwischen Zivilkammer und K.f.H.S., die Entscheidung über die meisten prozeßhindernden Einreden einschließlich der sich daraus ergebenden Verweisungen. Erklären sich beide Parteien einverstanden, so kann der Einzelrichter außerdem in vermögensrechtlichen Prozessen (also nicht z. B. in Ehesachen!) streitige Urteile erster Instanz fällen, gegen die das selbe Rechtsmittel stattfindet, wie gegen die Entscheidung der Kammer. §§ 349^{III}, 350^{II}, 523a. Dagegen fehlt ihm die Zuständigkeit für Armenrechtsbewilligung, Festsetzung des Streitwerts, Arrest-, einstweilige Verfügungs- und Einstellungsbeschlüsse, Vollstreckbarkeitserklärung gemäß § 534, wohl auch zur Aussetzung des Verfahrens: denn alle diese Akte haben nichts mit der Vorbereitung der Entscheidung des Kollegiums zu tun. — Der Einstellungsantrag muß also der Kammer zur Entscheidung vorgelegt werden.

Im Rahmen seiner Kompetenzen ist der Einzelrichter, solange die Sache bei ihm schwebt, „das Gericht". Deshalb brauchen die von ihm und die von der Kammer erlassenen Beweisbeschlüsse im Tatbestand (Bericht) nicht auseinandergehalten zu werden. Sieht der Einzelrichter die Sache als reif zur Verhandlung vor dem Prozeßgericht an, so wird das Einzelrichterverfahren „geschlossen", die Sache an die Kammer „verwiesen". Daß dies auf Grund mündlicher Verhandlung geschieht, ist üblich, jedoch nicht unbedingt erforderlich. Der Vorsitzende bestimmt dann von Amtswegen Termin vor der Kammer (§ 349^{II} S. 3). Die Kammer kann — auf Grund mündlicher Verhandlung — den Prozeß nochmals an den Einzelrichter verweisen, wenn sie meint, daß er weiterer Vorbereitung bedarf. Dagegen kann der Einzelrichter weder von den Parteien noch vom Vorsitzenden oder von der Kammer gezwungen werden, sein Verfahren zu schließen, bevor es nach seiner Meinung kammerreif ist; seine Stellung besitzt in dieser Hinsicht eine gewisse Ähnlichkeit mit derjenigen des Untersuchungsrichters (18. Kap.).

Von der Zuständigkeit des Einzelrichters muß diejenige des Vorsitzenden (der bei der K.f.H.S. zugleich der Einzelrichter ist, oben S. 453) für eilige Beschlüsse in Arrest- und einstweiligen Verfügungssachen (§ 944) unterschieden werden.

Einspruchsrücknahme. Ergänzung des Beweisbeschlusses. Noch vor dem Einspruchstermin reicht RA. Weiß folgenden Schriftsatz ein:

„In Sachen *Finke* gegen *Rädler* und Genossen

nehme ich als Prozeßbevollmächtigter der beklagten Ehefrau *Rädler* den für diese gegen das Versäumnisurteil vom 5. März 1933 eingelegten Einspruch hiermit zurück.

Infolge der Zurücknahme des Einspruchs wird das Versäumnisurteil rechtskräftig, so daß Frau *Rädler* als Partei aus dem Prozeß ausscheidet. Ich beantrage:

den Beweisbeschluß vom 5. März 1933 dahin zu ergänzen, daß zu II 1, 2 neben *Erich Finke* auch Frau *Hedwig Rädler* als Zeugin vernommen wird.

Verzichtserklärung der Zeugin auf Zeugengebühren liegt bei. Die Zustellung der Einspruchsrücknahme werde ich nachweisen.

Für den Beklagten:
Weiß, Rechtsanwalt."

Dadurch, daß nicht der Ehemann Finke nach § 1380 BGB. sondern seine Frau gemäß § 1400^{II} klagte und die Klage gegen beide Eheleute Rädler richtete, hat sie die Möglichkeit erlangt sich ihres Ehemanns als Zeugen zu bedienen, und gleichzeitig das Auftreten des Ehemanns oder der Ehefrau Rädler als Zeugen abgeschnitten. Das ist offenbar der Grund, aus dem die beklagten Eheleute sich jetzt entschlossen haben, das Urteil gegen Frau Rädler lieber rechtskräftig werden zu lassen und sie als Zeugin zu benennen. Freilich erreichen sie damit im günstigsten Fall nur die Abweisung der Duldungsklage gegen den Ehemann. Aber wenn Frau Rädler kein pfändbares Vorbehaltsgut besitzt, würde ihre rechtskräftige Verurteilung ohne praktische Bedeutung sein, weil die Klägerin, so lange die Verwaltung und Nutznießung des Ehemanns Rädler dauert, ohne Duldungstitel mit dem erwirkten Versäumnisurteil nichts anfangen kann. Die Ausführung ihrer „prozeßtaktischen" Absichten wird den Beklagten dadurch ermöglicht, daß nach §§ 346, 515 ZPO. der Einspruchskläger seinen Einspruch ohne Zustimmung der Gegenpartei zurücknehmen darf, so lange diese noch nicht über den Einspruch zu verhandeln begonnen hat. Die Rücknahme geschieht durch Erklärung im Termin oder durch Zustellung eines Schriftsatzes.

Ist die beantragte Erweiterung des Beweisbeschlusses prozessual zulässig? Grundsätzlich hat keine Partei ein Recht auf Abänderung eines einmal erlassenen Beweisbeschlusses vor seiner vollständigen Durchführung (§ 360 S. 1). Jedoch kann das Gericht — mit oder ohne mündliche Verhandlung — unter Zustimmung der anderen Partei jede gewünschte Änderung, und ohne Zustimmung solche Änderungen vornehmen, bei denen es sich bloß um Berichtigung oder Ergänzung handelt (§ 360 S. 2). Allerdings sollen die Parteien vorher „tunlichst" gehört werden (§ 360 S. 4). Die Befugnis steht nach ausdrücklicher Gesetzesbestimmung (§ 360 S. 3) sogar einem beauftragten oder ersuchten Richter, erst recht also dem Einzelrichter zu. Nach Einreichung der Zustellungsbescheinigung über die Einspruchsrücknahme und nach Anhörung der Klägerin wird also der beantragte Ergänzungsbeschluß erlassen.

Gutachten in einer Interventionssache.

Wildhändler Gottwald in Groß-Strehlitz hat aus einem Schuldtitel gegen den Restaurateur Fichtner über 2600 RM. pfänden lassen. Sägewerksbesitzer Gallwitz interveniert auf Grund des Vertrages vom 30. September 1932 (S. 11 f.) mit dem Antrag:

„die am 15. November 1933 in der Zwangsvollstreckungssache des Beklagten gegen den Restaurateur *Alex Fichtner* in Breslau durch den Obergerichtsvollzieher *Pfänder* in Breslau vorgenommene Pfändung:

a) eines Bierdruckapparats,
b) einer Registrierkasse Nr. 37800,
c) von 30 Flaschen Wein mit Etikett „Haute Sauterne 1921"

(Nr. 2, 3, 11 des Pfändungsprotokolls)

für unzulässig und das Urteil, nötigenfalls gegen Sicherheitsleistung, für vorläufig vollstreckbar zu erklären."

Gemäß §§ 771^{III}, 769^{II} ZPO. hat der Kläger außerdem Einstellung der Zwangsvollstreckung und Aufhebung der erfolgten Vollstreckungsmaßregeln bis zur rechtskräftigen Erledigung des Interventionsprozesses nachgesucht; dem Antrag wird entsprochen, die Aufhebung der Pfändung jedoch von einer Sicherheit des Klägers in Höhe von 3500 RM. abhängig gemacht.

Nachdem im Einzelrichterverfahren Schriftsätze gewechselt sind, erstattet der Referendar ein Gutachten:

„A. Förmlichkeiten: Die ausschließliche und daher von Amtswegen zu prüfende (§§ 802, 40^{II} ZPO.) Zuständigkeit des Gerichts ist gegeben, da die Zwangsvollstreckung im Bezirk des Landgerichts Breslau erfolgte (§ 771^{I})."

Die Zuständigkeitsklausel in § 10 des Vertrages kommt für Interventionen natürlich nicht in Betracht.

„B. Schlüssigkeit der Klage: Die Interventionsklage setzt voraus, daß der Kläger ein die Veräußerung hinderndes Recht für sich in Anspruch nimmt und daß die Zwangsvollstreckung noch nicht beendet ist. Diese Voraussetzungen sind erfüllt. Insbesondere steht in der Rechtsprechung fest, daß ein Gläubiger, dem zu seiner Sicherung Vermögensstücke des Schuldners fiduziarisch übereignet worden sind, der Zwangsvollstreckung widersprechen kann. RG. 124, 73."

Daß Interventionen, Vollstreckungsgegenklagen, Klagen auf vorzugsweise Befriedigung (§ 805), die Klagen des beschränkt haftenden Erben (§§ 785/6) sowie die entsprechenden einstweiligen Einstellungs- bzw. Hinterlegungsbeschlüsse nur so lange zulässig sind, als eine Zwangsvollstreckung schwebt, folgt aus der Natur dieser Rechtsbehelfe. Hat der Gerichtsvollzieher die Pfandstücke bereits versteigert, aber den Erlös hinterlegt (z. B. wegen Widerspruchs gegen die beabsichtigte Verteilung, § $827^{II, III}$), so ist die Vollstreckung noch nicht beendigt. Hat er den Erlös an den Gläubiger zu seiner freien Verfügung abgeführt, so werden Interventions- usw. klage und Einstellung unmöglich und es kommt bloß noch ein Bereicherungsanspruch des früheren Interventionsberechtigten in Frage. Vgl. 13. Kap. „Hinterlegungsbeschluß".

Was bedeutet das „die Veräußerung hindernde Recht" des § 771?

Früher galt die Intervention als Klage aus dem materiellen Recht des Intervenienten, eine Art negatoria, mit welcher der Eigentümer die durch Pfändung seiner Sache geschehene Beeinträchtigung abwehrt. Demgemäß lautete damals das Urteil gewöhnlich auf „Verurteilung" des Beklagten zur „Freigabe". Von diesem Standpunkt aus könnten andere als absolute Rechte niemals zur Intervention berechtigen, weil es bei ihnen ja an der privatrechtlichen Beziehung zwischen dem Interventionskläger und dem pfändenden Gläubiger fehlt. Die privatrechtliche Auffassung der Interventionsklage ist aber unrichtig und allgemein aufgegeben. Es handelt sich um eine „Rechtsmittelklage" (S. 449), durch die der Kläger auf rein prozeßrechtlicher Grundlage geltend macht, daß in ein dem Vollstreckungsschuldner nicht gehöriges Vermögensstück nicht vollstreckt werden darf. Daher wird im Urteil „die Zwangsvollstreckung" in die Pfandstücke „für unzulässig erklärt" (vgl. § 775^{1}). Weitere Folgerung: auch obligatorisch Berechtigte können intervenieren, sofern nur das streitige Objekt nicht im Eigentum des Vollstreckungsschuldners steht. Stein-Jonas II 1 c zu § 771; Goldmann bei Gruchot 50, 805; Wolff JW. 30, 1470.

Intervention auf Grund obligatorischen Rechts: Das Gegenstück zur Intervention bildet für den Konkursfall die Aussonderungsklage. Daß obligatorische Rechte den Aussonderungsanspruch begründen können — vorausgesetzt daß der Gegenstand dem Gemeinschuldner nicht gehört — bestimmt § 43 KO. ausdrücklich. Bei der engen Verwandtschaft der beiden Institute liegt es deshalb nahe, dem obligatorisch Berechtigten auch die Intervention zu gewähren. Beispiel: siehe unten. Zu weit geht jedoch die Formel, § 771 ZPO. verlange lediglich ein Recht, welches im Verhältnis des Schuldners zum Intervenienten die Veräußerung hindert: sonst würde der im Besitz des Grundstücks befindliche, aber noch nicht ins Grundbuch eingetragene Käufer gegenüber der von einem — persönlichen oder dinglichen — Gläubiger des Eigentümers ausgehenden Zwangsvollstreckung in das Grundstück intervenieren können, was doch mit dem ganzen Aufbau unseres Immobiliarrechts unvereinbar wäre. RG. 127, 8 (unter ausdrücklicher Aufgabe von RG. 116, 363). Entscheidend ist vielmehr, ob die Sache dem Vermögen des Vollstreckungsschuldners angehört, aus welchem allein Befriedigung zu fordern der Pfändungsgläubiger befugt ist, oder demjenigen des Intervenienten.

Aussonderung und Intervention des Fiduzianten: 16. Kap. „Feststellung der Masse in einem Kaufmannskonkurs."

Zweifelhaft bleibt die Abgrenzung des § 771 gegen § 805. Wirtschaftlich steht der Sicherungseigentümer dem Pfandgläubiger gleich und im Konkurs des Fiduzianten hat nach jetzt feststehender Praxis der Fiduziar nicht Aussonderungs- sondern bloß Absonderungsrecht (vgl. den Fall im 16. Kap.). Ein Gutachten des RFH. (Bd. 19 S. 126) vertritt die Auffassung, daß jedenfalls gegenüber Steuerpfändungen die Sicherungsübereignung nur zur Klage auf vorzugsweise Befriedigung (§ 346 AbgO., entsprechend § 805 ZPO.), nicht zur Intervention (§ 328 AbgO., entsprechend § 771 ZPO.), berechtige. Die vom Referendar zitierte Entscheidung RG. 124, 73 hält jedoch Interventionen für gegeben. Das Argument des RFH., daß bei Steuerpfändungen wegen § 9 AbgO. der wirtschaftliche Charakter des Geschäfts den Ausschlag geben müsse, überzeugt nicht, weil es sich hier um vollstreckungsrechtliche Normen, nicht um Auslegung eigentlicher Steuergesetze handelt. Die Entwicklung wird aber wohl dazu führen, daß (gleichmäßig für AbgO. und ZPO.) der Sicherungseigentümer auf die Klage auf vorzugsweise Befriedigung beschränkt und so die Einheitlichkeit mit der konkursrechtlichen Behandlung hergestellt wird. Die Frage ist von großer Bedeutung, weil nach der herrschenden Praxis fiduziarische Übereignung den persönlichen Gläubigern die Vollstreckungsmöglichkeit gänzlich abschneidet.

„Die Zulässigkeit der fiduziarischen Sicherungsübereignung durch Besitzkonstitut steht ebenfalls in der Rechtsprechung fest.

(wird näher dargelegt).

Von den Pfandstücken gehörte die Registrierkasse unstreitig zur Zeit des Vertragsschlusses dem Schuldner *Fichtner*.

Bezüglich des Bierdruckapparats, der damals schon im Besitz *Fichtners* war, macht der Beklagte geltend, daß ihn die Firma Gebr. *Herbst* in Wiesbaden unter Eigentumsvorbehalt geliefert habe und daß er mangels vollständiger Bezahlung des Kaufpreises noch immer deren Eigentum sei (Beweis: Zeugnis der Inhaber der Firma Gebr. *Herbst*). Der Kläger benennt *Fichtner* als Zeugen dafür, daß er am 1. April 1932 die letzte Rate bezahlt und das Eigentum der Verkäuferin abgelöst habe. Dieser Streitpunkt ist jedoch für die Entscheidung unerheblich. Zwar würde der Kläger, wenn der Apparat dem Veräußerer *Fichtner* nicht gehörte, trotz guten Glaubens durch das Besitzkonstitut kein Eigentum erlangt haben und eine Herausgabe der Sachen an den Kläger zu unmittelbarem Besitz (§ 933 BGB.) ist nicht erfolgt. Aber auch als Nichteigentümer kann der Kläger auf Grund des ihm nach dem Vertrage vom 30. September 1930 zustehenden obligatorischen Rechts und seines mittelbaren Besitzes der Zwangsvollstreckung widersprechen, da der Apparat jedenfalls nicht zum Vermögen des Schuldners *Fichtner* gehört."

Vgl. S. 10.

„Bei dem Wein hat der Beklagte die Identität der gepfändeten mit den im Vertrag bezeichneten Flaschen bestritten. Der Kläger tritt Beweis durch Zeugnis des Kellners *Nasse* an."

Die sonst in Interventionsprozessen oft auftauchende Frage nach der genügenden Bestimmtheit der Sicherungsübereignung (S. 9) kann infolge der Nichtaufnahme der Ersatzanschaffungen hier nicht aufgeworfen werden.

Sind einzelne Bestimmungen eines größeren Sicherungsvertrags wegen Verletzung gesetzlicher Vorschriften nichtig, so entsteht das Problem, ob die Nichtigkeit den ganzen Vertrag ergreift. Aus der Nichtigkeit des Teils folgt nach § 139 BGB. im Zweifel die Nichtigkeit des ganzen Geschäfts. Doch darf dieses Prinzip nicht zu Ergebnissen führen, die mit Treu und Glauben unvereinbar wären. Z. B. würde dem Schuldner, die replica doli generalis entgegenstehen, wenn er aus der Ungültigkeit von Vereinbarungen, die lediglich der Sicherung des Gläubigers dienen sollten, die Nichtigkeit des ganzen Vertrags herleiten und sich daraufhin seinen vertraglichen Verpflichtungen entziehen wollte. Ob auch die Berufung eines Dritten, z. B. des Interventionsbeklagten, auf § 139 mit der Replik der Arglist beseitigt werden könnte, ist fraglich. Auf Unwirksamkeit infolge fehlenden Eigentums, fehlender Verfügungsbefugnis und dgl. bezieht sich § 139 überhaupt nicht. Vgl. RG. 86, 323; JW. 16, 391[1]; 17, 460[2]; 26, 1144[1] c. cit. —

Der nächste Abschnitt des Gutachten befaßt sich mit den Einwendungen des Beklagten:

„C. Einwendungen des Beklagten: Der Beklagte wendet Nichtigkeit des Vertrags wegen Simulation (§ 117 BGB.), Unsittlichkeit (§ 138^{I}) und Wuchers (§ 138^{II}) ein, ficht ihn hilfsweise auf Grund des Ges. vom 21. Juli 1879 an, beruft sich auf ein aus § 288 StPB. zu seinen Gunsten herzuleitendes gesetzliches Veräußerungsverbot und macht schließlich geltend, daß der Kläger das Vermögen des Schuldners *Fichtner* übernommen habe (§ 419) und demgemäß sich die Vollstreckung in die übereigneten Sachen gefallen lassen müsse.

1. Scheingeschäft.

Hierzu trägt der Beklagte vor: Bei Abschluß des Vertrages vom 30. September 1932 seien die Vertragsparteien einig darüber gewesen, daß der Vertrag dem Kläger wirtschaftlich nicht die volle Rechtsstellung eines Eigentümers verschaffen und daß er keinerlei Rechtswirkungen hervorrufen sondern lediglich dazu dienen sollte, im Fall der Pfändung zur Intervention verwandt zu werden. Der Kläger erwidert, der Vertrag habe dem wahren Willen der Vertragschließenden entsprochen, und er habe dem Schuldner *Fichtner* mehrfach erklärt: ‚Vorläufig behältst Du also die Sachen bei Dir, wenn Du aber in Verzug kommst, hole ich sie natürlich weg und lasse sie versteigern.' Beide Parteien berufen sich auf *Fichtner* als Zeugen.

Die Behauptung, der Vertrag habe nach dem Willen der Vertragsparteien „dem Kläger wirtschaftlich nicht die volle Rechtsstellung eines Eigentümers verschaffen" sollen, ist unerheblich. Der im Wesen des fiduziarischen Rechtsgeschäfts liegende Zwiespalt zwischen juristischer Form und wirtschaftlichem Inhalt hat mit der Frage der Ernstlichkeit nichts zu tun. Haben die Vertragsparteien den Weg der fiduziarischen Eigentumsübertragung und Forderungsabtretung gewählt, weil sie belehrt worden waren, daß auf andere Weise der Erfolg einer dinglichen Sicherung des Gläubigers nicht zu erreichen sei, und haben sie die dingliche Sicherung des Gläubigers gewollt, so war der Vertrag ernstlich. Ob sie sich dabei der Bedeutung aller Einzelvorschriften bewußt waren, darauf kommt es nicht an. Ging jedoch der Wille dahin, daß der Vertrag überhaupt keine materiellen Rechtswirkungen hervorrufen, vielmehr nur eine Urkunde geschaffen werden sollte, mit der pfändende Gläubiger abgeschreckt werden könnten, so würde der Vertrag simuliert und darum nichtig sein. Der zweite Teil der Anführung des Beklagten und die Gegenbehauptung des Klägers sind also erheblich."

Daß sich der Schuldner im Sicherungsvertrag seines ganzen Besitzes, auch der unentbehrlichen Stücke, entäußert hat, beweist noch nicht den Simulationscharakter des Geschäfts (RG. 62, 126). Der Beweis, daß durch den Vertrag bloßes „Interventionseigentum" übertragen werden sollte, gelingt nur selten.

Die nachstehend behandelten Behelfe setzen einen ernstlich gemeinten Vertrag voraus.

„2. Sittenwidrigkeit.

Gegen die guten Sitten verstößt ein Sicherungsvertrag nicht schon deshalb, weil zufolge der fiduziarischen Form die dingliche Sicherung des Gläubigers nach außen nicht in die Erscheinung tritt. Die Sicherung darf aber keine übermäßige sein, sie darf nicht dem Schuldner seine Habe so gut wie völlig entziehen, ihn in die Schuldknechtschaft des gesicherten Gläubigers bringen und die Gefahr begründen, daß andere Gläubiger später leer ausgehen. Werden diese Schranken nicht eingehalten und haben die Vertragschließenden mit der Nichtbefriedigung der übrigen Gläubigerschaft als einer nicht ganz fernliegenden Möglichkeit gerechnet, so ist der Vertrag unsittlich und daher nach § 138^{I} BGB. nichtig, auch wenn die Sicherung des Gläubigers und nicht die Schädigung anderer Motiv des Vertragsschlusses war. Bei Sicherungsverträgen, die der Sanierung des Schuldners dienen sollen, wird man schwerer als bei sonstigen Verträgen das Moment der Sittenwidrigkeit annehmen können. RG. 85, 343; 118, 361; 127, 337; 132, 183; JW. 11, 324^{18}; 16, 476^{1}; 17, 217^{6}, 282^{1}, 460^{2}; 21, 1363^{6}; 24, 176^{14}; 31, 515^{2}; Gruch. 55, 883; DNotZ. 30, 624^{3}; LZ. 31, 170^{1}.

Die Anführungen des Beklagten reichen nicht aus, um Übermäßigkeit der Sicherung anzunehmen. Er hat auf den Schriftsatz des Klägers vom .... nicht mehr bestritten, daß dem Kläger nur ein reichliches Drittel der dem Schuldner *Fichtner* damals gehörigen Werte übertragen wurde und daß die Deckung des Klägers nicht mehr als rund 130% seiner Forderung ausmachte. Die Sicherung hielt sich also in angemessenen Grenzen. Wieviel die dem Schuldner verbliebenen Vermögensstücke später erbracht haben, bleibt außer Betracht; denn der Gläubiger, der sich durch Übereignungen und Zessionen sichern läßt, darf bei Bewertung der dem Schuldner verbleibenden Vermögensstücke von den Preisen ausgehen, die bei einer nicht überstürzten Verwertung zu erzielen sind. Darnach brauchten die Vertragschließenden die Möglichkeit, daß *Fichtners* sonstige Gläubiger infolge der Sicherung des Klägers leer ausgehen würden, nicht ins Auge zu fassen."

Die in der Rechtsprechung entwickelte Anwendung des § 138^{I} schützt, weit über das Anfechtungsrecht (unten zu 4) hinaus, die persönlichen Gläubiger gegen Vermögensverschiebung durch Sicherungsverträge. Sie füllt eine Lücke der außerkonkursmäßigen Anfechtung aus, welche Sicherungen nicht besonders trifft, wird aber auch im Konkursfall wichtig, weil sie die Unschädlichmachung von Verträgen, die lange vor der Zahlungseinstellung abgeschlossen wurden, ermöglicht.

Nach § 138^{I} muß dem gesicherten Gläubiger immer bewiesen werden, daß er mit der Möglichkeit einer Schädigung der übrigen Gläubiger des Schuldners als naheliegend gerechnet hat; eine Umkehrung der Beweislast wie in § 30^{2} KO. (15. Kap. „Bericht des Verwalters") tritt nicht ein. Ferner hilft der Gesichtspunkt der Nichtigkeit nur bei rechtsgeschäftlicher Sicherung, niemals gegenüber Vollstreckungsakten. — Der Verstoß eines Sicherungsvertrags gegen die guten Sitten begründet an sich auch Schadensersatzpflicht nach § 826 BGB. Wenn aber der Sicherungsvertrag gänzlich nichtig ist, werden die Gläubiger durch ihn nicht geschädigt, so daß es eines Zurückgreifens auf den Schadensersatzanspruch nicht bedarf. Die Nichtigkeit wirkt ipso iure, ohne Wahrung von Fristen und Formen, wie im Anfechtungsrecht, und sowohl zu Gunsten der alten wie der neuen Gläubiger des Schuldners; gleichgültig daher, ob der einzelne Gläubiger sagen kann, daß er durch die Geheimhaltung des Sicherungsvertrags getäuscht und zur Kreditgewährung an den Schuldner bestimmt worden sei.

Schadensersatzansprüche aus § 826 sind ferner gegeben, wenn ein Schuldner durch Handlungen, die der Anfechtung unterliegen, in besonders zu mißbilligender Weise seine Gläubiger schädigt, indem er z. B. den Unterhaltsanspruch seiner geschiedenen Frau planmäßig immer wieder vereitelt. Sonst bildet für die Bekämpfung solcher Schiebungen das Anfechtungsrecht die lex specialis. RG. 74, 224.

Wir verstehen jetzt, warum der Notar darauf hingewirkt hat, daß Gallwitz sich mit möglichst geringen Sicherungen begnügen und dem Schuldner den Hauptteil seines Vermögens zur freien Verfügung belassen solle (S. 10). Um den Gläubiger wirklich zu sichern, muß der Vertrag nicht bloß nach der dinglichen Seite korrekt gefaßt, ernstlich gewollt und jedes Anfechtungsmoment ausgeschlossen sein, sondern es darf auch keine übermäßige Sicherung vorliegen.

„3. Wucher.

Während Nichtigkeit wegen Verstoßes gegen die guten Sitten nach § 138^{I} lediglich das obligatorische Kausalgeschäft ergreift, die Erfüllungsgeschäfte dagegen wegen ihres abstrakten Charakters unberührt läßt, macht der Wucher nach ständiger Praxis (RG. 57, 95; 75, 76; 93, 75; 109, 201) nicht bloß das obligatorische Kausalgeschäft nichtig, sondern erfaßt auch das Erfüllungsgeschäft. Denn im Tatbestand des Wuchers greifen obligatorische („sich versprechen lassen") und dingliche („gewähren") Momente unlösbar in einander. Lag also im Verhältnis des Klägers zu *Fichtner* Wucher vor, so würde sich der Beklagte auf die hieraus folgende Nichtigkeit (§ 138^{II} BGB.) berufen können, obgleich seine Rechte und Interessen durch den Wucher nicht verletzt worden sind. Der Wucher setzt voraus 1. ein „auffälliges Mißverhältnis" zwischen den dem Wucherer versprochenen oder gewährten Vermögensvorteilen und seinen Leistungen, 2. „Notlage, Leichtsinn oder Unerfahrenheit" des Schuldners, 3. subjektiv die „Ausbeutung" der Notlage, des Leichtsinns oder der Unerfahrenheit des Schuldners durch den Wucherer. Zur Substanziierung des Wuchers bringt der Beklagte lediglich vor, daß der Kläger mit *Fichtner* eine Verzinsung in Höhe des Doppelten der damals üblichen Banksätze vereinbart habe. Das würde vielleicht ausreichen, um das auffällige Mißverhältnis zu bejahen. Für die beiden anderen Begriffsmerkmale fehlt es jedoch an jeder Darlegung. Der Auffassung des Beklagten, aus der Höhe der Zinsen ergebe sich die Notlage des Schuldners und deren Ausbeutung durch den Kläger von selbst, kann nicht beigetreten werden."

Dagegen genügt es beim „Mietwucher" (S. 383) schon, wenn die geforderte, angenommene oder versprochene Vergütung objektiv „unangemessen" hoch war, das Merkmal der Notlage braucht nicht besonders festgestellt zu sein. Ferner unterscheidet sich der Mietwucher in seinen Wirkungen vom Wucher des § 138^{II}. Er führt nämlich nicht zur totalen Nichtigkeit, sondern bloß zur Herabsetzung der vereinbarten Vergütung auf den angemessenen Betrag. Das wird (wie beim „Kriegswucher" bzw. der „Preistreiberei", aus welcher § 49 a MSchG. historisch herstammt) so begründet, daß das Ziel des Gesetzes, das Mieten von Räumen zu angemessenen Bedingungen zu ermöglichen, nur durch Aufrechterhaltung des Vertrages mit reduzierter Miete ermöglicht werden könne, und daß demgemäß „aus dem Gesetz" sich „ein anderes ergebe" (§ 134).

Bei der Entscheidung über das „auffällige Mißverhältnis" würde außer der absoluten Höhe der

Zinsen das von Gallwitz übernommene Risiko zu berücksichtigen sein. JW. 18, 168² c. cit. — Von den Voraussetzungen des Wuchers machen die Feststellung der „Notlage" und ihrer Kenntnis auf Seiten des Wucherers gewöhnlich die größten Schwierigkeiten. Notlage ist nämlich nicht jede Geldverlegenheit, sondern nur ein die wirtschaftliche Existenz des Schuldners bedrohender Geldmangel. Braucht z. B. ein Unternehmer Geld zu einem hohen Gewinn versprechenden Geschäft, so befindet er sich in keiner Notlage, und es ist nicht zu beanstanden, wenn er das Geld zu exorbitant hohem Zinsfuß aufnimmt. —

Die Gläubigeranfechtung, zu der das Votum nunmehr übergeht, darf mit der Anfechtung wegen Willensmangels (§§ 119, 123, 142/3) nicht verwechselt werden. Während diese Anfechtung mittels formloser, außergerichtlicher, empfangsbedürftiger Erklärung geschieht und rückwirkende Nichtigkeit begründet, macht die Gläubigeranfechtung aus dem AnfG. vom 21. Juli 1879 bzw. §§ 29 f. KO. das Geschäft bloß relativ — nämlich außerhalb des Konkurses gegenüber dem anfechtenden Gläubiger (§§ 1, 7 AnfG.), im Konkurs gegenüber der Gesamtheit der Konkursgläubiger bzw. der Konkursmasse bzw. dem Verwalter (§§ 29, 36, 37 KO.) — unwirksam, und diese Anfechtung muß durch Klage oder Einrede, also gerichtlich, erfolgen (§§ 5, 9 AnfG.; RG. 52, 334; 58, 44; 62, 197). Außerhalb des Konkurses gibt es noch die provisorische außergerichtliche „Anfechtungsankündigung" (§ 4). Der Anfechtung unterliegen:

a) inner- und außerhalb des Konkurses: Handlungen, die der Schuldner in der dem anderen Teil bekannten Absicht der Gläubigerbenachteiligung vorgenommen hat („Delikts-Pauliana"), wobei im allgemeinen dem Anfechtungsgegner seine Bösgläubigkeit („conscientia fraudis") nachgewiesen werden muß; bei den im letzten Jahre mit gewissen nahen Angehörigen geschlossenen Geschäften dreht sich jedoch die Beweislast um, so daß die Anfechtungsbeklagten ihren guten Glauben zu beweisen haben (§§ 3¹, ² AnfG., 31 KO.),
b) innerhalb und außerhalb des Konkurses: unentgeltliche Verfügungen des Schuldners („Schenkungs-Pauliana"), und zwar regelmäßig mit Frist von einem Jahr, gegenüber dem Ehegatten mit Frist von zwei Jahren (§§ 3³, ⁴ AnfG., 32 KO.),
c) nur im Konkurse: Sicherheiten und Leistungen, die ein Konkursgläubiger vor Konkurseröffnung, aber im Stadium des sog. „materiellen Konkurses", in Kenntnis der Lage des Schuldners erlangt hat („Konkurs-Pauliana", § 30 KO.).

Hierzu sagt das Gutachten:

„4. Anfechtung.

Die allgemeinen Voraussetzungen der Anfechtung — vollstreckbarer Schuldtitel, Fälligkeit der Forderung, fruchtlose Zwangsvollstreckung (§ 2 AnfG.) — sind gegeben, die einredeweise Erhebung der Anfechtung gegenüber einer Interventionsklage unbedenklich (§ 5). Der Beklagte behauptet unter Berufung auf das Zeugnis *Fichtners*, daß bei Abschluß des Vertrags vom 30. September 1932 dem Kläger die im Eingang erwähnte Forderung von 1100 *RM* nicht zugestanden habe; das daselbst versprochene weitere Darlehn bis zu 7500 *RM* sei niemals gewährt worden; der ganze Vertrag sei zu dem ausgesprochenen Zwecke geschlossen worden, *Fichtner* vor seinen Gläubigern zu „schützen", und *Fichtner* habe dem Kläger offen gesagt: er würde gar nicht daran denken sein Eigentum und seine Außenstände wegzugeben, aber er wolle nicht, daß seine Lieferanten sich aus diesen Objekten befriedigten und darum unterschreibe er den Vertrag. Der Beklagte hält ferner die Voraussetzungen der Schenkungsanfechtung schon deshalb für gegeben, weil der Kläger keinen Rechtsanspruch auf nachträgliche dingliche Sicherung des angeblichen Darlehns von 1100 RM gehabt habe. Demgemäß ficht er den Vertrag

a) in erster Linie als „unentgeltliche Verfügung" nach § 3^3 AnfG.,
b) hilfsweise als entgeltlichen, die Gläubiger des *Fichtner* benachteiligenden Vertrag mit einer der in § 3^2 bezeichneten Personen,
c) in letzter Reihe auf Grund der allgemeinen Delikts-Pauliana (§ 3^1)

an.

§ $3^{2,3}$ AnfG. scheiden von vornherein aus, weil die dort vorgeschriebene Ausschlußfrist von einem Jahre nicht gewahrt ist. Im übrigen wird die Schenkungs-Pauliana nicht schon dadurch begründet, daß ein Gläubiger sich für seine bestehende Forderung nachträglich Sicherheiten bestellen läßt. Das beweisen §§ 30, 32 KO., welche Sicherungen und Schenkungen gerade in Gegensatz stellen.

Die in den Schriftsätzen des Beklagten vertretene Ansicht, für die Deliktsanfechtung erübrige sich der besondere Nachweis einer Benachteiligungsabsicht des Schuldners, da *Fichtner* bei seiner augenscheinlich ungünstigen Vermögenslage sich habe sagen müssen und zweifellos auch gesagt habe, daß die dem Kläger gewährte weitgehende Sicherung notwendig zur Schädigung aller übrigen Gläubiger führen müsse, würde zutreffen, wenn das Gesetz auf „vorsätzliche" Benachteiligung abgestellt wäre. Denn zum Vorsatz genügt Vornahme der Handlung im Bewußtsein ihrer schädigenden Wirkung. § 3^1 verlangt jedoch „Absicht", d. h. die Benachteiligung der übrigen Gläubiger muß geradezu den Beweggrund für das Verhalten des Schuldners gebildet haben. Gewährt aber der Schuldner einem seiner Gläubiger Befriedigung oder Sicherstellung, so war für ihn in aller Regel das Motiv maßgebend diesen Gläubiger zu decken, nicht andere Gläubiger zu benachteiligen.

Erheblich sind dagegen die unter Beweis gestellten Tatsachen, daß die Darlehnsforderung von 1100 RM nicht bestand, das neue Darlehn nicht ausgezahlt wurde und daß *Fichtner* als Zweck des Vertrages angegeben hat die Befriedigung seiner Lieferanten aus den dem Kläger übertragenen Vermögensstücken zu verhindern. Aus ihnen würde sowohl die Benachteiligungsabsicht des Schuldners wie deren Kenntnis auf Seiten des Klägers zu folgern sein."

Die Ausschlußfristen werden außerhalb des Konkurses von der Anfechtung, im Konkursfall von der Eröffnung an zurückgerechnet.

Gallwitz und Fichtner sind weder verwandt noch mit einander verschwägert: bloß zwischen Gallwitz und Frau Fichtner, ferner zwischen Fichtner und der verstorbenen Frau Gallwitz besteht bzw. bestand Schwägerschaft (§ 1590 BGB.). Doch zählen zu den personae suspectae der §§ 3^2 AnfG., 31^2 KO. neben dem eigenen Ehegatten des Schuldners, seinen gradlinigen Verwandten, seinen und seines Ehegatten Geschwistern auch „die Ehegatten einer dieser Personen" (übrigens der einzige Fall, in dem eine solche verwandtschaftliche Beziehung, für die es sogar an einem gesetzlichen Terminus fehlt, Rechtsfolgen hat!). Daß Frau Gallwitz verstorben ist, würde die Anwendung des § 3^2 nicht ausschließen, wenn nicht die Frist verstrichen wäre. § 1590^{II} BGB., Art. 33 EG. z. BGB., dazu RG. 63, 92.

Das Gutachten zeigt die Schwierigkeiten, außerhalb des Konkurses einem Deckungsgeschäft mittels Anfechtung beizukommen. Die Spezialvorschriften der Konkurs-Pauliana (§ 30 KO.) sind unanwendbar, weil sie auf der dem Konkurs eigentümlichen par conditio creditorum beruhen (vgl. 15. Kap.). Mithin kann die Bevorzugung eines einzelnen Gläubigers durch Sicherstellung oder Befriedigung nur unter dem Gesichtspunkt der Delikts- oder der Schenkungs-Pauliana angefochten werden. Besonders wichtig werden die im Gutachten aus dem Begriff der Benachteiligungs-„Absicht" gezogenen Folgerungen, falls der bevorzugte Gläubiger dem Personenkreis des § 3² AnfG. angehört und die Jahresfrist gewahrt ist. Man nimmt dann an, daß der Anfechtungsgegner durch den Nachweis einer (konkursrechtlich gesprochen) „kongruenten" Deckung die ihm obliegende Aufgabe, den Verdacht seiner conscientia fraudis zu widerlegen, zunächst gelöst hat. RG. 51, 76; 57, 161; 136, 109 c. cit.; JW. 15, 282⁸.

„5. Vollstreckungsvereitelung.

Im Schriftsatz vom .... legt der Beklagte unter Beweisantritt dar, *Fichtner* habe durch Abschluß des Vertrages vom 30. September 1932 eine strafbare Vollstreckungsvereitelung (§ 288 StGB.) begangen, und führt im Anschluß an Staudinger (9 zu § 135) und Wüsthoff (JW. 27, 361) aus: § 288 enthalte zu Gunsten der Gläubiger ein gesetzliches Veräußerungsverbot, so daß die Veräußerung der Sachen an den Kläger gegenüber dem Beklagten unwirksam sei (§ 135^I S. 1 BGB.).

Ich möchte mich dem nicht anschließen. § 288 StGB. richtet sich nicht gegen die Veräußerung als solche sondern nur dagegen, daß sie unter bestimmten Umständen und mit einer bestimmten Absicht vorgenommen wird. Vgl. RG. 6, 169. Man darf daher diesem Strafgesetz nicht die Bedeutung eines gesetzlichen Veräußerungsverbots zugestehen. Da weder beim Besitzkonstitut noch bei der Forderungsabtretung gutgläubiger Erwerb vorgesehen ist, würde die in § 135^II BGB. zu Gunsten gutgläubiger Dritter gemachte Ausnahme bei den typischen Sicherungsverträgen gegenstandslos sein und die vom Beklagten vertretene Meinung die einschneidende Folge haben, daß solche Verträge, wenn sie der Schuldner in der Absicht der Vollstreckungsvereitelung mit einem Gutgläubigen abgeschlossen hat, unter allen Umständen unwirksam wären."

Eine andere, ebenfalls ganz unmögliche, Folge würde sein, daß dem Gläubiger, dessen Vollstreckung vereitelt werden sollte, nach § 772 ZPO. die Intervention zusteht. Die zivilrechtliche Bedeutung des § 288 StGB. beschränkt sich nach richtiger Meinung darauf, daß er ein Schutzgesetz im Sinne von § 823^II BGB. darstellt, dessen Verletzung den an der Verschiebung beteiligten Dritten im Fall des Verschuldens zum Schadensersatz verpflichtet. Das kommt dann etwa auf dasselbe hinaus, wie die anfechtungsrechtlichen Vorschriften.

„6. Vermögensübernahme.

Die Haftung aus § 419 BGB. setzt nicht den Abschluß eines öffentlich beurkundeten Vertrages gemäß § 311 voraus: dieses Vertrages bedarf es lediglich für die obligatorische Verpflichtung, während nach § 419 die tatsächliche, dingliche, Übertragung des Vermögens entscheidet. Dabei braucht nach feststehender Rechtsprechung nicht das gesamte Vermögen übertragen zu werden, vielmehr genügt Übertragung der hauptsächlichsten Vermögensstücke, sofern es sich nur um Gegenstände handelt, die — wie Grundstücke, Erwerbsgeschäfte, Kostbarkeiten, nicht aber Kleidungsstücke, Möbel, Haustiere — in der Verkehrsanschauung als „Vermögen" gelten und sofern sich der Erwerber der Vermögensübernahme bewußt geworden war. RG. 69, 283; 134, 121.

Daß fiduziarische Übertragungen eine Vermögensübernahme darstellen können, wird allgemein anerkannt.

Zweifelhaft und streitig ist jedoch, ob der Interventionsbeklagte sich überhaupt durch Berufung auf § 419 verteidigen darf. Vgl. Stein-Jonas II 4 zu § 771 (Anm. 65); RG. 134, 121 c. cit. Manche Entscheidungen stellen den Rechtsatz auf, daß ein Intervenient, der materiell dem pfändenden Gläubiger mit dem Pfandobjekt haftet, niemals der Zwangsvollstreckung widersprechen könne, auch wenn die Haftung noch nicht durch Urteil ausgesprochen sei. In der Zwangsvollstreckung kommt es aber auf das Vorliegen von Vollstreckungstiteln, nicht auf das Bestehen materiell-rechtlicher Ansprüche, an. Solange sich also der Interventionsbeklagte keinen entsprechenden Titel gegen den Intervenienten beschafft hat (er kann ihn bis zum Erlaß des Interventionsurteils nachbringen!), ist der Intervenient „Dritter", und seine etwaige materielle Haftung muß unberücksichtigt bleiben, auch der Einwand der Schikane oder der Arglist greift nicht durch. Bei § 419 tritt der weitere Umstand hinzu, daß das Gesetz dem Vermögensübernehmer nach Analogie des beschränkt haftenden Erben gestattet, sich wegen seiner eigenen Ansprüche an den ursprünglichen Schuldner aus dem Bestand des übernommenen Vermögens zu befriedigen, und zwar, da es eine Rangordnung nicht gibt, vor allen anderen Gläubigern (419^{II} S. 2 mit § 1990^{I}, 1991^{II}). Durch Abweisung der Interventionsklage würde man ihm diese Möglichkeit abschneiden.

Selbst wenn übrigens die einwandsweise Geltendmachung des § 419 gegenüber der Intervention grundsätzlich zulässig wäre, würde sie im vorliegenden Falle keinen Erfolg haben, weil die auf den Kläger übertragenen Gegenstände nicht die Hauptmasse des Fichtner'schen Vermögens bildeten (oben zu 2)."

Soweit es sich nicht um Abwehr von Interventionsklagen sondern um klageweises Vorgehen handelt, nimmt § 419 im System des Gläubigerschutzes eine überaus wichtige Stellung ein. Er kommt freilich nur den Altgläubigern des Schuldners zu statten. Für diese ist er aber wesentlich günstiger als das Anfechtungsrecht, weil er weder die Einhaltung irgend welcher Formen und Fristen, noch einen deliktsähnlichen Tatbestand beim Vermögensübernehmer voraussetzt. Ferner muß bei der Anfechtungsklage der Antrag dahin gestellt werden, daß der Anfechtungsbeklagte wegen des Anspruchs des Klägers gegen den Schuldner aus einem bestimmten Schuldtitel die Zwangsvollstreckung in die auf anfechtbare Weise weggegebenen Vermögensstücke zu dulden habe (§ 7 AnfG.), und die Rechtsprechung verlangt dabei genaue Bezeichnung der Vermögensstücke, selbst bei Veräußerung ganzer Geschäfte, wo der Anfechtungskläger diese Angaben kaum jemals machen kann. Im Fall des § 419 BGB. wird dagegen der Beklagte einfach verurteilt, unter Beschränkung seiner Haftung auf den Bestand des vom Schuldner übernommenen Vermögens an den Kläger zu zahlen; auf Grund des Urteils vollstreckt der Kläger, und es ist Sache des Beklagten durch besondere Vollstreckungsgegenklage die Beschränkung seiner Haftung nach Analogie der beschränkten Erbenhaftung geltend zu machen. §§ 780, 781, 785, 786 ZPO., vgl. 9. Kap. „Unterbrechung und Aussetzung". — Aus der in der Praxis zur Übung gewordenen weitherzigen Anwendung des § 419 BGB. ergibt sich übrigens eine gewisse Einschränkung der Nichtigkeit von Sicherungsverträgen wegen Übermäßigkeit. Umfaßt nämlich der Sicherungsvertrag den Hauptteil des Vermögens des Schuldners und tritt infolgedessen die auf die übernommene Vermögensmasse beschränkte kumulative Haftung des Sicherungsgläubigers ein, so sind die übrigen Gläubiger nicht geschädigt und es entfallen damit die Merkmale des § 138^{I}.

„D. Ergebnis: Die Klage ist schlüssig, aber bezüglich der Identität der gepfändeten Weine streitig. Die Einwendungen zu C 1 und 4 sind schlüssig, aber von bestrittenen Behauptungen abhängig. Mithin müssen die zu B, C 1 und 4 des Gutachtens bezeichneten Beweise erhoben werden. Ich schlage folgenden

Beweisbeschluß

vor:

I. Über nachstehende streitigen Parteibehauptungen soll Beweis erhoben werden:

1. Gehören die vom Obergerichtsvollzieher *Pfänder* am 15. November 1933 gepfändeten 30 Flaschen „Haute Sauterne 1921" zu den in § 1 des Sicherungsvertrags vom 30. September 1932 zu ..... bezeichneten 45 Flaschen?

durch Vernehmung des Kellners *August Nasse* in Breslau ..... als Zeugen, vom Kläger benannt.

2. Waren bei Abschluß des Sicherungsvertrags vom 30. September 1932 die Vertragschließenden darüber einig, daß der Vertrag keinerlei Rechtswirkungen hervorrufen sondern lediglich dazu dienen sollte, im Falle der Pfändung zur Intervention verwandt zu werden?

Oder entsprach der Vertrag dem wahren Willen der Vertragschließenden und hat der Kläger dem Schuldner *Fichtner* mehrfach erklärt: ‚Vorläufig behältst Du also die Sachen bei Dir, wenn Du aber in Verzug kommst, hole ich sie natürlich weg und lasse sie versteigern'?

durch Vernehmung des Restaurateurs *Alex Fichtner* in Breslau ...... als Zeugen, von beiden Parteien benannt.

3. Hat die im Eingang des Sicherungsvertrages vom 30. September 1932 bezeichnete Darlehnsforderung des Klägers von 1100 *RM* in Wahrheit bestanden? Ist das dort erwähnte weitere Darlehn bis zu 7500 *RM* nicht ausgezahlt worden? Wurde der Vertrag zu dem ausgesprochenen Zweck geschlossen, *Fichtner* vor seinen Gläubigern zu schützen? Hat *Fichtner* dem Kläger gesagt: er würde gar nicht daran denken sein Eigentum und seine Außenstände wegzugeben, aber er wolle nicht, daß seine Lieferanten sich aus diesen Objekten befriedigten und darum unterschreibe er den Vertrag?

durch Vernehmung des *Fichtner* als Zeugen, vom Beklagten benannt.

II. Die Vernehmung der Zeugen wird davon abhängig gemacht, daß ......

(folgen Auflagen gemäß § 379 ZPO., vgl. S. 395)."

Der Richter tritt dem Vorschlag bei. Da das Gutachten der allgemeinen Praxis entspricht, liegt kein Anlaß vor eine Entscheidung der Kammer einzuholen. Der Einzelrichter erläßt also den Beweisbeschluß selbst (§ 349 II S. 2).

Mäklerprozeß. Zedent als Zeuge. Aussetzung nach § 148 ZPO.

Rittergutsbesitzer Wunderlich klagt gegen Viehhändler Neugebauer in Grünhübel auf 1200 RM. abgetretene Provisionsforderung:

„Im November 1932 beauftragte der Beklagte den Grundstücksvermittler *Fritz Laufer* in Breslau, ihm einen Darlehnsgeber oder stillen Teilhaber nachzuweisen, der eine Summe von 30 bis 50000 *RM* in das Geschäft des Beklagten einlegen würde. Als Vergütung versprach er ihm 3% vom Darlehns- bzw. Beteiligungsbetrage und zwar ausdrücklich auch für den Fall bloßer Nachweisung.

Beweis: *Laufer*.

Ein Satz von 3% ist übrigens auch üblich.

Beweis: Sachverständige.

Laufer hat dem Beklagten den Ziegeleibesitzer *Robert Heckner* in Breslau zugeführt und durch seine Vermittlung hat *Heckner* dem Beklagten ein Darlehn von 40000 *RM* gegen Zinsen und Gewinnbeteiligung gewährt.

Beweis: *Laufer* und *Heckner*.

Den ihm hieraus erwachsenen Provisionsanspruch von 1200 *RM* hat *Laufer* am 15. Januar 1933 dem Kläger abgetreten,

Beweis: die vorzulegende Abtretungserklärung,

und den Beklagten von der Abtretung schriftlich in Kenntnis gesetzt.

Beweis: Eideszuschiebung."

Die Sache kommt an den Einzelrichter, der Termin auf den 27. Februar 1933 ansetzt.

Einwand der Scheinzession. Im Termin erscheint für den Kläger RA. Schwarz. Für den Beklagten meldet sich RA. Weiß, beantragt Klageabweisung und überreicht folgendes Schreiben:

„Z. Zt. Norden (Ostfriesland), Hotel ‚Reichsadler',
den 25. Februar 1933.

Herrn RA. *Weiß*, Breslau.

Anbei die Klage *Wunderlich*, die mir hierher nachgeschickt wurde und in der übermorgen Termin ansteht. Zur Information diene Ihnen folgendes: Am Sonntag den 8. Januar war ich in Begleitung des Gastwirts *Erwin Hielscher*-Grünhübel im ‚Schweidnitzer Keller' in Breslau. Dort kam *Laufer* an uns heran, fragte, wie es mit der Provision für die *Heckner*sche Beteiligung stehe, und als ich seine Ansprüche zurückwies, erklärte er: ‚Gut, dann werde ich die Forderung abtreten'. Wenige Tage später erhielt ich die Mitteilung von der erfolgten Abtretung an *Wunderlich*. Hieraus geht klar hervor, daß die Abtretung nur pro forma-Sache ist und *Wunderlich* den Prozeß für Rechnung von *Laufer* führt, damit dieser als Zeuge gegen mich auftreten kann. Ich wäre schon vorige Woche zu Ihnen gekommen, bin aber auf der Einkaufsreise krank geworden und liege hier fest. Ich erwarte, daß die Klage wegen der Prozeßschiebung glatt abgewiesen werden wird.

Adolf Neugebauer."

Wird Neugebauer mit seinem Vorbringen Erfolg haben? Nach § 117[1] BGB. sind Scheingeschäfte nichtig und eine simulierte Abtretung kann Wunderlich nicht zum Gläubiger machen. Man darf auch nicht etwa die Einrede des Scheingeschäfts mit der Begründung für unerheblich erklären, daß es dem Beklagten gleich sein könne, an wen er zahle. Wenn § 409 bestimmt, daß der Zedent die von ihm angezeigte Abtretung gegenüber dem Schuldner unter allen Umständen als wirksam anerkennen müsse, so soll damit der debitor cessus geschützt, nicht ihm eine sonst berechtigte Einwendung abgeschnitten werden. RG. 93, 74. Jedoch ist eine Abtretung, bei welcher der Zessionar die Forderung für Rechnung des Zedenten einziehen soll, gar kein simuliertes, sondern ein fiduziarisches Inkassogeschäft (oben S. 11, 12). RG. 53, 416; 107, 132.

Sogar eine bloße Legitimationszession („Ermächtigung", „gewillkürte Prozeßstandschaft"), bei welcher der Berechtigte einem Dritten lediglich die Befugnis zur Geltendmachung überträgt, ohne ihm das Recht selbst auch nur fiduziarisch zu übertragen, wird von der Rechtsprechung als rechtsgültig anerkannt. Doch schränkt man dieses bedenkliche Institut dahin ein, daß der ermächtigte Dritte ein des Rechtsschutzes würdiges eigenes Interesse haben müsse. Den wichtigsten Anwendungsfall bildet die Abtretung von Grundbuchberichtigungsansprüchen, die ihrer Substanz nach ohne das dingliche

Recht nicht übertragbar sind (14. Kap. „Zwangsversteigerung gegen den nicht eingetragenen Erben"). RG. 91, 390; JW. 16, 959[3]; Rühl JW. 31, 1767[1].

Nun fühlt sich Neugebauer (wie fast jeder von einem Zessionar Verklagte) vor allem deshalb benachteiligt, weil die fiduziarische Inkassozession dem Zedenten die Zeugenrolle im Prozeß verschaffen und so die „natürliche" Beweisführung — bei welcher der Zedent klagen und der Beklagte zum Eide über die klagebegründenden Behauptungen kommen würde — umkehren soll. Verstößt eine derartige Abtretung gegen die guten Sitten? RG. 81, 160 verneint die Unsittlichkeit des Geschäfts, solange nicht nachgewiesen werde, daß die Absicht der Zessionsparteien dahin gegangen sei, der Zedent solle als Zeuge die Unwahrheit aussagen. Aber der Beklagte erhebt den Einwand ja gerade darum, weil er keine Gegenzeugen hat, mit denen er die Unwahrheit der vom Zedenten abzugebenden Zeugenaussagen beweisen könnte! In dem ähnlichen Fall, daß eine Forderung an eine vermögenslose Person abgetreten wird, damit der Zessionar im Armenrecht klagt und den Prozeß ohne eigenes Kostenrisiko des materiell allein interessierten Zedenten führt, wird übrigens von RG. 81, 175 Nichtigkeit aus § 138 angenommen.

Wichtiger als die materiell-rechtliche Konstruktion bleibt immer, daß der Richter, wenn er den Zedenten als Zeugen hört, die Aussage mit der nötigen Skepsis würdigt und ihn nur dann gemäß § 393^{II} ZPO. vereidigt, wenn seine Bekundungen durch andere wesentliche Beweismomente unterstützt werden. Das Gericht darf niemals vergessen, daß der Mann, der als Zeuge klare und bestimmte Aussagen abgibt und einen „guten Eindruck" macht, der eigentliche Kläger des Prozesses ist. —

Der Richter: Wenn das, was der Beklagte in dem Briefe behauptet, zutrifft, so werde ich die Klagebehauptungen natürlich nicht auf Grund der bloßen Zeugenaussage Laufers als bewiesen ansehen. Indes kann ich nach Lage der Rechtsprechung den Kläger nicht abweisen, weil ihm der Anspruch nur zum Inkasso abgetreten wurde. Hat der Beklagte keine sachlichen Einwendungen?

RA. Weiß bittet um Vertagung.

RA. Schwarz: Ich beantrage Verweisung vor die Kammer, damit im neuen Termin der Beklagte verurteilt wird.

„Es wurde der Beschluß verkündet:
Die Sache wird auf den .... vertagt.
Der Beklagte hat bis zum .... einen Schriftsatz einzureichen und dem Kläger zuzustellen, in welchem seine sachlichen Einwendungen gegen den abgetretenen Provisionsanspruch unter Angabe der Beweismittel dargelegt werden.

Richter. *Urkund.*"

Vgl. § 279 a.

Einwendungen gegen den Mäkleranspruch. Aussetzung aus § 148 ZPO. RA. Weiß reicht den Schriftsatz fristgerecht ein:

„I. Eine ernstliche und wirksame Abtretung an den Kläger liegt nicht vor:

....

II. Ein Provisionsanspruch ist für *Laufer* niemals zur Entstehung gelangt:

1. Das in der Klage behauptete Provisionsversprechen wird bestritten. Der Beklagte hat lediglich gesprächsweise dem *Laufer* erzählt, daß er einen Geldmann für sein Geschäft suche. Er hat es jedoch abgelehnt einen Provisionsschein zu unterzeichnen und erklärt,

er hoffe in erster Reihe durch Bekanntschaft einen Darlehnsgeber oder stillen Gesellschafter zu finden und würde Provision nur im Notfall und nur an denjenigen zahlen, der den Vertrag wirklich vermittle. *Laufer* erwiderte, er bekomme seine Provision gewöhnlich von den Auftraggebern, denen er eine Anlage für ihr Geld besorge. Gegen die Zeugenaussage des *Laufer* wird aus den Gründen zu I protestiert. Der Beklagte erklärt sich bereit einen ihm zuzuschiebenden Eid zu leisten und erbietet sich zum richterlichen Eid."

Bei der „Nachweismäkelei" genügt es, daß der Vertrag infolge des Nachweises des Mäklers zustande kommt, d. h. der Vertragsgegner dem Auftraggeber durch den Mäkler bezeichnet wurde. Dagegen hat der „Vermittlungsmäkler" die Provision erst dann verdient, wenn der Mäkler sich vermittelnd betätigt, d. h. mehr oder weniger auf den Willen des Gegenkontrahenten eingewirkt hat und wenn diese Tätigkeit für den Vertragsschluß kausal war. § 652I S. 1 BGB. Daher das Interesse des Mäklers, das Geschäft als Nachweismäkelei hinzustellen.

„2. Daß für Vermittlung oder gar für den Nachweis eines Darlehns oder einer Beteiligung eine Provision von 3% üblich sei, wird bestritten."

Nach § 653 bedarf es keines besonderen Provisionsversprechens, wenn die Leistung des Mäklers den Umständen nach nicht unentgeltlich zu erwarten ist; dem Mäkler steht in diesem Fall die übliche Provision zu.

„3. *Heckner* wurde nicht durch *Laufer* zum Abschluß bestimmt. Vielmehr hat ihn der Agent *Leopold Hentschel* aus Breslau darauf aufmerksam gemacht, daß der Beklagte einen Geldmann brauche, worauf *Heckner* sich mit dem ihm persönlich bekannten Beklagten in Verbindung setzte und den Vertrag ohne jede Mitwirkung des *Laufer* abschloß.
Beweis: *Heckner* und *Hentschel*."

Die Kausalität der Tätigkeit Laufers für den Abschluß des Vertrages zu beweisen, wird Sache des Klägers sein. Der Umstand, daß Hentschel nachgewiesen oder vermittelt hat, schließt nicht aus, daß der Abschluß auch auf die Bemühungen des Laufer zurückzuführen ist.

„4. Jedenfalls waren dem Beklagten, als er mit *Heckner* abschloß, die angeblichen Bemühungen des *Laufer* unbekannt. Daher hat er dem *Hentschel*, obgleich ihm kein Auftrag erteilt worden war, freiwillig eine Vergütung von 300 *RM* gezahlt und dabei zum Ausdruck gebracht, daß er dies nur tue, weil er sonst keine Provisionsverpflichtung habe.
Beweis: *Hentschel*."

Daß der Beklagte mit Heckner in dem Bewußtsein abgeschlossen hat, es handle sich um ein von Laufer vermitteltes bzw. nachgewiesenes Geschäft, gehört zu den vom Kläger zu beweisenden Grundlagen des Mäkleranspruchs.

„5. Gemäß § 654 BGB. wird der Anspruch auch dadurch ausgeschlossen, daß *Laufer* von *Heckner* 500 *RM* Provision erhalten hat.
Beweis: *Heckner*."

Hier irrt der Beklagte. § 654 stellt nicht auf die Provisionsleistung des Vertragsgegners ab, sondern er setzt voraus, daß der Mäkler „auch für den anderen Teil tätig gewesen" ist, also bei den Vertragsverhandlungen dessen Interessen wahrgenommen hat und daß dies „dem Inhalt des Vertrages zuwider geschah". Z. B. liegt beim bloßen Nachweismäkler in der Tätigkeit für den Gegenkontrahenten noch keine Vertragsverletzung gegenüber dem ersten Auftraggeber und auch der Vermittlungsmäkler hat bisweilen die Rolle eines gemeinschaftlichen Vertrauensmanns beider Vertragsteile. So lange der Beklagte jede Tätigkeit des Laufer bestreitet, wird er den Einwand aus § 654 kaum ausreichend substanziieren können.

„III. *Heckner* hat den abgeschlossenen Darlehnsvertrag nachträglich wegen angeblicher arglistiger Täuschung durch den Beklagten angefochten, die sofortige Rückzahlung der bereits ausgezahlten Darlehnsbeträge gefordert und weitere Auszahlungen verweigert. Falls die Anfechtung für berechtigt erklärt werden sollte, würde ein Provisionsanspruch des *Laufer* auch aus diesem Grunde entfallen. Der Beklagte macht sich daher für den vorliegenden Rechtsstreit vorsorglich alle Anführungen zu eigen, die *Heckner* in den hiermit in Bezug genommenen Akten *Heckner* gegen *Neugebauer* 4 O 179.33 des hiesigen Landgerichts, zur Begründung seiner Anfechtung vorgetragen hat, obgleich er die Richtigkeit der Behauptungen gegenüber *Heckner* bestreiten muß."

Trifft es zu, daß Laufers Provisionsanspruch durch eine erfolgreiche Arglistanfechtung Heckners beseitigt wird? § 652I setzt lediglich den festen und unbedingten Abschluß des vom Mäkler zu vermittelnden bzw. nachzuweisenden Vertrages sowie den Eintritt etwaiger aufschiebender Bedingungen voraus. Ob der Vertrag zur Ausführung gelangt, ob er nachträglich durch Vereinbarung der Vertragschließenden, nach § 326, auf Grund einer Wandelung od. dergl. wieder aufgehoben wird, ist für die Rechte des Mäklers grundsätzlich gleichgültig. Die Anfechtung vernichtet aber den Vertrag mit rückwirkender Kraft (§ 142I). Deshalb spricht man im Falle der Anfechtung dem Mäkler die Provision ab, weil ein wirksamer Vertrag überhaupt nicht zustande gekommen sei, und zwar sowohl wenn der Auftraggeber, als wenn der Gegenkontrahent angefochten hat. Im Verhältnis zum Mäkler darf sich also der Auftraggeber auf seine eigene Arglist berufen! Der Mäkler hat keine Replik der Arglist, weil er durch die Arglist des Auftraggebers nicht geschädigt ist: denn hätte der Auftraggeber den anderen nicht getäuscht, so würde es nicht zum Vertragsschluß gekommen und die Provision ebenfalls nicht verdient worden sein. RG. 76, 354.

„Demnach wird beantragt:

gemäß § 148 ZPO. den Rechtsstreit bis zur rechtskräftigen Entscheidung der Sache *Heckner* gegen *Neugebauer* auszusetzen bzw. zur Verhandlung über die Aussetzung Termin vor der Kammer zu bestimmen.

Für den Beklagten:
Weiß, Rechtsanwalt."

Soll ausgesetzt werden? Nach dem oben Ausgeführten ist der Prozeß Heckner-Neugebauer zweifellos für unseren Rechtsstreit präjudiziell im Sinne des § 148. Wenn auch das dort ergehende Urteil für den Mäklerprozeß keine Rechtskraft begründet, so hat doch die Frage der Arglistanfechtung auch für den eingeklagten Provisionsanspruch Bedeutung und die Ergebnisse des Anfechtungsprozesses werden für unseren Rechtsstreit von Wichtigkeit sein. Im gegenwärtigen Stadium auszusetzen, wäre aber verfehlt. Allerdings unterliegt, wenn die Anfechtung durchgreift, die Wunderlichsche Klage der Abweisung, ohne daß es auf die übrigen streitigen Rechts- und Tatfragen noch ankäme. Endet dagegen der Anfechtungsprozeß mit einem Siege des Beklagten, so müßte nunmehr im Provisionsprozeß Beweis erhoben werden und man würde durch die Aussetzung viele Monate nutzlos verloren haben. Deshalb ist es richtiger zunächst den Provisionsprozeß bis auf den Einwand der Anfechtung durchzuführen und nicht eher auszusetzen, als bis sämtliche übrigen Punkte zu Gunsten des Klägers geklärt sind.

Vortrag in einer Unfallsache. Eisenbahn-, Kraftfahrzeug- und Kraftposthaftung. Vorabentscheidung über den Grund des Anspruchs.

Nachdem wiederholt Beweis erhoben und vor der Kammer verhandelt worden ist, haben die Parteien gemäß § 7 EntlastVO. auf mündliche Verhandlung verzichtet (S. 394). Das Gericht will nach § 304 ZPO. zunächst über den Grund des Anspruchs schriftlich entscheiden. In der Beratung trägt der Referendar vor:

„Die Musikerwitwe *Konstanze Spielmann* geb. *Lautenschläger* in Baden-Baden nimmt wegen eines Unfalls, den ihr verstorbener Ehemann und Erblasser *Wolfgang Spielmann* am 17. April 1932 in Breslau erlitten hat, den Motorwagenführer *Buchholz*, die Stadtgemeinde Breslau und den Reichspostfiskus in Anspruch. Die Örtlichkeit wird durch die der Klageschrift beigefügte Zeichnung veranschaulicht:

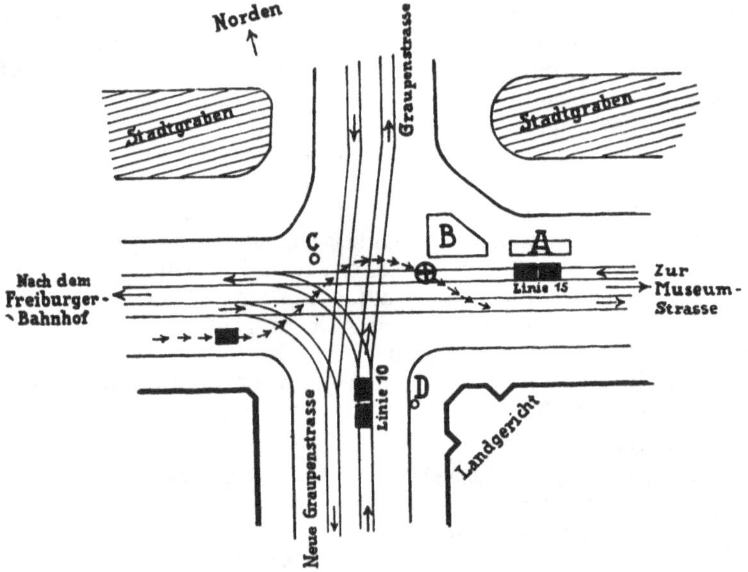

Wolfgang Spielmann fuhr mit der städtischen Straßenbahn, Linie 15, Wagenführer *Kremser* den Schweidnitzer Stadtgraben entlang in der Richtung Museumstraße - Freiburger Bahnhof. Als sein Zug an der Haltestelle nördlich vom Landgerichtsgebäude (*A* der Skizze) gerade abgefertigt worden war und sich langsam wieder in Bewegung setzte, hielt an der Haltestelle westlich vom Landgerichtsportal (*D* der Skizze), und zwar auf dem östlichen Gleis, ein vom Beklagten *Buchholz* geführter Zug der Linie 10 der städtischen Straßenbahn. Vom Freiburger Bahnhof her kam auf dem südlichen Teil des Fahrdamms ein Kraftwagen der Reichspost, Führer *Dasbach*, heran, welcher Mitglieder des Geselligkeitsvereins ‚Harmonie' von einer Sonderfahrt aus Bolkenhain zurückbrachte. Plötzlich fuhr *Buchholz* mit seinem Zug in scharfem Tempo los. Um nicht mit ihm zusammenzustoßen, machte *Dasbach* einen Bogen nach links (Norden) und steuerte seinen Kraftwagen im Verlauf der auf der Zeichnung punktierten Linie. Er gelangte auch glücklich über die Gleise von Linie 10 hinüber, prallte aber dann an der westlichen Ecke der auf der Skizze mit *B* bezeichneten Fußgängerinsel an den *Kremser*schen Motorwagen an. *Spielmann*, der auf dem Vorderperron des Motorwagens stand, wurde am Kopf verletzt und zwei ihm gehörige Saxophone, die er unter dem Arm hielt, zertrümmert. Zu einem Zusammenstoß der beiden Straßenbahnwagen kam es nicht, weil sie noch rechtzeitig bremsten.

Am 21. Juni 1932 ist *Spielmann* im städtischen Krankenhospital zu Allerheiligen verstorben, nachdem er noch am 9. Mai bei Magistrat und Oberpostdirektion Ansprüche auf Ersatz seines Schadens und Zahlung eines Schmerzensgeldes angemeldet hatte. Alleinige Erbin wurde auf Grund eines privatschriftlichen Testaments die Klägerin."

Nachweis der Erbfolge im Prozeß: unten S. 539/40.

„Die Klägerin fordert:

1. als Kosten der ärztlichen Behandlung ihres Mannes einschließlich Heilmittel	940.00 *RM*
2. als entgangenen Arbeitsverdienst ihres Mannes während der Zeit vom 17. April bis 21. Juni 1932 monatlich 450 *RM*	975.00 *RM*
3. für Vermehrung der Bedürfnisse ihres Mannes während des gleichen Zeitraums monatlich 150 *RM*	325.00 *RM*
4. an Beerdigungskosten	784.50 *RM*
5. für die beiden Saxophone	500.00 *RM*
zusammen:	3524.50 *RM*,

ferner für die Zeit vom 22. Juni 1932 bis zum 10. Oktober 1962 (dem 64. Geburtstag ihres Mannes) eine Geldrente von vierteljährlich 550 *RM*.

Bezüglich der Saxophone ist unstreitig geworden, daß die Transport-Versicherungs-A.G. *Phoenix* in Frankfurt a. Main, bei der *Spielmann* sie gegen Transportschaden versichert hatte, der Klägerin die Versicherungssumme mit 500 *RM* ausgezahlt hat. Nach Behauptung der Klägerin erfolgte die Entschädigung 4 Tage nach Klagezustellung, nämlich am 3. August 1932, während die Beklagten den 20. Juli 1932 als Zahlungstag angeben."

Die Klägerin erhebt ihre Ansprüche teils als Erbin ihres Mannes, teils aus eigenem Recht. Als Rechtsnachfolgerin des Wolfgang Spielmann verlangt sie den ihrem Erblasser entstandenen Personen- und Sachschaden: Kosten der ärztlichen Behandlung und Heilmittel (vgl. §§ 3a HaftpflG., 11 KFG.), entgangenen Arbeitsverdienst (§§ 842 BGB., 3 a, 7 HaftpflG., 11, 13 KFG.), Vermehrung der Bedürfnisse (§§ 843^{I} BGB., 3 a, 7 HaftpflG., 11, 13 KFG.), Wert der Saxophone. Die Beerdigungskosten sind kein in der Person des Getöteten entstandener Schaden, stehen aber der Erbin als solcher zu, weil sie erbrechtlich für diese Kosten aufzukommen hat. §§ 844^{I}, 1968 BGB., 3^{I} S. 2, HaftpflG., 10^{I} S. 2 KFG. Hingegen hat die Geldrente vom Todestag an mit ihrer Erbeneigenschaft nichts zu tun, würde vielmehr auch dann begründet sein, wenn die Klägerin der Erbschaft entsagt hätte; sie beruht darauf, daß die Klägerin durch den Todesfall ihren Ernährer verloren hat. §§ 844^{II} BGB., 3^{II}, 7 HaftpflG., 10^{II}, 13 KFG. Beerdigungskosten und Hinterbliebenenrente werden niemals wegen Verletzung eines mit dem Verstorbenen geschlossenen Vertrages geschuldet, sondern setzen eine unerlaubte Handlung des bürgerlichen Rechts oder die Quasidelikte des HaftpflG. oder KFG. voraus.

Eine ähnliche systematische Stellung wie die Hinterbliebenenrente nimmt der — hier nicht in Betracht kommende — Anspruch des Dienstherrn des Verletzten (§ 845 BGB., oben S. 389) ein. Er ist aber im HaftpflG. und KFG. nicht vorgesehen, mithin nur unter den Voraussetzungen der §§ 823 f. BGB. gegeben.

Wieder anders verhält es sich mit dem Schmerzensgeld (§ 847: „billige Entschädigung in Geld wegen des Schadens, der nicht Vermögensschaden ist"). Der Anspruch wird weder durch vertragliche Haftung (S. 482) noch durch quasi-deliktisches Spezialgesetz, sondern ausschließlich durch eine unerlaubte Handlung des BGB. begründet, und zwar sowohl bei Haftung für eigenen Vorsatz oder eigene Fahrlässigkeit, wie bei Haftung für fremdes Verschulden (z. B. § 831), ja sogar bei der keine Exkulpation gestattenden Tierhalterhaftung für Luxustiere (§ 833 S. 1). Er entsteht aber in der Person des Verletzten selbst und wird erst durch vertragsmäßiges Anerkenntnis oder Rechtshängigkeit vererblich und übertragbar (§ 847^{I} S. 2). Weil diese Voraussetzungen nicht erfüllt sind, kann Frau Spielmann kein Schmerzensgeld fordern. Güterrechtlich gehört übrigens der Anspruch trotz seines höchstpersönlichen Charakters nicht zum Vorbehalts- sondern zum eingebrachten Gut, so daß bei Verletzung der Frau der Mann gemäß § 1380 zur Klage legitimiert ist. RG. 90, 65; 96, 96. — Der Klageantrag wird bei Schmerzensgeldansprüchen fast immer auf Verurteilung zu einem vom Gericht festzusetzenden Geldbetrag gerichtet, weil die Kläger fürchten bei Angabe einer bestimmten Summe zum Teil abgewiesen und mit Kosten belastet zu werden (was bei richtiger Anwendung des § 92^{II} ZPO. gar nicht nötig ist). Die Rechtsprechung sieht solche Anträge als ausreichend „bestimmt" im Sinne des § 253^{II} an. RG. 21, 382 (Plenarentscheidung). Für den Versäumnisfall empfiehlt sich die Aufnahme einer festen (Mindest-)Summe in den Klageantrag. Auch bei Aufwertungsklagen kann man den Betrag in das gerichtliche Ermessen stellen.

Über das Ineinandergreifen von Vertragshaftung, Deliktshaftung des BGB. und spezialgesetzlicher Haftung in unserem Fall vgl. S. 481 f.

„Alle drei Beklagten hätten schuldhaft gehandelt: *Buchholz*, indem er losgefahren sei, obgleich der bei *C* der Skizze stehende Verkehrsschutzmann seine Fahrtrichtung nicht freigegeben habe, *Dasbach* wegen seines für diese verkehrsreiche Stelle und Zeit (Sonntag Abend nach Eintreffen der Ausflüglerzüge) viel zu schnellen und unvorsichtigen Fahrens, *Kremser*, weil er zu spät gebremst habe. Die Beklagten hätten deshalb für die Folgen des Zusammenstoßes aufzukommen, insbesondere für den Tod ihres Mannes, der ohne den Unfall zweifellos bis in sein hohes Alter voll erwerbsfähig geblieben sein würde. Beweis für die einzelnen Schadenspositionen und ihre Höhe ist überall angetreten. Sie beantragt:

die Beklagten als Gesamtschuldner zu verurteilen:

a) 3524.50 *RM* (i. W.) nebst 4% Zinsen seit Klagezustellung zu zahlen, nämlich 3024.50 *RM* mit Zinsen an die Klägerin und 500 *RM* mit Zinsen an die Transport-Versicherungs-A.G. *Phoenix* in Frankfurt a. Main,

b) der Klägerin für die Zeit vom 22. Juni 1932 bis 10. Oktober 1964 eine vierteljährlich im voraus zu entrichtende Geldrente von vierteljährlich 550 *RM* (i. W.) zu zahlen, und zwar die fälligen Beträge sofort, die künftig fällig werdenden am 22. März, 22. Juni, 22. September und 22. Dezember eines jeden Jahres,

und das Urteil, soweit erforderlich gegen Sicherheitsleistung[1]), für vorläufig vollstreckbar zu erklären."

Hätte Frau Spielmann, statt auf Verurteilung zu ziffermäßig genau berechneten Beträgen, auch allgemein auf Feststellung der Schadensersatzpflicht klagen können?

Obgleich § 256 keinerlei Einschränkung enthält, läßt die Praxis Feststellungsklagen nur insoweit zu, als Rechtsschutz durch Leistungsklage nicht gewährt werden kann. Man begründet diese „Subsidiarität der Feststellungsklage" hauptsächlich mit der Gefahr, es würde sonst eine Verdoppelung der Prozesse eintreten, indem der Gläubiger zuerst auf Feststellung der Leistungspflicht, alsdann nochmals auf Verurteilung zu der Leistung selbst klagt. Die Erfahrung lehrt jedoch, daß die Parteien, wenn die Ersatzpflicht dem Grunde nach einmal festgestellt ist, sich über den Betrag gewöhnlich leicht und ohne gerichtliche Entscheidung verständigen. Die

[1]) vgl. S. 391.

unbeschränkte Zulassung der Feststellung von Schadensersatz-, Pflichtteils- und ähnlichen Ansprüchen würde also eine erhebliche Vereinfachung bedeuten. In Wahrheit dürfte die Stellungnahme der Rechtsprechung eine Nachwirkung der Anschauungen aus der Zeit sein, in welcher Feststellungsklagen als allgemeiner Behelf noch nicht anerkannt waren (S. 448 f.). Hätte übrigens Wolfgang Spielmann selbst geklagt, so wäre er nicht genötigt gewesen seine Klage auf reine Leistung zu richten. Denn die Folgen eines Unfalls, namentlich die Rückwirkungen auf die Erwerbsfähigkeit des Verletzten (vgl. §§ 843 BGB., 3 a HaftpflG., 11 KFG.), lassen sich erst nach längerer Zeit vollständig übersehen und zahlenmäßig berechnen. Deshalb gestattet man dem Verletzten, mit der Leistungsklage wegen eines zahlenmäßig bereits feststehenden Schadensbetrags die Feststellungsklage wegen des weiteren Schadens zu verbinden, also z. B.

„I. die Beklagten als Gesamtschuldner zu verurteilen dem Kläger 940 *RM* nebst 4% Zinsen seit Klagezustellung zu zahlen,

II. festzustellen, daß die Beklagten als Gesamtschuldner verpflichtet sind dem Kläger auch den weiteren Schaden zu ersetzen, der ihm durch den Unfall vom 17. April 1932 entstanden ist oder noch entstehen wird."

Infolge seines Todes ist der Schaden jetzt endgültig abgeschlossen, so daß eine Kombination von Leistungs- und Feststellungsklage für die Witwe als Klägerin nicht mehr in Frage kam.

Klage auf Leistung an die Versicherungs-Gesellschaft: S. 487.

„Die Beklagten beantragen:

die Klage abzuweisen, im Fall der Verurteilung ihnen die Abwendung der Zwangsvollstreckung durch Sicherheitsleistung vorzubehalten[2]).

Sie lehnen die Verantwortlichkeit für den Zusammenstoß ab, weil er von ihnen bzw. den Personen, für die sie einzustehen hätten, nicht verschuldet, vielmehr die Folge einer außergewöhnlichen Verkettung von Umständen, höhere Gewalt bzw. ein unabwendbares Ereignis gewesen sei. Im Einzelnen widersprechen sie sich."

Wie wir wissen, berühren bei nicht-notwendigen Streitgenossen die Erklärungen und Handlungen des einen die Rechtsstellung der übrigen nicht (§ 61 ZPO., oben S. 454 f.). Verteidigen sich die Beklagten in widersprechender Weise, so muß man gegenüber jedem einzelnen den Sach- und Streitstand besonders feststellen und entscheiden, gleich als ob sie in verschiedenen Prozessen belangt wären. Natürlich wird das Gericht gemäß § 139 eine Vereinheitlichung des Vorbringens anregen.

„*Buchholz* will berechtigt gewesen sein mit seinem Zuge anzufahren, da der Verkehrsschutzmann tatsächlich die nord-südliche Fahrtrichtung freigegeben gehabt hätte, er schiebt *Dasbach* und *Kremser* die Schuld am Zusammenstoß zu. Die Stadtgemeinde erklärt *Dasbach* für den Alleinschuldigen und legt dar, daß sie ihre beiden Motorwagenführer *Buchholz* und *Kremser* mit der im Verkehr erforderlichen Sorgfalt ausgewählt und überwacht habe. Der Postfiskus wiederum macht geltend, daß der Beklagte *Buchholz* allein verkehrswidrig gehandelt habe. *Dasbach* hätte jede nach den Umständen des Falles gebotene Sorgfalt beobachtet. Bei Auswahl und Überwachung des *Dasbach* sei der Postfiskus sorgsam verfahren. Äußerstenfalls müsse die Haftung der Post auf die Höchstsätze des § 12 KFG. beschränkt werden, wobei zu berücksichtigen sei, daß unstreitig 4 Insassen des Postkraftwagens bei dem Zusammenstoß verletzt worden sind.

---

[2]) vgl. S. 386.

Sämtliche Beklagten wenden ein, daß *Wolfgang Spielmann* sich im Augenblick des Zusammenstoßes aus der Straßenbahn weit hinausgeneigt habe, um einem vorübergehenden Bekannten zuzuwinken. Nur aus diesem Grunde sei er und sein Eigentum bei dem Zusammenstoß verletzt worden. Er würde sonst, wie alle anderen Insassen des Straßenbahnzuges, mit dem bloßen Schrecken davongekommen sein.

Was die Todesursache anlangt, so treten die Beklagten Zeugen- und Sachverständigenbeweis dafür an, daß *Spielmann* starker Alkoholiker gewesen sei und ein Fettherz gehabt habe. Ohne diese abnorme Körperbeschaffenheit wäre die an sich nicht gefährliche Kopfverletzung nicht tödlich verlaufen. *Buchholz* behauptet sogar, daß *Spielmann* auch ohne den Unfall nicht über den 21. Juni 1932 hinaus gelebt haben würde. Die Stadt macht *Spielmann* den Vorwurf, daß er sich der ihm von dem Oberarzt *Dr. Andreas* von Allerheiligen sofort angeratenen Operation 2 Wochen lang widersetzt und dadurch seinen Tod herbeigeführt hätte; für diese Darstellung sind Zeugen und Sachverständige benannt. Auch der Postfiskus führt den Tod auf die Verschiebung der Operation zurück, behauptet aber unter Zeugenbenennung: *Dr. Andreas* habe dem Verunglückten von der Operation abgeraten und für die falsche Behandlungsweise des von ihm zugezogenen Arztes müsse *Spielmann* bzw. seine Witwe einstehen.

Auf den Schaden der Klägerin seien in jedem Falle die 12000 *RM* anzurechnen, welche die Klägerin unstreitig von ihrem Manne geerbt, und die 600 *RM*, die sie ebenfalls unstreitig vom ‚Schwarzwaldboten' in Baden-Baden, dessen Leser *Spielmann* war, auf Grund einer Abonnentenversicherung ausgezahlt erhalten hat.

Über den Hergang des Unfalls, die Art und Weise, wie die Beklagten zu 2 und 3 ihre in Betracht kommenden Wagenführer ausgewählt und überwacht haben, die Todesursache des *Wolfgang Spielmann* und die vermutliche Dauer seines Lebens ohne den Unfall sind Zeugen und Sachverständige vernommen worden. Ferner haben die Parteien aus den Ermittlungsakten der hiesigen Staatsanwaltschaft gegen *Buchholz* und Genossen, Aktenzeichen 13 J 565.32, vorgetragen: ...."

Vgl. S. 442.

„Ich schlage folgendes

Urteil

vor:

1. Der Klageanspruch wird dem Grunde nach für berechtigt erklärt mit der Maßgabe, daß die Geldrente spätestens mit dem 10. Oktober 1954 endet und daß der Anspruch gegen den Reichspostfiskus die in § 12 I Ziff. 1 KFG. bezeichneten Beträge nicht übersteigen darf.
2. Mit dem Anspruch auf Geldrente über den 10. Oktober 1954 hinaus wird die Klägerin gegenüber allen Beklagten, mit dem über § 12 I Ziff. 1 KFG. hinausgehenden Anspruch gegenüber dem beklagten Reichspostfiskus abgewiesen.
3. Die Kostenentscheidung wird dem Schlußurteil vorbehalten."

„Schluß"-, nicht „Endurteil": denn das Urteil ist zwar Zwischenurteil gemäß § 304, soweit es Ansprüche dem Grunde nach feststellt, aber Teilurteil, also Endurteil (§ 301), soweit es die Klägerin abweist. Das Grund-Urteil des ordentlichen Gerichts steht hinsichtlich der Anfechtung durch Rechtsmittel einem Endurteil gleich. Dagegen können im arbeitsgerichtlichen Verfahren Grund-Urteile erst mit dem Endurteil angefochten werden (§ 61 V ArbGG.), und folgerichtig gestattet die Praxis bei ihnen nicht einmal die ausdrückliche Zulassung von Berufung und Revision gemäß §§ 64 I, 72 I S. 1.

Will bei Verbindung von Leistungs- und Feststellungsklage (S. 477) das Gericht die prinzipielle Ersatzpflicht des Beklagten ganz oder zu einer bestimmten Quote aussprechen, so muß der Urteilstenor die Grund-Entscheidung über den Leistungsanspruch und die Feststellung der Pflicht zum Ersatz des weiteren Schadens gesondert zum Ausdruck bringen. Die erste ist Zwischenurteil nach § 304 ZPO., die zweite Endurteil (Teilurteil). Wird, wie es nicht selten geschieht, in der Urteilsformel bloß „der Anspruch des Klägers" zur Hälfte „für berechtigt erklärt", so entsteht nachher die schwierige Frage, ob das auf den Feststellungsantrag mit zu beziehen sei. Vgl. RG. 136, 4.

Der Referendar geht nunmehr zur rechtlichen Prüfung der Klage über:

„Die Rechtsgrundlage der Klage ist gegenüber den drei Beklagten eine verschiedene.

1. Haftung des Beklagten *Buchholz*.

Buchholz stand zu *Spielmann* in keinem Vertragsverhältnis, ist auch nicht aus dem HaftpflG. verantwortlich. Seine Haftung bestimmt sich lediglich nach §§ 823 f. BGB. Wenn es zutrifft, was die Klägerin behauptet, der Beklagte bestreitet, daß *Buchholz* ohne vorherige Freigabe seiner Fahrtrichtung mit seinem Zuge losgefahren sei, so hat er den Zusammenstoß durch seine Fahrlässigkeit verursacht, gleichviel ob *Dasbach* und *Kremser* sich richtig verhalten haben oder nicht. Denn es entspricht der allgemeinen Erfahrung, daß plötzliches und überraschendes Anfahren eines Straßenbahnzuges, während seine Fahrrichtung vom Verkehrsschutzmann gesperrt ist, weitere Regelwidrigkeiten Anderer zur Folge haben und dadurch zu Zusammenstößen führen kann. Eine zufällige und außergewöhnliche Verkettung von Umständen würde darin nicht liegen. Bei Anwendung der im Verkehr erforderlichen Sorgfalt mußte *Buchholz* auch die Folgen seines Verhaltens als möglich erkennen. Trifft also die Sachdarstellung der Klägerin zu, so hat dieser Beklagte nach § 823 allen dem *Wolfgang Spielmann* erwachsenen Personen- und Sachschaden, und unter der weiteren Voraussetzung, daß der Tod auf den Unfall zurückzuführen ist, auch den der Klägerin entstandenen Schaden nach Maßgabe des § 844 zu ersetzen.

Gegen die Kausalität des Unfalls für den Tod *Spielmanns* führen die Beklagten an, ohne die abnorme Körperbeschaffenheit *Spielmanns* (Alkoholismus und Fettherz) wäre die Kopfverletzung nicht tödlich verlaufen. Diese Behauptung ist unerheblich. Der ursächliche Zusammenhang wird durch eine bei dem Verletzten vorhandene besondere körperliche Anlage nicht beseitigt, und daß ein Schädelbruch, wie ihn *Spielmann* erlitten hat, zum Tode führt, ist auch bei normaler Konstitution nichts Ungewöhnliches. RG. 53, 116; 66, 252; 69, 344; 91, 348. Anders wenn *Spielmann*, wie *Buchholz* weiter behauptet, auch ohne den Unfall nicht über den 21. Juni 1932 hinaus gelebt haben würde. In diesem Fall wäre *Spielmann* nämlich nur an seinem Alkoholismus und Fettherz gestorben, während die Kopfverletzung außerhalb der Kausalreihe läge.

Erheblich ist sodann der Einwand, *Spielmann* und seine Instrumente seien beim Zusammenstoß nur deshalb verletzt worden, weil er sich im entscheidenden Augenblick aus dem Straßenbahnwagen weit hinausgelehnt habe. Hierin könnte möglicherweise ein mitwirkendes Verschulden (§ 254 I) liegen, das seinen Ansprüchen und nach § 846 auch denen der Witwe entgegensteht. Es wird dabei wesentlich darauf ankommen, ob die Verletzung gerade durch das Hinausbeugen herbeigeführt wurde und ob das Hinausbeugen nach Lage der Umstände eine Fahrlässigkeit darstellte."

„Ursache" im philosophischen und naturwissenschaftlichen Sinne ist die Gesamtheit aller Bedingungen, die nicht weggedacht werden können, ohne daß der Erfolg entfällt (conditio sine qua non). Das Recht kann mit abstrakten Definitionen nicht arbeiten, sondern braucht einen den Anschauungen des gewöhnlichen Lebens entsprechenden Kausalbegriff. Es werden hauptsächlich 4 Anschauungen vertreten:

1. Eine Unterscheidung zwischen den einzelnen Bedingungen sei undurchführbar, und daher jede conditio sine qua non als Ursache im Rechtssinne zu betrachten: von Buri'sche Theorie, in der Strafrechtsprechung herrschend.

2. Ursache sei nur diejenige Bedingung, welche einen derartigen Erfolg nicht bloß infolge einer zufälligen und außergewöhnlichen Verkettung von Umständen, sondern nach den Erfahrungen des Lebens typisch herbeizuführen geeignet ist: Theorie des „adäquaten Kausalzusammenhangs", in der Zivilrechtsprechung anerkannt, welcher der Referendar in seinem Vortrag folgt. Von diesem Standpunkt wird dadurch, daß eine beim Verletzten vorhandene körperliche Anlage die Folgen der Verletzung verschlimmert hat, der Kausalzusammenhang nicht beseitigt.

Grenzfälle, in denen die Rechtsprechung adäquate Verursachung angenommen hat: zwischen der tödlichen Verletzung eines Kindes und dem nervösen Zusammenbruch der Mutter (RG. 133, 270); zwischen dem lauten Geräusch des Auspuffrohrs eines Automobils und dem Sturz in den Graben, den ein durch das Geräusch Erschreckter tut (JW. 17, 43[12]); zwischen einem Rohrbruch und dem Hinfallen des Mieters, der eilig den Hauptwasserhahn schließen will und dabei in dem vereisten Garten hinfällt (JW. 17, 461[4]); zwischen einer äußeren Verletzung und der Grippe, die sich der wegen der Wunde ins Krankenhaus gebrachte Verletzte dort zuzog (RG. 105, 264); zwischen fehlerhafter Behandlung eines Arztes und Kunstfehlern, die der zur Wiedergutmachung der falschen Behandlung zugezogene zweite Arzt beging (RG. 102, 230); zwischen der Ausstellung eines ärztlichen Rezeptes in abgekürzter Form, welches dann der Apotheker mißversteht, und der dadurch bewirkten Vergiftung des Patienten (RG. 125, 375); zwischen ungenügender Beaufsichtigung eines jugendlichen Kraftwagenführers durch den Halter und dem Schaden, den der Führer auf einer Schwarzfahrt anrichtet (RG. 135, 149); zwischen dem Verkauf eines Gewehrs an ein Kind und dem Schaden, den das Kind mit dem Gewehr dritten Personen zufügt, vorausgesetzt daß nicht etwa der Gewalthaber um die Anschaffung des Gewehrs gewußt und dadurch die Verantwortung übernommen hat (JW. 17, 850[5]); zwischen der Verzögerung der Abschleppung eines Schiffs und dem Schaden, den das Schiff bei der späteren Abschleppung durch einen inzwischen ausgebrochenen Sturm erleidet (RG. 81, 359); zwischen Durchbrechung einer Eisenbahnschranke seitens eines Kraftfahrzeugs und dem Schaden, den der Schrankenwärter erleidet, weil der Eisenbahnzug die auf den Schienen liegenden Schrankenteile an seinen Kopf schleudert (RG. 129, 128). Verneint wurde die Kausalität der bei einem Geschäftsverkauf begangenen arglistigen Täuschung für Schaden, der dem Geschäftserwerber durch leichtsinniges oder unredliches Verhalten seines Teilhabers entsteht (RG. 78, 270).

Daß abnorme Körperbeschaffenheit bzw. besondere Disposition für Krankheiten den Kausalzusammenhang nicht aufhebt, entspricht der ständigen Judikatur des Reichsgerichts. Dies wird sogar dann angenommen, wenn aus einem an sich geringfügigem Anlaß ein Leistenbruch hervortritt, der nach dem Urteil der Sachverständigen wesentlich auf der körperlichen Konstitution beruhte. Man betrachtet dann den Stoß oder die Erschütterung, welche den Leistenbruch ausgelöst haben, als Ursache des Bruches. Auf einem anderen Standpunkt steht das RVA., welches den Leistenbruch dann als Folge eines „Betriebsunfalls" (vgl. 11. Kap. „Deliktsanspruch zwischen Arbeitnehmer und Arbeitgeber") nur anerkennt, falls der Bruch unter besonders stürmischen Erscheinungen hervorgetreten war; andernfalls sei der Betriebsvorgang bloß „Gelegenheit", nicht „Ursache" gewesen. v. Olshausen JW. 15, 637.

Ist Prozeßneurose (Rentenhysterie) Unfallsfolge? Die mit dem Unfallsprozeß für den Verletzten verbundenen Gesundheitsschädigungen sind, abgesehen von ganz besonderen Fällen, adäquate Folge der ursprünglichen Verletzung, mag auch eine beim Verletzten schon vorher bestehende psychopathische Anlage durch den Prozeß und seine Aufregungen hervorgerufen oder verstärkt worden sein. RG. 75, 19; JW. 16, 1436[10]; 29, 936[25], 2251[1] mit Anm. von Straßmann; 30, 1579[2], dazu Straßmann; 31, 1463[7], dazu Feuchtwanger. Diese Rechtsprechung erscheint berechtigt, da die Beklagten bzw. die hinter ihr stehenden Haftpflichtversicherungsgesellschaften in der Tat nicht selten sich alle einzelnen Ersatzansprüche „nur unter erheblichem Widerstand abringen lassen" wie es die eine Entscheidung ausdrückt und dadurch den Kläger immer mehr in den krankhaften Seelenzustand hineinstoßen. Die führende Richtung der neueren medizinischen Wissenschaft vertritt allerdings andere Anschauungen. Auch das RVA. steht auf einem dem Verletzten ungünstigeren Standpunkt. JW. 28, 577[9] mit Anm. von Straßmann; Stier und Lottermoser JW. 28, 552.

3. Ursache gleich „überwiegende" Bedingung (Birkmeyer).
4. Ursache die Bedingung, welche den Gleichgewichtszustand zwischen den zum Erfolg führenden und den ihn hindernden Bedingungen verschiebt und den Ausschlag für den Erfolg gibt (Binding).

„2. Haftung der beklagten Stadtgemeinde Breslau.

Hier kommen §§ 1 HaftpflG., 25 pr. EisenbG. vom 3. November 1838 (GS. 505), daneben die Vorschriften über Vertragsverletzung und Schadensersatz aus unerlaubter Handlung in Betracht.

A. Die Voraussetzung des § 1 HaftpflG., daß bei dem Betrieb einer Eisenbahn ein Mensch getötet oder körperlich verletzt wurde, ist nach dem unstreitigen Sachverhalt zweifellos gegeben."

„Eisenbahn" i. S. des HaftpflG. sind nach der Rechtsprechung alle auf Schienen laufenden Beförderungsmittel, gleichviel ob sie durch motorische Triebkraft oder in anderer Weise (Pferdebahn!) bewegt werden, ob sie der Öffentlichkeit zur Verfügung stehen oder nicht (private Grubenanschlußbahn). Die Worte „bei (nicht: in) dem Betriebe" werden hier (und für die analogen Bestimmungen der §§ 7[I], 18 KFG.) nicht in dem engen, mechanischen Sinne verstanden, daß die Bahn sich gerade in Bewegung befunden haben müsse, sondern es genügt unmittelbarer örtlicher und zeitlicher Zusammenhang mit einem Betriebsvorgang. Also auch Unfälle auf Haltestellen beim Ein- oder Aussteigen. RG. 132, 262 c. cit. Dagegen haftet für Unfälle auf dem Bahnhof nach beendigtem Aussteigen die Bahn nur nach allgemeinem bürgerlichen Recht. JW. 13, 122[9], 648[12]; 16, 737[2]. Anders als das KFG. (vgl. dessen § 8[1]), wirkt das HaftpflG. sowohl zu Gunsten Außenstehender, wie zu Gunsten der Passagiere der Bahn bzw. ihrer Hinterbliebenen.

„Die Klageansprüche werden also durch dieses Gesetz schlüssig begründet, soweit es sich um den Personenschaden des Verunglückten und die Rente der Witwe handelt (§§ 3, 3a, 7 HaftpflG.), nicht dagegen hinsichtlich des Sachschadens. Die Beschränkung der Rente auf einen Jahresbetrag von 10000 Indexmark (§ 7 a, Fassung vom 8. Juli 1923, dazu VO. vom 24. Oktober 1923, RGBl. I 615 bzw. 993) ist ohne praktische Bedeutung, weil der Klageanspruch diese Grenze nicht erreicht.

Als Einwendungen der Bahn sind nur höhere Gewalt sowie eigenes Verschulden des Verletzten vorgesehen, während im übrigen die Schuldfrage gleichgültig ist. In unserem Fall kommt höhere Gewalt selbst dann nicht in Betracht, wenn die beiden städtischen Motorwagenführer *Kremser* und *Buchholz*, wie das die beklagte Stadtgemeinde behauptet, sich vollkommen korrekt verhalten haben und der Zusammenstoß lediglich durch Fahrlässigkeit des *Dasbach* herbeigeführt sein sollte. Denn zu den typischen Gefahren des Straßenbahnverkehrs gehört gerade die Möglichkeit des unsachgemäßen Eingreifens dritter Personen und Fahrzeuge. Die Betriebsgefahr ist aber niemals höhere Gewalt, mag sie auch zufällig sein."

Im Anschluß an den österreichischen Juristen Exner definiert man „höhere Gewalt" als Ereignisse, die von außen her auf den Betrieb einwirken, außergewöhnlicher Natur sind, nicht vorhergesehen und auch durch die zweckmäßigsten Maßnahmen nicht abgewendet oder in ihren Folgen unschädlich gemacht werden können. Als höhere Gewalt wurden z. B. anerkannt: Schneesturm, Feuer, Blitz, Überschwemmung und ähnliche Elementarereignisse, ferner plötzliche geistige Erkrankung des Lokomotivführers (RG. 114, 12). Nicht dagegen das Scheuen von Zugtieren (RG. 19, 37; 62, 145), das Hinauswerfen von Gegenständen aus dem fahrenden Zuge (JW. 05, 405[34]; 11, 192[27]). Unbedachtsames Hineinlaufen von Kindern oder anderen Personen in Straßenbahnen zählt zu den Vorkommnissen, die nicht außergewöhnlicher Art sind und mit denen der Betriebsunternehmer zu rechnen hat; mithin kann er sich nicht auf höhere Gewalt berufen sondern nur konkurrierendes Verschulden einwenden, sofern dessen subjektive Voraussetzungen (§§ 276^{I} S. 3, 827, 828 BGB.) erfüllt sind. RG. 44, 27; 54, 404; JW. 99, 773[18]; 03, 110[40]; 13, 218[36]. Sogar einem Fahrgast, der vor kurzem an einem Eisenbahnunfall beteiligt gewesen war und nun in der — irrtümlichen — Annahme, es werde ein Zusammenstoß stattfinden, beim Rangieren aus dem Zuge sprang, wurde zu gute gehalten, daß seine Verwirrung durch einen früheren Betriebsvorgang hervorgerufen, also die gefährliche Natur des Eisenbahnbetriebes mit im Spiel war und demgemäß höhere Gewalt verneint. RG. 95, 64.

„Das eigene Verschulden begründet die Beklagte in doppelter Weise. Einmal behauptet sie Mitverschulden bei der Entstehung des Schadens (vgl. § 254^{I} BGB.) durch unvorsichtiges Hinauslehnen aus dem Straßenbahnzuge: dieser Einwand ist aus den Gründen oben zu 1 erheblich. Sodann leitet sie mitwirkendes Verschulden bei der Abwendung oder Minderung des Schadens (§ 254^{II} S. 1) daraus her, daß *Spielmann* seine Zustimmung zur Operation zunächst grundlos verweigert habe. Ablehnung von Operationen ist jedoch nur dann schuldhaft, wenn wirklich jeder stichhaltige Grund fehlte, was man bei einer Schädeloperation keinesfalls sagen kann. RG. 129, 398 c. cit."

Das Verschulden des Verletzten wird insbesondere ausgeschlossen durch die Gefährlichkeit der Operation, durch die ungewisse Aussicht ihres Erfolges, durch das Abraten eines Arztes, dem er sein besonderes Vertrauen schenkt. Im Gebiet der RVO. besteht eine Verpflichtung, sich operieren zu lassen, bloß bei örtlicher Leitungsanästhesie ohne Narkose, nicht bei Operationen mit Chloroform- oder Äther-Narkose. Kommentare zu §§ 606, 848 b RVO.

„B. Zur Begründung des durch das HaftpflG. nicht gedeckten Sachschadens könnte man an § 25 pr.EisenbG. denken, der unter entsprechenden Voraussetzungen wie § 1 HaftpflG. einen Anspruch auch wegen des Sachschadens gibt. „Eisenbahn" i. S. dieses Gesetzes ist aber, abweichend vom HaftpflG., nur die nach seinen Vorschriften konzessionierte, zwei verschiedene Ortschaften mit einander verbindende Bahnlinie, während Klein- und Straßenbahnen nicht darunter fallen. RG. 65, 69 c. cit."

Soweit an einer von der Eisenbahn zur Beförderung übernommenen Sache Schaden entsteht, haftet sie vertragsmäßig nach § 456 HGB. ebenfalls bis zur höheren Gewalt.

„C. Aus dem mit *Spielmann* abgeschlossenen Beförderungsvertrag haftet die beklagte Stadtgemeinde für allen ihm entstandenen Schaden, auch den Sachschaden, und hat dabei nach § 278 BGB. — ohne Exkulpationsmöglichkeit — für das Verschulden der Personen einzustehen, deren sie sich zur Erfüllung ihrer Verbindlichkeit bediente. Ein solcher Erfüllungsgehilfe war nicht bloß *Kremser* sondern auch *Buchholz*, obgleich er nicht unmittelbar bei der Beförderung *Spielmanns* tätig war; denn der Betrieb der Straßenbahn ist ein einheitlicher. RG. 83, 348; 104, 145. Vertragliche Ersatzpflicht ist also schon gegeben, wenn entweder *Kremser* oder *Buchholz* die im Verkehr erforderliche Sorgfalt verletzt hat.

Einwand des mitwirkenden Verschuldens: wie oben zu A.

D. Soweit auch die Vertragshaftung versagen sollte, ist die Stadtgemeinde aus § 831^I S. 1 zum Ersatz alles dem Verunglückten und seiner Witwe durch *Kremser* und *Buchholz* in Ausführung der Verrichtungen, zu denen sie bestellt waren, zugefügten Schadens verpflichtet, sofern nicht der von ihr angetretene Beweis gelingt, daß sie bei der Auswahl und Leitung die verkehrsmäßige Sorgfalt gewahrt habe (§ 831^I S. 2) oder daß *Spielmann* ein eigenes Verschulden trifft (oben zu A)."

Die Ersatzpflicht der Eisenbahn aus § 831 wird besonders wichtig, wenn Ansprüche auf Schmerzensgeld oder Ersatz von Dienstleistungen erhoben sind, die weder aus dem HaftpflG. noch aus vertraglicher Haftung hergeleitet werden können (oben S. 475), oder wenn die Rentenansprüche die Höchstsumme des § 7 a HaftpflG. übersteigen. Der Entlastungsbeweis des § 831^I S. 2 bezieht sich, was häufig übersehen wird, neben der Auswahl auch auf die Überwachung und Leitung (Erteilung von Dienstinstruktionen u. dgl.). Besteht zwischen der negligentia in eligendo et inspiciendo und dem eingetretenen Schaden kein ursächlicher Zusammenhang, so entfällt die Haftung (§ 831^I S. 2 am Ende; ebenso bei der parallelen Haftung des Aufsichtspflichtigen, § 832^I S. 2).

„3. Haftung des beklagten Reichspostfiskus.

Sie ist in erster Reihe auf das KFG., in zweiter auf § 831 BGB. zu stützen.

A. Der Postfiskus haftet nach § 7 KFG. als Kraftfahrzeughalter für Personen- und Sachschaden, weil der Unfall bei dem Betrieb eines von ihm gehaltenen Kraftfahrzeugs geschah."

Von der Haftung des Kraftfahrtrechts sind nach § 8² Fahrzeuge bis 20 km Höchstgeschwindigkeit, gleichviel ob sie der Personen- oder der Güterbeförderung dienen, ausgenommen. Sowohl von den verkehrspolizeilichen wie von den Haftpflicht- und Strafbestimmungen des Gesetzes befreit sind nach § 27 „Kleinkrafträder", d. s. Krafträder bis zu 200 cbcm Kolbenhub (§ 47 KFVO. vom 10. Mai 1932, RGBl. I 201). Die polizeilichen Vorschriften für Kleinkrafträder (§ 48) stimmen aber mit den für Kraftfahrzeuge im Sinne des KFG. erlassenen in den Hauptpunkten überein, insbesondere gelten die gleichen Höchstgeschwindigkeiten, und darüber hinaus muß der Führer stets in der Lage bleiben seinen Verpflichtungen Genüge zu leisten (§ 18 KFVO.). Beachtet er diese polizeilichen Bestimmungen nicht, so macht er sich wegen Übertretung eines Schutzgesetzes gemäß § 823^II BGB. haftbar. Endlich gibt es nach § 40^I KFVO. „führerscheinfreie" Kraftfahrzeuge (darunter elektrisch angetriebene Wagen bis 50 kg Eigengewicht), auf welche jedoch die Haftungsvorschriften des KFG. Anwendung finden.

„Die Anmeldung des Schadens ist binnen zwei Monaten erfolgt (§ 15 KFG.)."

Ansprüche aus dem KFG. verjähren 2 Jahre nach erlangter Kenntnis (§ 14). Neben dieser, nur auf Einrede (§ 222^I BGB.) zu beachtenden, Verjährungsfrist steht die 2monatliche Ausschlußfrist des § 15 KFG., welche, wie alle Ausschlußfristen, von Amtswegen geprüft wird. Hat der Ersatzpflichtige auf andere Weise Kenntnis vom Unfall erlangt, so bedarf es der Anzeige nicht (§ 15 S. 2). Im HaftpflG. gibt es bloß eine Verjährungsfrist von zwei Jahren, die nicht von der Kenntnis sondern vom Unfall (bezüglich der Ansprüche der Hinterbliebenen vom Tode) ab läuft (§ 8).

„Die Anführungen, mit denen der beklagte Postfiskus dartun will, daß der Zusammenstoß für ihn ein unabwendbares Ereignis (§ 7^II KFG.) gebildet habe, sind nicht schlüssig. Es mag sein, daß dem Führer *Dasbach* keine Fahrlässigkeit im Sinne des § 276^I S. 2 BGB. zur Last fällt. Aber bei der erheblichen Geschwindigkeit von etwa 20 Stundenkilometern, mit der er sich unstreitig der belebten Straßenkreuzung genähert hat, läßt sich nicht sagen, daß er ‚jede‘ nach den Umständen des Falles gebotene Sorgfalt beobachtet habe.

Erheblich ist der Einwand, daß *Spielmann* durch sein unvorsichtiges Hinausbeugen von dem Zusammenstoß betroffen worden sei (§§ 9 KFG., 254 BGB., oben zu 1).“

§ 7^{II} KFG. schließt die Haftung des Halters aus, wenn der Unfall durch ein „unabwendbares Ereignis“ verursacht wurde, das weder auf einem Fehler in der Beschaffenheit des Fahrzeugs noch auf einem Versagen seiner Vorrichtungen beruht. Als unabwendbar gilt ein Ereignis insbesondere, wenn es auf das Verhalten des Verletzten oder eines nicht bei dem Betrieb beschäftigten Dritten oder eines Tieres zurückzuführen ist und sowohl Halter wie Führer des Fahrzeuges „jede“ nach den Umständen des Falles gebotene Sorgfalt beobachtet haben. Darnach deckt sich der Begriff des „unabwendbaren Ereignisses“ ziemlich genau mit der „höheren Gewalt“ nach der Exner'schen Definition (S. 481), angewandt auf das Kraftfahrzeug. Denn Konstruktionsfehler, Versagen der Steuerung, der Bremse usw. bilden die charakteristischen Betriebsgefahren des Automobils. Die Haftung des Kraftfahrzeughalters — wohl zu unterscheiden von der des Kraftfahrzeugführers, die auf vermutetem eigenen Verschulden beruht (§ 18^{I} S. 2) — steht also mit derjenigen der Eisenbahn auf einer Linie. Das Maß der vom Führer zu prästierenden Sorgfalt geht über dasjenige der allgemeinen Fahrlässigkeit hinaus. RG. 96, 130 c. cit.

War bei einem Autounfall der Geschädigte in das Fahrzeug hineingelaufen, ihm nicht aus dem Wege gegangen oder hat er sonst zu dem Unfall beigetragen, so ist in erster Reihe zu prüfen, ob sein Verhalten — rein objektiv betrachtet, ohne Rücksicht auf Verschulden — ein „unabwendbares Ereignis“ darstellt. Mit Bejahung der Frage entfällt die Haftung des Halters gänzlich. Im Fall der Verneinung setzt die weitere Prüfung unter dem Gesichtspunkt des „konkurrierenden Verschuldens“ ein, die zur Verteilung des Schadens nach Maßgabe des § 254 BGB. führen kann. Die alsbald zu besprechenden Höchstsätze des § 12 KFG. werden erst angewandt, nachdem der an sich zu ersetzende Schadensbetrag gemäß § 254 ermittelt ist. RG. 87, 402.

„Hingegen versagt der weitere Einwand aus der angeblich unsachgemäßen Behandlung durch *Dr. Andreas*. Seiner Verpflichtung zur Minderung des Schadens genügte *Spielmann* dadurch, daß er sich in ein städtisches Krankenhaus und in die Behandlung eines approbierten Arztes begab. Für etwaige Kunstfehler des Arztes hat der Beklagte einzustehen. Anders wäre es nur, wenn der Arzt entgegen allen Regeln der ärztlichen Wissenschaft und Erfahrung oder in verbrecherischer Weise die Heilung gestört hätte, so daß durch sein Dazwischentreten der Kausalzusammenhang zwischen der schädigenden Handlung und dem Tod *Spielmanns* unterbrochen wäre. Hierfür hat der Beklagte nichts angeführt. RG. 72, 219; JW. 21, 741[3].

Praktisch kommt das auf diligentia in eligendo medico hinaus.

Das Anwendungsgebiet des § 278 BGB. umfaßt nach der Praxis nicht bloß bestehende Vertragsverhältnisse, sondern auch das den Vertragsschluß vorbereitende vertragsähnliche Verhältnis (RG. 78, 239: dem Kauflustigen im Warenhaus fällt, während er sich Ware vorlegen läßt, eine Linoleumrolle auf den Kopf) und allgemein die Haftung aus culpa in contrahendo. RG. 103, 47; 107, 240; JW. 15, 240[3]. Der Grundsatz, daß für Erfüllungspersonen ohne Exkulpationsmöglichkeit gehaftet wird, gilt ferner auch im öffentlichen Recht, z. B. bei Behandlung in öffentlichen Krankenhäusern im polizeilichen Interesse oder auf Grund der Fürsorgepflicht. RG. 112, 290, dazu Friedrichs JW. 26, 2290[7]. Bei Behandlung von Klassenpatienten in einer Universitätsklinik gibt JW. 29, 2287[1] (KG.) den Anspruch aus § 839 BGB., Art. 131 RVerf., weil diese Kliniken in erster Reihe zur Ausbildung der jungen Mediziner und zur guten ärztlichen Versorgung der Bevölkerung dienen, auch die Vergütung als öffentlich-rechtliche Gebühr konstruiert sei, der behandelnde Professor mithin „in Ausübung der ihm anvertrauten öffentlichen Gewalt" handle. Hier dürfte wohl die Annahme eines privatrechtlichen Vertrages richtiger sein. — Eine ähnliche Einschränkung wie in den vom Referendar zitierten Entscheidungen wird für den Vormund bei Verwaltung des Mündelvermögens angenommen: gehören dem Mündel größere Betriebe, so bedeutet die gesetzliche Verpflichtung des Vormunds zur Vermögensverwaltung nicht, daß alle von ihm angenommenen Angestellten nunmehr seine Erfüllungsgehilfen wären; vielmehr haftet er nach § 278 BGB. nur bei Handlungen, die der Vormund nach den Anforderungen des Lebens persönlich vorzunehmen hat, wie Aufstellung von Verwaltungsrechnungen, Hinterlegung der Wertpapiere, Abschluß von Geschäften über Grundstücke; im übrigen braucht er lediglich das Personal sorgfältig auszuwählen. RG. 76, 185. Dem Versicherungsnehmer kann die Einbruchsversicherungsgesellschaft das Verschulden des von ihm bestellten Wächters nur bei culpa in eligendo entgegenhalten. RG. 102, 215.

Die Möglichkeit, das Verschulden des Arztes überhaupt in das Verhältnis des Verletzten zum Schädiger hineinzuziehen, gibt § 254 II S. 2, der dem Geschädigten die Pflicht auferlegt für Abwendung und Minderung des Schadens zu sorgen und hierbei die entsprechende Anwendung des § 278 ausdrücklich vorschreibt. Nach dem sprachlichen Aufbau des Paragraphen kommt für das konkurrierende Verschulden bei der Entstehung des Schadens (Abs. I) eine Berücksichtigung des Verschuldens von Erfüllungsgehilfen überhaupt nicht in Frage. Die herrschende Gesetzesauslegung wendet trotzdem § 278 auch auf Mitverschulden bei der Entstehung des Schadens an, freilich unter der Voraussetzung, daß bereits eine gesetzliche, vertragliche oder sonstige Verbindlichkeit bestand, in deren Rahmen der Dritte als Erfüllungsgehilfe erscheint. Fehlt es hieran, so haftet der Geschädigte für Mitverschulden seines Beauftragten analog § 831, also mit der Möglichkeit der Exkulpation. RG. 62, 345; 75, 257; 77, 211; 79, 312.

„Die Ersatzpflicht des beklagten Postfiskus aus dem KFG. wird durch die in § 12 I (Fassung vom 6. Februar 1924, RGBl. I 42) festgesetzten Höchstsummen begrenzt. Der geforderte Sachschaden hält sich innerhalb der gesetzlichen Grenze von 5000 RM, während der Personenschaden die bei Tötung oder Verletzung eines einzelnen Menschen zulässigen Sätze (25000 RM Kapitalbetrag oder 1500 RM Jahresrente) übersteigt. Der Beklagte will den der Klägerin zustehenden Personenschaden noch weiter mindern, weil durch den Zusammenstoß auch 4 Fahrgäste der Kraftpost geschädigt worden sind und weil bei Beschädigung mehrerer Personen der Ersatz höchstens 75000 RM Kapital bzw. 4500 RM Jahresrente ausmacht (§ 12 I Ziff. 2, Abs. II). Hierbei läßt er außer Acht, daß es sich um eine Sonderfahrt handelte. Nach §§ 11, 12 PostG. vom 28. Oktober 1871 (RGBl. 347) haftet die Post bei Reisen mit der ‚ordentlichen' Post bis zur höheren Gewalt, ersetzt aber nur Passagiergut, Kur- und Verpflegungskosten, nicht auch entgangenen Arbeitsverdienst, Verlust von Unterhaltsansprüchen usw. Bei Reisen mit ‚Extrapost' wird überhaupt keine Entschädigung geleistet. Kraftpostsonderfahrten sind Extraposten im Sinne des PostG. Trotz der veränderten wirtschaftlichen Verhältnisse gelten die Haftungsbeschränkungen noch heute. Auch auf dem Umweg über Art. 131 RVerf., § 839 BGB. können die verunglückten Postpassagiere keine Ansprüche gegen den Postfiskus geltend machen. RG. 107, 41; 127, 12."

Der Vorsitzende: Die Haftung des Postfiskus gegenüber seinen verunglückten Fahrgästen und damit die Anwendung des § 12 I Ziff. 2, Abs. II KFG. gegenüber der Klägerin entfällt aus einem weit einfacheren Grunde, nämlich weil Verletzung einer durch das Kraftfahrzeug beförderten Person oder Sache überhaupt nicht unter das KFG. fällt (§ 8 1). Sonst war das, was Sie über die gesetzliche Haftung der Post ausgeführt haben, richtig. Die Postverwaltung hat aber ihre Fahrgäste gegen Unfälle aus Kraftpostfahrten versichert, so daß sie — nicht seitens der Post sondern durch die Versicherungsgesellschaft — doch einen Ersatz erhalten. — Fahren Sie fort.

Der Referendar:

„B. Für den über § 12ᴵ Ziff. 1 KFG. hinausgehenden Schaden haftet der Postfiskus nach Maßgabe des § 831 BGB., also vorbehaltlich des Beweises, daß er den Wagenführer *Dasbach* mit der notwendigen Sorgfalt ausgewählt und überwacht hat und vorbehaltlich des Nachweises eines eigenen Verschuldens des Verletzten (oben zu A).

Soweit mehrere der Beklagten für die selben Ansprüche haften, sind sie nach § 840ᴵ BGB. Gesamtschuldner.

Die Entscheidung des Rechtsstreits hängt hiernach von einer Reihe streitiger Tatsachen ab, nämlich

vom Verschulden des Beklagten *Buchholz* und des *Kremser*,

vom Verschulden der Beklagten bei Auswahl und Beaufsichtigung der Führer *Buchholz*, *Kremser* und *Dasbach*,

von dem unvorsichtigen Verhalten des *Wolfgang Spielmann* bei dem Zusammenstoß,

von der Ursache des Todes des *Wolfgang Spielmann*.

Das Beweisergebnis ist folgendes:

. . . . . .

Eine eigene Schuld des Verletzten ist also nicht bewiesen. Der Beklagte *Buchholz* hat den Zusammenstoß fahrlässig herbeigeführt. Die Stadt hat bezüglich *Buchholz* und *Kremser*, der Postfiskus bezüglich *Dasbach* die diligentia in eligendo et inspiciendo gewahrt.

(alles das wird näher dargelegt).

Über die Todesursache sagen die Sachverständigen übereinstimmend: der Tod sei als Folge der Schädelverletzung eingetreten. Allerdings würde die Verletzung wahrscheinlich nicht zum Tode geführt haben, wenn nicht der Verstorbene, der erst im 33. Lebensjahre stand, durch seinen Alkoholismus und seine Herzverfettung wenig widerstandsfähig gewesen wäre. Seine krankhafte Konstitution würde in jedem Fall die Dauer des Lebens und der Erwerbsfähigkeit abgekürzt haben und über das 55. Lebensjahr hinaus würde er ohne den Unfall bestimmt nicht erwerbsfähig geblieben sein.

Die Feststellung der voraussichtlichen Lebensdauer gehört eigentlich zum Verfahren über den Betrag. Da aber die Beweisaufnahme auf diesen Punkt mit erstreckt worden ist, will ich den 55. Geburtstag *Spielmanns*, den 10. Oktober 1954, bald in das Grund-Urteil aufnehmen."

Geldrenten aus §§ 844ᴵᴵ BGB., 3ᴵᴵ, 7 HaftpflG., 10ᴵᴵ, 13 KFG. dürfen, da sie von der mutmaßlichen Dauer des Lebens und der Leistungsfähigkeit des Getöteten abhängen, nicht ohne zeitliche Begrenzung zugesprochen werden. —

Der Vorsitzende: Im Verfahren über den Grund ist stets die Frage der Sachlegitimation zu erledigen (Gruch. 49, 115, 378; JW. 06, 141[15]). Kann die Klägerin nach Auszahlung der Saxophon-Versicherungssumme noch auf Ersatz des Sachschadens klagen?

Der Referendar:

„Daß *Spielmann* die Instrumente gegen Transportgefahr versichert hatte, ist für die Ersatzpflicht der Beklagten ohne Bedeutung. Dagegen hatte die Tatsache der Entschädigungsleistung nach dem für sämtliche Arten der Schadensversicherung (Feuer-, Hagel-, Vieh-, Transport-, Haftpflichtversicherung usw.) maßgebenden § 67 VVG. die Wirkung, daß die dem

Versicherungsnehmer bzw. seiner Erbin an dritte Personen zustehenden Ersatzansprüche in Höhe der geleisteten Entschädigung ipso iure auf den Versicherer übergingen. Wären die 500 RM vor Klageerhebung gezahlt worden, so würde der Klägerin die Aktivlegitimation gefehlt haben und die Klage in Höhe der 500 RM nebst Zinsen abzuweisen sein. Nach der von der Klägerin vorgelegten Originalquittung vom 3. August 1932, deren Echtheit die Beklagten nicht bestritten haben, ist aber anzunehmen, daß die Ersatzleistung erst nach Klagezustellung erfolgte. Gemäß § 265^II S. 1 ZPO. blieb sie daher befugt den Anspruch weiter zu verfolgen. Durch Umstellung des Klageantrags auf teilweise Zahlung an die Versicherungsgesellschaft hat sie der eingetretenen Änderung der materiellen Rechtslage Rechnung getragen."

§ 265 gilt für rechtsgeschäftliche und gesetzliche Zession und findet auf Pfändung und Überweisung von Forderungen entsprechende Anwendung. Daß der Kläger nach Abs. II S. 1 die Legitimation behält, ist außer Streit, ebenso daß dies nur geschieht, wenn die Legitimation im Zeitpunkt der Klageerhebung (§ 253^I) gegeben war. Zweifel bestehen darüber, wie die nach Klagezustellung eingetretene materiellrechtliche Änderung prozessual zum Ausdruck gelangt. Manche fassen die gesetzliche Vorschrift, daß „die Veräußerung oder Abtretung auf den Prozeß keinen Einfluß" habe, so auf, als ob die Zession überhaupt zu ignorieren wäre. Das kann nicht richtig sein, weil dann die in Abs. I anerkannte Möglichkeit der Abtretung rechtshängiger Ansprüche wieder illusorisch sein würde. Nach richtiger Meinung verbleibt dem Kläger die Sachlegitimation als rein prozessuale Klagbefugnis: er muß den Antrag auf Leistung an den Zessionar umstellen, kann sich nicht mehr materiell über den Anspruch vergleichen, keinen Verzicht erklären usw. Stein-Jonas IV 1 zu § 265.

„Zusammenfassend ergibt sich also: der Klaganspruch ist gegen alle 3 Beklagten begründet, gegen *Buchholz* aus § 823^I BGB., gegen die Stadt aus dem HaftpflG. bzw. vertraglicher Schadensersatzpflicht, gegen den Postfiskus aus § 7 KFG. Hieraus folgt die Anerkennung der gesamtschuldnerischen Ersatzpflicht mit der Einschränkung, daß die Rente der Klägerin spätestens am 10. Oktober 1954 endet und daß die Ersatzpflicht des Postfiskus durch die Höchstbeträge des § 12^I Ziff. 1 KFG. begrenzt wird; ferner die Abweisung der Geldrente über den 10. Oktober 1954 hinaus und die Abweisung der über § 12^I Ziff. 1 hinausgehenden Ansprüche gegen den Postfiskus."

Die Kammer tritt dem Vorschlag bei.

Der Vorsitzende zum Referendar: Sie sind nicht darauf eingegangen, ob und welchen Einfluß die der Klägerin angefallene Erbschaft und die ihr ausgezahlte Abonnentenversicherung auf die Klageansprüche hat. Die Frage gehört ja zum Verfahren über den Betrag und könnte deshalb bei der Entscheidung über den Grund außer Betracht bleiben. Da Sie sich aber die ganze Sache so schön zurechtgelegt haben, möchte ich Ihre Ansicht hierüber wissen.

Der Referendar: Die Klägerin darf den Tod ihres Mannes nicht zum Anlaß nehmen sich zu bereichern. Soweit der Tod ihr Vermögensvorteile gebracht hat, ist ihr kein Schaden entstanden: s. g. „Vorteilsausgleichung" (compensatio lucri cum damno). Man wendet dabei die Regeln der adäquaten Verursachung an. Was der Witwe unmittelbar auf Grund gesetzlicher Vorschriften anfällt, ist Todesfolge, mindert den Schaden und damit die ihr zustehende Geldrente; was sie auf besonderer vertraglicher Grundlage erwirbt, bleibt außer Betracht. Daher wird die Erbschaft anzurechnen sein, freilich nicht mit dem Kapital sondern bloß mit den aus ihr zu erwartenden Einkünften. RG. 64, 350; 69, 292; 72, 437; 91, 398. Auch gesetzliche Witwenpensionen und Hinterbliebenenrenten aus der Sozialversicherung sind anrechnungspflichtig. Die Versicherungssumme wird nicht berücksichtigt, weil sie auf einem von Wolfgang Spielmann abgeschlossenen Vertrag und den daraus bewirkten Leistungen beruht. RG. 64, 350; 68, 45; 70, 101; 92, 401; 130, 258.

Die früher für die Vorteilsausgleichung gebrauchte Formel, daß die Ursache von Schaden und Vorteil „identisch" sein müsse, ist zu Gunsten der „adäquaten Verursachung" aufgegeben (vgl. z. B. DNotZ. 32, 249[3]). Auch so erscheint die verschiedene Behandlung gesetzlicher Pensionen und vertraglicher Versicherungsleistungen gekünstelt. Der Sozialversicherte hat, wenigstens teilweise, das Recht auf Rente für sich und seine Hinterbliebenen durch seine Beiträge erworben, und beim Beamten liegt eine gewisse Analogie zur Versicherungsprämie insofern vor, als das Gehalt im Hinblick auf die Ruhegehaltsversorgung niedriger bemessen wird. — RG. 130, 258 behandelt den Fall, daß der Getötete auf Verlangen seines Arbeitnehmers zwangsweise einem Versicherungsverein beigetreten war, die Prämien hatten teils der Arbeitgeber, teils der Getötete bezahlt: hier wurde die Anrechnung der Versicherungsleistungen auf den Schaden abgelehnt.

Die Abonnentenversicherung ist gewöhnlich eine Sterbegeldversicherung auf den Todesfall, mit Erhöhung bei Tod durch Unfall. Da die volkswirtschaftlich besonders wichtigen Versicherungszweige (Lebens-, Unfall-, Feuer-, Hagel-, Haftpflicht-Versicherung) nur von behördlich überwachten Aktiengesellschaften und Versicherungsvereinen auf Gegenseitigkeit betrieben werden dürfen (§ $7^{II,III}$ Vers.-AufsG., oben S. 16 zu 6), können die Zeitungsverleger, welche ihren Leserkreis durch Abonnentenversicherung erweitern wollen, nicht selbst als Versicherer auftreten, sondern müssen bei einer zugelassenen Versicherungsgesellschaft eine Generalpolize zu Gunsten ihrer Abonnenten nehmen, deren Prämie sie selbst bezahlen. Im Sinne der reichsgerichtlichen Rechtsprechung wird man eine Quote des Abonnementbetrages als Gegenwert für die Beteiligung an der General-Versicherungspolize zu betrachten haben. — Die Abonnentenversicherung hat zu der Frage geführt, ob das Anwerben von Abonnenten für Zeitungen mit derartiger Versicherung im Wandergewerbe gegen § 56^{12} GewO. verstößt. Vgl. dazu Quentel LZ. 32, 89; Herzog JW. 30, 3597. Die zivilrechtliche Verbindlichkeit des Vertragsverhältnisses wird durch eine etwaige Strafbarkeit jedenfalls nicht in Frage gestellt, da das Verbot sich nur gegen eine bestimmte Art der Werbung, nicht gegen den Abschluß als solchen richtet.

Das hier behandelte Problem würde in befriedigender Weise gelöst werden, wenn es bei der Lebens- und Unfallversicherung eine dem § 67 VVG. entsprechende cessio legis der Ansprüche des Geschädigten auf die Versicherungsgesellschaft gäbe. Aber ein Forderungsübergang ist hier nicht vorgesehen, weil die Personenversicherung (§ 1^{I} S. 2) mit dem Ausgleich eines Schadens (§ 1^{I} S. 1) nichts zu tun hat. In den Fällen der Sozialversicherung und der Beamtenunfallfürsorge gehen d Deliktsansprüche auf den leistungspflichtigen Versicherungsträger bzw. auf den Staat über. Vgl. 11. Kap. „Deliktsanspruch zwischen Arbeitnehmer und Arbeitgeber".

Vorsitzender: Wie denken Sie sich im Innenverhältnis der Beklagten den späteren Ausgleich hinsichtlich der Beträge, für die sie solidarisch haften?

Referendar: Nach §§ 17, 18^{III} KFG. hängt im Innenverhältnis die Ersatzpflicht von den Umständen, insbesondere davon ab, in wieweit der Schaden vorwiegend von dem einen oder dem anderen Teil verursacht worden ist. Ich würde Buchholz und, wenn er zahlungsunfähig ist, an seiner Stelle der Stadtgemeinde den weitaus überwiegenden Teil des Schadens auferlegen.

Vorsitzender: Ihre Entscheidung ist richtig, aber nicht die Begründung. Die von Ihnen angeführten Vorschriften des KFG. treffen nämlich nicht alle Fälle. Insbesondere passen sie nicht, wenn — wie es bei Buchholz zutrifft — einer der Schuldner aus § 823 BGB. haftet; ferner nicht, wenn an dem Unfall zwar mehrere Eisenbahnen oder Tierhalter oder Eisenbahn und Tierhalter beteiligt waren, aber kein Kraftfahrzeug. Für solche Fälle muß man auf die allgemeinen Rechtsgrundsätze zurückgehen, die sich bereits vor Erlaß des KFG. in der Rechtsprechung für den Regreß unter Gesamtschuldnern herausgebildet hatten und von denen § 17I S. 2 nur eine spezielle Anwendung darstellt. Bekanntlich schreibt § 426 BGB. Regreß nach Kopfteilen vor „soweit nicht ein anderes bestimmt ist". Die andere Bestimmung kann nicht bloß in einer ausdrücklichen Gesetzesvorschrift enthalten sein, sondern sich auch aus der Natur des Schuldverhältnisses ergeben, und hierbei wird § 254 — der eigentlich bloß für das Verhältnis des Verletzten zum Schädiger gilt — auf die Gesamtschuldner unter einander analog angewandt. Also kommt es, wie auch das KFG. sagt, auf die Umstände und auf das Maß der Kausalität des Einzelnen an. RG. 61, 56; 93, 96; JW. 15, 324². Es macht keinen Unterschied, ob die mehreren Ersatzpflichtigen nach § 840I BGB. echte Gesamtschuldner sind oder ob s. g. „unechte Solidarität" zwischen ihnen besteht, d. h. einige sowohl vertraglich wie außervertraglich, die übrigen nur aus unerlaubter Handlung bzw. HaftpflG. bzw. KFG. haften. RG. 61, 56. Im übrigen ist aus § 840II, III BGB. die allgemeine Regel abzuleiten, daß im Innenverhältnis in erster Reihe den Schaden zu tragen hat, wer aus eigenem nachgewiesenen Verschulden (z. B. § 823), in zweiter wer aus vermutetem Verschulden (z. B. § 831), in dritter wer bloß aus Gefährdung (§ 833 BGB., § 1 HaftpflG., § 7 KFG.) haftet.

Prozeßvergleich.

Im Fall Irrgang-Glücksmann-Pechmann (S. 256f.) hat Irrgang die Glücksmannsche Hypothekenbestellung wegen Irrtums angefochten und alsdann alle ihm auf Löschung oder Zurückrücken der Hypothek gegen Glücksmann zustehenden Rechte an Pechmann abgetreten. Pechmann klagt auf Bewilligung des Vorrangs für seine Hypothek und auf Vorlegung des Glücksmannschen Hypothekenbriefs an das Grundbuchamt zwecks Vermerks der Rangänderung (vgl. §§ 896 BGB., 42, 62 GBO.). Die Zivilkammer hat beschlossen die von beiden Parteien benannten Zeugen darüber zu hören, ob der Beklagte bei den Vorverhandlungen sich ausdrücklich mit einer zweitstelligen Hypothek hinter 8000 RM. begnügt hat und ob nach Entdeckung der Rangvertauschung zwischen den Parteien unter Zustimmung des Grundstückseigentümers Irrgang die Bewilligung des Vorrangs für die Hypothek des Klägers vereinbart wurde. Mit Ausführung des Beweisbeschlusses ist der Berichterstatter beauftragt worden (§§ 361, 375 ZPO.).

„Landgericht, IV. Zivilkammer. Breslau, den 12. März 1933.

Gegenwärtig:
Landgerichtsrat *Richter*
als beauftragter Richter,
Justizsekretär *Urkund*
als Urkundsbeamter der Geschäftsstelle.

In Sachen des Kleinrentners *Paul Pechmann* in Breslau, Drabiziusstraße 17, Klägers,
Prozeßbevollmächtigter: RA. *Schwarz* in Breslau,
gegen den Lotteriekollekteur *Günther Glücksmann* in Breslau, Gartenstraße 22, Beklagten,
Prozeßbevollmächtigter: RA. *Weiß* in Breslau,
erschienen in dem zur Beweisaufnahme bestimmten Termin

I. seitens der Parteien:

der Kläger und RA. *Schwarz*,
der Beklagte und RA. *Weiß*,

II. als Zeugen:
1. Stellenbesitzer *Wilhelm Irrgang* aus Hochkirch,
2. Institutsinhaber *Hermann Kroker* aus Breslau,
3. verehelichte Frau Lotteriekollekteur *Gerda Glücksmann* aus Breslau."

Der Richter läßt die Zeugen wieder abtreten und redet den Parteien zu, wegen der Zweifelhaftigkeit der Sache sich lieber zu vergleichen.

Glücksmann: Ich sehe nicht ein, wozu ich mich vergleichen soll. Den Prozeß kann ich gar nicht verlieren. Daß der Kläger sich nicht auf gutgläubigen Erwerb, ungerechtfertigte Bereicherung und Irrtumsanfechtung berufen darf, die er in erster Reihe zur Begründung seiner Klage herangezogen hat, geht daraus hervor, daß das Gericht sonst nicht diesen Beweisbeschluß erlassen hätte.

Richter: Der Kläger hat noch andere Klagegründe.

Glücksmann: Mit denen wird er es auch nicht schaffen. Wir haben über den Rang der Hypothek nichts ausgemacht, und es ist nicht wahr, daß ich mich nachher verpflichtet haben soll dem Kläger den Vorrang zu überlassen. Außerdem hätte das notariell sein müssen.

Richter: In dieser Frage steht, wie Sie wieder aus dem Beweisbeschluß herauslesen können, die Kammer auf einem für Sie ungünstigen Rechtsstandpunkt. Es gibt keine gesetzliche Vorschrift, nach der die Verpflichtung zu grundbuchlichen Änderungen nur in notarieller oder beglaubigter Form möglich wäre.

Insbesondere ist das nicht der Sinn des § 873^{II} BGB., vielmehr bezieht sich die dort erwähnte „Bindung" auf die dingliche Einigung und bedeutet Wegfall der Widerrufsmöglichkeit (S. 258/9). Öffentlicher Beurkundung bedürfen Verträge, durch die sich jemand zur Übereignung eines Grundstücks (§ 313) oder zur Bestellung oder Übertragung eines Erbbaurechts (§ 11 ErbbaurVO.) verpflichtet. Ferner unterliegt die schenkungshalber eingegangene Verpflichtung selbstverständlich dem Formzwang des § 518 BGB. Im übrigen kann man nach dem allgemeinen Prinzip der Formfreiheit (§ 125) die obligatorische Verpflichtung zur Bestellung und Löschung von Grunddienstbarkeiten und Hypotheken, zu Abtretungen, Rangänderungen, Neuerungen und sonstigen Veränderungen der dinglichen Rechtsordnung mündlich vereinbaren.

Aber lassen wir einmal die Frage, wie der Prozeß ausgehen wird, ganz bei Seite. Da Sie jedenfalls nicht auf Erststelligkeit Wert gelegt haben, sehe ich keinen Grund, warum Sie nicht im Vergleichswege, ohne damit irgend eine Rechtspflicht anzuerkennen, dem Kläger den Vorrang bewilligen.

Glücksmann: Zum mindesten müßte die Rückzahlung der Hypothek abgekürzt werden. Außerdem lehne ich jede Übernahme von Kosten ab.

Pechmann: Ich bin bereit mich zu vergleichen, kann jedoch bei meiner bedrängten wirtschaftlichen Lage keine Kosten übernehmen. —

Nunmehr wird Irrgang hereingerufen, dem der Richter klar macht, daß er nach den Akten dem Kläger unbedingt auf Verschaffung des ersten Ranges hafte und daher froh sein müsse, wenn er die Vorrangseinräumung durch einige Opfer gegenüber den Prozeßparteien erreichen könnte. Irrgang sieht das ein und es kommt zum Vergleich:

„Vor Eintritt in die Verhandlung schlossen die Parteien unter einander und mit dem als Zeugen erschienenen

Stellenbesitzer *Wilhelm Irrgang* aus Hochkirch

zur Beilegung des Rechtsstreits nachstehenden

Vergleich:

1. Die Fälligkeitsbedingungen der für Herrn *Glücksmann* im Grundbuch von Hochkirch, Landkreis Breslau Band III Blatt Nr. 67 in Abt. III unter Nr. 1 hypothekarisch eingetragenen Darlehnsforderung von 6000 *RM* werden dahin abgeändert, daß am 1. Januar 1934 500 *RM* (i. W.) und am 1. Januar 1935 1000 *RM* (i. W.) ohne Kündigung zurückzuzahlen sind. Herr *Irrgang* verpflichtet sich als persönlicher Schuldner und als Eigentümer des Pfandgrundstücks zur pünktlichen Zahlung dieser Beträge. Im übrigen bleiben die bisherigen Kündigungsbedingungen bestehen. Herr *Glücksmann* und Herr *Irrgang* bewilligen, Herr *Irrgang* beantragt die Eintragung der Veränderung in das Grundbuch.
2. Herr *Glücksmann* und Herr *Irrgang* verpflichten sich Herrn *Pechmann* zur Abgabe aller Erklärungen, welche erforderlich sind, um den für Herrn *Pechmann* auf dem vorbezeichneten Grundstück in Abt. III unter Nr. 2 hypothekarisch eingetragenen 8000 *RM* den Vorrang vor den 6000 *RM* des Herrn *Glücksmann* Abt. III Nr. 1 zu verschaffen. Herr *Glücksmann* verpflichtet sich ferner, den Hypothekenbrief dem Grundbuchamt zwecks Eintragung der Rangänderung vorzulegen.
3. Die Herren *Glücksmann* und *Pechmann* sind darüber einig, daß die 8000 *RM* des Herrn *Pechmann* Abt. III Nr. 2 den Vorrang vor den 6000 *RM* des Herrn *Glücksmann* Abt. III Nr. 1 erhalten. Herr *Irrgang* stimmt als Grundstückseigentümer der Rangänderung zu. Die Herren *Glücksmann*, *Pechmann* und *Irrgang* bewilligen, Herr *Pechmann* beantragt die Eintragung der Rangänderung im Grundbuch von Hochkirch, Landkreis Breslau Band III Blatt Nr. 67.
4. Die Kosten des Rechtsstreits, des Vergleichs und der zu seiner Ausführung notwendigen Grundbucheintragungen übernimmt Herr *Irrgang*.

Vorgelesen, genehmigt.

RA. *Weiß* war bei Beginn der Verlesung zu einer anderen Verhandlung abberufen worden.

Geschlossen:

Richter. *Urkund.*"

Die vorzeitige Entfernung des Anwalts des Beklagten ist der Wirksamkeit des Vergleichs unschädlich, da im Verfahren vor dem beauftragten Richter ohnehin kein Anwaltszwang gilt (§ 78^II ZPO., anders beim Einzelrichter, oben S. 454). —

§ 2 des Vergleichs enthält die obligatorische Verpflichtung zur Vorrangseinräumung, § 3 die dinglichen Erklärungen des zurücktretenden und vortretenden Gläubigers sowie des Eigentümers (§ 880^II S. 2 BGB.). Wird daraufhin die Eintragung im Grundbuch möglich sein?

§ 794^I ZPO. verleiht den vor einem deutschen Gericht — ein solches ist auch der beauftragte Richter — zwischen den Parteien, oder zwischen den Parteien und einem Dritten abgeschlossenen Vergleichen die Eigenschaft der Vollstreckbarkeit. Daraus folgt aber noch nicht, daß grundbuchmäßige Bewilligungen in den Vergleich aufgenommen werden dürfen, weil die „öffentliche" Beurkundung und Beglaubigung, welche § 29 GBO. für Bewilligungen verlangt, technische Begriffe und im RFGG. näher geregelt sind. Nach § 167 RFGG. besitzen (außer den Notaren) nur die Amtsgerichte die Zuständigkeit für das Beurkundungswesen, während hier ein im Prozeß beauftragtes Mitglied des Landgerichts den Vergleich protokolliert hat. Außerdem schreibt § 177 für öffentliche Beurkundungen zwar nicht die Zuziehung eines Protokollführers, dafür aber, neben der Vorlesung und Genehmigung des Protokolls, seine Unterzeichnung durch die Beteiligten vor, an der es bei unserem

Vergleich fehlt. Trotz dieser Bedenken erkennt die Rechtsprechung die von einem Land- oder Oberlandesgericht als Prozeßgericht in Vergleichen protokollierten Erklärungen der Parteien oder am Vergleich beteiligter Dritter als öffentliche Urkunden im Sinne des Grundbuch- und Registerrechts an und begnügt sich folgerichtig damit, daß die Formen der ZPO., nicht die des RFGG., gewahrt sind. Denn es besteht ein erhebliches praktisches Bedürfnis, rechtsgeschäftliche Erklärungen aller Art zum Inhalt von Vergleichen machen zu können. Guethe-Triebel 46 zu § 29; Stein-Jonas 2 c, d, 3 b zu § 794 und die dort angeführten Entscheidungen. Streitig ist nur die Beurkundung von Auflassungen im Prozeßvergleich. Hierbei stört, daß das preußische Auflassungsgesetz (S. 23) ausdrücklich von „Amtsgerichten" spricht. Nach richtiger Ansicht kann diese Beschränkung keine stärkere Wirkung haben als die parallele Bestimmung des § 167 RFGG. Also steht jedem Prozeßgericht die Zuständigkeit zur Beurkundung von Auflassungen im Vergleich zu, natürlich nur bei preußischen Grundstücken (S. 24 zu 5).

Wie hat, wenn die Erklärungen in § 3 des Vergleichs aus irgend welchen Gründen nicht ausreichen, die Vollstreckung der im Vergleich (§ 2) ausgesprochenen Verpflichtung zur Abgabe von Willenserklärungen zu geschehen? Da Vergleiche grundsätzlich den Urteilen als vollstreckbare Schuldtitel gleichgestellt sind (§ 794¹ ZPO.), scheint es nahe zu liegen, gemäß § 894 die Erklärung als abgegeben zu betrachten. § 894 beschränkt indessen die Fiktionswirkung ausdrücklich auf „rechtskräftige" Urteile, und Rechtskraft in diesem Sinne ist, wie allgemein angenommen wird, bei Vergleichen nicht vorhanden. RG. 55, 57 will mit § 887 helfen, weil der Erfolg der abzugebenden Willenserklärung in der Regel mit Geld zu erreichen sei, mithin eine vertretbare Handlung vorliege; die Entscheidung beruft sich auf die Sonderregelung in § 848. Nach zutreffender Meinung (Stein-Jonas I 1 zu § 894) ist die Willenserklärung eine unvertretbare Handlung, folglich nach § 888 vorzugehen.

Unwirksamkeit und Nichterfüllung des Vergleichs: Das Gesetz trifft keine Bestimmung für den Fall, daß Unwirksamkeit eines Vergleichs wegen Willensmangels, Verstoßes gegen gesetzliche Vorschriften oder die guten Sitten, Vergleichsirrtums (§ 779 BGB.) usw. geltend gemacht wird. Manche Schriftsteller wollen diese Fragen durch Fortführung des ersten Prozesses zur Entscheidung bringen. Dagegen verweist das Reichsgericht Einwendungen gegen abgeschlossene Vergleiche grundsätzlich in einen neuen Prozeß, außer wenn die Parteien übereinstimmend den Vergleich für wirkungslos erklären oder die Beanstandung sich auf die äußere Form oder den Inhalt der Vergleichserklärungen bezieht (Mängel des Protokolls, unvorschriftsmäßige Vertretung einer Partei u. dgl.), so daß das Gericht schon auf Grund der Akten erkennen kann, ob der Vergleich zu Recht besteht oder nicht. Erst wenn im zweiten Prozeß die Ungültigkeit des Vergleichs festgestellt worden ist, kommt es zur Wiederaufrollung des ersten Verfahrens. RG. 78, 286; 106, 312. Die Ansicht des Reichsgerichts verdient aus praktischen Gründen den Vorzug. Der formgerecht nach § 794¹ ZPO. abgeschlossene Vergleich soll doch, abgesehen davon daß er einen Vollstreckungstitel schafft, vor allem prozeßbeendigende Wirkung haben. Dadurch unterscheidet er sich gerade vom außergerichtlichen Vergleich, der — falls die Parteien ihn nicht zu gerichtlichem Protokoll verlautbaren oder übereinstimmend die Erledigung des Rechtsstreits erklären — den Prozeß als solchen nicht beendet, vielmehr bloß den Parteien für ihre materiell-rechtlichen Ansprüche neue Begründungen (abstraktes Schuldanerkenntnis, § 782 BGB.) oder Einwendungen (teilweiser Erlaß, § 397) gibt.

Ebenso wenig trifft das Gesetz Vorsorge für den Fall der Nichterfüllung. Ein Gläubiger, der seinem Schuldner im Vergleich Ratenzahlungen gewährt, glaubt vielfach, bei Nichteinhaltung der Raten ohne weiteres zur sofortigen Geltendmachung der vollen Vergleichssumme oder zum Rücktritt vom Vergleich befugt zu sein. Tatsächlich ist das recht zweifelhaft, so daß die Aufnahme einer entsprechenden Verfallklausel in den Vergleich immer den Vorzug verdient. Eine Möglichkeit, vom Vergleich loszukommen, bietet vielfach § 326, sei es in seiner direkten Anwendung (Verzug mit Fristsetzung), sei es unter dem Gesichtspunkt der positiven Vertragsverletzung (unten S. 529 f.). Die Vorfrage, ob Vergleiche „gegenseitige" Verträge im Sinne der §§ 320 f. sind, machen JW. 03 Beil. 57 Nr. 132 (RG.) und OLG. 20, 238 (Hamburg) davon abhängig, ob der Vergleich gegenseitige Leistungspflichten der Parteien begründet (z. B. eine Partei verspricht die Zurücknahme einer Maschine, die andere die Lieferung von Ersatzteilen und gewisse Zahlungen). RG. 93, 290 bejaht die Eigenschaft des gegenseitigen Vertrages unabhängig vom Inhalt schon deshalb, weil der Vergleich begrifflich durch gegenseitiges Nachgeben zu stande gekommen ist (vgl. § 779): der vom Gläubiger bewilligte Nachlaß wird als Gegenleistung für die vom Schuldner zu erfüllenden Leistungen betrachtet.

Zur Zwangsvollstreckung aus schiedsrichterlichen Vergleichen gehört, abweichend von den vor einem staatlichen Gericht geschlossenen Vergleichen, daß 1. die Parteien sich im Vergleich ausdrücklich der Vollstreckung unterworfen haben, 2. der Vergleich von den Parteien und sämtlichen Schiedsrichtern unterzeichnet, 3. die Vollstreckbarkeit vom Gericht in einem Verfahren ausgesprochen ist, das im Wesentlichen mit der Vollstreckbarkeitserklärung von Schiedssprüchen (unten S. 547) übereinstimmt. § 1044 a ZPO.

Einstweilige Verfügungssache wegen Patentverletzung.

Ladung zur Verhandlung über die Rechtmäßigkeit.

„Geschäftsnummer: 2 G 7.33.

Beschluß.

In Sachen der ‚*Fafner*' Geldschrankfabrik Aktiengesellschaft in Berlin ...., vertreten durch die Vorstandsmitglieder *Bechstein* und *Collin* in Berlin ...., Antragstellerin,

Prozeßbevollmächtigter: RA. *Roth* in Berlin, gegen den Geldschrankfabrikanten und Schlossermeister *Franz Eichler* in Canth bei Breslau, Antragsgegner.

Die Antragstellerin hat geltend gemacht, daß sie auf Grund des ihr zustehenden Deutschen Reichspatents Nr. 399255 das ausschließliche Recht habe Geldschranktüren, dadurch gekennzeichnet, daß das Schloß beim Schließen durch Auslösen einer Zahnradvorrichtung selbsttätig versenkt wird, gewerbsmäßig herzustellen, in Verkehr zu bringen, feilzuhalten und zu gebrauchen; daß der Antragsgegner bei den von ihm fabrizierten und vertriebenen Geldschränken ‚Eichler-Tresor' eine Tür verwende, deren Schloß beim Schließen durch Auslösen einer Zahnradvorrichtung selbsttätig versenkt werde; und daß ihr daher das Recht zustehe von dem Antragsgegner die Unterlassung der gewerbsmäßigen Herstellung, des Inverkehrbringens, Feilhaltens und Gebrauchs der Geldschränke ‚Eichler-Tresor' zu verlangen. Sie hat diese Behauptungen durch Vorlegung der Patentschrift Nr. 399255, den gedruckten Prospekt des Antragsgegners über die Geldschränke ‚Eichler-Tresor', eidesstattliche Versicherung der .... und Gutachten des gerichtlich beeidigten Sachverständigen für Patentangelegenheiten .... sowie die Dringlichkeit des Falles dadurch glaubhaft gemacht, daß nach der eidesstattlichen Versicherung des .... der Antragsgegner auf der am 15. d. M. beginnenden Ostmesse in Breslau die ‚Eichler-Tresor'-Geldschränke auszustellen und unter Hinweis auf die Konstruktion ihrer Türen als besonders diebessicher anzupreisen beabsichtigt.

Gemäß §§ 4 PatG., 935, 940, 942^{I}, 91, 890 ZPO. wird daher im Wege der einstweiligen Verfügung angeordnet:

1. Dem Antragsgegner wird bei Vermeidung einer Geldstrafe von 1000 *RM* (i. W.) für jeden Zuwiderhandlungsfall untersagt, Geldschränke der Marke ‚Eichler-Tresor' gewerbsmäßig herzustellen, in Verkehr zu bringen, feilzuhalten und zu gebrauchen.

2. Die Vollziehung der einstweiligen Verfügung wird davon abhängig gemacht, daß die Antragstellerin Sicherheit in Höhe von 5000 *RM* (i. W.) leistet.
3. Die Kosten des Verfahrens werden dem Antragsgegner auferlegt.
4. Die Antragstellerin hat den Antragsgegner innerhalb zwei Wochen seit Zustellung dieses Beschlusses an die Antragstellerin zur mündlichen Verhandlung über die Rechtmäßigkeit der einstweiligen Verfügung vor das Gericht der Hauptsache zu laden.

Canth, den 8. März 1933.
Amtsgericht.
Richter."

„An
das Landgericht, Zivilkammer, Breslau, den 15. März 1933.
Hier.

In der einstweiligen Verfügungssache *Fasner* gegen *Eichler* lade ich namens der Antragstellerin den Antragsgegner mit der Aufforderung, einen bei dem Prozeßgericht zugelassenen Anwalt zu bestellen, zur mündlichen Verhandlung über die Rechtmäßigkeit der von dem Amtsgericht in Canth unter dem 8. März d. J. erlassenen einstweiligen Verfügung, Aktenzeichen 2 G 7.33, vor das Landgericht, Zivilkammer, in Breslau als Gericht der Hauptsache auf den hierbei anberaumten Termin.

Ich werde beantragen:

die einstweilige Verfügung vom 8. März 1933 zu bestätigen und die weiteren Kosten des Rechtsstreites dem Antragsgegner aufzulegen.

Für die Antragstellerin:
Schwarz, Rechtsanwalt."

Das Amtsgericht, welches nicht zugleich Gericht der Hauptsache ist, besitzt für einstweilige Verfügungen nur eine beschränkte Zuständigkeit. Einmal muß die Sache „dringlich" sein; viele Amtsgerichte verneinen die Dringlichkeit grundsätzlich, wenn am selben Ort das Landgericht seinen Sitz hat, welches Gericht der Hauptsache sein würde. Außerdem ist in der amtsgerichtlichen einstweiligen Verfügung von Amtswegen eine Frist zu bestimmen, innerhalb welcher der Antragsteller den Antragsgegner zur Verhandlung über die Rechtmäßigkeit vor das Gericht der Hauptsache zu laden hat (§ 942^{I}). Bei der häufigsten Art einstweiliger Verfügungen, nämlich den auf Eintragung von Vormerkungen oder Widersprüchen gerichteten, fällt das Erfordernis der Dringlichkeit fort und die Frist zur Ladung vor das Gericht der Hauptsache wird nicht von Amtswegen sondern auf Antrag des Antragsgegners bestimmt (§ 942^{II}). Aber auch in diesem Fall darf das Amtsgericht nicht selbst über die Rechtmäßigkeit erkennen.

Dagegen konkurriert nach § 25 UWG. bei der einstweiligen Verfügung in Wettbewerbsachen das Amtsgericht des forum delicti commissi mit dem Gericht der Hauptsache in gleicher Weise, wie wir es im Arrestverfahren gesehen haben (S. 424). — Die Fristsetzung aus § 942 ZPO. darf mit derjenigen des § 926 (S. 431 zu 2) nicht verwechselt werden: die eine soll aus dem Beschluß- ins Rechtmäßigkeitsstadium, die andere ins Ordinarium überleiten. Die Wirkung der Fristversäumnis ist aber beide Male die gleiche, indem der Arrest bzw. die einstweilige Verfügung aufgehoben wird (nach § 942^{IV} durch Beschluß, nach § 926^{II} durch Urteil) und den Arrestkläger die volle Schadensersatzpflicht des § 945 trifft. Besonders gefährlich wird die Fristsetzung, wenn ein Hauptprozeß bereits in der Berufungsinstanz schwebt. Alsdann muß nämlich die Ladung vor das Berufungsgericht erfolgen (§ 943^{I}), und wenn der Arrestkläger das übersieht und vor das für die Hauptsache in erster Instanz zuständige Gericht lädt, hat er die Frist nicht gewahrt!

Zur Ladung mußte die Antragstellerin einen beim Landgericht Breslau zugelassenen Anwalt als Prozeßbevollmächtigten annehmen. Die Befreiung vom Anwaltszwang (S. 424) gilt nur für das — amts-, land- oder oberlandesgerichtliche — Beschlußverfahren. —

Der Termin ist nicht vor dem Einzelrichter sondern vor der Kammer zu bestimmen; denn Arreste und einstweilige Verfügungssachen sollen in einem einzigen Termin erledigt werden.

Einwendungen des Antragsgegners.

„In Sachen *Fafner* gegen *Eichler*, 4 Q 39.33, beantrage ich namens des Antragsgegners:

die einstweilige Verfügung des Amtsgerichts Canth vom 8. März 1933, aufzuheben und die Kosten des Verfahrens der Antragstellerin aufzuerlegen.

1. Es fehlt an einem Arrestgrund."

Mit diesem Einwand wird Eichler kaum durchdringen. Das Patent ist ein „dauerndes" Rechtsverhältnis im Sinne des § 940 ZPO. und daher der Erlaß einer einstweiligen Verfügung schon zulässig, wenn die provisorische Anordnung „zur Abwendung wesentlicher Nachteile oder .... aus anderen Gründen nötig erscheint". Nun beträgt die Höchstdauer des Patents nur 18 Jahre (§ 7^{I} S. 1 PatG.), und bis der Patentinhaber im ordentlichen Verfahren mit der negatorischen Patentklage aus § 4 ein Urteil erwirken könnte, würde ein nicht unerheblicher Teil der Schutzfrist bereits verstrichen sein; die Schadensersatzansprüche aber, die dem Patentinhaber für die Zeit bis zur Durchführung des Unterlassungsurteils verbleiben, sind durch § 35^{I} PatG., abweichend von § 823^{I} BGB., auf Vorsatz und „grobe" Fahrlässigkeit beschränkt, scheitern also, sobald im Schadensersatzprozeß die Fahrlässigkeit des Verletzers als leichte aufgefaßt wird. Außerdem ist die Höhe des Schadens schwer zu beweisen.

Die Praxis (RG. 62, 320; 70, 249) gibt dem verletzten Patent-, Gebrauchsmuster- usw. Inhaber auch die Rechte eines Geschäftsherrn aus sog. „unechter Geschäftsführung" (§ 687^{II}) auf Herausgabe des durch die unbefugte Patentausübung erzielten Verdienstes (§ 667) und auf Auskunftserteilung (§ 666), und zwar nicht nur bei vorsätzlicher Patentverletzung (§ 687^{II}: „obwohl er weiß, daß er nicht dazu berechtigt ist"), sondern in Weiterbildung des Gesetzes bereits bei bloßer Fahrlässigkeit. Dadurch wird die Rechtsstellung des Verletzten wesentlich verbessert; der Anspruch auf Herausgabe des durch die quasi-Geschäftsführung Erlangten kann sogar über seinen wirklichen Schaden hinausgehen! — Der Schadensersatz wegen Verletzung von Gebrauchsmustern (§ 9 GebrMG., S. 339) und Warenzeichen (§ 14 WZG.) setzt ebenfalls Vorsatz oder grobe Fahrlässigkeit voraus. Dagegen gewähren die Urheberrechtsgesetze (§ 36 LitUG., § 31 KunstschG.) schon bei leichter Fahrlässigkeit einen Schadensersatzanspruch. — Bei bloß objektiver Verletzung von Urheberrechten kann der Verletzte nach § 812 BGB. den vom andern Teil erzielten Verdienst als Bereicherung fordern; da der Verdienst aus einem „Inbegriff von Gegenständen" besteht, hat er auch Anspruch auf Auskunftserteilung aus § 260. RG. 90, 137; JW. 28, 2070[1] mit Anm. von Elster.

Deshalb muß die Notwendigkeit der Regelung durch einstweilige Verfügung in derartigen Fällen grundsätzlich bejaht werden, vorausgesetzt natürlich, daß die objektive Patentverletzung (welche im Gegensatz zum Schadensersatzanspruch die alleinige Grundlage der negatoria bildet) ausreichend glaubhaft gemacht oder gemäß § 921^{II} ZPO. Sicherheit geleistet ist.

„2. Der Antragstellerin steht kein Unterlassungsanspruch gegen den Antragsteller zu. Die Geldschranktür mit dem durch Zahnradvorrichtung automatisch versenkbaren Schloß ist eine Erfindung des Antragsgegners, die er schon vor ca. 20 Jahren gemacht und zunächst in kleinem Umfange, dann seit 1926 in größerem Maßstabe angewandt hat. Er hat seine Methode geheim gehalten und in seinem Betrieb nur einzelne ausgewählte Arbeiter bzw. Werkmeister zu den letzten Zusammensetzarbeiten zugelassen. Einer dieser Werkmeister namens *Rösler* war im Jahre 1926 beim Antragsgegner beschäftigt und hat dort Einblick in seine Konstruktionen erlangt. Anfang 1927 kündigte *Rösler* und ging nach Berlin: wie sich später erwies, zur Antragstellerin. Gleichzeitig verschwanden Konstruktionszeichnungen. Im Dezember 1927 meldete die Antragstellerin das Patent Nr. 399255 an und erhielt es, da der Antragsgegner sich um die vom Patentamt veröffentlichten Anmeldungen nicht bekümmerte und es infolge dessen unterließ, Einspruch zu erheben. Offenbar hat *Rösler* die Zeichnungen entwendet und der Antragstellerin ausgeliefert, welche daraufhin das Patent für sich nachgesucht hat.

Die Glaubhaftmachung werde ich im Termin erbringen.

Gleichzeitig beantrage ich:

der Antragstellerin gemäß § 926 ZPO. eine Frist zur Erhebung der Klage zu bestimmen.

Für den Antragsgegner:
Weiß, Rechtsanwalt."

Kann sich Eichler darauf berufen, daß die Geldschranktür sein geistiges Eigentum sei?

§ 3^I^ S. 1 PatG. gibt den Anspruch auf Patenterteilung nicht dem Erfinder als solchen sondern demjenigen, der als erster die Erfindung nach Maßgabe des Gesetzes zum Patent angemeldet hat („Anmeldeprinzip"). Wenn nun zu dem maßgebenden Zeitpunkt der Anmeldung die Erfindung bereits in Benutzung genommen oder beschrieben oder von anderer Seite gemacht war, sind folgende Fälle zu unterscheiden:

1. Die Erfindung war in inländischen „öffentlichen" Druckschriften beschrieben oder (vom Anmelder oder sonstigen Personen) im Inland „offenkundig" benutzt: dann fehlt ihr das Merkmal der „Neuheit" und damit die Schutzfähigkeit (§§ 1^{I}, 2^{I}). Das nicht schutzfähige Patent wird auf eine, binnen 5 Jahren seit Publikation der Patenterteilung beim Patentamt zu erhebende, Popularklage für nichtig erklärt (§§ 10^{1}, $28^{I, II, III}$). Ist die Klagefrist verstrichen (wie wahrscheinlich in unserem Fall), so hat gegenüber der negatorischen oder Schadensersatzklage des Patentinhabers der beklagte Konkurrent die Einrede der „Patenterschleichung", eine aus § 826 BGB. hergeleitete Anwendung der exceptio doli generalis, sofern das Verhalten des Patentinhabers den guten Sitten zuwiderlief. Hat Eichler mit der Behauptung, daß die Antragstellerin ihm die Erfindung geradezu gestohlen habe, recht, so würde die Einrede Erfolg haben; dagegen ist es noch kein Verstoß gegen die guten Sitten, wenn der Patentinhaber es lediglich unterlassen hat, bei zweifelhafter Sach- und Rechtslage das Patentamt auf die gegen die Schutzfähigkeit seiner Anmeldung bestehenden Bedenken aufmerksam zu machen. RG. 84, 263 c. cit.

2. Liegt keine offenkundige Vorbenutzung vor, war die Erfindung also schutzfähig, hatte aber der Anmelder ihren wesentlichen Inhalt den Beschreibungen, Zeichnungen, Modellen usw. eines anderen entnommen, so kann dieser (der „Erfinder") gegen die Patenterteilung an den Anmelder Einspruch erheben und, nachdem die Anmeldung auf seinen Einspruch zurückgewiesen worden ist, die Erteilung des Patents an sich selbst unter Rückdatierung der Anmeldungswirkungen verlangen (§ 3^{II}). Es steht ihm ferner eine an keine Frist gebundene Nichtigkeitsklage aus

§§ 10^3, 28^{II} zu. Statt dessen kann er aber auch auf Grund des bürgerlichen Rechts vom Patentinhaber die Überlassung des diesem erteilten Patents fordern (Isay 23f. Anhang zu §§ 1, 2).

3. Hatte ein anderer die gleiche Erfindung in geheime Benutzung genommen, so wird dadurch die Erteilung des Patents an den Anmelder — vorausgesetzt, daß der Fall der Entwendung nicht gegeben war — nicht gehindert; der frühere Benutzer hat aber das, auf die Bedürfnisse seines eigenen Betriebes beschränkte, „Vorbenutzungsrecht" des § 5^I und insoweit wird die Wirkung des dem Anmelder erteilten Patents eingeschränkt. Zur Übertragung des Vorbenutzungsrechts auf Dritte ohne gleichzeitige Übertragung seines Betriebes oder zur Erteilung von Lizenzen ist der Vorbenutzer nicht befugt.

4. Wenn schließlich ein anderer die Erfindung bereits kennt, sie aber weder ausgeführt noch Vorbereitungen hierzu getroffen hat, so hat er sich verschwiegen, und dem Anmelder steht das Patentrecht ohne Einschränkung durch ein Vorbenutzungsrecht zu.

Zur Aufhebung der einstweiligen Verfügung wird es genügen, wenn Eichler die Voraussetzungen des Vorbenutzungsrechts glaubhaft macht.

Freigabe von Sicherheiten.

In Sachen Gallwitz gegen Gottwald (S. 459f.) ist die Zwangsvollstreckung auf die Klage für unzulässig erklärt worden und das Urteil hat Rechtskraft erlangt. Wir erinnern uns, daß auf Antrag des Klägers Einstellung der Zwangsvollstreckung und, gegen eine von ihm zu stellende Sicherheit von 3500 RM., Aufhebung der erfolgten Vollstreckungsmaßregeln angeordnet war. Gallwitz hat die Sicherheit geleistet, weil gerade Gelegenheit zum Verkauf des Fichtnerschen Geschäfts bestand und er bei dieser Gelegenheit vom Käufer des Geschäfts wegen seiner Forderung abgefunden werden sollte.

Die Hinterlegungsstellen geben hinterlegte Beträge grundsätzlich nur heraus, wenn schriftliche Einwilligungserklärungen aller Beteiligten beigebracht werden, oder die Einwilligung durch rechtskräftiges Urteil ersetzt ist, oder eine zuständige Behörde die Herausgabe angeordnet hat (§§ 14, 15 HintO., oben S. 66). Die meisten Fälle, in denen eine Prozeßsicherheit gegenstandslos geworden ist, erledigen sich ohne nochmalige Anrufung des Prozeßgerichts dadurch, daß die Partei, der die Sicherheit haftet, die Rückgabe an den Gegner bewilligt. Dabei verlangt die Hinterlegungsstelle, wenn sie die Unterschrift nicht kennt, Beglaubigung, die aber nicht bloß vom Gericht oder Notar sondern von jedem zur Führung eines öffentlichen Siegels befugten Beamten (z. B. Polizeibehörde) vorgenommen werden kann (§ 18 HintO., vgl. S. 66 Z. 11). Bewilligt der Prozeßbevollmächtigte, so fällt das Erfordernis der Beglaubigung fort, weil die Hinterlegungsstelle den Namenszug kennt; dagegen muß der Anwalt seine Vollmacht der Hinterlegungsstelle nachweisen, sofern sie nicht schon im Prozeß überreicht und geprüft worden war (Landgerichtsprozeß!). Kann der Deponent von seinem Gegner keine rechtsgeschäftliche Auszahlungsbewilligung erhalten, so müßte er an sich die Einwilligungsklage erheben und könnte erst nach Rechtskraft des Urteils (§ 894 ZPO.) seine Sicherheit herausverlangen. Um dieses zeitraubende und kostspielige Verfahren, das in den meisten Fällen eine leere Formalität bedeuten würde, zu ersparen, sind Erleichterungen geschaffen worden:

1. Hat der Kläger, der ein gegen Sicherheitsleistung vorläufig vollstreckbares Urteil erwirkt hatte, Sicherheit bestellt und nachher den Prozeß rechtskräftig gewonnen, so ordnet auf Antrag das Prozeßgericht gegen Vorlegung des Rechtskraftzeugnisses sofort die Auszahlung an ihn an (§ 715).

2. War vom Beklagten zur Abwendung der Vollstreckung hinterlegt, so ordnet die Hinterlegungsstelle selbständig die Auszahlung an den Kläger an, wenn er nachweist, daß die Verurteilung des Beklagten rechtskräftig geworden ist. Das beruht darauf, daß der Kläger durch die Hinterlegung

des Beklagten ein Pfandrecht erworben hatte (§§ 233 BGB., 6 HintO.) und daß im Stadium der Pfandreife dem Pfandgläubiger die alleinige Einziehungsbefugnis zusteht (§ 1282 BGB.). Ohnehin könnte der Kläger die Ansprüche des Beklagten an die Hinterlegungsstelle auf Grund des rechtskräftigen Urteils für sich pfänden und zur Einziehung überweisen lassen; die angegebene Vereinfachung macht den Umweg über die Zwangsvollstreckung entbehrlich. Auch auf Grund eines rechtskräftigen Wechsel-Vorbehaltsurteils wird die vom Beklagten geleistete Sicherheit dem Kläger herausgegeben. JW. 28, 1028.

3. Im Übrigen sieht § 109 ZPO. ein Provokationsverfahren vor, welches durch das Mittel der gerichtlichen Fristsetzung die Initiative zur Klageerhebung vom Deponenten auf den Gegner abwälzt. Grundlage dieses Verfahrens bildet die Feststellung, daß die „Veranlassung für die Sicherheitsleistung weggefallen" ist.

4. Ein dem § 109 genau entsprechendes Provokationsverfahren bei der Hinterlegungsstelle — von dem aber bei Prozeßsicherheiten wenig Gebrauch gemacht wird — sieht § 19 HintO. vor.

Die Partei, welche ihre Sicherheit frei bekommen will, kann statt des einfacheren Verfahrens in allen Fällen auch die Einwilligungsklage wählen (JW. 05, 372[15]), muß aber dann darauf gefaßt sein nach § 93 ZPO. mit den Kosten belastet zu werden, falls der Gegner den Anspruch alsbald anerkennt. —

Das Verfahren aus § 109 ZPO. unterliegt keinem Anwaltszwang (§§ 109^{III}, 78^{II}), doch ist die Mitwirkung des Prozeßbevollmächtigten hier ebenso üblich wie bei der Kostenfestsetzung. Gallwitz überreicht also durch seinen Anwalt die mit Rechtskraftszeugnis versehene Urteilsausfertigung sowie Nachweis über die von ihm bewirkte Hinterlegung und beantragt:

„dem Beklagten eine Frist gemäß § 109^{I} ZPO. zu bestimmen."

Wann ist im Sinne des § 109 ZPO. die Veranlassung für eine Sicherheit weggefallen?

Jede prozessuale Sicherheit trägt den Charakter eines Provisoriums. So lange das Schicksal des Rechtsstreits und der unter die Sicherheit fallenden Ansprüche sich in der Schwebe befindet, ist die Festlegung der Kaution gerechtfertigt. Dagegen fehlt es an einem Grunde die Sicherheit zu verlängern, wenn durch die ergangenen Entscheidungen entweder die absolute Unmöglichkeit solcher Ansprüche oder aber feststeht, daß die entstandenen Ansprüche abgeschlossen sind und liquidiert werden können und daß die Entstehung weiterer Ansprüche ausgeschlossen ist. Denn die Fristsetzung soll ja gerade klarstellen, ob und in welcher Höhe die Sicherheit in Anspruch genommen werden kann. Alles das wird vom Gericht unter Berücksichtigung der konkreten Sachlage nach freiem Ermessen geprüft. Hat z. B. ein Beklagter zur Abwendung der Vollstreckung hinterlegt und erkennt das Gericht später im Wechsel-Nachverfahren rechtskräftig auf Klageabweisung, so ist § 109 anwendbar. JW. 02, 163[8]. Ebenso wenn ein Arrest (einstweilige Verfügung) rechtskräftig für ungerechtfertigt erklärt ist und der Arrestkläger Sicherheit geleistet hatte. RG. 61, 300. Hat dagegen das Arrestverfahren mit rechtskräftiger Bestätigung geendet, steht aber die Entscheidung des Hauptprozesses noch aus, so kann die Arrestkaution nicht freigegeben werden: denn für den Fall, daß in der Hauptsache der Arrestanspruch verneint werden sollte, sind Schadensersatzansprüche des Arrestbeklagten aus § 945 möglich. RG. 50, 376; 72, 27. Wenn der Kläger nach Erlaß eines gegen Sicherheit vollstreckbaren erstinstanzlichen Urteils Sicherheit geleistet hat und die Berufung des Beklagten vom Oberlandesgericht in unbedingt vollstreckbarer Form zurückgewiesen, dem Beklagten jedoch Hinterlegungsbefugnis gewährt wird, so erhält der Kläger, falls er noch nicht oder nicht erfolgreich vollstreckt hatte, seine Sicherheit schon vor Rechtskraft des Berufungsurteils im Verfahren des § 109 zurück, weil er nicht schlechter gestellt werden darf, als wenn er in erster Instanz abgewiesen worden wäre und erst beim Oberlandesgericht die vorläufig vollstreckbare Verurteilung des Beklagten erzielt hätte. Hatte aber der Kläger schon vollstreckt, so muß die Sicherheit bis zur Rechtskraft liegen bleiben, weil es möglich wäre, daß das Reichsgericht die Klage abweist, und dann der Beklagte Ansprüche an den Kläger haben würde, und weil dem Beklagten infolge der bereits erfolgten Beitreibung die Möglichkeit genommen war durch Hinterlegung die Vollstreckung abzuwenden: der Kläger darf nicht die Urteilssumme in der Hand haben und noch außerdem seine Sicherheit zurückbekommen. KG. in OLG. 29, 59; JW. 20, 1040[3]; AV. vom 18. Dezember 1922 (JMBl. 579).

Daß die von Gallwitz gestellte Sicherheit gegenstandslos geworden ist, kann nicht zweifelhaft sein. Sie sollte dem Interventionsbeklagten für den Fall der Klageabweisung an Stelle der ursprünglichen Pfandstücke haften. Wird rechtskräftig auf Unzulässigkeit der Zwangsvollstreckung erkannt und das Pfändungspfandrecht Gottwalds verneint, so sind Ansprüche des Beklagten auf die Sicherheit undenkbar. Vgl. RG. 50, 376; 86, 36. — Verfügung des Rechtspflegers (S. 71 zu 6):

„1. Beschluß. In Sachen .... wird auf Antrag des Klägers dem Beklagten gemäß § 109 ZPO. eine Frist von 2 Wochen, von der Zustellung dieses Beschlusses an gerechnet, bestimmt, binnen welcher der Beklagte entweder die Einwilligung in die Rückgabe der vom Kläger auf Grund des Beschlusses des unterzeichneten Gerichts vom ...... zur Herbeiführung der Aufhebung der erfolgten Vollstreckungsmaßregeln geleisteten Sicherheit zu erklären, oder die Erhebung der Klage wegen seiner Ansprüche nachzuweisen hat, weil die Zwangsvollstreckung in die Pfandstücke durch das rechtskräftige Urteil vom ...... für unzulässig erklärt und damit die Veranlassung für die Sicherheitsleistung weggefallen ist.

Breslau, den 22. Mai 1934.
Landgericht. 4. Zivilkammer.
Pfleger
Justizinspektor als Rechtspfleger.

2. Zuzustellen ...."

Der Beschluß ist der Anfechtung entzogen (arg. § 109^{IV}). Dagegen kann dem Beklagten, falls er klagen will und mit der Frist nicht auskommt, die Frist gemäß § 224^{II} verlängert werden. Der Klagenachweis ist dem Gericht unaufgefordert zu erbringen.

Nach Ablauf der Frist beantragt RA. Schwarz, nunmehr die Freigabe anzuordnen. Verfügung:

„1. Beschluß. In Sachen .... wird auf Antrag des Klägers gemäß § 109^{II} ZPO. die Rückgabe der vom Kläger auf Grund des Beschlusses des unterzeichneten Gerichts vom..... zur Herbeiführung der Aufhebung der erfolgten Zwangsvollstreckungsmaßregeln geleisteten Sicherheit an den Kläger angeordnet, weil der Beklagte die Erhebung der Klage wegen seiner Ansprüche innerhalb der ihm durch Beschluß vom 22. Mai 1934 bestimmten Frist nicht nachgewiesen hat.

Breslau, den 11. Juni 1934.
Landgericht. 4. Zivilkammer.
Pfleger
Justizinspektor als Rechtspfleger.

2. Zuzustellen ...."

Gegen den letzten Beschluß haben beide Parteien sofortige Beschwerde (§ 109^{IV}), mit der auch geltend gemacht werden kann, daß die Veranlassung zur Sicherheit noch nicht weggefallen, die Fristbestimmung vom 22. Mai daher unzulässig gewesen sei. RG. 97, 127. Dagegen werden, wenn der Beklagte Klage wegen seiner Ansprüche erhoben hat, die Voraussetzungen des § 109 im Prozeß nicht mehr nachgeprüft. RG. 86, 36; 97, 127. —

Ist das Verfahren aus § 109 auch gegeben, wenn die Sicherheit in einer Bankbürgschaft (12. Kap. „Mobiliarpfändung für mehrere Gläubiger") besteht? Man könnte einwenden, daß das Bedürfnis des Sicherheitsbestellers nach baldiger Klärung der Rechtslage hier nicht so dringend sei wie bei Hinterlegung von Geld oder Wertpapieren. Trotzdem wird das Verfahren zuzulassen sein. Der Tenor des Beschlusses aus § 109^{II} ist dahin zu fassen, daß die Bürgschaft „für erloschen erklärt" wird. Vgl. RG. 50, 376 (Fall einer Arrestbürgschaft).

9. Kapitel.

In der Kammer für Handelssachen.

Wechsel-Vorbehaltsurteil.

„Geschäftsnummer: 22 p 67.33.
Verkündet am 18. März 1933.
Urkund
als Urkundsbeamter der Geschäftsstelle.

Im Namen des Volkes!

In Sachen des Kaufmanns *Ernst Schenk* in Breslau, Ohlau-Ufer 8, Klägers,
Prozeßbevollmächtigter: RA. *Schwarz* in Breslau,

gegen

1. den Gärtnereibesitzer *Hans Klotz* in Schweidnitz, Andreas Gryphiusstraße 77,
2. den Apothekenbesitzer *Fritz Kolbe* in Schönborn, Landkreis Breslau, Beklagte,

Prozeßbevollmächtigter: RA. *Weiß* in Breslau wegen Wechselforderung
hat die II. Kammer für Handelssachen des Landgerichts in Breslau"

— Von den beiden Beklagten ist nur Kolbe als Apotheker Kaufmann (§ 1¹ HGB.); der Umstand, daß die Apotheker hinsichtlich der zu führenden Ware und der Verkaufspreise obrigkeitlichem Zwang unterliegen, berührt ihre Kaufmannseigenschaft nicht (Staub 29, 44 zu § 1). Wechsel- und Scheckansprüche gehören aber vor die K.f.H.S. ohne Rücksicht auf die Kaufmannseigenschaft der Parteien. § 95², ³ GVG. Die örtliche Zuständigkeit folgt daraus, daß sich der Zahlungsort des Wechsels im Landgerichtsbezirk Breslau befindet und daß der Mitbeklagte Kolbe hier seinen allgemeinen Gerichtsstand hat. § 603 ZPO. Im übrigen dürfen, wenn einmal vorbehaltslos zur Sache verhandelt worden ist, weder die Kompetenz der K.f.H.S. noch die örtliche Zuständigkeit mehr geprüft werden. §§ 97ᴵᴵ S. 1, 101 GVG., 38, 39 ZPO. —

„auf die mündliche Verhandlung vom 18. März 1933 durch den Landgerichtsdirektor *Richter* als Vorsitzenden und die Handelsgerichtsräte *Behrens* und *Lamm* als Handelsrichter für Recht erkannt:

Die Beklagten werden als Gesamtschuldner verurteilt dem Kläger 2500 *RM* (i. W.) nebst 7% Zinsen seit dem 25. Februar 1933 sowie 23.80 *RM* (i. W.) Wechselunkosten zu zahlen und die Kosten des Rechtsstreits zu tragen.

Das Urteil ist vorläufig vollstreckbar. Den Beklagten wird die Abwendung der Zwangsvollstreckung durch Sicherheitsleistung in Höhe von 3000 *RM* (i. W.) nachgelassen.

Den Beklagten wird die Ausführung ihrer Rechte vorbehalten.

Tatbestand.

Der Beklagte *Kolbe* ist Aussteller, der Beklagte *Klotz* Akzeptant des am 25. November 1932 ausgestellten, am 25. Februar 1933 fälligen, an eigene Order gestellten, in Schönborn beim Beklagten *Kolbe* zahlbaren Klagewechsels über 2500 *RM*."

Vgl. Art. 4[8], 6 WO., dazu S. 60.

„Auf der Rückseite des Wechsels stehen die Blankoindossamente ‚*Fritz Kolbe*' und ‚*Eugen John*'. Der Kläger befindet sich im Besitz des Wechsels und hat ihn am 26. Februar 1933 gegen den Beklagten *Klotz* mangels Zahlung protestieren lassen. Wechsel und Protest sind vorgelegt."

Vgl. S. 417.

„Im Wechselprozeß klagend, beantragt der Kläger:

die Beklagten kostenpflichtig als Gesamtschuldner zu verurteilen, dem Kläger 2500 *RM* nebst 7% Zinsen seit dem 25. Februar 1933 sowie 23.80 *RM* Wechselunkosten zu zahlen.

Die Beklagten beantragen:

die Klage abzuweisen und das Urteil für vorläufig vollstreckbar zu erklären,

für den Fall der Verurteilung:

ihnen die Abwendung der Zwangsvollstreckung durch Sicherheitsleistung sowie die Ausführung ihrer Rechte im ordentlichen Verfahren vorzubehalten.

Sie behaupten: In der Nacht vom 22. zum 23. November 1932 habe der Beklagte *Kolbe* im Hinterzimmer des Cafe ‚Metropol' an den Chemiker *Eugen John* in Breslau über 2500 *RM* verspielt, aber nicht bezahlen können. Er habe dem *John* versprochen innerhalb von 3 Tagen einen Dreimonatswechsel über 2500 *RM* mit der Mitunterschrift des Beklagten *Klotz*, seines Schwiegervaters, beizubringen, der bei Ablauf prolongiert werden sollte. *Kolbe* sei am 24. November nach Schweidnitz gefahren und habe den Beklagten *Klotz* unter einem Vorwand gebeten ihm ein Gefälligkeitsakzept über 2500 *RM* zu geben. Das habe *Klotz* getan. *Kolbe* habe unter Verwendung des Akzepts den Klagewechsel vom 25. November ausgestellt und dem *John* ausgehändigt. *John* habe nun das Papier, ohne Valuta dafür erhalten zu haben, an den Kläger giriert, um den Beklagten die Einwendung, daß der Wechsel zur Erfüllung einer Spielschuld gegeben und das Akzept ein Gefälligkeitsakzept sei, sowie die Einrede der Prolongation abzuschneiden. Der Kläger habe beim Erwerb des Wechsels diese Absicht des *John* und die den Beklagten gegenüber *John* zustehenden Einwendungen gekannt und im Einvernehmen mit *John* gehandelt.

Zum mindesten habe der Kläger beim Erwerb des Wechsels damit gerechnet, daß dem Papier eine Spielschuld oder ein wucherisches Geschäft zu Grunde liege und die Weiterbegebung an ihn den Zweck verfolge, den Schuldnern die Geltendmachung ihrer wohlberechtigten Einwendungen unmöglich zu machen. Der Kläger und *John* hätten nämlich häufig Geschäfte mit solchen Wechseln gemacht und dabei mit Fleischermeister *Baumann* in Liegnitz und Zahntechniker *Zange* in Breslau zusammengearbeitet. Sobald einer von ihnen einen ‚Kavalierswechsel' von einem Dritten erhalten habe, habe er das Papier an die übrigen Mitglieder des Ringes indossiert, die es bei Fälligkeit vom Schuldner einziehen und nötigenfalls einklagen mußten, wobei sie sich als unbeteiligte gutgläubige Erwerber aufspielten, welche den Spiel- bzw. Wuchereinwand nicht gegen sich gelten zu lassen brauchten. Bei den Wucherwechseln sei der Verdienst unter die verschiedenen Genossen des Ringes verteilt worden, damit der Gewinn eines jeden von ihnen geringer erscheine und der Behauptung des Wuchers besser begegnet werden könne. Auf Grund dieses Sachverhalts schwebe bei der Staatsanwaltschaft in Liegnitz gegen *Baumann* und Genossen ein Strafverfahren wegen Wuchers, in welchem bereits gerichtliche Voruntersuchung eröffnet sei.

Das Indossament des Klagewechsels an den Kläger sei nur geschehen, damit der Kläger ihn im eigenen Namen für *Johns* Rechnung einziehe. Wenn aber der Kläger für den Wechsel einen Gegenwert gezahlt haben sollte, so sei das Papier jedenfalls nach dem Protest wieder von *John* eingelöst worden, so daß der Kläger es jetzt nur noch auf Rechnung des *John* geltend mache.

Aus allen diesen Gründen handle der Kläger arglistig und verstoße gegen die guten Sitten, wenn er die den Beklagten gegenüber *John* zustehenden Einwendungen nicht anerkennen wolle.

Der Kläger erwidert: *John* habe ihm beim Erwerb des Klagewechsels lediglich mitgeteilt, daß der Wechsel bei Abzahlung von 50% einmal prolongiert werden müsse. Hierzu habe er sich bereit erklärt. Die Beklagten hätten jedoch weder abgezahlt noch ein Prolongationspapier eingesandt, womit der Einwand der Prolongation hinfällig geworden sei. Im übrigen bestreitet der Kläger das gesamte Vorbringen der Beklagten, und zwar soweit es sich auf Vorgänge zwischen den Beklagten und *John* bezieht, als ihm unbekannt, sonst als unrichtig.

Für den Kläger sind folgende ihm von den Beklagten zugeschobene Eide normiert worden, die er unter Widerspruch gegen ihre Erheblichkeit angenommen hat:

1. Ich habe den Klagewechsel nicht ohne Zahlung eines Gegenwerts von *John* giriert erhalten, um ihn im eigenen Namen für *Johns* Rechnung einzuziehen.
2. *John* hat den Klagewechsel mir gegenüber nicht nach dem Protest eingelöst.
3. Ich habe nach sorgfältiger Prüfung und Erkundigung nicht die Überzeugung erlangt, daß der Klagewechsel dem *John* vom Beklagten *Kolbe* zur Erfüllung einer Spielschuld gegeben worden ist."

Obgleich das Wechselindossament wegen der dadurch herbeigeführten Beschränkung der Einwendungen keinen streng derivativen Rechtserwerb darstellt, gilt der Indossant doch im Sinne des § 445 ZPO. als „Rechtsvorgänger" des Indossatars (RG. 47, 66). Die Eide zu 1 und 2 betreffen eigene Handlungen des Klägers und sind deshalb in der Wahrheitsform (§ 459^{I}) normiert, der auf Handlungen des Rechtsvorgängers John bezügliche dritte Eid in der Überzeugungsform (§ 459^{III}).

Eidesauflage durch Beweisbeschluß: S. 397.

„Der Kläger hat die Eide zu 1 und 2 geleistet. Darauf ist von der Abnahme des Eides zu 3 Abstand genommen worden.

Weiterhin haben die Beklagten dem Kläger Eide darüber zugeschoben, daß zwischen ihnen und *John* uneingeschränkte Prolongation vereinbart worden sei und daß *John* gewußt habe, das Akzept des Beklagten *Klotz* sei gefälligkeitshalber gegeben. Der Kläger hat die Eide angenommen, aber für unerheblich erklärt.

Dafür, daß der Kläger sich den Wechsel im Einverständnis mit *John* habe abtreten lassen, um den Beklagten ihre Einwendungen abzuschneiden, oder daß er zum mindesten mit dem Vorhandensein solcher Einwendungen gerechnet habe, ist von den Beklagten kein Beweis angetreten worden."

Die Erklärung dieses auffälligen Verhaltens der Beklagten s. S. 420/1.

„Entscheidungsgründe.

I. Der Anspruch des Klägers auf gesamtschuldnerische Zahlung der Wechselsumme ist gegen die Beklagten als Akzeptanten bzw. Aussteller des rechtzeitig protestierten Klagewechsels schlüssig begründet. Art. 8, 23, 36, 41, 81 WO.

II. Ob Prolongation des Wechsels mit oder ohne 50%ige Abzahlung vereinbart war, kann dahingestellt bleiben. Denn in dem den Beklagten günstigeren zweiten Falle hätten die Beklagten dem Kläger rechtzeitig den Prolongationswechsel zur Verfügung stellen müssen, was sie unstreitig nicht getan haben. RG. 104, 331."

Der Wechselgläubiger braucht das Prolongationspapier vor Fälligkeit des ersten Wechsels, weil er sich die Mittel zu dessen Einlösung in der Regel durch Diskontierung beschafft und man ihm jedenfalls nicht zumuten kann seine wechselmäßigen Rechte aufzugeben, bevor er in den Besitz des neuen Wechsels gelangt. Die Prolongation hängt damit zusammen, daß die Reichsbank nach § 21² BankG. (oben S. 37) nur Wechsel mit höchstens dreimonatlicher Laufzeit diskontieren darf. Da man mit einem nicht „bankfähigen" Wechsel im Verkehr nichts anfangen kann, so wird, wenn zwischen den Parteien ein längerer Wechsellauf beabsichtigt ist, zunächst ein Dreimonatspapier in Umlauf gesetzt, an dessen Stelle bei der Prolongation ein ebensolches Papier mit gleichen Unterschriften tritt.

„Ebenso wenig kommt es darauf an, ob *John* wußte, daß der Wechsel vom Beklagten *Klotz* nur aus Gefälligkeit akzeptiert war. Wer einen Wechsel gefälligkeitshalber zeichnet, will den künftigen Erwerbern des Papiers wechselmäßig haften. Seine Haftung wird also nicht dadurch ausgeschlossen, daß dem Erwerber der Gefälligkeitscharakter der Unterschrift bekannt war. RG. 117, 69."

Vom gewöhnlichen Akzept — welches vom Warenkäufer, Darlehnsempfänger usw. „auf Schuld" gegeben wird — unterscheidet sich das Gefälligkeitsakzept lediglich im Verhältnis des Ausstellers zum Akzeptanten. Muß dieser sein Akzept gegenüber dem dritten Inhaber einlösen, so steht ihm an den Aussteller die actio mandati contraria („Revalierungsanspruch") zu, und macht der Aussteller das Papier gegen ihn geltend, so kann ihm der Akzeptant entgegenhalten, daß er die Akzeptverpflichtung ohne rechtlichen Grund eingegangen sei (S. 419). Der Nachmann des Ausstellers handelt nicht dolos, wenn er den Akzeptanten in Anspruch nimmt, obgleich er beim Erwerb des Wechsels wußte, daß es sich um ein Gefälligkeitsakzept handelte.

Was hier vom Gefälligkeitsakzept gesagt wird, gilt in gleicher Weise für andere Gefälligkeits-Wechselzeichnungen (Gefälligkeitsausstellung, Gefälligkeits-Indossament), die ja alle den Zweck haben den Wechsel umlaufsfähiger zu machen und seinen Kreditwert zu erhöhen. Erklärt ein Indossant bei der Weiterbegebung, daß „die Sache die anderen auf dem Wechsel unterschriebenen Personen nichts angehe", so bedeutet das bloß, daß die übrigen Wechselunterschriften Gefälligkeitszeichnungen sind und deshalb der Indossant beabsichtigt den Wechsel aus eigenen Mitteln einzulösen; folglich erlangt der Indossatar wechselrechtliche Ansprüche gegen alle (RG. a. a. O.).

Anders nur, wenn etwa der Aussteller das vom Bezogenen gefälligkeitshalber akzeptierte Papier nicht auf Schuld und ohne Valuta, sondern dazu weitergegeben hat, daß der Indossatar auf Grund seiner formalen wechselrechtlichen Befugnis die Wechselsumme vom Akzeptanten einzieht und beide sich in den Raub teilen.

„Dagegen würde der Einwand, daß der Wechsel zur Tilgung einer Spielschuld gegeben worden sei, gegenüber dem ursprünglichen Wechselnehmer *John* nach § 762^II BGB. erheblich sein."

Im Verhältnis zum ersten Wechselnehmer wird das Zurückgreifen auf das Kausalgeschäft durch die Einrede der ungerechtfertigten Bereicherung vermittelt. Befindet sich das Papier in der Hand eines Nachmanns, so versagt die condictio, weil sie keine dem Wechselschuldner gegenüber dem Indossatar zustehende Einwendung (Art. 82) darstellt. Darin zeigt sich gerade die dem Indossament beim Wechsel und allen übrigen indossablen Papieren (§§ 18^II ScheckG., 364^II HGB.) eigentümliche „Transportfunktion", seine „Orderqualität", die es von einer gewöhnlichen Zession unterscheidet. Damit sind wir zum eigentlichen Problem des Prozesses gelangt: wann kann der Wechselschuldner dem Indossatar Einwendungen aus der Person des Indossanten entgegensetzen?

1. Unter den Voraussetzungen der exceptio doli generalis, welche eine dem Schuldner gegen den jetzigen Wechselinhaber zustehende Einrede ist, wenn

der Indossatar das Papier im kollusiven Einvernehmen mit dem Indossanten erworben hat, um dem Schuldner seine Einwendungen gegen den Indossanten abzuschneiden. Hierin liegt ein unsittliches, den Schuldner schädigendes Verhalten, das den Indossatar zum Schadensersatz, d. h. zur Nichtgeltendmachung der formal erworbenen Rechte, verpflichtet und auch einwandsweise geltend gemacht werden kann. §§ 826, 249, 853 BGB. Wesentlich ist dabei die kollusive Absicht. Es verstößt noch nicht gegen die guten Sitten und gegen Treu und Glauben, daß jemand sich im normalen Geschäftsverkehr, z. B. zur Deckung einer Warenforderung, einen Wechsel girieren läßt und später geltend macht, obgleich er weiß, daß der Schuldner dem Indossanten die Einlösung verweigern könnte. Unrichtig daher die Praxis vieler Untergerichte, welche in derartigen Fällen den vom Kläger zu leistenden Eid schlechthin auf seine „Kenntnis" abstellen. Andrerseits braucht der Indossatar zur Begründung der Arglisteinrede nicht gerade positiv gewußt zu haben, daß dem Indossament die Abschneidungsabsicht zu Grunde lag; vielmehr genügt es, wenn er damit rechnete, daß unsaubere Machenschaften im Spiel seien, bei denen er als Werkzeug zur Abschneidung berechtigter Einwendungen dienen sollte. RG. 54, 388; 96, 190 c. cit.; JW. 18, 42[19].

2. Beim „versteckten Prokuraindossament" — welches mit dem „offenen Prokuraindossament" des Art. 17 WO. darin übereinstimmt, daß es die Einziehung des Wechsels für Rechnung des Indossanten bezweckt, sich jedoch äußerlich als Voll-Indossament darstellt — muß der Indossatar sich Einwendungen aus der Person des Indossanten gefallen lassen, weil er materiell dessen Wechselrecht geltend macht. Auf guten oder bösen Glauben des Indossatars kommt es dabei nicht an. RG. 41, 115; Staub-Stranz 8 zu Art. 17.
3. Das Gegenstück zum versteckten Prokura-Indossament bildet der Fall, daß das Indossament ursprünglich gegen Valuta oder auf Schuld erfolgte, daß aber der Indossant nachher den notleidend gewordenen Wechsel eingelöst hat, so daß er materiell jetzt wieder dem Indossanten gehört und der Indossatar nur äußerlich die Legitimation besitzt. RG. 23, 124.
4. Das nachprotestliche Indossament (Art. 16[I]) hat bloße Zessionswirkung, weil es nicht der eigentlichen Wechselzirkulation dient. Die Einreden aus der Person des Vormanns bleiben daher gegenüber dem Indossatar bestehen (§ 404 BGB.).
5. Gleiches gilt vom Indossament eines Wechselblanketts, das noch nicht durch Ausfüllung zu einem Voll-Wechsel geworden ist. RG. 65, 409; 68, 418.

Abredewidrige Ausfüllung von Wechselblanketten: Sehr oft werden Wechsel-Unterschriften „in blanco" geleistet. Kann dann der Wechselzeichner später gegenüber gutgläubigen Erwerbern des Papiers einwenden, daß die Ausfüllung des Blanketts abredewidrig erfolgt sei (zu hohe Wechselsumme; zu früher Verfalltag, der den Wechselschuldner zur vorzeitigen Zahlung nötigt; zu später Verfalltag, der die Dauer seiner Haftung verlängert) oder daß er mit dem Wechselnehmer die Vernichtung des Papiers vereinbart habe?

In der Wissenschaft besteht über die Natur der wechselmäßigen Verbindlichkeit Streit. Das Reichsgericht schließt sich weder der „Kreationstheorie" noch der „Emissionstheorie" (Theorie des „Begebungsvertrags") noch der „Rechtsscheintheorie" gänzlich an, sondern hält eine mittlere Linie ein. Grundsätzlich wird für jede Wechselobligation der Begebungsvertrag gefordert. Eine Ausnahme bildet das Akzept, bei welchem nach Art. 21[IV] WO. schon die bloße Niederschrift eine Bindung erzeugt. Der Mangel des Begebungsvertrags wird durch guten Glauben eines späteren Erwerbers geheilt.

Was nun das Blankoakzept betrifft, so ist es der Annahme eines bereits fertigen Wechsels nicht gleichzustellen; mithin genügt hier nicht die einseitige Unterschrift, sondern es bedarf des Begebungsvertrags. Sobald jedoch einmal aus dem Blankett durch gutgläubige Ausfüllung ein vollteztlicher Wechsel hergestellt war, tritt die Akzepthaftung gemäß Art. 23^II ein. Die Rechte des Wechselinhabers beruhen dann nicht mehr (wie beim unausgefüllten Blankett, oben zu 5) auf der Übertragung des Ausfüllungsrechts des Vormanns, sondern auf der abstrakten Skripturobligation in Verbindung mit gutgläubigem Erwerb. Folglich darf sich der Blankettzeichner nicht mehr darauf berufen, daß ihm das Papier ohne seinen Willen aus Händen gekommen sei, oder daß er gar nicht die Abgabe einer Wechselerklärung beabsichtigt habe, oder daß die Art der Ausfüllung den getroffenen Abmachungen zuwiderlaufe. RG. 24, 87; 65, 409; 68, 418; 74, 351; 87, 365; 112, 202; 117, 69; 134, 33; Bernstein JW. 27, 2998[11]; 32, 740[14] und die dort zitierten weiteren Entscheidungen und Schriftsteller; ferner Eckhardt Ztschr. f. H.R. 89, 260 f.

Definition des „Begebungsvertrags": RG. 117, 69.

Vom Einwand der abredewidrigen Blankettausfüllung ist derjenige der Verfälschung der Wechselsumme zu unterscheiden. Lautete das Papier z. Zt. der Wechselzeichnung auf eine bestimmte Summe, die nachträglich durch Fälschung erhöht wird, so begründet das eine das Wechselrecht selbst betreffende (Art. 82) und daher auch gegenüber Gutgläubigen durchgreifende Einwendung.

6. Hat der Indossant gleichzeitig mit dem Wechsel die Forderung aus dem Kausalgeschäft (z. B. die Kaufpreisforderung) auf den Indossatar übertragen, so soll nach RG. 83, 97 (ähnlich schon 68, 418) auch gegenüber dem Anspruch aus dem Wechsel § 404 BGB. Anwendung finden. Das wird damit begründet, daß der Indossatar kraft der Zession an Stelle des Indossanten in das Kausalverhältnis eingetreten sei und sich darum alle Einwendungen aus diesem Rechtsverhältnis gefallen lassen müsse. Aber die Abtretung der Kausalforderung soll dem Indossatar eine weitere Sicherung geben, nicht seine Rechtsstellung verschlechtern.

Demgemäß fahren die Gründe fort:

„III. Durch das Indossament hat jedoch der Kläger ein von der Rechtsstellung seines Indossanten *John* unabhängiges Wechselrecht erworben, da der Wechselschuldner nach Art. 82 WO. sich nur solcher Einreden bedienen darf, welche aus dem Wechselrecht selbst hervorgehen oder ihm unmittelbar gegen den jeweiligen Kläger zustehen. Zwischen dem Beklagten *Kolbe* und dem Kläger besteht das Rechtsverhältnis der Spielschuld nicht. Auf Arglist des Klägers beim Erwerb des Wechsels können sich die Beklagten nicht berufen, weil die hierzu von ihnen aufgestellten, an sich schlüssigen, Behauptungen vom Kläger bestritten sind und die Beklagten keinen Beweis angetreten haben. Dagegen müßte der Kläger die in der Person des *John* begründete Einrede, gleichviel ob er sie kannte oder nicht, gegen sich gelten lassen, wenn es zutrifft, daß ihm der Wechsel von *John* ohne Zahlung eines Gegenwerts lediglich zum Inkasso abgetreten wurde, weil er dann materiell das Wechselrecht des *John* geltend machen würde. RG. 41, 115; Staub-Stranz 8 zu Art. 17. Ebenso wenn er vom Indossanten *John*, nachdem der Wechsel notleidend geworden war, durch Einlösung befriedigt worden ist. RG. 23, 124.

Durch die vom Kläger geleisteten Eide sind die Behauptungen des Inkassoindossaments und der Einlösung des Wechsels durch den Indossanten *John* widerlegt (§ 463^I ZPO.). Es kann also dahingestellt bleiben, ob zwischen dem Beklagten *Kolbe* und *John* eine Spielschuld gegeben war und der hierüber normierte Eid brauchte nicht abgenommen zu werden.

IV. Erweisen sich hiernach die Einwendungen der Beklagten im Wechselprozeß als unbegründet, so mußten sie als Gesamtschuldner zur Zahlung der Wechselsumme verurteilt werden.

Der Anspruch auf Verzinsung in Höhe von 2% über dem Reichsbankdiskont ist nach Art. 50^{I} WO., Ges. vom 3. Juli 1925 (RGBl. 93) gerechtfertigt. Als Wechselunkosten stehen dem Kläger die ihm erwachsenen Protestkosten sowie $^{1}/_{3}$% der Wechselsumme als Provision zu (Art. 50^{I} WO.); diese Beträge sind in Höhe von zusammen 23.80 *RM* durch die auf dem Protest befindliche Rechnung glaubhaft gemacht (§ 605^{II} ZPO.)."

War der eingeklagte Wechsel durch mehrere Hände gegangen, und ist er vom Kläger gegenüber seinem Nachmann eingelöst worden, so dienen zur Glaubhaftmachung (welche hier ausnahmsweise die Stelle des vollen Beweises vertritt) der weiteren Nebenforderungen aus Art. 51 WO. die s. g. „Rikambiorechnungen" der Nachmänner.

„Den Beklagten mußte die Ausführung ihrer Rechte vorbehalten werden, weil sie dem Klageanspruch widersprochen haben. § 599 ZPO.

Die Kosten des Rechtsstreits haben die unterlegenen Beklagten als Folge ihrer gesamtschuldnerischen Verurteilung in der Hauptsache ebenfalls als Gesamtschuldner zu tragen. §§ 91, 100^{IV} ZPO.

Nach §§ 708^{4}, 713^{II} ZPO. ist das Urteil für vorläufig vollstreckbar erklärt und den Beklagten die Abwendung der Zwangsvollstreckung durch Sicherheitsleistung nachgelassen worden.

Richter. *Behrens.* *Lamm."*

Offenbar beabsichtigen die Beklagten im Nachverfahren zu beweisen, daß der Kläger gemeinschaftlich mit John, Baumann und Zange den Erwerb von Wucher- und Spielwechseln in der auf S. 501 behaupteten Weise betreibt, um dadurch das Gericht von dem Tatbestand der allgemeinen Arglisteinrede (S. 503/4) zu überzeugen. Wäre eine solche Beweisführung mittels Indizien im Wechselprozeß möglich gewesen?

Nur die Art der Beweismittel ist im Urkundenprozeß und seinen Abarten beschränkt, nicht die Methode ihrer Beurteilung. Daher gilt auch hier der Grundsatz der freien Beweiswürdigung (RG. 95, 70). Ebenso die Regel, daß offenkundige Tatsachen keines Beweises bedürfen (RG. 109, 70 für Geldentwertung und die damit zusammenhängenden Verhältnisse). Werden also die Indizien urkundenprozeßmäßig dargetan, so kann das Gericht kraft freier Beweiswürdigung daraus den Beweis des Hauptthemas folgern. In unserer Sache lassen sich aber einzelne Indizien angesichts des Bestreitens des Klägers im Urkundenprozeß nicht beweisen, weil sie nicht in Handlungen oder Wahrnehmungen des Klägers oder seiner Rechtsvorgänger bestehen, daher nicht zulässiger Gegenstand einer Eideszuschiebung sind (§ 445). Bei anderen Indizien befürchten die Beklagten, daß der Kläger die ihm zuzuschiebenden Eide leisten und damit den späteren Beweis durch Zeugen vereiteln würde (§ 463). Deshalb haben sie überhaupt keine Beweise angetreten und sich lieber mit Vorbehalt verurteilen lassen.

Kaufmännische Warenklage. Urkunden im geschäftlichen Verkehr. Unzuständigkeitseinrede.

Warenklage.

Breslau, den 20. März 1933.

Klage

der offenen Handelsgesellschaft *Pfeifer & Co.* (Inhaber: Kaufleute *Rudolf Pfeifer* und *Hugo Pfeifer*) in Breslau, Karlstraße 15, Klägerin,

Prozeßbevollmächtigter: RA. *Schwarz* in Breslau,

gegen den Kaufmann *Gustav Lenz*, alleinigen Inhaber der Firma *Richard Buhl Nachf.*, in Grünberg in Schlesien, Beklagten,

wegen Forderung aus Kauf.

Zur Verhandlung des nachstehenden Rechtsstreits lade ich den Beklagten mit der Aufforderung, einen bei dem Prozeßgericht zugelassenen Anwalt zu bestellen und etwaige gegen die Behauptungen des Klägers vorzubringende Einwendungen und Beweismittel unverzüglich durch den zu bestellenden Anwalt in einem Schriftsatz dem Kläger und dem Gericht mitzuteilen, vor das Landgericht, Kammer für Handelssachen, in Breslau auf den hierbei anberaumten Termin. Ich werde beantragen:

den Beklagten kostenpflichtig zur Zahlung von 1322.00 *RM* (i. W.) nebst 8% Zinsen seit dem 7. Februar 1933 zu verurteilen und das Urteil, nötigenfalls gegen Sicherheitsleistung, für vorläufig vollstreckbar zu erklären.

Als Sicherheit bitte ich auch Bürgschaft einer Großbankfiliale zuzulassen.

Begründung.

Der Beklagte kaufte am 14. Dezember 1932 von der Klägerin die in der beiliegenden Klagerechnung aufgeführten Waren zu den dort angegebenen vereinbarten, übrigens auch angemessenen, Preisen im Gesamtbetrag von 1322.00 *RM* unter Gewährung eines Zahlungsziels von 6 Wochen. Er hat die Waren ohne Beanstandung am 21. Dezember 1932 angenommen und verbraucht. Breslau ist als beiderseitiger Erfüllungsort und Gerichtsstand vereinbart. Der Beklagte ist am 6. Februar 1933 vergeblich zur Zahlung aufgefordert worden.

Beweis: der vorzulegende Schriftwechsel, Rechnungskopie, Bestätigungsschreiben, Eideszuschiebung sowie Zeugnis des Reisenden *Liebetanz* bei der Klägerin.

Der Zinsanspruch wird auf §§ 352, 353 HGB., 288, 291, 452 BGB. gestützt.

Für den Fall, daß der Beklagte die Klageforderung vor Zustellung bezahlen sollte, wird der Anspruch auf Prozeßkosten als Verzugsschaden geltend gemacht.

38.00 *RM* Prozeßgebühr sind in Kostenmarken entwertet.

Für die Klägerin:
Schwarz, Rechtsanwalt."

Kaufleute und Handelsgesellschaften dürfen „unter ihrer Firma" klagen (§§ 17 II, 124 HGB.). Der Anwalt hätte eine Klage „der Firma Pfeifer & Co." gegen „die Firma Richard Buhl Nachf." einreichen können, und das Gericht wäre nicht befugt gewesen ohne besonderen Anlaß nach Rechtsnatur und Inhabern der beiden Firmen zu fragen oder gar, wie das bisweilen geschieht, die Vorlegung von Registerauszügen „zum Nachweis der Rechtsfähigkeit" zu verlangen. Wie bei physischen Personen ihre Existenz, ihr Name und ihre Identität in der Regel keines besonderen Nachweises bedürfen, so auch nicht bei den im Prozeß auftretenden Firmen; man würde sonst die gesetzlichen Bestimmungen vollkommen illusorisch machen. RG. 41, 407.

Aus praktischen Gründen war es trotzdem richtig, daß der Anwalt die Rechtsverhältnisse bereits in der Klage klargestellt hat. Sollen z. B. später Parteieide geleistet werden, so muß feststehen, wer den Eid als Inhaber — bei Handelsgesellschaften: als vertretungsberechtigter Gesellschafter — zu leisten hat. Dazu kommt die Rücksicht auf die künftige Urteilsvollstreckung. Denn wenn auch materiellrechtlich sowohl das im Geschäft angelegte wie das Privatvermögen des Gustav Lenz der Klägerin haftet, so würde sie doch Schwierigkeiten haben ein Urteil, welches lediglich „die Firma Richard Buhl Nachf." verurteilt, ins Privatvermögen, oder ein Urteil gegen „den Kaufmann Gustav Lenz" ins Geschäft zu vollstrecken; es würde dann den Vollstreckungsorganen die Inhaberschaft nachzuweisen sein. Wieder anders wäre es, wenn die Beklagte offene Handelsgesellschaft ist: hier findet nach §§ 124^{II}, 129^{IV} aus dem Urteil gegen die Firma keine Vollstreckung ins Privatvermögen, aus dem Urteil gegen die Gesellschafter keine Vollstreckung ins Gesellschaftsvermögen statt, weshalb man in solchen Fällen am besten die o.H.G. und ihre Inhaber als Gesamtschuldner in einer Klage belangt (vgl. S. 414f.).

Wie gestaltet sich die Rechtslage, wenn der Beklagte im Laufe des Prozesses Geschäft und Firma an einen Dritten veräußert? Da die Firma des Einzelkaufmanns bloß ein Name ist, bleibt diejenige Person Partei, welche im Zeitpunkt der Klageerhebung (§ 253^{I} ZPO.) Firmeninhaber war, d. i. Gustav Lenz. Allerdings haftet, sofern nichts Gegenteiliges im Handelsregister eingetragen wird, der neue Firmeninhaber nach § 25 HGB. für die alten Schulden der Firma (S. 297). In den schwebenden Prozeß wird er jedoch nicht hineingezogen. Will die Klägerin die Haftung des Übernehmers realisieren, so muß sie eine neue, auf § 25 als materiellen Haftungsgrund gestützte, Klage erheben. Nur wenn das gegen Lenz ergangene Urteil schon vor Übertragung der Firma rechtskräftig geworden war, erhält sie auf urkundlichen Nachweis die Vollstreckungsklausel gegen den neuen Inhaber umgeschrieben (§ 729^{II} ZPO.). —

An der formularmäßigen Klage fällt auf, daß Lieferung und Verbrauch der verkauften Waren unter Beweis gestellt sind. Der Kauf ist Konsensualvertrag, und die etwa noch ausstehende Lieferung der Waren wird gegenüber der Klage auf den Kaufpreis nur berücksichtigt, wenn der Käufer die Einrede des nicht erfüllten Vertrages (§ 320 BGB.) erhebt. Die Behauptung der Lieferung gehört mithin nicht zur Substanziierung der Kaufpreisklage. Die Anführung der Klageschrift ist auf den Fall berechnet, daß der Abschluß eines Kaufvertrags zwischen den Parteien nicht zu beweisen sein sollte, z. B. weil ein nicht legitimierter Vertreter gehandelt hat, weil der Beklagte nicht geschäftsfähig war usw. Dann will die Klägerin zum Anspruch aus ungerechtfertigter Bereicherung (§ 812) übergehen können, ohne dem Einwand der Klageänderung ausgesetzt zu sein.

Ebenfalls zur Abschneidung des Einwands der Klageänderung wird der Anspruch auf Kostenerstattung hilfsweise auf Verzug gestützt. Vgl. unten S. 579.

Zinsen: Von den verschiedenen gesetzlichen Bestimmungen, welche die Klage neben einander zur Begründung des Zinsanspruchs anführt, ist § 353 HGB. die der Klägerin günstigste, weil hier die Fälligkeit der Forderung ohne jede weitere Voraussetzung genügt. Er gilt für alle beiderseitigen Handelsgeschäfte, auch von Minderkaufleuten. § 452 BGB. gewährt Zinsen schon von der Lieferung an, nimmt jedoch gerade den hier gegebenen Fall der Stundung des Kaufpreises aus. Da bei Vereinbarung eines von der Lieferung ab laufenden Zahlungsziels keine „kalendermäßige" Bestimmung der Fälligkeit im Sinne des § 284^{II} S. 1 vorliegt, ist der Beklagte nach Ablauf der 6 Wochen auch nicht von selbst in Verzug geraten. Die Verzugszinsen (§ 288^{I}) setzen Mahnung oder kalendermäßig bestimmte Leistungszeit voraus (§ $284^{I, II}$), die Prozeßzinsen (§ 291) sogar die Zustellung der Klage. Aus all diesen Vorschriften sind übrigens bloß Zinsen in der gesetzlichen Höhe von 5% (§ 352 HGB.: beiderseitiges Handelsgeschäft) herzuleiten. Die Mehrzinsen lassen sich unter dem Gesichtspunkt des Schadensersatzes wegen Verzuges (§ 288^{II} BGB.) rechtfertigen. Streng genommen, müßte hierzu die Klägerin besondere Behauptungen aufstellen, z. B. daß sie durch den Verzug des Beklagten genötigt gewesen sei, ihren Bankkredit in größerer Höhe in Anspruch zu nehmen und dort 8% zu zahlen. Angesichts der allgemein bekannten Geld- und Kreditverhältnisse pflegen die Gerichte über den Substanziierungsmangel hinwegzusehen.

Zuständigkeit der K. f. H. S.: Nach der Generalklausel des § 95¹ GVG. gehören vor die K. f. H. S. nicht bloß Ansprüche aus typischen Grundhandelsgeschäften, wie dem hier vorliegenden Warenkauf (§ 1¹ HGB.), sondern allgemein Vertragsansprüche jeder Art, — z. B. Miete und Pacht, Darlehn und depositum irregulare (§ 700 BGB.), Werk- und Werklieferungsvertrag, Gelegenheitsgesellschaft (s. g. „a meta-Geschäft"), Bürgschaft und bürgschaftsähnliche Geschäfte, Vergleich, abstrakte Schuldversprechen und -Anerkenntnisse (z. B. anerkannter Kontokorrent-Saldo), unbenannte Verträge, sogar Grundstückskauf — sofern nur das Geschäft sowohl auf Seiten des Klägers wie auf der des Beklagten im Rahmen des Handelsgewerbes abgeschlossen wurde (§ 343 HGB.). Den Nachweis der Zugehörigkeit zum Handelsgewerbe erleichtert die bekannte Präsumtion des § 344.

Zwischen Voll- und Minderkaufleuten macht das Gesetz keinen Unterschied. Um aber zu verhindern, daß die Beklagten mit Streitigkeiten über die Zuständigkeit der K. f. H. S. die sachliche Entscheidung des Prozesses verzögern, wird man gegen einen nicht im Handelsregister eingetragenen Schuldner in zweifelhaften Fällen nicht vor der K. f. H. S., sondern lieber vor der Zivilkammer klagen. Der nicht ins Register eingetragene Beklagte darf nämlich den Antrag auf Verweisung an die K. f. H. S. nicht darauf stützen, daß er Kaufmann sei (§ 98ᴵ S. 2 GVG.) und eine Verweisung von Amtswegen seitens der Zivilkammer an die K. f. H. S. gibt es überhaupt nicht (§ 98ᴵᴵᴵ). Gegen eingetragene Kaufleute klagt man besser vor der K. f. H. S. Die K. f. H. S. kann zwar auch von Amtswegen an die Zivilkammer verweisen, aber niemals wegen fehlender Kaufmannseigenschaft (§ 97ᴵᴵ S. 2).

Der Kläger (bei zweitinstanzlichen Sachen der Berufungskläger bzw. Beschwerdeführer) muß die Zuständigkeit der K. f. H. S. in dem die Instanz einleitenden Schriftsatz jedes Mal besonders geltend machen. §§ 96ᴵ, 100.

Formalien der Landgerichtsklage: §§ 253, 215 ZPO. Die Entrichtung der Prozeßgebühr in Kostenmarken gehört nicht zur formalen Ordnungsmäßigkeit der Klage, bildet aber im Normalfall die Voraussetzung für die Anberaumung eines Verhandlungstermins Vgl. §§ 8, 20¹, 74ᴵᴵ GKG., oben S. 361.

Bankbürgschaft als Sicherheit: 12. Kap. „Mobiliarpfändung für mehrere Gläubiger".

Der Termin wird vor dem Vorsitzenden als Einzelrichter bestimmt (S. 452/3).

Klagebeantwortung. RA. Weiß beantragt namens des Beklagten Klageabweisung bzw. Hinterlegungsbefugnis und begründet das wie folgt:

> „I. In erster Reihe wird bestritten, daß zwischen den Parteien Breslau als Erfüllungsort oder Gerichtsstand vereinbart worden wäre. Demgemäß erhebe ich die prozeßhindernde Einrede der örtlichen Unzuständigkeit des Gerichts."

Daß die Entscheidung prozessualer Fragen der sachlichen Prüfung der Klage vorauszugehen hat, liegt in der Logik der richterlichen Kognition begründet. Ist eine Klage nicht in ordnungsmäßiger Form erhoben, der ordentliche Rechtsweg ausgeschlossen, das Gericht sachlich oder örtlich unzuständig usw., so darf das Gericht weder der Klage stattgeben noch sie dergestalt abweisen, daß damit das Bestehen des Klageanspruchs verneint würde („absolutio ab actione"). Vielmehr hat es die Entscheidung zur Sache überhaupt abzulehnen und lediglich auf Abweisung wegen des prozessualen Mangels zu erkennen. Eine solche Entscheidung („absolutio ab instantia", „Abweisung angebrachtermaßen", „Abweisung zur Zeit") schafft keine Rechtskraft für die materielle Existenz des Anspruchs und steht einer Wiederholung der Klage nach Beseitigung des Hindernisses nicht entgegen.

Als „prozeßhindernde Einrede" können nur die in § 274 aufgezählten 7 prozessualen Mängel geltend gemacht werden. Ihren Namen haben sie davon, daß früher der Beklagte auf Grund prozeßhindernder Einreden die Einlassung und Erklärung zur Hauptsache verweigern durfte. Jetzt besteht ein solches Recht, außer im Fall der prozeßhindernden Einrede der mangelnden Kostenerstattung bei Wiederholung einer früher zurückgenommenen Klage (§ 274⁶ mit § 271^{IV}) nicht mehr. Vielmehr bestimmt das Gericht nach freiem Ermessen, ob sich die Verhandlung auf die prozeßhindernde Einrede beschränken soll oder nicht (§ 275^{I}). Macht aber das Gericht von der Befugnis zur Beschränkung Gebrauch und gelangt es zur Verwerfung der Einrede, so muß es hierüber durch Zwischenurteil entscheiden (§ 275^{I}); dieses Zwischenurteil kann mit Rechtsmitteln angefochten werden wie ein Endurteil (§ 275^{II}). Dies die allen prozeßhindernden Einreden gemeinsamen Merkmale.

Die Einrichtung der prozeßhindernden Einreden beruht auf dem Gedanken der „Eventualmaxime": sie gehen grundsätzlich dem Beklagten durch Einlassung zur Hauptsache verloren, es sei denn, daß die unterlassene Geltendmachung sich als unverschuldet erweist (§ 274^{III}). Jedoch gibt es auch prozeßhindernde Einreden, auf die der Beklagte nicht wirksam verzichten kann bzw. deren Tatbestand von Amtswegen berücksichtigt werden muß: Unzulässigkeit des Rechtsweges (§ 274^{2}), Mängel der Parteifähigkeit, Prozeßfähigkeit oder gesetzlichen Vertretung (§ 274^{7}, vgl. § 56^{I}), sachliche und örtliche Unzuständigkeit in den der Parteidisposition entzogenen Fällen des ausschließlichen Gerichtsstands und der nicht-vermögensrechtlichen Streitigkeit (§ 274^{1} mit § 40^{II}). Für sie gilt das Präklusionsprinzip nicht. Im Amtsgerichtsprozeß beschränkt sich die Präklusion überhaupt auf die beiden Einreden der Unzuständigkeit (mit den angegebenen Ausnahmen) und des Schiedsvertrags (§ 504^{I}).

„Bei den Kaufverhandlungen wurde über Erfüllungsort und Gerichtsstand überhaupt nicht gesprochen. Nachdem der Beklagte dem Reisenden der Klägerin die Bestellung mündlich aufgegeben hatte, übergab der Reisende dem Beklagten eine von ihm unterzeichnete Kommissionskopie. In dem Glauben, diese enthalte nur das mündlich Besprochene, steckte der Beklagte die Kopie ein, ohne sie zu lesen.

Beweis: die Ehefrau des Beklagten.

Erst die Klage veranlaßte ihn das Schriftstück durchzulesen. Es stehen darin in kleinem Druck die Sätze:

Beiderseitiger Erfüllungsort und Gerichtsstand ist Breslau, Reklamationen können nur innerhalb von 5 Tagen nach Empfang der Ware berücksichtigt werden. Für gleichmäßigen Ausfall der Ware wird keine Garantie übernommen.

Diese Bestimmungen sind, weil nicht mündlich vereinbart, für den Beklagten unverbindlich.

Ebenso ist der auf der später übersandten Rechnung stehende gleichlautende Vermerk für den Beklagten nicht verbindlich.

Ein Bestätigungsschreiben hat der Beklagte nicht erhalten.

II. In der Sache selbst ....

(folgen Einwendungen gegen die Beschaffenheit der gelieferten Ware, bei denen ebenfalls die Rechtsverbindlichkeit des Vordrucks auf der Kommissionskopie und Rechnung bemängelt wird.)

Für den Beklagten:
Weiß, Rechtsanwalt."

„Bestätigungsschreiben" können verschiedene Bedeutung haben. Verkauft ein Reisender ohne Abschlußvollmacht Waren unter dem Vorbehalt der Bestätigung seines Hauses, so kommt der Vertrag erst durch die schriftliche Bestätigung der Firma zu stande („konstitutives Bestätigungsschreiben"), und es ist daher der Inhalt des Schreibens für das Rechtsverhältnis der Parteien maßgebend. Bei den „deklaratorischen" Bestätigungsschreiben, die über ein mündlich oder telephonisch fest abgeschlossenes Geschäft gesandt werden, gilt an sich das mündlich bzw. telephonisch Vereinbarte, aber der Empfänger ist, falls Geschäftsmann, verpflichtet das Schreiben unverzüglich zu prüfen und, falls es mit der getroffenen Vereinbarung nicht übereinstimmt, dem anderen Teil seinen Widerspruch zu erklären. Unterläßt er das, so wird er als mit dem Inhalt einverstanden betrachtet. Denn Bestätigungsschreiben haben die Aufgabe, an Stelle aller früheren Verabredungen in Zukunft die alleinige feste Grundlage des Rechtsverhältnisses zu bilden; daß dabei gegenüber dem mündlich Besprochenen in nebensächlichen Punkten Zusätze oder Veränderungen gemacht werden, ist im geschäftlichen Verkehr etwas Gewöhnliches, und darum muß der Empfänger gegen solche Bestimmungen, wenn er sie nicht gelten lassen will, ausdrücklich und alsbald protestieren. Nur dann bleibt das Schweigen des Adressaten unschädlich, wenn der Absender den Inhalt des Bestätigungsschreibens in der Spekulation auf die geringe Wachsamkeit des anderen Teils arglistig erfunden hat, um diesen zu überrumpeln. RG. 54, 176; 88, 377; JW. 19, 109[1], [3], 443[2].

„Kommissionskopie" ist eine, bisweilen vom Reisenden unterzeichnete, Abschrift derjenigen Nachricht, welche der Reisende seinem Hause über die von ihm aufgenommene Bestellung („Kommission" oder „Order") zugehen läßt. Die Kommissionskopie wird dem Kunden nach mündlichem Abschluß vom Reisenden ausgehändigt. Anders als beim Bestätigungsschreiben, besteht für den Käufer keine rechtliche Verpflichtung die Kopie durchzulesen und gegen den mit der Vereinbarung nicht übereinstimmenden Inhalt zu remonstrieren; denn solche Kopien sind verkehrsüblich nur dazu bestimmt den Inhalt des Abschlusses, besonders Menge und Preis der gekauften Waren, wiederzugeben, nicht aber neue Bestimmungen in das Vertragsverhältnis hineinzubringen. JW. 01, 621[14]. Hat aber der Kunde die Kopie beim Empfang durchgelesen, so ist er nach Treu und Glauben gebunden seinen Widerspruch gegen die darin enthaltenen Bestimmungen auf der Stelle zu erklären, widrigenfalls er als einverstanden gilt. Staub 35 Anh. zu § 372. — Hat der Käufer die Kommissionskopie mit unterzeichnet, so steht sie dem Bestellschein (s. unten) gleich.

Gänzlich bedeutungslos sind Vermerke auf Rechnungen („Fakturen"). Bei Übersendung der Rechnung ist der Vertrag bereits geschlossen und ausgeführt. Daher kann es nicht darauf ankommen, ob der Käufer den Rechnungsvermerk gelesen bzw. gekannt hat, selbst wenn die Parteien in längerer Geschäftsverbindung stehen und stets Fakturen mit dem selben Vermerk übersandt wurden. JW. 01, 621[14].

Vermerke und Bedingungen in Katalogen und Preislisten des Verkäufers sind verbindlich, falls die Bestellung unter ausdrücklicher Bezugnahme auf den Katalog gemacht oder angenommen wurde.

Die Maßgeblichkeit des Inhalts von Schluß- und Bestellscheinen ist selbstverständlich. „Schlußscheine" werden beim Geschäftsabschluß von den Parteien in der Weise ausgetauscht, daß jeder das für den Gegner bestimmte Exemplar unterzeichnet, „Bestellscheine" nur vom Käufer beim Abschluß ausgestellt und unterschrieben. Beides sind also schriftliche Willenserklärungen, deren Inhalt der Käufer nach allgemeinen Grundsätzen gegen sich gelten lassen muß. Hatte er das Schriftstück vor der Unterzeichnung nicht durchgelesen und sich über die darin vorgedruckten oder von dem Reisenden hineingeschriebenen Bestimmungen in Unkenntnis befunden, so könnte man an Anfechtung wegen Irrtums über den Inhalt der Erklärung (§ 119[1] BGB.) denken. Aber wer eine Urkunde in dem Bewußtsein, ihren Inhalt nicht zu kennen, unterschreibt, hat sich von dem, was er unterschrieb, überhaupt keine, also auch keine unrichtige, Vorstellung gemacht, so daß der Fall des Irrtums — der eine Abweichung zwischen dem vorgestellten und dem wirklichen Inhalt voraussetzt — nicht gegeben ist. RG. 77, 309; 85, 322; 90, 268.

Verhandlung. Beweisbeschluß. Im Einzelrichtertermin erscheinen die beiden Anwälte:

„RA. *Schwarz* nahm Bezug auf den Antrag der Klageschrift,

RA. *Weiß* auf den Antrag der Klagebeantwortung vom ....

Die Parteien verhandelten streitig. RA. *Weiß* machte vor der Verhandlung zur Hauptsache die prozeßhindernde Einrede der Unzuständigkeit des Gerichts geltend.

Vorgelesen, genehmigt.

Es wurde der

Beschluß

verkündet, über folgende Fragen Beweis zu erheben:

Ist bei den Kaufverhandlungen am 14. Dezember 1932 zwischen dem Beklagten und dem Reisenden *Liebetanz* vereinbart worden, daß Breslau Erfüllungsort und Gerichtsstand sein soll? Hat der Käufer die ihm vom Reisenden übergebene Kommissionskopie bald nach Empfang durchgelesen?

durch Vernehmung a) des Reisenden *Liebetanz* in Breslau ...., als Zeugen, benannt von der Klägerin, b) der Ehefrau des Beklagten Frau *Selma Lenz* geb. *Buhl* in Grünberg, als Zeugin, benannt vom Beklagten.

Um Vernehmung der Zeugin zu b soll gemäß § 375^4 ZPO. das Amtsgericht Grünberg ersucht werden.

Die Ladung des Zeugen bzw. das Ersuchen an das Amtsgericht Grünberg wird davon abhängig gemacht, daß

(folgt Vorschußauflage gemäß § 379 ZPO., vgl. oben S. 395)."

Auf welcher tatsächlichen Grundlage werden Zuständigkeitsfragen entschieden?

Im allgemeinen sind die vom Kläger behaupteten Tatsachen als richtig zu unterstellen. Erklärt z. B. der im forum solutionis (§ 29) oder delicti commissi (§ 32) Beklagte das angerufene Gericht für unzuständig, weil er den klagebegründenden Vertrag nicht abgeschlossen, die unerlaubte Handlung nicht begangen habe und deshalb nicht in dem besonderen Gerichtsstand Recht zu nehmen brauche, so wäre es verfehlt zwecks Prüfung der Zuständigkeit Beweis über den Vertragsschluß bzw. die unerlaubte Handlung zu erheben. Sonst wäre ja, wenn der Beweis nicht gelingt, das Gericht nur wegen örtlicher Unzuständigkeit abweisen, während doch das Gesetz — wie überzeugend die Erwähnung der negativen Feststellungsklage in § 29 zeigt — dem Gericht des Erfüllungs- bzw. Begehungsortes offenbar die Zuständigkeit auch für eine absolutio ab actione zuschreiben will. Für die Zuständigkeitsentscheidung kommt es also nicht darauf an, ob der Klageanspruch besteht, sondern ob, falls er entsprechend den Klagebehauptungen besteht, die Zuständigkeit des Prozeßgerichts gegeben sein würde.

Einer Beweisaufnahme bedarf es jedoch im Zuständigkeitsstreit, wenn die strittigen Tatsachen nicht mit der materiellen Anspruchsbegründung zusammenfallen, sondern lediglich für die Zuständigkeit Bedeutung haben, wie hier die Vereinbarung des Erfüllungsorts und Gerichtsstandes Breslau. RG. 29, 371.

Entsprechendes gilt von der Entscheidung über Zulässigkeit des Rechtswegs und sonstige prozessuale Vorfragen der Sachentscheidung. RG. 103, 18.

Beweisaufnahme. Verweisung. Nach Einzahlung der Auslagenvorschüsse übersendet der Richter die Akten dem Grünberger Amtsgericht zur Vernehmung der Frau Lenz. Sie gehen einige Wochen später mit folgendem Protokoll wieder ein:

„Gegenwärtig: Grünberg, den 25. April 1933.
Gerichtsreferendar *Dr. Junghans*
Referendar seit 16. Juni 1931
als Richter,
Auftrag und Dienstalter bestätigt:
Richter, Amtsgerichtsrat,
Justizsekretär *Urkund*
als Urkundsbeamter der Geschäftsstelle."

Nach § 2 pr.AG. zum GVG. (Fassung vom 29. September 1923, GS. 457) können bei den Amtsgerichten — nicht auch bei den Landgerichten — richterliche Geschäfte durch Referendare mit einem Ausbildungsalter von einem Jahr und drei Monaten wahrgenommen werden. Ausgenommen sind: Urteilsfällung, Entscheidung über Verhaftungen, Durchsuchungen, Beschlagnahmen, Aufnahme von Testamenten, Erb- und Eheverträge. In freiwilliger Gerichtsbarkeit entspricht also die Zuständigkeit des Referendars mit längerer Ausbildungszeit derjenigen des Rechtspflegers (S. 70f.), während sie im Prozeß weiter reicht. Die Bescheinigung von Dienstalter und Auftrag durch den ordentlichen Dezernenten im Protokoll ist nicht notwendig, aber zur besseren Kontrolle meist üblich; bei einem als „Hilfsrichter" mit richterlichen Funktionen dauernd beauftragten Referendar kommt sie nicht in Betracht.

Die Fähigkeit zur Wahrnehmung der Geschäfte eines Urkundsbeamten (schwieriges und einfaches Pensum) besitzt der Referendar vom ersten Tage des Vorbereitungsdienstes ab. I der AV. vom 1. Februar 1928 (JMBl. 44).

Referendar als Rechtspfleger: oben S. 72.

„In Sachen *Pfeifer & Co.* gegen *Lenz*
erschienen in dem zur Beweisaufnahme bestimmten Termin .....
Hierauf wurde die Zeugin, wie folgt, vernommen:

Z. P.: ....

Z. S.: Ich war bei den Kaufverhandlungen zwischen meinem Mann und dem Reisenden *Liebetanz* von Anfang bis Ende zugegen, da ich verhüten wollte, daß mein Mann zu viel bestellte. Ich habe auch mehrfach in die Verhandlungen eingegriffen. Als mein Mann sich mit *Liebetanz* über die zu bestellenden Waren und die Preise geeinigt hatte, notierte *Liebetanz* die Zahlen auf einen Block, riß ein Blatt heraus und übergab es meinem Mann. Dieser steckte den Zettel ein, ohne ihn zu lesen, da er der Meinung war, daß nur das mündlich Besprochene darauf stehe. Alsdann verabschiedete sich *Liebetanz*. Über Erfüllungsort oder Gerichtsstand ist, wie ich bestimmt weiß, mit keinem Worte gesprochen worden.

Ich bin bereit, diese Aussage zu beschwören.

Vorgelesen, genehmigt.

Die Beschlußfassung über die Beeidigung der Zeugin wurde gemäß §§ 383², 393^I Z. 3, 393^II ZPO. dem Prozeßgericht überlassen."

Das Gegenteil sagt Liebetanz aus, als er in dem nunmehr vor dem Breslauer Einzelrichter zur Beweisaufnahme und Fortsetzung der mündlichen Verhandlung (§ 370^I) anberaumten Termin vernommen wird:

„Z. P.: Ich heiße *Erich Liebetanz*, bin 28 Jahre alt, mit keiner der Parteien verwandt oder verschwägert, wegen Verletzung der Eidespflicht nicht bestraft, Geschäftsreisender bei der Klägerin. Ich beziehe 2400 *RM* festes Gehalt, 10% Umsatzprovision und 15 *RM* tägliche Reisespesen. Für das den Gegenstand der Klage bildende Geschäft habe ich noch keine Provision erhalten.

Z. S.: Gleich bei der Begrüßung habe ich den Beklagten darauf hingewiesen, daß ich zu den besonderen Bedingungen der Klägerin verkaufen wollte, die der Beklagte meines Erachtens kennen muß, da er schon wiederholt bei uns gekauft hat. Ich sagte ungefähr: ‚Herr *Lenz*, ich habe sehr schöne und preiswerte Sachen, wollen Sie nichts bestellen? Selbstverständlich zu unseren Bedingungen: Erfüllungsort Breslau usw., Sie wissen schon.' Hierauf zeigte ich meine Muster, wir sprachen über die Preise und der Beklagte gab seine Bestellung auf. Ich notierte die Bestellung in meinem Orderbuch und gab dem Beklagten die Kopie, die er sich sofort langsam und sorgfältig durchlas. Dann nickte der Beklagte mit dem Kopfe und ich ging.

Nach Vorhalt der Aussage der Zeugin *Lenz*:

Ich bleibe bei meiner Aussage stehen und bin bereit sie zu beschwören. Frau *Lenz* muß meine Äußerungen gehört haben.

Auf Befragen des Beklagten:

Ich mache die Kunden immer auf die in der Kommissionskopie vorgedruckten Bedingungen in der angegebenen Weise aufmerksam. Meine Aussage ist aber nicht bloß eine Schlußfolgerung aus meinen allgemeinen Gepflogenheiten, sondern ich erinnere mich des Hinweises in diesem besonderen Fall genau.

Vorgelesen, genehmigt."

Auch Liebetanz bleibt — wegen seines Provisionsinteresses — zunächst unbeeidigt (§ 393[4]).

„Die Parteien nahmen auf die selben Anträge Bezug wie in der Verhandlung vom ..... und verhandelten über das Ergebnis der Beweisaufnahme. RA. *Schwarz* beantragte die Beeidigung des Zeugen *Liebetanz*, RA. *Weiß* die der Frau *Lenz*."

Ein Zwang zur protokollarischen Festlegung derartiger Anträge besteht nicht. Der Gang der Verhandlung soll im Protokoll „nur im allgemeinen" angegeben werden. Sogar im Amtsgerichtsverfahren ist lediglich die Aufnahme von Anträgen — d. h. Sachanträgen —, Eidesannahmen und -Rückschiebungen obligatorisch, während bezüglich der Geständnisse und sonstigen Parteierklärungen das Gericht freies Ermessen hat. §§ 160[1], 297, 510 a ZPO.

Der Richter bezeichnet die Entscheidung als überaus zweifelhaft.

„RA. *Schwarz* beantragte ferner vorsorglich:

den Rechtsstreit an das Landgericht in Glogau, Kammer für Handelssachen, zu verweisen.

Vorgelesen, genehmigt.

Es wurde der Beschluß verkündet:

Die Entscheidung soll im Termin am

....

verkündet werden."

Der Referendar: Da die Klägerin jetzt selbst die Verweisung beantragt, müssen wir uns gemäß § 276[1] für unzuständig erklären und nach Glogau verweisen.

Der Vorsitzende: § 276 ist nicht so zu verstehen, als ob das Gericht auf Antrag des Klägers automatisch Verweisung beschließen müßte. Die Verweisung setzt voraus, daß an sich auf Grund der Bestimmungen über die örtliche oder sachliche Zuständigkeit der Gerichte „die Unzuständigkeit auszusprechen", d. h. die Klage unzuständigkeitshalber abzuweisen wäre, wenn nicht eben der Kläger den Verweisungsantrag gestellt hätte. Gleichviel ob der Kläger seinen Verweisungsantrag ausdrücklich als vorsorglichen Hilfsantrag gestellt hat oder nicht, müssen wir vor der Entscheidung unsere Zuständigkeit selbständig prüfen.

Referendar: Es liegt kein innerer Grund vor, einer der beiden diametral gegenüberstehenden Aussagen den Vorzug vor der anderen zu geben.

(wird näher dargelegt).

Den Liebetanz oder Frau Lenz gemäß § 393^{II} zu beeidigen und nachher auf Grund der beschworenen Aussage zu entscheiden, würde eine rein formale Lösung sein. Man könnte noch an Gegenüberstellung der beiden Zeugen nach § 394^{II} denken, doch kommt dabei selten eine Beseitigung der Widersprüche heraus. Also liegt ein „non liquet“ vor, und die Klägerin muß als beweispflichtige Partei unterliegen, weil sie den ihr obliegenden Beweis der Zuständigkeitsvereinbarung nicht geführt, auch keinen weiteren Beweis durch Eideszuschiebung angetreten hat. —

Der Richter schließt sich der Ansicht des Referendars an und verkündet im neuen Termin die Entscheidung dahin:

„Das Gericht erklärt sich für unzuständig und verweist auf Antrag der Klägerin den Rechtsstreit an die Kammer für Handelssachen des Landgerichts in Glogau.“

Der Verweisungsbeschluß ist sowohl für die Parteien wie für das Landgericht Glogau bindend. Der Kläger kann kein Rechtsmittel gegen den darin enthaltenen Ausspruch der Unzuständigkeit des Breslauer Gerichts einlegen (§ 276^{II} S. 1), Glogau seine Zuständigkeit nicht mehr verneinen (§ 276^{II} S. 2). Mit Verkündung des Verweisungsbeschlusses gilt die Sache dort als anhängig (§ 276^{II} S. 1), Termin wird auf Ladung einer Partei angesetzt.

Wann gelangen Zuständigkeitsfragen in die höhere Instanz? In vermögensrechtlichen Prozessen können Berufung und Revision nicht darauf gestützt werden, daß die örtliche Zuständigkeit des erstinstanzlichen Gerichts zu unrecht bejaht worden sei (§§ 512 a, 549^{II}). Dem im Zuständigkeitsstreit unterlegenen Beklagten wird also, von Prozessen nicht vermögensrechtlicher Natur abgesehen, die Anrufung der oberen Instanz grundsätzlich abgeschnitten. Die gleiche Tendenz verfolgen der (wenig wichtige) § 10 sowie § 528 (unten S. 596). Dem Kläger stehen Rechtsmittel wegen Zuständigkeitsfragen immer offen, sofern nicht das Verfahren des § 276 angewandt und durch unanfechtbaren Beschluß verwiesen wurde. Will daher der Kläger sich die Möglichkeit des Rechtsmittels erhalten, so stellt er den Verweisungsantrag nicht und nötigt damit das Gericht, seine Klage durch ein mit Gründen versehenes Urteil abzuweisen. Das wird er namentlich dann tun, wenn die Frage für ihn prinzipielle Bedeutung hat. Muß der in erster Instanz wegen Unzuständigkeit abgewiesene Kläger nach der Stellungnahme des Berufungsgerichts damit rechnen auch in zweiter Instanz zu unterliegen, so kann er auch jetzt noch den Verweisungsantrag stellen. RG. 65, 280; 108, 263.

Schadensersatz wegen Nichterfüllung eines Sukzessivlieferungsvertrags.

Der Kaufmann Zorn in Stettin, als Rechtsnachfolger der Firma Gebr. Böttcher in Liegnitz, klagt gegen die offene Handelsgesellschaft Koch & Edlich in Breslau auf Schadensersatz wegen Nichterfüllung eines von Gebr. Böttcher als Verkäufer mit Koch & Edlich als Käufer abgeschlossenen Sukzessivlieferungsgeschäfts.

Briefwechsel. Dem Prozeß ist ein umfangreicher Briefwechsel vorausgegangen, der zeitlich geordnet[1]) folgendermaßen lautet:

[1]) Die Unübersichtlichkeit kaufmännischer Prozesse beruht zum guten Teil darauf, daß die Parteien mit ihren Schriftsätzen nur einzelne Bruchstücke aus der Korrespondenz mitteilen, die sie

„Breslau, den 10. Mai 1932.

An *Gebr. Böttcher*, Liegnitz.

Wir möchten mit Ihnen einen größeren Schluß, mindestens 50 Wagen, gesundes helles schlesisches Lupinenmehl, lieferbar in den Monaten Juni—September auf Abruf zum Preise von 11.00 *RM* per 100 kg machen, jedoch ausschließlich Fabrikat *Baumbach*, welches unsere Kundschaft bevorzugt. Wir sehen Ihrer gefl. Offerte entgegen und zeichnen

Hochachtungsvoll

Koch & Edlich."

„Liegnitz, den 11. Mai 1932.

Herren *Koch & Edlich*, Breslau.

In Beantwortung Ihrer gestrigen Anfrage offerieren wir Ihnen freibleibend[2]) 50 Wagen gesundes helles schlesisches Lupinenmehl, lieferbar Juni—September, zum Preise von 11.30 *RM* für 100 kg und zu bekannten Bedingungen. Unter diesen Preis können wir keinesfalls heruntergehen, weil uns von anderer Seite höhere Angebote vorliegen. Bei umgehender Zusage sind wir bereit mit Rücksicht auf die bisherige angenehme Geschäftsverbindung Ihnen den Vorzug zu geben. Wir haben mit der Mühle *Baumbach & Co.* größere Abschlüsse und werden Ihnen voraussichtlich dieses Fabrikat liefern, möchten uns jedoch nicht von vornherein darauf festlegen, da es noch andere gute schlesische Sorten gibt.

Hochachtungsvoll

Gebr. Böttcher."

„Liegnitz, den 12. Mai 1932.

Herren *Koch & Edlich*, Breslau.

Nachdem Sie den von uns geforderten Preis telephonisch akzeptiert haben, verkaufen wir Ihnen 50 Wagen gesundes helles schlesisches Lupinenmehl, möglichst Fabrikat *Baumbach*, lieferbar Juni—September 1932 auf Abruf, zum Preise von 11.30 *RM* für 100 kg, Kasse gegen Frachtbriefduplikat[3]), Frachtparität Liegnitz[4]), bahnamtliches Gewicht maßgebend. Analyse liegt bei[5]). Wir ersuchen um konforme Gegenbestätigung.

Hochachtungsvoll

Gebr. Böttcher."

---

von ihrem Rechtsstandpunkt für günstig halten. Man muß daher zunächst sämtliche überreichten Briefe chronologisch ordnen, noch besser: den Parteien die Einreichung der vollständigen Korrespondenz aufgeben (§ 272 b¹ ZPO.).

[2]) Durch das Wort „freibleibend" wird die Bindung von Gebr. Böttcher ausgeschlossen, so daß keine Offerte im Rechtssinne (§ 145 BGB.), sondern nur die Aufforderung zur Abgabe einer solchen vorliegt. — Während der Zeit großer Warenknappheit erfolgte häufig auch der Abschluß mit der Klausel, daß der Vertrag für den Verkäufer „freibleibend" sei. Vgl. darüber Staub 17b f. Anhang zu § 361.

[3]) § 455 HGB. Durch das Frachtbriefduplikat wird kein Eigentum übertragen, weil es nicht — wie der indossable Lagerschein, der Ladeschein und das Konnossement — „Traditions-(Dispositions-)papier" ist, d. h. ein Papier, dessen Übergabe die gleichen Rechtswirkungen hat wie die Übergabe der Ware (§§ 424, 450, 647). Dadurch, daß Koch & Edlich den Duplikatfrachtbrief in die Hand bekommen, wird aber das „Verfügungsrecht" des Absenders (§ 433) eingeschränkt; denn die Bahn darf Anweisungen des Absenders nur noch gegen Vorlage des Duplikats befolgen. Weil es für die von der Bahn transportierten Güter an einem Traditionspapier fehlt, hat der Verkehr für die Beleihung rollender Ware die eigentümliche Form des „Vinkulationsgeschäfts" geschaffen. Vgl. RG. 54, 213; 88, 69; 94, 94; 99, 21; 101, 320.

[4]) Die Ausführung des Geschäfts geht so vor sich, daß Koch & Edlich die einzelnen Wagen weiterverkaufen, Gebr. Böttcher die Ablieferungsorte angeben und die Wagen von der Verkäuferin direkt versenden lassen. Erfolgt die Verladung von Liegnitz aus, so müssen Koch & Edlich die volle Fracht tragen (§ 448^I BGB.). Versenden Gebr. Böttcher von einem anderen Orte aus (z. B. von der Mühle), so tragen auf Grund der Paritätsklausel Koch & Edlich, so viel Fracht, als bei Versendung von Liegnitz aus entstanden sein würde, während eine etwaige Mehrfracht Gebr. Böttcher zur Last fällt. Diese Art

„Breslau, den 14. Mai 1932.

An *Gebr. Böttcher*, Liegnitz.

Wir kauften von Ihnen 50 Wagen gesundes helles schlesisches Lupinenmehl, möglichst Fabrikat *Baumbach*, lieferbar Juni—September 1932 auf Abruf, zum Preise von 11.30 *RM* für 100 kg, Zahlung gegen Frachtbriefduplikat, Frachtparität Liegnitz, bahnamtliches Gewicht maßgebend. Wir ersuchen Sie Anfang kommenden Monats mit der Verladung zu beginnen. Bei der Versendung wollen Sie uns als Absender bezeichnen. Unsere Frachtbriefformulare fügen wir bei[6]). Wir bitten Sie zunächst je einen Wagen an unsere Adresse nach Sommerfeld, Sorau, Erfurt und Meißen zu verladen und zeichnen

hochachtungsvoll

Koch & Edlich."

„Breslau, den 17. Juni 1932.

An *Gebr. Böttcher*, Liegnitz.

Auf unseren Schluß wollen Sie alsbald 2 Wagen Lupinenmehl an unsere Adresse nach Chemnitz, je 1 Wagen nach Guhrau und Oels verladen. Wir zeichnen

hochachtungsvoll

Koch & Edlich."

„Liegnitz, den 23. Juli 1932.

Herren *Koch & Edlich*, Breslau.

Auf den Lupinenmehl-Schluß haben Sie erst 8 Wagen abgerufen, während bei gleichmäßigem Abruf schon etwa 20 Wagen hätten abgerufen sein müssen. Wir ersuchen dringend um weitere Dispositionen.

Hochachtungsvoll

Gebr. Böttcher."

„Breslau, den 20. August 1932.

An *Gebr. Böttcher*, Liegnitz.

Auf unseren Schluß wollen Sie alsbald je einen Wagen Lupinenmehl an unsere Adresse nach Küstrin, Züllichau, Meißen und Riesa verladen. Wir zeichnen

hochachtungsvoll

Koch & Edlich."

„Breslau, den 29. August 1932.

An *Gebr. Böttcher*, Liegnitz.

Hiermit bestätigen wir, Ihnen telephonisch verkauft zu haben:

1 Wagen zu 10000 kg prima Kartoffelflocken zu 8.55 *RM* für 100 kg, Frachtparität Breslau, gegen Kasse.

Wir haben den Wagen auftragsgemäß an *A. Elze*, Halberstadt, verladen. Die Rechnung fügen wir mit der Bitte um gefl. baldige Regulierung des Betrages von 883.20 *RM* bei und zeichnen

hochachtungsvoll

Koch & Edlich."

---

der Abwicklung hat die weitere Wirkung, daß die Lieferungen der Verkäufer, welche keinen unmittelbaren Besitz übertragen, umsatzsteuerfrei sind: s. g. „Großhandels"- oder „Zwischenhandelsprivileg", § 7[II] UmsStG.

[5]) Nach § 4 des Futtermittel-G. v. 22. Dezember 1926 (RGBl. I 525) muß der Verkäufer bei Engrosgeschäften dem Käufer schriftlich Benennung und Gehalt an wertbestimmenden Bestandteilen angeben.

[6]) Damit Gebr. Böttcher nicht die Kunden von Koch & Edlich und die Kunden nicht die Bezugsquelle erfahren, werden auf dem Frachtbrief Koch & Edlich sowohl als Absender wie als Adressat bezeichnet. Die Abkäufer erhalten von Koch & Edlich die Frachtbriefduplikate und daraufhin von der Bahn die Ware.

„Breslau, den 3. September 1932.

An *Gebr. Böttcher*, Liegnitz.

Wir erhielten Ihr Telegramm:

Kartoffelflocken Halberstadt dumpfig, refüsieren Wagen, verfüget darüber anderweit[7]) und können die Dispositionsstellung nicht als berechtigt anerkennen. Die Ware war bei Verladung, wie wir nachzuweisen leicht in der Lage sind, einwandfrei. Eine etwaige Verschlechterung auf dem Transport würde von Ihnen als Käufer zu tragen sein[8]). Selbst wenn aber die Flocken dumpfig sein sollten, so bleiben sie doch verkäuflich, und müssen Sie daher den Wagen jedenfalls annehmen und unter Abzug des Minderwerts bezahlen. Wir lehnen die Rücknahme ab, bestehen auf Zahlung des Rechnungsbetrags und behalten uns vor Sie für Stand- und Lagergelder verantwortlich zu machen.

Hochachtungsvoll

Koch & Edlich."

„Telegramm.

Breslau, den 7. September 1932. *Gebr. Böttcher*, Liegnitz. Wagen Meißen und Züllichau dunkel, dumpfig, sandig und verschimmelt. Erteilet Verladeorder, da Abnahme ablehnen.

Koch & Edlich."

„Liegnitz, den 9. September 1932.

Herren *Koch & Edlich*, Breslau.

Entsprechend unserer telephonischen Zusage haben wir uns sofort bemüht die Angelegenheit der beiden beanstandeten Wagen in Ordnung zu bringen. Der Züllichauer Wagen ist in der Tat minderwertig. Wir erklären uns bereit den Wagen zurückzunehmen und werden Ihnen den Betrag von 1178 *RM* bei der nächsten Lieferung gutbringen. Wir können Ihnen versichern, daß die Mühle, von der das Mehl stammte, sonst stets zu unserer vollsten Zufriedenheit gearbeitet hat und bedauern diese schlechte Lieferung ungemein.

Dagegen müssen wir die Rücknahme des Meißener Wagens unbedingt ablehnen. Der Wagen ist am 1. September in Meißen abgeliefert worden. Bei ordnungsmäßigem Geschäftsgang hätte die Untersuchung und Rüge mindestens am 3. September erfolgen müssen[9]). Der Umstand, daß die Ware durch mehrere Hände gegangen ist und daß es mehrere Tage dauerte, bis die Rüge von dem letzten Abnehmer an Sie gelangte, kann unsere Rechte nicht berühren. Wenn Ihre Abnehmer jedesmal telegraphiert hätten, wie es sonst allgemein üblich ist, so wären Sie in der Lage gewesen die gesetzliche Rügefrist innezuhalten.

Hochachtungsvoll

Gebr. Böttcher."

„Breslau, den 11. September 1932.

An *Gebr. Böttcher*, Liegnitz.

Von der Stornierung[10]) des Züllichauer Wagens nahmen wir Kenntnis. Ihre Rechtsansicht bezüglich des Meißener Wagens können wir nicht als richtig anerkennen. Doch sind wir Feind von Prozessen und wollen deshalb auf unserem Recht nicht bestehen. Wir erwarten, daß Sie in Zukunft strengstens auf gute Ware halten werden. Unserem Abnehmer haben wir einen erheblichen Preisnachlaß gewähren müssen. Bei Wiederholung derartiger Vorkommnisse würden

---

[7]) Die Mängelanzeige gemäß § 377 HGB. („dumpfig") ist mit dem Verlangen der Wandelung „refüsieren Wagen") verbunden. Die Mängelanzeige muß den Mangel so genau bezeichnen, daß der Verkäufer wissen kann, was beanstandet wird; allgemeine Wendungen wie „minderwertig", „nicht kontraktlich" oder dergl. genügen nicht. Mängel, die nicht klar gerügt sind, gelten als genehmigt.

[8]) § 447 BGB.

[9]) § 377 I HGB.

[10]) „Stornieren" bedeutet in der kaufmännischen Sprache „rückgängig machen". Hier: „wandeln".

wir Gefahr laufen unseren großen Absatz im Freistaat Sachsen zu verlieren, was auch für unsere Beziehungen zu Ihnen die ernstesten Folgen haben müßte. Wir bitten Sie hierauf gefl. Rücksicht zu nehmen und zeichnen

hochachtungsvoll

Koch & Edlich."

„Liegnitz, den 12. September 1932.

Herren *Koch & Edlich*, Breslau.

Hierdurch bestätigen wir unsere heutige Vereinbarung:

Wir nehmen den Wagen Kartoffelflocken in Halberstadt ab und tragen die entstandenen Standgelder. Sie lassen an dem Wagen 50 *RM* nach. Den Ihnen hiernach zukommenden Betrag werden wir Ihnen sofort überweisen.

Zugleich vereinbarten wir, daß bei allen unseren gegenwärtigen und künftigen Schlüssen im Falle einer Beanstandung die Ware mit Minderwert abzunehmen ist.

Wir möchten noch bemerken, daß unser Wandelungsverlangen keineswegs, wie Sie angenommen haben, schikanös war. Wir sind bei fehlerhafter Lieferung berechtigt nach unserem Belieben entweder zu wandeln oder zu mindern[11]), wenn keine Vereinbarung über die Abnahme der Ware mit Minderwert getroffen ist.

Hochachtungsvoll

Gebr. Böttcher."

„Breslau, den 12. September 1932.

An *Gebr. Böttcher*, Liegnitz.

Über den Halberstädter Wagen Kartoffelflocken verständigten wir uns heute dahin, daß Sie den Wagen mit 50 *RM* Minderwert abnehmen und die Standgelder tragen. Gleichzeitig vereinbarten wir zur Vermeidung der Wiederkehr ähnlicher Vorkommnisse, daß bei allen unseren gegenwärtigen und künftigen Schlüssen beanstandete Wagen mit Minderwert abzunehmen sind. Wir ersuchen um baldige Überweisung des uns zukommenden Rechnungsbetrages und zeichnen

hochachtungsvoll

Koch & Edlich."

„Liegnitz, den 16. September 1932.

Herren *Koch & Edlich*, Breslau.

Wir ersuchen dringend um weitere Abrufe auf den Lupinenmehl-Schluß, der vertraglich bis Ende d. M. abgewickelt sein muß. Wir behalten uns vor, wenn die noch offen stehenden 38 Wagen nicht schleunigst abgerufen werden, Sie in Verzug zu setzen[12]).

Hochachtungsvoll

Gebr. Böttcher."

„Breslau, den 20. September 1932.

An *Gebr. Böttcher*, Liegnitz.

Auf unseren Schluß wollen Sie alsbald an unsere Adresse 3 Wagen Lupinenmehl nach Glogau, je 2 Wagen nach Döbeln und Torgau, 1 Wagen nach Nordhausen verladen.

Im übrigen bemerken wir, daß Sie kein Recht haben uns in Verzug zu setzen, da die Abnahmezeit noch gar nicht abgelaufen ist[13]). Wir zeichnen

hochachtungsvoll

Koch & Edlich."

---

[11]) Vgl. S. 537.

[12]) Kaufmännische Bezeichnung für die Fristsetzung gemäß § 326 BGB.

[13]) Die Fristsetzung (s. Anm. 12) setzt nach § 326 BGB. voraus, daß sich der Gegner bereits im Verzuge befindet. Soweit der Verzug durch Mahnung herbeigeführt wird (§ 284^{I} BGB.), kann

„Liegnitz, den 24. September 1932.

Herren *Koch & Edlich*, Breslau.

Unter Bezugnahme auf die heutige telephonische Unterredung gewähren wir Ihnen auf den letzten nach Nordhausen gesandten Waggon Nr. 98333 einen Preisnachlaß von 50 *RM*[14]).

Hochachtungsvoll

Gebr. Böttcher."

„Liegnitz, den 27. September 1932.

Herren *Koch & Edlich*, Breslau.

Unter Bezugnahme auf die heutige telephonische Unterredung gewähren wir Ihnen auf die nach Glogau gesandten Wagen Nr. 15420, 63945 und 108621 einen Preisnachlaß von je 30 *RM*, zusammen 90 *RM*.

Hochachtungsvoll

Gebr. Böttcher."

„Einschreiben!

Liegnitz, den 7. Oktober 1932.

Herren *Koch & Edlich*, Breslau.

Auf den Lupinenmehl-Schluß vom 12. Mai d. J. haben Sie erst 20 Wagen abgerufen, obgleich die Lieferzeit bereits verstrichen ist. Nachdem Sie auf unsere wiederholten persönlichen und telephonischen Vorstellungen nicht reagieren, bestimmen wir Ihnen hiermit zur Abnahme und Dispositionserteilung für die noch offenen 30 Wagen eine letzte Frist bis zum 15. d. M. Nach Ablauf dieser Frist werden wir das Geschäft streichen[15]) und Schadensersatz wegen Nichterfüllung geltend machen.

Hochachtungsvoll

Gebr. Böttcher."

„Breslau, den 10. Oktober 1932.

An *Gebr. Böttcher*, Liegnitz.

In Beantwortung Ihres Eingeschriebenen vom 7. d. M. teilen wir Ihnen mit, daß es die Schuld Ihrer zum großen Teil schlechten Lieferungen ist, wenn wir für die Ware nicht den erwarteten Absatz finden und deshalb nicht abrufen. Wir werden unser Möglichstes tun das Restquantum abzunehmen, können uns aber an Ihre Fristsetzung nicht halten. Wir überlassen es Ihnen zu tun, was Sie uns gegenüber für richtig halten und zeichnen

hochachtungsvoll

Koch & Edlich."

„Liegnitz, den 24. Oktober 1932.

Herren *Koch & Edlich*, Breslau.

Zufolge Ihrer heute telephonisch gegebenen Order haben wir 2 Wagen Lupinenmehl an Ihre Adresse nach Döbeln verladen. Wir behändigen Ihnen die Frachtbriefduplikate nebst Rechnung und sehen gefl. baldiger Regulierung entgegen.

Hochachtungsvoll

Gebr. Böttcher."

---

die Fristsetzung mit der den Verzug begründenden Mahnung verbunden werden. RG. 50, 262; 93, 181. Die Mahnung ist aber erst nach Eintritt der Fälligkeit möglich. Verfrühte Mahnungen und Fristsetzungen sind wirkungslos.

[14]) Das ist Vereinbarung einer Minderung nach § 465 BGB.

[15]) „Streichen" bedeutet in der Kaufmannssprache im Allgemeinen „Rücktritt" (§ 346 BGB.). Hier ist jedoch die Ablehnung der Erfüllung im Sinne von § 326^{I} S. 1 gemeint.

„Rechnung
für *Koch & Edlich*, Breslau.

Wagen Nr. 41287, 9870 kg zu 10.90 *RM*[16]) p. 100 kg	1075.83 *RM*
„ „ 34270, 9900 kg „ 10.90 *RM* p. 100 kg	1079.10 *RM*
Fracht Liegnitz-Döbeln	148.— *RM*
	2302.93 *RM*.

Liegnitz, den 24. Oktober 1932.
Gebr. Böttcher."

„Liegnitz, den 28. Oktober 1932.

Herren *Koch & Edlich*, Breslau.

Zufolge Ihrer heute telephonisch gegebenen Order haben wir Wagen Nr. 23088 an Ihre Adresse nach Meißen verladen. Wir behändigen Ihnen Frachtbriefduplikat nebst Rechnung und sehen gefl. baldiger Regulierung entgegen.

Hochachtungsvoll
Gebr. Böttcher."

„Rechnung
für *Koch & Edlich*, Breslau.

Wagen Nr. 23088, 10250 kg zu 10.90 *RM* p. 100 kg	1117.25 *RM*
Fracht Liegnitz-Meißen	68.50 *RM*
	1185.75 *RM*.

Liegnitz, den 28. Oktober 1932.
Gebr. Böttcher."

„Breslau, den 6. November 1932.

An *Gebr. Böttcher*, Liegnitz.

Die beiden nach Döbeln gelieferten Wagen waren wiederum dumpfig, schimmlig, stark mit Sand vermischt und zur Verfütterung absolut ungeeignet. Die Angelegenheit hat uns, wie uns unser Abnehmer mitteilt, sogar ein Verfahren wegen betrügerischer Verfälschung von Futtermitteln zugezogen, in welchem wir natürlich darlegen werden, daß nur Sie die Schuld trifft. Wir werden zwar versuchen die Wagen anderweit unterzubringen, doch ist uns der Absatz im Freistaat Sachsen durch diesen Vorfall endgültig abgeschnitten. Wir bedauern es, daß Sie unsere früheren Warnungen nicht besser beachtet haben. Wir haben nunmehr endgültig den Schluß annulliert[17]) und zeichnen

hochachtungsvoll
Koch & Edlich."

„Liegnitz, den 16. November 1932.

Herren *Koch & Edlich*, Breslau.

Wir ersuchen uns weitere Dispositionen zu erteilen. Aus dem Schluß vom 12. Mai 1932 stehen noch 27 Wagen offen.

Hochachtungsvoll
Gebr. Böttcher."

„Breslau, den 17. November 1932.

An *Gebr. Böttcher*, Liegnitz.

Nach der mit Ihrem Herrn *Adolf Böttcher* am 20. Oktober d. J. getroffenen Vereinbarung und nach unserem Schreiben vom 6. November d. J. sind wir zur Abnahme nicht verpflichtet,

[16]) Der Preis ist um 0.40 RM. niedriger als der Vertragspreis. Vgl. Brief vom 11. Dezember 1932.
[17]) Kaufmännischer Ausdruck für „Rücktritt".

doch wollen wir Ihnen entgegenkommen. Wir rufen daher unter Vorbehalt aller Rechte auf den Schluß vom 12./14. Mai d. J. einen Wagen Lupinenmehl nach Landsberg a. W. ab, ersuchen um gute und prompte Lieferung und zeichnen

hochachtungsvoll

Koch & Edlich."

„Liegnitz, den 19. November 1932.

Herren *Koch & Edlich*, Breslau.

Zufolge Ihres Schreibens vom 17. d. M. haben wir Wagen Nr. 15380 nach Landsberg a. W. verladen. Wir behändigen Ihnen Frachtbriefduplikat und Rechnung und sehen gefl. baldiger Regulierung entgegen.

Hochachtungsvoll

Gebr. Böttcher."

„Rechnung

für *Koch & Edlich*, Breslau.

Wagen Nr. 15380, 9975 kg zu 10.90 *RM* f. 100 kg	1087.27 *RM*
Fracht Liegnitz—Landsberg a. W.	77.20 *RM*
	1164.47 *RM.*

Liegnitz, den 19. November 1932.

Gebr. Böttcher."

„Liegnitz, den 29. November 1932.

Herren *Koch & Edlich*, Breslau.

Sie haben auf den Lupinenmehl-Schluß im Oktober nur 3 und im November erst einen Wagen abgerufen. Nachdem Sie in der Zeit, als die Ware stieg und jeder Wagen mit Gold aufgewogen wurde, an uns die größten Ansprüche stellten, müssen wir jetzt, wo der Preis weicht, auf Innehaltung Ihrer Abnahmeverpflichtung bestehen.

Hochachtungsvoll

Gebr. Böttcher."

„Breslau, den 1. Dezember 1932.

An *Gebr. Böttcher*, Liegnitz.

So lange Sie uns nicht *Baumbach*sches Mehl liefern bzw. die *Baumbach*sche Mühle nicht produziert, sind wir vereinbarungsgemäß nicht zur Abnahme verpflichtet. Im übrigen beziehen wir uns auf unseren Brief vom 6. November d. J. und zeichnen

hochachtungsvoll

Koch & Edlich."

„Einschreiben!

Liegnitz, den 8. Dezember 1932.

Herren *Koch & Edlich*, Breslau.

Da unsere freundschaftlichen Aufforderungen von Ihnen nicht beachtet worden sind, so bestimmen wir Ihnen hierdurch zur Abnahme und Dispositionserteilung für die aus dem Schluß vom 12. Mai 1932 noch offenen 26 Wagen Lupinenmehl, die bis Ende September d. J. abzunehmen gewesen wären, eine letzte Frist bis zum 15. d. M. Nach Ablauf dieser Frist werden wir das Geschäft streichen und Schadensersatz wegen Nichterfüllung geltend machen.

Hochachtungsvoll

Gebr. Böttcher."

„Breslau, den 11. Dezember 1932.

An *Gebr. Böttcher*, Liegnitz.

Sie haben kein Recht uns Nachfristen zu stellen. Am 20. Oktober haben Sie mit unserem Herrn *Anton Koch* vereinbart, daß unsere Abnahmepflicht so lange ruht, bis die *Baumbach*sche Mühle wieder produziert, während der Preis um 0.40 *RM* per 100 kg ermäßigt wurde. Bekanntlich ist die *Baumbach*sche Mühle noch nicht im Betrieb, und es war daher reines Entgegenkommen, wenn wir ab und zu einen Wagen abgerufen haben. Sie haben ja auch seitdem stets das Mehl mit 10.90 *RM* berechnet. Außerdem sind wir am 6. November d. J. wegen andauernd minderwertiger Lieferung von dem Schluß zurückgetreten und halten diese Erklärung aufrecht. Eine Nachfrist von einer Woche ist unter allen Umständen zu kurz, wir haben mindestens 10 Tage usancemäßig zu beanspruchen. Wir zeichnen

hochachtungsvoll

Koch & Edlich."

„Liegnitz, den 13. Dezember 1932.

Herren *Koch & Edlich*, Breslau.

Wir empfingen Ihr Schreiben vom 11. d. M. und halten es für überflüssig in der Angelegenheit noch ein Wort zu verlieren. Wir wollen nur bemerken, daß die Preisberechnung von 10.90 *RM* statt 11.30 *RM* in unseren letzten Rechnungen auf einem Versehen unseres Fakturisten beruht.

Hochachtungsvoll

Gebr. Böttcher."

„Einschreiben!

„Liegnitz, den 19. Dezember 1932.

Herren *Koch & Edlich*, Breslau.

Nachdem sie in der Ihnen gestellten Frist nicht abgenommen und disponiert haben, werden wir am 21. Dezember vormittags 11 Uhr in der Getreidebörse zu Breslau die 26 Wagen durch den vereidigten Makler *Schoebel* öffentlich meistbietend versteigern lassen.

Hochachtungsvoll

Gebr. Böttcher."

„Liegnitz, den 22. Dezember 1932.

Herren *Koch & Edlich*, Breslau.

Bei der durch den vereidigten Makler *Schoebel* vorgenommenen öffentlichen meistbietenden Versteigerung am 21. d. M. sind die 26 Wagen mit 8.50 *RM* für 100 kg abgegeben worden. Unsere Schadensersatzforderung beträgt daher:

Mindererlös für 26 Wagen zu 10000 kg je 2.80 *RM* per 100 kg	7280.00 *RM*
Kosten des öffentlichen Verkaufs	299.40 *RM*
Zusammen:	7579.40 *RM*.

Abschrift des Protokolls über die öffentliche Versteigerung anbei.

Hochachtungsvoll

Gebr. Böttcher."

„Abschrift.

Verhandelt Breslau, den 21. Dezember 1932.

Im Auftrage der Firma *Gebr. Böttcher* in Liegnitz habe ich heute vormittags 11 Uhr in der Getreidebörse zu Breslau:

26 Wagen gesundes helles schlesisches Lupinenmehl, lieferbar auf Abruf, Frachtparität Liegnitz, bahnamtliches Gewicht maßgebend,

öffentlich meistbietend versteigert.

Der Versteigerungstermin war in der ‚Breslauer Zeitung' und ‚Schlesischen Zeitung' vom 19. Dezember 1932 durch Inserat bekanntgemacht.

Das Meistgebot gab ab:

Ernst Wichmann in Liegnitz

mit 8.50 *RM* für 100 kg. Der genannten Firma ist daher der Zuschlag erteilt worden.

Kostenrechnung:	Gebühren	260.— *RM*
	Inserate	39.40 *RM*
	zusammen	299.40 *RM*.

Betrag erhalten. *Gerhard Schoebel*

vereidigter Makler."

„Einschreiben!

Liegnitz, den 10. Februar 1933.

Herren *Koch & Edlich*, Breslau.

Hierdurch teilen wir Ihnen höflichst mit, daß wir unseren Schadensersatzanspruch von 7579.40 *RM* nebst Zinsen an Herrn *Ferdinand Zorn* in Stettin, Pommernstr. 45 abgetreten haben und ersuchen Sie an Genannten Zahlung zu leisten.

Hochachtungsvoll

Gebr. Böttcher."

Klage. Unter dem 22. März 1933 reicht RA. Schwarz für Zorn Klage gegen Koch & Edlich ein mit dem Antrag:

„die Beklagte zu verurteilen, dem Kläger 7579.40 *RM* (i. W.) nebst 8% Zinsen seit 22. Dezember 1932 zu zahlen und das Urteil, nötigenfalls gegen Sicherheitsleistung, für vorläufig vollstreckbar zu erklären.

Begründung.

Durch Briefwechsel vom 12./14. Mai 1932 kaufte die Beklagte von der Firma *Gebr. Böttcher* in Liegnitz:

(folgt Wortlaut des Abschlusses).

Auf den Schluß sind 23 Wagen geliefert und bezahlt worden. Ein weiterer 24. Wagen wurde am 20. August 1932 auf Weisung der Beklagten an ihre Adresse nach Züllichau geliefert, von der Beklagten aber zur Verfügung gestellt, weil das Mehl angeblich dunkel und schimmlig sei. Der Wagen ist auf Grund einer Einigung von *Gebr. Böttcher* ohne Nachlieferung zurückgenommen worden.

Nachdem die vereinbarte Lieferzeit verstrichen war, stellte die Verkäuferin durch Einschreibbrief vom 8. Dezember 1932 eine mit dem 15. Dezember ablaufende angemessene Nachfrist zur Abnahme und Dispositionserteilung über die restlichen 26 Wagen. Als die Beklagte die Frist unbenutzt verstreichen ließ, ließen *Gebr. Böttcher* nach vorheriger Androhung am 21. Dezember 1932 auf der Getreidebörse in Breslau die Ware durch den vereidigten Makler *Schoebel* öffentlich meistbietend versteigern. Dabei wurde ein Kaufpreis von 8.50 *RM* je 100 kg erzielt.

Nach § 326 BGB. steht daher der Verkäuferin gegen die Beklagte folgende Schadensersatzforderung zu:

26 Wagen zu 10000 kg, Mindererlös 2.80 *RM* je 100 kg . .	7280.00 *RM*
Kosten des öffentlichen Verkaufs	299.40 *RM*
zusammen	7579.40 *RM*.

Zur Zahlung der 7579.40 *RM* ist die Beklagte am 22. Dezember 1932 vergeblich aufgefordert worden.

Die Firma *Gebr. Böttcher* hat ihre Schadensersatzforderung am 10. Februar 1933 dem Kläger abgetreten und hiervon der Beklagten durch Einschreibbrief Kenntnis gegeben.

Beweis: 1. der Briefwechsel,

2. Zeugnis der Inhaber der Firma *Gebr. Böttcher*,

3. Zeugnis des vereidigten Maklers *Schoebel* in Breslau.

Für den Kläger:

Schwarz, Rechtsanwalt."

Die Abnahme gekaufter Ware ist nicht bloß Recht sondern auch Pflicht des Käufers (§ 433^{II} BGB.). Nun setzt der vom Kläger geltend gemachte § 326 voraus, daß ein Vertragsteil sich mit „der" ihm obliegenden Leistung im Verzug befindet. Es darf sich also um keine ganz nebensächliche Verpflichtung handeln. Ob Abnahmeverzug des Käufers immer die Anwendung des § 326 rechtfertigt, ist bestritten. Hier haben wir es aber mit einem Sukzessivlieferungsgeschäft zu tun, d. h. mit einem Geschäft, bei welchem auf Grund einheitlichen Vertrages eine größere Warenmenge in Teilposten während eines bestimmten Zeitraums zu liefern und abzunehmen ist. Bei derartigen Verträgen sind Abnahme und Abruf von wesentlichster Bedeutung: denn das ganze Geschäft der Verkäuferin beruht auf Ordnung und glatter Abwicklung der Schlüsse, sie muß gegenüber ihren Lieferanten wie gegenüber ihren sonstigen Abnehmern mit Sicherheit disponieren, ihr Lager schnell räumen, überflüssige Transporte vermeiden, die Transportmittel voll ausnützen, an Frachten sparen können. RG. 57, 105.

Die Rechtsprechung formuliert das allgemeine Prinzip des § 326 dahin, daß Verzug mit einer „Hauptleistung" gegeben sein müsse, woraus sich dann die unerfreuliche Streitfrage ergibt, unter welchen Voraussetzungen die Abnahme ausnahmsweise eine Hauptverpflichtung bildet. Andrerseits erkennt man bisweilen als Hauptleistung sogar Verpflichtungen wie diejenige zur Ausstellung der Rechnung an! Vgl. RGR.-Komm. 1 a zu § 326. Richtiger ist es, grundsätzlich Verzug mit einer jeden Leistung als ausreichend anzusehen und nur für den Fall gänzlicher Unerheblichkeit eine Ausnahme zu machen. Wenn übrigens, wie in unserem Fall, die Ware sofort zu bezahlen ist, kann der Verkäufer den Käufer, statt in Abnahmeverzug, ohne weiteres auch in Zahlungsverzug versetzen und auf dieser Grundlage zweifelsfrei gemäß § 326 vorgehen.

Den Verzug der Beklagten mit Abruf und Abnahme hat Zorn ausreichend substanziiert. Da das Lupinenmehl bis Oktober 1932 abzunehmen war, ist die Beklagte sogar ohne Mahnung in Verzug geraten („dies interpellat pro homine", § 284^{II} S. 1). Dagegen machte die Vereinbarung des Abrufs bis Oktober das Geschäft nicht zum Fixgeschäft, weil im Abschluß nichts davon gesagt war, daß die Leistung „genau" oder „fix" oder „ohne Nachfrist" erfolgen müsse; die Spezialvorschriften der §§ 361 BGB., 376 HGB. bleiben daher außer Betracht.

Besonderheiten des Fixgeschäfts: 1. Bei jedem Fixgeschäft wird das Rücktrittsrecht ohne vorherige Fristsetzung und schon auf Grund der objektiven Nichteinhaltung der Frist — also ohne Rücksicht auf das zum Verzug gehörige Verschulden, § 285 BGB. — gewährt (§ 361). 2. Schadensersatz kann beim Fixgeschäft des BGB. ohne Fristsetzung, aber nur bei schuldhafter Fristversäumung (Verzug) auf Grund von § 326^{II} verlangt werden. 3. Alles das ist nach § 376^{I} S. 1 HGB. beim Handelsfixkauf ebenso. Während aber nach BGB. der Gläubiger wählen kann, ob er die Rechte aus § 326 oder den Erfüllungsanspruch geltend machen will, geht beim Handelsfixkauf der Erfüllungsanspruch von selbst verloren, wenn der Kläger sich ihn nicht sofort nach Fristablauf vorbehält (§ 376^{I} S. 2 HGB.). Außerdem sind für den zwecks Berechnung des Schadensersatzes vorzunehmenden Deckungskauf bzw. -Verkauf beim Handelsfixkauf bestimmte Normen aufgestellt (§ 376III,IV HGB.).

Eine Fristsetzung aus § 326 BGB. muß deutlich erkennen lassen, daß der Kläger nach Fristablauf die Erfüllung des Geschäfts ablehnt. Erklärungen wie: „ich werde Sie nach Ablauf der Frist in Verzug setzen" oder „nach Handelsrecht gegen Sie vorgehen" oder „die Sache meinem Anwalt übertragen" oder: „ich stelle Ihnen eine letzte Nachfrist" (ohne weiteren Zusatz) oder: „ich behalte mir alle meine Rechte vor" genügen diesem Erfordernis nicht, weil sie auch die Möglichkeit des Erfüllungsanspruchs offen lassen. Dagegen schadet es nichts, wenn der Gläubiger schon in der Fristsetzung erklärt, von welchem der beiden ihm aus § 326 zustehenden Rechte — Rücktritt oder Schadensersatz wegen Nichterfüllung — er Gebrauch zu machen beabsichtigt. Das Schreiben der Firma Böttcher vom 8. Dezember 1932 genügt also den gesetzlichen Erfordernissen.

Wie unterscheiden sich die dem nichtsäumigen Teil nach fruchtlosem Ablauf der Nachfrist zustehenden Rechte des Schadensersatzes und des Rücktritts? Der Rücktritt hebt das Geschäft für die Zukunft auf, und die bisherigen Vertragsleistungen sind rückgängig zu machen (§ 346), ohne daß wegen des Gewinns, den die eine oder andere Partei durch Ausführung des Vertrags erzielt haben würde, eine Entschädigung stattfindet. Dagegen soll der Schadensersatz wegen Nichterfüllung den nichtsäumigen Teil wirtschaftlich so stellen, als ob der Vertrag erfüllt worden wäre. Nach Fristablauf wird also die nichtsäumige Partei, wenn das Geschäft für sie verlustbringend war, vom Rücktrittsrecht Gebrauch machen; wenn es einen Gewinn für sie enthielt, Schadensersatz wegen Nichterfüllung verlangen. In zweifelhaften Fällen tut man gut daran nicht zurückzutreten sondern den Schadensersatz zu wählen. Denn nach der in der Praxis feststehenden „Differenz"- oder „Saldotheorie" verwandelt sich nicht bloß der den Gegenstand des Verzuges und der Fristsetzung bildende Erfüllungsanspruch des nichtsäumigen gegen den säumigen Kontrahenten in Schadensersatz (wie es die „Surrogations"- oder „Austauschtheorie" will), sondern sämtliche Vertragsansprüche, auch die des Gegners, fallen weg bzw. werden in eine einzige, dem Nichtsäumigen zustehende, Interesseforderung aufgelöst, weil nur so das Ziel des § 326 erreicht werden kann: die Parteien auseinander zu bringen und die Liquidierung des undurchführbar gewordenen Vertrages zu ermöglichen. RG. 50, 255; 102, 60; 107, 11; JW. 17, 597[6]. Ein Verkäufer, der in solchem Fall den Rücktritt erklären würde, gibt die Chance endgültig auf, Schadensersatz für sich herauszurechnen; wählt er die Interesseforderung, so wird er von seiner Lieferungspflicht gegenüber dem säumigen Käufer ebenfalls frei und kann vielleicht noch Geld herausbekommen; schlimmstenfalls ist kein Schaden nachzuweisen und das Ergebnis dann das gleiche, wie wenn er zurückgetreten wäre. Andrerseits gestattet die Rechtsprechung der Partei, die zunächst Schadensersatz verlangt hat, nachträglich noch zurückzutreten. RG. 109, 184.

Weshalb haben nun Gebr. Böttcher die nicht abgenommene Ware öffentlich meistbietend versteigern lassen? Ein rechtlicher Zwang dazu besteht nur in den Fällen des Handelsfixkaufs (oben S. 525), beim Selbsthilfeverkauf wegen Annahmeverzuges des Gläubigers (unten S. 527), oder wenn durch Verbandsbedingungen die Feststellung des Schadens mittels öffentlicher Versteigerung vorgeschrieben ist. Aber wenn der Gläubiger die Ware unter der Hand verkauft (als Käufer: anderweit freihändig einkauft), setzt er sich dem Einwand des Schuldners aus: das Deckungsgeschäft sei zu einem ungünstigeren Preis abgeschlossen, als der Marktlage entsprochen haben würde, der dem Gläubiger erwachsene Schaden also teilweise von ihm selbst verschuldet und gemäß § 254 nicht erstattungsfähig. Dem wird durch Veranstaltung des öffentlichen Deckungsverkaufs (bzw. Deckungskaufs) vorgebeugt. Das — öffentliche oder freihändige — Deckungsgeschäft bildet den praktisch wichtigsten Anwendungsfall der „konkreten" Schadensberechnung, bei welcher der Schaden aus dem tatsächlichen Verlauf der Dinge festgestellt wird. Das Deckungsgeschäft bedeutet damnum emergens der Partei, die es veranstaltet hat. Darin liegt bereits, daß es stets für Rechnung des Veranstalters geht. Ergibt also das Geschäft einen günstigeren (der Verkauf einen höheren, der Kauf einen billigeren) Preis als den Vertragspreis, so hat der Gegner auf die Differenz keinen Anspruch, sondern der Veranstalter behält sie: sein Schaden ist dann gleich Null. Als konkreter Schaden werden im übrigen auch Umstände besonderer Art, sowohl damnum emergens wie lucrum cessans, berücksichtigt, z. B. wenn durch Nichterfüllung des Verkäufers der Käufer gegenüber seinem Abkäufer in Schadensersatzansprüche und Prozeßkosten verstrickt worden ist; wenn er die nicht gelieferte Ware zur Fabrikation benötigt hat; wenn ihm die Möglichkeit des Weiterverkaufs zu besonders hohem Preis entgangen war usw. — Dagegen verlangt bei „abstrakter" Schadensberechnung der nichtsäumige Teil, ohne auf die konkrete Gestaltung seines Schadens einzugehen, den Unterschied zwischen Vertragspreis und jetzigem Marktpreis. Diese Methode des Schadensnachweises beruht auf dem Gedanken eines lucrum cessans. Der Verkäufer macht geltend, er würde bei ordnungsmäßiger Erfüllung in der Lage gewesen sein die Ware zum billigeren Marktpreis anzuschaffen und zum höheren Vertragspreis dem Käufer zu liefern, der Käufer: er hätte die Ware vom Verkäufer zum niedrigeren Vertragspreis fordern, zum höheren Marktpreis an Dritte weiterverkaufen können.

Selbsthilfeverkauf: Der Käufer gerät, wenn er vertragswidrig nicht abnimmt, zugleich in Annahme- (gleich Gläubiger-) verzug (§§ 293f.) und der Verkäufer erlangt aus diesem Grunde das Recht die Ware öffentlich meistbietend zu versteigern (§§ 383f. BGB., 373 HGB.). Die Versteigerung wegen Gläubigerverzuges des Käufers heißt Selbsthilfeverkauf; sie geschieht, abweichend vom „Deckungs"-Verkauf des § 326 BGB., für Rechnung des säumigen Teils; nach §§ 383f. BGB. muß sogar der Erlös für ihn hinterlegt werden, während nach § 373 HGB. kein Hinterlegungszwang besteht, der Verkäufer vielmehr den erzielten Betrag einfach von dem ihm zustehenden Kaufpreis in Abzug bringt. Der Selbsthilfeverkauf wegen Gläubigerverzugs hat lediglich die Aufgabe, den Verkäufer von der Ware zu befreien und der Erlös wird Surrogat der zu liefernden Ware. Klagt also der Verkäufer gemäß § 373 HGB. auf den Unterschied des vereinbarten Kaufpreises zum Erlöse des Selbsthilfeverkaufs, so ist das keine Schadensersatz- sondern die Kaufpreisklage. Ergibt der Selbsthilfeverkauf einen Mehrerlös, so hat der Käufer Anspruch auf Herauszahlung.

Klagebeantwortung. Die Beklagte beantragt Klageabweisung, hilfsweise Hinterlegungsbefugnis (S. 386):

„1. Die Beklagte hatte schon vor dem Schluß vom 12./14. Mai 1932 wiederholt Lupinenmehl von *Gebr. Böttcher* bezogen. Sie war mit den Lieferungen zufrieden gewesen, besonders wenn ihr das Fabrikat der Mühle *Baumbach & Co.* in Lüben geliefert wurde. Aus diesem Grunde verlangte bei den Verhandlungen über das streitige Geschäft die Beklagte zunächst die Lieferung von ausschließlich *Baumbach*schem Fabrikat. *Gebr. Böttcher* erwiderten, daß sie zwar große Abschlüsse mit *Baumbach* laufen hätten und voraussichtlich der Beklagten nur dieses Fabrikat liefern würden, sich jedoch nicht darauf festlegen wollten, zumal es noch gute andere schlesische Sorten gäbe.

Schließlich wurde die Bedingung ‚möglichst Fabrikat *Baumbach*' vereinbart.

In der ersten Zeit lieferten *Gebr. Böttcher* etwa zu $^2/_3$ *Baumbach*sches Mehl, im übrigen andere Fabrikate. Die Lieferungen waren zufriedenstellend. Am 28. August 1932 brannte ein Teil der *Baumbach*schen Mühle ab. *Gebr. Böttcher* lieferten in der Folgezeit Mehl aus anderen Mühlen. Dieses Mehl war, wie unten zu 2 dargelegt, meist minderwertig, was zu fortwährenden Beanstandungen führte.

Am 20. Oktober 1932 traf der Mitinhaber der Firma *Gebr. Böttcher*, *Adolf Böttcher*, auf dem Getreidemarkt in Breslau mit dem Mitgesellschafter der Beklagten, *Anton Koch*, zusammen. Sie sprachen über die Differenzen und einigten sich schließlich dahin, daß die Abnahmepflicht der Beklagten so lange ruhen sollte, bis die *Baumbach*sche Mühle wieder produzieren würde. Dafür wurde der Preis um 0.40 *RM* per 100 kg ermäßigt. Die *Baumbach*sche Mühle hat die Herstellung von Lupinenmehl bis jetzt nicht wieder aufgenommen.

Beweis: Mühlenbesitzer *Baumbach* in Lüben.

An der Vereinbarung hatten *Gebr. Böttcher* damals insofern Interesse, als sie knapp mit Lupinenmehl versehen waren.

Gebr. Böttcher haben die Vereinbarung zunächst anerkannt, indem sie in ihren Rechnungen nach dem 20. Oktober statt des ursprünglichen Vertragspreises von 11.30 *RM* bloß noch 10.90 *RM* für 100 kg einstellten.

Beweis: die in Abschrift beigefügten, im Original im Termin vorzulegenden Rechnungen vom ....

Erst auf den Brief der Beklagten vom 11. Dezember 1932 versuchten sie diese Berechnung als ein Versehen ihres Fakturisten hinzustellen.

Als Zeuge für die Vereinbarung vom 20. Oktober 1932 wird der

Mitgesellschafter der Beklagten Kaufmann *Anton Koch* in Breslau

benannt. Die Beklagte ist eine offene Handelsgesellschaft mit den Gesellschaftern *Richard* und *Anton Koch* und *Peter Edlich*. *Anton Koch* hat sich seit dem 1. Januar 1933 von der Geschäftsführung zurückgezogen und ist von der Geschäftsführung und Vertretung der Firma ausgeschlossen.

Beweis: das Handelsregister.

Infolge der Vereinbarung vom 20. Oktober war die Beklagte bei Stellung der Nachfrist nicht im Verzug."

Zorn hat die Inhaber von Koch & Edlich nicht mit verklagt. Die Rechtsprechung läßt aber auch in diesem Fall die Zeugenvernehmung von Gesellschaftern — selbst der von der Vertretung ausgeschlossenen bzw. der diesen gleichgestellten Kommanditisten (§ 170 HGB.) — nicht zu, weil die offene Handelsgesellschaft (trotz der im Prozeß bzw. der Zwangsvollstreckung durchgeführten Selbständigkeit des Firmenvermögens, S. 416) doch keine juristische Person und mithin die sämtlichen Gesellschafter im Firmenprozeß ohne weiteres Partei seien. Andrerseits werden Parteieide für offene Handels- oder Kommanditgesellschaften nur von den vertretungsberechtigten Gesellschaftern geleistet. Staub 12, 13 zu § 124. So ergibt sich der eigentümliche Zustand, daß das persönliche Wissen eines von der Vertretung ausgeschlossenen Gesellschafters (oder Kommanditisten) im Firmenprozeß weder durch Zeugenvernehmung noch durch Parteieid verwertet werden kann.

„2. Von insgesamt 24 auf den Schluß gelieferten Wagen waren nicht weniger als 8 minderwertig, nämlich der am 20. August nach Züllichau und am gleichen Tage nach Meißen verladene Wagen; die am 20. September nach Glogau verladenen 3 Wagen und der am selben Tage nach Nordhausen verladene Wagen; schließlich die am 24. Oktober nach Döbeln verladenen 2 Wagen. Bei allen diesen Wagen war das Mehl dunkel, dumpfig, mit Sand vermischt, verschimmelt und zur Fütterung mehr oder weniger ungeeignet.

Beweis: die Abnehmer der Beklagten, nämlich ....

Den Züllichauer Wagen haben *Gebr. Böttcher* zurückgenommen, auf die 3 Glogauer Wagen je 30 *RM* und auf den Nordhausener Wagen 50 *RM* als Minderwert vergütet.

Beweis: die in Abschrift beigefügten Briefe vom ....

Der Meißener Wagen, der am 1. September am Bestimmungsort eintraf, konnte infolge der Nachlässigkeit der Abnehmer der Beklagten erst am 7. September gegenüber *Gebr. Böttcher* gerügt werden. Die Verkäuferin stellte sich deshalb auf den Standpunkt, daß der Wagen wegen verspäteter Rüge abgenommen und bezahlt werden müsse, und die Beklagte hat davon abgesehen die Frage zur gerichtlichen Entscheidung zu bringen, hat aber in ihrem

abschriftlich beigefügten

Schreiben vom 11. September *Gebr. Böttcher* darauf aufmerksam gemacht, daß sie bei Wiederholung schlechter Lieferung Gefahr laufe ihren Absatz im Freistaat Sachsen zu verlieren und daß dies auch für die Beziehungen der Beklagten zu *Gebr. Böttcher* die ernstesten Folgen haben müßte. Trotzdem waren die beiden Döbelner Wagen wiederum minderwertig, und zwar in solchem Maße, daß nicht bloß der Beklagten jeder weitere Futtermittelabsatz im Freistaat Sachsen unmöglich gemacht wurde,

Beweis: die Inhaber der Sächsischen Futtermittel-Zentrale *Palme & Co.*, Dresden,

sondern sogar gegen die Beklagte und ihre Abnehmer ein Strafverfahren wegen Betruges eingeleitet wurde.

Beweis: die Akten der Staatsanwaltschaft in Meißen gegen *Palme &* Genossen.

Auf Grund dieser Vorkommnisse hat daher die Beklagte der Verkäuferin mit dem abschriftlich beigefügten Schreiben vom 6. November 1932 den Rücktritt vom Vertrag wegen positiver Vertragsverletzung erklärt."

„Positive Vertragsverletzung" — d. i. schuldhafte oder nach § 278 BGB. zu vertretende Verletzung vertraglicher Pflichten, die nicht in bloßer Nichterfüllung (Verzug) besteht — gibt dem geschädigten Teil, gleichviel ob dadurch der Vertragszweck gefährdet wird oder nicht, Anspruch auf Ersatz des durch die Vertragsverletzung entstandenen Schadens unter Aufrechterhaltung seines Erfüllungsanspruchs. Außerdem kann er unter der weiteren Voraussetzung, daß eine erhebliche Gefährdung des Vertragszweckes vorliegt, nach seiner Wahl ohne vorherige Fristsetzung und Abmahnung vom Vertrag zurücktreten oder Schadensersatz wegen Nichterfüllung verlangen. Diese Sätze stehen fest, nicht dagegen ihre Ableitung und ihr Verhältnis zum System des BGB. Nach der einen Ansicht ist positive Vertragsverletzung ein von der Unmöglichkeit, dem Unvermögen und dem Verzug zu unterscheidender besonderer Tatbestand, der bei der allgemeinen Regelung des Schuldrechts vergessen wurde und nach Analogie der genannten Fälle behandelt werden muß; andere halten sie für eine Abart der Unmöglichkeit oder des Verzuges, oder beziehen den Haftungsgrundsatz des § 276 unmittelbar auf die positive Vertragsverletzung. Vgl. Staub „Positive Vertragsverletzungen" (2. Auflage von Müller); Staub 172 Anh. zu § 374; RG. 52, 18; 54, 100, 287; 57, 105; 63, 297; 106, 22 c. cit.

Staub, der den Begriff als erster aufgestellt hat, begründet in seiner oben zitierten Schrift überzeugend die erste Ansicht. Das Reichsgericht verwendet § 276 BGB., der ursprünglich wohl nur Haftungsmaßstab für die Frage der Unmöglichkeit (§§ 275 f.) sein sollte, als selbständigen Haftungsgrund, verweist aber auch (besonders in Band 106 a. E.) auf das allgemeine Prinzip von Treu und Glauben und die Analogie der Unmöglichkeits- und Verzugsvorschriften. — Bei einzelnen besonderen Schuldverhältnissen — z. B. Miete und Werkvertrag (§§ 538, 635 BGB.), Speditions- und Frachtvertrag (§§ 414, 429 HGB.) — gewährt das Gesetz ausdrücklich Schadensersatzansprüche wegen positiver Vertragsverletzung.

Von besonderer Bedeutung wird das Rücktritts- und Schadensersatzrecht wegen Gefährdung des Vertragszwecks beim Sukzessivlieferungsvertrag (S. 525). Hat z. B. ein Gastwirt mit einer Brauerei einen langjährigen Bierlieferungsvertrag geschlossen und liefert die Brauerei schlechtes Bier, so stehen ihm wegen jeder einzelnen mangelhaften Lieferung Gewährleistungsansprüche aus §§ 459f. zu. Aber damit wäre er nicht ausreichend geschützt, weil die andauernde Lieferung schlechten Bieres sein ganzes Geschäft ruinieren kann. Deshalb gibt man ihm bei einer den Vertragszweck gefährdenden Wiederholung der mangelhaften Lieferungen außerdem das Recht, von dem ganzen Bierbezugsvertrag zurückzutreten oder Schadensersatz wegen Nichterfüllung des ganzen Vertrages zu fordern. Der bereits abgewickelte Teil des Geschäftes wird von diesem Rücktritt bzw. Schadensersatz nicht berührt, der Vertrag vielmehr nur für die Zukunft aufgehoben, so daß der sogen. „Rücktritt" wegen positiver Vertragsverletzung beim Sukzessivlieferungsgeschäft eigentlich nur eine Kündigung ist und auf dem, das ganze bürgerliche Recht durchziehenden, Gedanken beruht, daß Dauerverhältnisse jeder Art beim Vorliegen eines „wichtigen Grundes" fristlos aufgehoben werden können. Vgl. §§ 626, 723 BGB., 70, 92 HGB., 61 G.m.b.H.; RG. 78, 385 (Dauerbezugsverträge); 94, 234 (Miete, Pacht).

„3. Die Fristsetzung der Firma *Gebr. Böttcher* vom 8. Dezember 1932 war wirkungslos, weil der Beklagten als Käuferin eines größeren Schlusses über Lupinenmehl usancemäßig eine Nachfrist von mindestens 10 Tagen zustand.

Beweis: Gutachten der Industrie- und Handelskammer."

„Angemessen" ist die Nachfrist, wenn sie ausreicht, damit der Schuldner die bereits begonnene bzw. vorbereitete Leistung vollenden kann; daß der Schuldner in der Lage sei, die Leistung während der Frist von Anfang an vorzunehmen, wird nicht verlangt. RG. 89, 125. Wird eine zu kurze Nachfrist gestellt, so ist sie nicht, wie die Beklagte meint, wirkungslos, sondern es wird die angemessene Frist in Lauf gesetzt. Da nun die Beklagte auch bis zum zehnten Tag nach Bestimmung der Nachfrist nicht abgerufen hatte, so kommt es darauf, ob 7 oder 10 Tage angemessen waren, nicht an. Anders würde es sein, wenn Gebr. Böttcher auf den Protestbrief der Beklagten vom 11. Dezember erwidert hätten, daß sie die Annahme der Leistung am 8., 9., oder 10. Tage unbedingt ablehnten. RG. 62, 66; 91, 204; JW. 11, 755[10].

„4. Den Selbsthilfeverkauf vom 21. Dezember 1932 kann der Kläger seiner Schadensersatzforderung keinesfalls zu Grunde legen:

a) *Gebr. Böttcher* hatten bereits durch den in Abschrift beiliegenden Brief vom 7. Oktober 1932 eine mit dem 15. Oktober ablaufende Nachfrist bestimmt. Mit dem 15. Oktober war daher ihr Vertragsanspruch nach § 326[I] S. 2 BGB. erloschen. Mithin hätte das Deckungsgeschäft alsbald nach dem 15. Oktober 1932 vorgenommen werden müssen."

Die Fristsetzung soll klare und sichere Rechtsverhältnisse schaffen. Deshalb tritt, falls die gesetzliche Voraussetzung der Fristsetzung gegeben und sie selbst ordnungsmäßig erklärt war, mit Ablauf der Nachfrist ipso iure der Verlust des Erfüllungsanspruchs ein und dem vertragstreuen Teil bleibt bloß noch die Wahl zwischen Rücktritt und Schadensersatz. Diese Wirkung kann er nicht mehr einseitig aufheben.

Es wird sogar angenommen, daß, wenn bei einem Grundstückskauf eine Nachfrist wirksam gestellt und abgelaufen war, der Kaufvertrag nur noch durch erneuten Abschluß in den Formen des § 313 BGB. wieder in Kraft gesetzt werden kann. RG. 107, 345 c. cit. Beim Warenkauf fällt das Formerfordernis fort: haben also die Kontrahenten übereinstimmend die Frist als nicht geschehen behandelt, so ist sie gegenstandslos.

„b) Der Verkauf war am Erfüllungsort der Verkäuferin, d. i. Liegnitz, nicht in Breslau vorzunehmen."

Die Notwendigkeit, das Deckungsgeschäft am Ablieferungsort des ursprünglichen Vertrags und genau zu dessen Bedingungen vorzunehmen, ist beim Deckungsgeschäft des § 326 keine absolute, da es ja nicht auf Grund formaler Vorschriften sondern lediglich zum Zweck möglichst einwandfreier Feststellung der Schadensfolgen veranstaltet wird (S. 526 f.). Bei jeder Abweichung muß daher geprüft werden, ob sie geeignet war das Ergebnis zum Nachteil der säumigen Partei zu beeinflussen, und nur wenn und soweit dies der Fall war, kommt ein Abzug von der Schadensersatzforderung auf Grund von § 254 in Betracht. Sogar bei dem durch das Gesetz formell geregelten Selbsthilfeverkauf des § 383 nimmt die neuere Rechtsprechung (RG. 95, 116) an, daß er durch Fehler nicht wirkungslos wird, vielmehr lediglich der dadurch herbeigeführte Schaden zu erstatten ist.

„c) *Gebr. Böttcher* hätten ‚gesundes helles schlesisches Lupinenmehl, möglichst Fabrikat *Baumbach*' versteigern lassen müssen, während sie ‚gesundes helles schlesisches Lupinenmehl' schlechthin versteigert haben. Da das *Baumbach*sche Fabrikat sich einer besonderen Beliebtheit erfreut,

Beweis: Sachverständige,

so würde das Versteigerungsergebnis wesentlich günstiger ausgefallen sein, wenn der Zusatz ‚möglichst Fabrikat *Baumbach*' gemacht worden wäre.

Im übrigen werden die Behauptungen der Klage über den Verlauf des Deckungskaufs und die vorausgegangenen Bekanntmachungen und Mitteilungen, als der Beklagten unbekannt, bestritten.

Für die Beklagte:
Weiß, Rechtsanwalt."

Replik. Auf die Klagebeantwortung antwortet der Kläger:

„Zu 1: Am 20. Oktober 1932 hat *Adolf Böttcher* nur davon gesprochen, daß man vielleicht die Erfüllung des Schlusses etwas hinausschieben könne, bis *Baumbach & Co.* wieder Mehl liefern würden. Eine bestimmte Vereinbarung über die Hinausschiebung der Abnahmepflicht oder über eine Preisermäßigung wurde nicht getroffen.

Beweis: *Adolf Böttcher*.

Der Vernehmung des *Anton Koch* als Zeuge wird widersprochen. Er ist Gesellschafter der Beklagten und kann nicht Zeuge sein, wenn er auch jetzt von der Geschäftsführung und Vertretung ausgeschlossen ist.

Es kommt aber auf die von der Beklagten behauptete Vereinbarung nicht an. Am 1. Oktober rechnete man nämlich nur mit einer vorübergehenden Betriebsstörung der *Baumbach*schen Mühle. *Baumbach* hat nun, wie die Beklagte nicht bestreiten wird, die Fabrikation von Lupinenmehl dauernd eingestellt, weil ihm Maschinen durch den Brand zerstört waren, die nicht leicht zu ersetzen waren. Die Mühle ist zur ausschließlichen Produktion von Roggen- und Weizenmehl umgebaut und bereits in Betrieb gesetzt worden.

Beweis: Mühlenbesitzer *Baumbach* in Lüben.

Der Wille der Vertragschließenden (§ 133 BGB.) war nur auf vorübergehende Hinausschiebung der Erfüllung, nicht auf dauernde Aufhebung des Vertrages gerichtet. Er ging nicht dahin, daß die dem Wortlaut nach vereinbarte Sistierung des Schlusses auch zu gelten hätte, wenn die Betriebsstörung der *Baumbach*schen Mühle zu einer dauernden Betriebseinstellung werden würde. Selbst wenn also die Vereinbarung, wie von der Beklagten behauptet, getroffen worden wäre, müßte die Beklagte doch abnehmen, weil die Abmachung nach dem Willen der Parteien auf den Fall der endgültigen Betriebseinstellung nicht zu beziehen ist."

Bei der Auslegung von Verträgen ist in erster Reihe zu erforschen, welchen Willen die Parteien bei Errichtung des Vertrages hatten. Das Mittel versagt, sobald ein Fall eintritt, der beim Vertragsschluß nicht als möglich erkannt wurde und mit Bezug auf welchen daher kein Vertragswille vorhanden war. Hier muß die Vertragslücke durch „ergänzende Auslegung" geschlossen werden, indem das Gericht gemäß den Grundsätzen von Treu und Glauben nach den Richtlinien des im Vertrag ausgedrückten Willens den unvorhergesehenen Fall so regelt, wie es die Vertragschließenden wahrscheinlich getan haben würden, wenn sie an ihn gedacht hätten. So hat man das im August 1914 abgegebene Versprechen eines Arbeitgebers, seinen Angestellten „für die Dauer des Krieges" das Gehalt fortzuzahlen, für hinfällig erklärt, nachdem der Krieg eine Dauer erreicht hatte, die bei seinem Beginn niemandem als denkbar erschienen war. RG. 92, 318, 417; JW. 12, 742[3]; 18, 216[2].

Die vom Vertragswillen abstrahierende moderne, s. g. „realistische" Auslegung der Verträge ist von Danz („Auslegung der Rechtsgeschäfte" und JW. 12, 2) begründet. Sie hat zur Folge, daß die Vertragsauslegung des Berufungsgerichts nicht als tatsächliche Feststellung, sondern als unmittelbare Rechtsanwendung aufzufassen und demgemäß grundsätzlich revisibel ist (§ 549 ZPO.). Eine nicht ganz klare Einschränkung der im Text dargestellten Rechtsgrundsätze enthält RG. 87, 211: die ergänzende Auslegung sei auf Ausfüllung wirklicher Lücken des Vertrages beschränkt und dürfe niemals zu einer „Erweiterung des Vertragsgegenstandes" führen. — Über die entsprechende „Lückentheorie" der soziologischen Gesetzesauslegung s. oben S. 408f.

Haben Gebr. Böttcher und die Beklagte die von der letzteren behauptete Abrede getroffen und dabei als selbstverständlich betrachtet, daß die Mühle in absehbarer Zeit wieder Lupinenmehl produzieren würde, und ist aus der am 20. Oktober vorliegenden vorübergehenden Betriebsstörung später eine endgültige Einstellung der Fabrikation von Lupinenmehl geworden, so wurde die Vereinbarung damit gegenstandslos; denn ihr Ziel war Hinausschiebung, nicht gänzliche Aufhebung der Abnahmepflicht der Beklagten.

„Zu 2: Ein Rücktrittsrecht wegen positiver Vertragsverletzung stand der Beklagten nicht zu. Dem Gericht wird bekannt sein, daß die Preise für Lupinenmehl im Jahre 1932 andauernd geschwankt haben. Das Verhalten der Beklagten bildet ein getreues Spiegelbild der jeweiligen Marktlage. Bald nach dem Abschluß vom 12./14. Mai zogen die Preise an und erreichten im Juli und August mit 12.00 bis 12.50 *RM* den Höhepunkt. Während dieser Zeit rief die Beklagte eine Reihe von Wagen ab, und es erfolgte keine einzige Beanstandung. Anfang September setzte die rückläufige Konjunktur ein. Sofort begann die Beklagte mit Reklamationen, und als sie am 6. November den Rücktritt erklärte, war der Preis auf 9.00 *RM* gefallen. Mitte November stieg er plötzlich auf ca. 12.00 *RM*. Am 17. November rief daher die Beklagte im Widerspruch zu ihrer kurz vorher abgegebenen Rücktrittserklärung, wenn auch unter Vorbehalt ihrer Rechte, einen Wagen nach Landsberg a. W. ab. Kurz nach diesem Abruf begann ein neuer Preisrückgang, der bis über die Zeit des vorgenommenen Selbsthilfeverkaufs anhielt.

Beweis: die Briefe der Beklagten vom ....,
für die angegebenen Marktpreise: Gutachten Sachverständiger.

Es kann keinem Zweifel unterliegen, daß die Beklagte nach dem 17. November weiter abgenommen haben würde, wenn die Preise hoch geblieben wären. Sie hat ihre eigene Rücktrittserklärung nicht ernst genommen.

Soweit einzelne Lieferungen nicht vertragsmäßig waren, fehlt es an jedem Verschulden der Zedentin des Klägers. Sie hatte die gelieferte Ware als gesundes helles schlesisches Lupinenmehl von gut renommierten Mühlen gekauft,

Beweis: *Adolf Böttcher*,

und durfte ohne Fahrlässigkeit auf ordnungsmäßige Beschaffenheit rechnen. Die Wagen sind jedesmal von den Lieferanten auf Anweisung von *Gebr. Böttcher* direkt an die durch die Beklagte angegebenen Adressen gesandt worden, ohne daß *Gebr. Böttcher* das Mehl zu Gesicht bekamen.

Beweis: *Adolf Böttcher*.

Mangels Verschuldens liegt aber keine positive Vertragsverletzung vor.

Die beanstandeten Lieferungen nach Meißen und Döbeln können auch aus dem Grunde nicht in Betracht kommen, weil die Rügefrist des § 377 HGB. nicht innegehalten worden ist. Im übrigen muß der Kläger bestreiten, daß diese Lieferungen oder die Wagen, auf welche *Gebr. Böttcher* Nachlässe bewilligt haben, mangelhaft gewesen seien. Zum mindesten übertreibt die Beklagte die wirklichen Mängel ganz wesentlich."

Zorn mag mit den Beweggründen, die er der Beklagten für ihr Verhalten unterstellt, Recht haben. Aber aus dem Abruf des Wagens nach Landsberg vom 17. November läßt sich gegen den Rücktritt der Beklagten nichts herleiten, da sie sich ihre Rechte ausdrücklich vorbehalten hatte.

Darauf, ob Gebr. Böttcher eine Schuld an den mangelhaften Lieferungen trifft, kommt es nicht an. Entgegen dem allgemeinen Grundsatz, daß positive Vertragsverletzungen schuldhaft sein müssen, werden gerade beim Sukzessivlieferungskauf Rücktritts- und Schadensersatzrecht auf Grund wiederholter bloß objektiv vertragswidriger Lieferung gewährt, sofern nur angenommen werden kann, daß in Zukunft mit weiteren minderwertigen Lieferungen zu rechnen ist. RG. 54, 100; 57, 115; 65, 49. Es handelt sich eben eigentlich bloß um Kündigung aus wichtigem Grunde (oben S. 530).

Erheblich ist aber die Einhaltung der Rügefrist. Nach § 377 hat der Käufer beim beiderseitigen Handelskauf die Pflicht, die Ware nach Ablieferung zu untersuchen und etwaige Mängel dem Verkäufer anzuzeigen; unterläßt er das, so „gilt" kraft gesetzlicher Fiktion die Ware als genehmigt, es sei denn daß die Mängel bei der Untersuchung nicht erkennbar waren (Abs. II) oder der Verkäufer sie arglistig verschwiegen hat (Abs. V). Für das Sukzessivlieferungsgeschäft folgt aus dem Genehmigungspräjudiz, daß auf eine nicht ordnungsmäßig gerügte mangelhafte Lieferung weder Rücktrittsrecht noch Schadensersatz aus positiver Vertragsverletzung gestützt werden können. Waren aber einzelne mangelhafte Lieferungen rechtzeitig gerügt, so dürfen Fälle, die wegen unterlassener Rüge an sich als genehmigt gelten, unterstützend zu dem Nachweise, daß die mangelhafte und gerügte Rate einen Rückschluß auf Mangelhaftigkeit künftiger Raten gestattet, herangezogen werden. RG. 65, 49. So entsteht eine ähnliche Rechtslage, wie nach § 1573 BGB. bei Eheverfehlungen, die durch Fristablauf oder Verzeihung die Eigenschaft eines selbständigen, Scheidungsgrundes eingebüßt haben aber zur Unterstützung einer auf andere Tatsachen begründeten Scheidungsklage noch geltend gemacht werden können.

„Zu 3: Daß die angemessene Nachfrist eine Woche beträgt, werden die Industrie- und Handelskammern in Breslau und Liegnitz begutachten.

Indessen kommt es hierauf nicht an. Denn der unbegründete Rücktritt der Beklagten vom 6. November enthielt eine positive Vertragsverletzung, welche den Verkäufer berechtigte ohne Nachfristsetzung die Rechte des § 326 BGB. geltend zu machen."

Von dem Erfordernis der Fristsetzung macht die Rechtsprechung für den Fall eine Ausnahme, daß der Schuldner die Vertragserfüllung ernstlich und endgültig verweigert hat. Die Weigerung muß sich aus seinem Gesamtverhalten ergeben. Hat sich also der Schuldner zunächst vom Vertrag losgesagt, ihn aber später teilweise erfüllt, so muß der Gläubiger die Nachfrist stellen; ebenso wenn Vergleichsverhandlungen zwischen den Parteien schweben. Auch genügt es nicht, daß der Richter später den Eindruck gewinnt, der Schuldner würde trotz Fristsetzung von seiner Weigerung nicht abgegangen sein; vielmehr muß diese Überzeugung sich bereits dem vertragstreuen Teil zur Zeit der Weigerung mit Bestimmtheit aufgedrängt haben. Die in diesem Sinn ernstliche und endgültige Erfüllungsweigerung wird vielfach als Fall der „positiven Vertragsverletzung" aufgefaßt, und der Wegfall der Fristsetzung auf diesen Gedanken zurückgeführt. RG. 51, 347; 57, 105; 90, 317; 96, 342; 102, 266; 104, 277; 108, 69; 109, 37.

Für die Überflüssigkeit der Fristsetzung bei Erfüllungsweigerung geben die Entscheidungen einen schlechten konstruktiven (kryptosoziologischen) und einen guten soziologischen Grund. Soziologisch: die Fristbestimmung würde bei Erfüllungsweigerung zwecklos und überflüssig sein, und es kann nicht angenommen werden, daß zwecklose und überflüssige Handlungen im Rechtsverkehr gewollt sind. Der konstruktive Grund ist: der Schuldner habe durch Verweigerung der Erfüllung auf sie „verzichtet". In Wirklichkeit denkt ein im Verzug befindlicher Schuldner niemals daran auf ein ihm zustehendes Recht zu verzichten; er liegt geradezu auf der Lauer, ob der Gläubiger nicht einen Fehler machen und sich dadurch um die Rechte aus § 326 BGB. bringen wird. —

Der Schriftsatz geht schließlich zu den Einwendungen gegen die Schadensberechnung über:

„Zu 4: Die Einwendungen der Beklagten gegen den Selbsthilfeverkauf vom 21. Dezember 1932 sind unbegründet.

a) Die am 7. Oktober gestellte Nachfrist haben die Vertragsparteien übereinstimmend als nicht geschehen behandelt, wie die beigefügten Briefabschriften vom ...... beweisen. Nach der eigenen Behauptung der Beklagten, die sie gegen sich gelten lassen muß, wurde ja sogar am 20. Oktober, also nach Fristablauf, eine ausdrückliche Vereinbarung über die Hinausschiebung der Abnahmefrist getroffen!

b) Der Selbsthilfeverkauf wurde in Breslau statt in Liegnitz vorgenommen, weil in Liegnitz kein Getreide- und Futtermittelmarkt besteht. Die Veranstaltung des Verkaufs an der Breslauer Getreidebörse entsprach gerade den Interessen der Beklagten.

c) Da *Baumbach*sches Lupinenmehl nicht mehr hergestellt wird (oben zu 1), so würde ein Zusatz ‚möglichst Fabrikat *Baumbach*' gegenstandslos gewesen sein.

Äußersten Falls wird geltend gemacht, daß der allgemeine Marktpreis am 21. Dezember 1928 keinesfalls höher als 8.50 *RM* für 100 kg war.

Beweis: Gutachten Sachverständiger.

Für den Kläger:

Schwarz, Rechtsanwalt."

Mit dem Schlußsatz hat der Kläger hilfsweise die abstrakte Schadensberechnung (S. 527) geltend gemacht.

In der Duplik polemisiert die Beklagte gegen die Ausführungen des Gegners:

„Zu 1: ....

Zu 2: Den am 1. September in Meißen abgelieferten Wagen hatte die Beklagte an die Sächsische Futtermittel-Zentrale *Palme & Co.* in Dresden, diese an den Kaufmann *Arno May* in Dresden und letzterer an die Futtermittelhandlung *Bitter* in Meißen weiterverkauft. *Bitter* hat am 3. September gegenüber *May, May* am 5. September gegenüber *Palme & Co.* gerügt. Letztere haben die Bemängelung am 7. September früh durch Telegramm an die Beklagte weitergegeben.

Beweis: die Inhaber der genannten Firmen.

Darauf hat die Beklagte am gleichen Tag das in Abschrift beigefügte Telegramm an *Gebr. Böttcher* gerichtet.

Auch die Beanstandung der beiden Döbelner Wagen war rechtzeitig. Die Wagen sollten auf Anweisung der Beklagten von *Gebr. Böttcher* am 24. Oktober verladen werden, konnten aber wegen Wagenmangels erst am 29. Oktober von Liegnitz abgehen und trafen am 31. Oktober früh in Döbeln ein. Die Ware war von der Beklagten ebenfalls an *Palme & Co.* und von diesen an die Firma *Hermine Klages* in Döbeln weiterverkauft worden, welche sich im Besitz des Frachtbriefduplikats befand. *Klages* hat den Wagen am 1. November untersucht, aber erst am 3. November gegenüber *Palme & Co.* gerügt, da der 2. ein Sonntag war. *Palme & Co.* haben durch Brief vom 4., eingegangen am 5. November, die Rüge weitergegeben und die Beklagte hat darauf am 6. November den Verkäufern den Rücktritt erklärt.

Beweis: die Inhaber der genannten Firmen und die vorzulegenden Frachtbriefduplikate."

Wie sind bei unmittelbarer Versendung der Ware nach dem Wohnort des letzten Abkäufers (oben Anm. 4) Untersuchungs- und Rügefrist zu bemessen? Man kann in solchem Fall dem ersten Käufer nicht gut zumuten sich zwecks rechtzeitiger Untersuchung und Mängelrüge selbst an diesen Ort zu begeben. Aus der Art der Abwicklung ersahen Gebr. Böttcher, daß die Beklagte nicht am Bestimmungsorte sein und von Mängeln der Ware erst durch die Rügen ihrer Abnehmer Kenntnis erlangen würde. Folglich muß die Frist so lang sein, daß die Beanstandungen der Nachmänner an die Beklagte weitergegeben werden konnten, und es kommt entscheidend darauf an, ob im Verhältnis der Abnehmer jedesmal rechtzeitig gerügt worden war. JW. 19, 680[9]. — Der Grundsatz gilt nur insoweit, als die Abnehmer (Voll- oder Minder-)Kaufleute und der Kauf für sie ein Handelsgeschäft ist: denn außerhalb dieses Falles besteht nach § 377[I] HGB. überhaupt keine Untersuchungs- und Rügepflicht, und kann man also nicht mit rechtzeitiger Mitteilung rechnen.

„Zu 3: Der Kläger trägt selbst vor, daß die Preise für Lupinenmehl andauernd geschwankt haben. Will er also die Schadensersatzpflicht der Beklagten, statt auf ihren Verzug, auf den Brief vom 6. November stützen, so muß er den Anspruch in ganz anderer Weise substanziieren. Insbesondere durfte er dann nicht bis zum 21. Dezember mit dem Selbsthilfeverkauf warten."

Bei abstrakter Schadensberechnung hat der Gläubiger die Wahl, ob er den Eintritt des Verzuges (hier: 1. Oktober) oder den Ablauf der Nachfrist (15. Dezember) zu Grunde legen will. Ein späterer Termin kommt nicht in Betracht, weil mit Ablauf der Nachfrist der Gläubiger den Erfüllungsanspruch endgültig verloren hat (§ 326[I] S. 2). Beruht der Anspruch auf positiver Vertragsverletzung, so ist zu berücksichtigen, daß das Recht des vertragstreuen Teils auf Erfüllung nicht schon mit der Vertragsverletzung des Gegners sondern erst dann erlischt, wenn er daraufhin erklärt statt der weiteren Vertragserfüllung Schadensersatz wegen Nichterfüllung verlangen zu wollen. Wann der Vertragstreue diese Konsequenz aus der Vertragswidrigkeit des anderen ziehen will, steht in seinem freien Belieben, ebenso im Verzugsfall der Zeitpunkt, zu dem er die Nachfrist bestimmt. Der Gläubiger darf jedoch seine Rechtsstellung nicht mißbrauchen, um auf Kosten des Schuldners zu spekulieren. Verzögert er also wider Treu und Glauben die Stellung der Nachfrist nach Eintritt des Verzuges, oder wartet er mit dem Schadensersatzverlangen trotz beharrlicher Erfüllungsweigerung des Gegners, so hat er einen entsprechenden Teil des Schadens sich selbst zuzuschreiben (§ 254). Gleiches gilt bei konkreter Berechnung, falls nach Ablauf der Nachfrist die Vornahme des Deckungsgeschäfts übermäßig verzögert wird. Maßstab sind die Regeln von Treu und Glauben. RG. 57, 106; 83, 176; 90, 423; 91, 30, 99; 98, 214; 99, 46; 101, 93; 102, 348; 103, 292; Hachenburg JW. 18, 35[9].

„Zu 4: ....

Für die Beklagte:
Weiß, RA."

Verhandlung und Entscheidung. Der Vorsitzende, der die Sache zunächst als Einzelrichter bearbeitet hat, will der Entscheidung der Kammer, ob und in welchem Umfange Beweis zu erheben ist, nicht vorgreifen. Daher verweist er nach dem Schriftsatzwechsel an die Kammer, welche nach Verhandlung Beweisbeschluß erläßt:

„I. Über folgende streitigen Parteibehauptungen soll Beweis erhoben werden:

1. War das Mehl des am 1. September 1932 in Meißen abgelieferten Wagens Lupinenmehl dunkel, dumpfig, mit Sand vermischt, verschimmelt und zur Verfütterung ungeeignet?

durch Vernehmung des Futtermittelhändlers *Bitter* in Meißen als Zeugen, von der Beklagten benannt.

2. War das Mehl der am 31. Oktober 1932 in Döbeln abgelieferten 2 Wagen Lupinenmehl dunkel, dumpfig, mit Sand vermischt, verschimmelt und zur Verfütterung ungeeignet?

durch Vernehmung der Frau *Hermine Klages* in Döbeln als Zeugin, von der Beklagten benannt.

3. Wann ist der zu 1 bezeichnete Wagen dem Zeugen *Bitter* abgeliefert worden? Wann hat er das Mehl untersucht und gegenüber dem Zeugen *May* beanstandet? Wann hat *May* die Beanstandung erhalten und an *Palme & Co.* weitergegeben? Wann haben *Palme & Co.* die Beanstandung durch *May* erhalten und wann der Beklagten weitergegeben?

durch Vernehmung: a) des Futtermittelhändlers *Bitter* in Meißen, b) des Kaufmanns *Arno May* in Dresden, c) des Kaufmanns *Edmund Palme* in Dresden als Zeugen, von der Beklagten benannt.

4. Wann sind die zu 2 bezeichneten Wagen der Firma *Klages* abgeliefert worden? Wann hat *Klages* das Mehl untersucht und gegenüber *Palme & Co.* beanstandet? Wann haben *Palme & Co.* die Beanstandung erhalten und an die Beklagte weitergegeben?

durch Vernehmung: a) der Frau *Hermine Klages* in Döbeln, b) des Kaufmanns *Edmund Palme* in Dresden als Zeugen, von der Beklagten benannt.

5. War bei dem öffentlichen Selbsthilfeverkauf von 26 Wagen Lupinenmehl am 21. Dezember 1932 *Ernst Wichmann* aus Liegnitz Meistbietender? War der Versteigerungstermin öffentlich bekannt gemacht? War er der Beklagten mitgeteilt?

durch Vernehmung des vereidigten Maklers *Gerhard Schoebel* als Zeugen, vom Kläger benannt.

II. Die Vernehmung der auswärtigen Zeugen erfolgt gemäß § 375⁴ ZPO. durch Ersuchen der Amtsgerichte ihres Wohnorts, die Vernehmung des Zeugen *Schoebel* durch den Vorsitzenden als beauftragten Richter.

III. Die Ladung des Zeugen *Schoebel* und die Ersuchen um Vernehmung der auswärtigen Zeugen werden davon abhängig gemacht, daß

(folgt Anordnung gemäß § 379, oben S. 395)."

Darauf reicht der Kläger folgenden Schriftsatz ein:

„Ausweislich der hiermit überreichten gegenseitigen Bestätigungen haben *Gebr. Böttcher* am 12. September 1932 mit der Beklagten die allgemeine Vereinbarung getroffen, daß beanstandete Sendungen immer mit Minderwert abzunehmen seien. Die Beklagte hat also auf das ihr als Käuferin gesetzlich zustehende Wandelungsrecht verzichtet."

Mit dem Wandelungsrecht wird von schikanösen Käufern oft Mißbrauch getrieben: sie beanstanden eine Lieferung und verweigern grundlos oder wegen geringfügiger Fehler die Abnahme, um auf den Verkäufer — der die durch die Nichtabnahme entstehenden Stand- und Lagergelder sowie das Risiko eines Wandelungsprozesses scheut — einen Druck auszuüben, daß er einen erheblichen Preisnachlaß gewährt. Hiervor schützt sich der Verkäufer durch die „Minderwertklausel". Ist das Wandelungsrecht durch Vereinbarung ausgeschlossen und der Käufer auf ein Abzugsrecht beschränkt, so kann es der Verkäufer in zweifelhaften Fällen ruhig auf die gerichtliche Austragung der Angelegenheit ankommen lassen.

„Um so weniger darf sie wegen angeblich schlechter Lieferung vom ganzen Schluß zurücktreten."

Ob mit der Wandelung des über einzelne mangelhafte Lieferungen geschlossenen Kaufs auch die Rechte aus positiver Vertragsverletzung ausgeschlossen sind, ist Frage der Auslegung.

„Ihr Rücktritt war daher in jedem Falle unbegründet und es kommt auf die Beweise zu I 1—4 des Beweisbeschlusses für die Entscheidung des Rechtsstreits nicht an.

Um eine überflüssige Verzögerung des Prozesses zu vermeiden, wird beantragt:

zunächst nur den Zeugen *Schoebel* zu vernehmen und alsdann, wenn die Beklagte sich mit Aufhebung des Beweisbeschlusses zu I 1—4 nicht einverstanden erklärt, Termin zur Verhandlung über die Aufhebung anzusetzen.

Für den Kläger:

Schwarz, RA."

Über Abänderung und Aufhebung von Beweisbeschlüssen vgl. S. 458/9.

Der Richter entspricht dem Wunsch. Nachdem Schoebel die Klagebehauptungen bestätigt hat, wird Verhandlungstermin vor der Kammer angesetzt. Diese erkennt für Recht:

„Die Beklagte wird verurteilt dem Kläger 7579.40 *RM* (i. W.) nebst 8% Zinsen seit dem 22. Dezember 1932 zu zahlen und die Kosten des Rechtsstreits zu tragen. Das Urteil ist gegen Sicherheitsleistung des Klägers in Höhe von 8500 *RM* vorläufig vollstreckbar."

Über den weiteren Verlauf des Falles s. Kap. 28.

Unterbrechung und Aussetzung. Erbenhaftung im Prozeß.

Aussetzung. Bankier Schilling hat dem Kaufmann Bruchmüller Geschäftsverbindung und Kredit gekündigt, sich aus den von Bruchmüller bestellten Sicherheiten teilweise befriedigt und das Restguthaben von über 1800 RM. mit Zinsen eingeklagt. Nach langwieriger Beweisaufnahme ist die Sache entscheidungsreif, Termin vor der Kammer steht Anfang April 1933 an.

„Breslau, den 24. März 1933.

In Sachen *Schilling* gegen *Bruchmüller*

überreiche ich Sterbeurkunde des Standesamts II Breslau, laut welcher der Beklagte am 10. d. M. verstorben ist, und beantrage als Prozeßbevollmächtigter des Beklagten:

die Aussetzung des Verfahrens anzuordnen.

Weiß, Rechtsanwalt."

Ist für die verstorbene Partei ein Prozeßbevollmächtigter vorhanden, so tritt nicht ipso iure-Unterbrechung ein, sondern der Tod begründet lediglich für den Bevollmächtigten wie für den Gegner ein Recht, die Aussetzung des Verfahrens durch Gerichtsbeschluß zu beantragen. §§ 239, 246 ZPO. Das hängt damit zusammen, daß die Prozeßvollmacht durch Tod des Vollmachtgebers nicht erlischt (§ 86, für sonstige Vollmachten: oben S. 250). Ähnlich bei den Unterbrechungsfällen der Nacherbfolge, des Verlustes der Prozeßfähigkeit, des Wegfalls des gesetzlichen Vertreters und der Nachlaßverwaltung (§§ 86, 246); über den anders liegenden Fall des Konkurses 16. Kap. „Konkursprozesse". Das Gegenstück bildet die Bestimmung des § 244, wonach Wegfall des Anwalts den Prozeß unterbricht. Sie gilt aber bloß für Anwaltsprozesse, während für die Anwendung des § 246 weder zwischen Anwalts- und Parteiprozeß, noch zwischen Anwalt und sonstigen Prozeßbevollmächtigten (§ 79) ein Unterschied besteht. Ist die Erbfolge klar und haben die Erben ein Interesse an schneller Durchführung der Sache (namentlich als Kläger), so wird der Aussetzungsantrag aus §§ 239, 246 gewöhnlich gar nicht gestellt und der Prozeß läuft einfach weiter; die Parteien zeigen lediglich bei nächster Gelegenheit den Übergang auf die Erben wegen der damit verbundenen Änderung des Rubrums an. Fehlt es aber an einem Prozeßbevollmächtigten und ist daher das Verfahren unterbrochen, so erledigt sich die Unterbrechung meist sehr schnell durch eine Aufnahmeerklärung der Erben.

Einer Anhörung des Klägers bedarf es nicht, da RA. Weiß die Sterbeurkunde beigefügt hat:

„Geschäftsnummer: 22 O 97.32.

Beschluß.

In Sachen *Schilling* gegen *Bruchmüller* wird auf Antrag des Prozeßbevollmächtigten des Beklagten die Aussetzung des Verfahrens angeordnet, weil der Beklagte ausweislich der überreichten Sterbeurkunde am 10. März 1933 verstorben ist. §§ 239, 246 ZPO.

Breslau, den 25. März 1933.

Landgericht, II. Kammer für Handelssachen.

Richter. *Behrens.* *Lamm.*"

Gegen eine Aussetzung findet einfache, gegen die Ablehnung der Aussetzung sofortige Beschwerde statt (§ 252).

Der Termin fällt infolge der Aussetzung fort.

Ladung zur Aufnahme. Liegt ein Aussetzungsbeschluß nach § 246 vor, so wird das Verfahren in gleicher Weise in Gang gebracht, wie wenn es gemäß § 239 unterbrochen gewesen wäre (§ 246 II). Zunächst muß also materiell-rechtlich festgestellt werden, wer Erbe geworden ist, ob Nachlaßverwaltung oder Testamentsvollstreckung besteht, ob Ehefrauen als Erben beteiligt sind, welche Gütermasse der Klageanspruch betrifft. Hieraus ergibt sich dann, welche Personen auf der Aktiv- und Passivseite als „Rechtsnachfolger" (§ 239) einzutreten haben und welche Sachanträge fortan zu stellen sind. Aktivprozesse kann jeder von mehreren Miterben mit dem Antrag auf Leistung zur ungeteilten Nachlaßmasse (§ 2039 BGB.) weiterführen, bei Passivprozessen sind gegen sie Anträge gemäß §§ 2058, 2059 I oder nach §§ 2059 BGB., § 747 ZPO. zu stellen (S. 43, 357). Gehört die Erbschaft zum eingebrachten Gut einer Ehefrau, so steht die Klägerrolle sowohl dem Mann, wie der Frau mit Zustimmung des Mannes zu, während die Passivlegitimation für den Leistungsanspruch die Frau, für den Duldungsanspruch der Mann besitzt (§§ 1380, 1400 II BGB., 739 ZPO., oben S. 371 f.). Im Fall der Nachlaßverwaltung wird der Erbe durch den Nachlaßverwalter gänzlich aus der Parteirolle verdrängt (§ 1984 I BGB., oben S. 148). Was schließlich den Testamentsvollstrecker mit Verwaltungsbefugnis anlangt, so wird er alleiniger Kläger (§ 2212); war der Erblasser Beklagter, so kann der Kläger entweder gegen den Vollstrecker als alleinigen Beklagten, oder gegen den Erben mit dem Antrag auf Leistung und gegen den Testamentsvollstrecker mit dem Antrag auf Duldung der Zwangsvollstreckung in den Nachlaß aufnehmen. §§ 2213 BGB., 748 ZPO., oben S. 55.

Wollen die Erben das Verfahren wieder in Gang setzen, so stellen sie einfach einen Schriftsatz zu, in welchem sie die „Aufnahme" des Rechtsstreits erklären. §§ 239 I, 250. Eine Ladung braucht der Aufnahmeschriftsatz nicht zu enthalten. Mit seiner Zustellung endet die Unterbrechung oder Aussetzung ohne weiteres; die unterbrochenen Fristen beginnen — von vorn an — neu zu laufen (§ 249 I), und soweit Offizialbetrieb herrscht, hat das Gericht die aus der Beendigung der Unterbrechung oder Aussetzung sich ergebenden Handlungen vorzunehmen (z. B. bei Ausführung von Beweisbeschlüssen die Zeugenladungen, Ersuchungsschreiben usw.). Nicht so einfach gestaltet sich in den meisten Fällen die Wiederingangsetzung durch die Gegenpartei. Bisweilen genügt es allerdings, daß sie durch Schriftsatz (§ 250) ihre Absicht, das Verfahren fortzusetzen, dem Rechtsnachfolger (gesetzlichen Vertreter, Nachlaßverwalter, Testamentsvollstrecker) anzeigt, womit dann ebenfalls die Unterbrechung (Aussetzung) zu Ende ist. Vgl. §§ 241, 243. Gegenüber dem Erben muß nach § 239 II, III „zur Aufnahme und zugleich zur Verhandlung der Hauptsache" geladen werden:

„Breslau, den 3. Mai 1933.

In Sachen *Schilling* gegen *Bruchmüller*

ist der Beklagte kraft gesetzlicher Erbfolge beerbt worden:

a) von seiner Witwe *Doris Bruchmüller* geb. *Gießmann* in Breslau, Lehmgrubenstraße 44,

b) von seinem einzigen Sohn, Junglehrer *Paul Bruchmüller* in Annaberg O.S."

Abweichend vom Grundbuch- und Registerrecht, gibt es für den Prozeß keine besonderen Vorschriften über den Nachweis des Erbrechts. Die Erbfolge wird bewiesen wie jede andere Tatsache. Wollen die Beklagten es nicht gelten lassen, daß sie Erben bzw. alleinige Erben geworden sind, so müssen sie bestimmte Behauptungen aufstellen, z. B. daß noch andere Kinder vorhanden seien; daß der Erblasser ein Testament errichtet habe; wenn der Kläger testamentarische Erbfolge geltend macht: daß der Erblasser bei Errichtung des Testaments nicht geschäftsfähig gewesen sei, daß er es durch eine spätere Verfügung von Todeswegen widerrufen habe od. dgl. Entsprechend verhält es sich mit den übrigen für die „Rechtsnachfolge" wesentlichen Punkten, wie Testamentsvollstreckung oder Nachlaßverwaltung. Unzulässig wäre es dem Kläger etwa die Beibringung eines Erbscheins aufzugeben, ganz abgesehen davon, daß der Erbschein im Prozeß keine volle Beweiskraft besitzt sondern nur eine — widerlegbare — Vermutung begründet (§ 2365 BGB.).

„Die Aufnahme des Rechtsstreits wird von ihnen verzögert."

Vor Annahme der Erbschaft kann der Anspruch nicht gegen die Erben geltend gemacht werden und die Erben sind zur Fortsetzung des Prozesses nicht verpflichtet §§ 1958 BGB., 239 V ZPO. Später haben sie keinen Grund mehr die Aufnahme hinzuziehen; die aufschiebenden Einreden, die ja bloß zu einer Modifikation der Vollstreckung führen (vgl. 15. Kap. „Ausschüttung der Masse in einem Nachlaßkonkurs"), kommen hierbei nicht in Betracht.

„Namens des Klägers lade ich daher

1. Frau *Doris Bruchmüller* und Herrn *Paul Bruchmüller*, beide mit der Aufforderung, einen bei dem Prozeßgericht zugelassenen Rechtsanwalt zu bestellen,
2. Herrn RA. *Weiß* als Prozeßbevollmächtigten der Beklagten

zur Aufnahme und zugleich zur mündlichen Verhandlung der Hauptsache vor das Landgericht, II. Kammer für Handelssachen, in Breslau auf den hierbei anberaumten Termin.'

Vgl. §§ 239 III, 246 II, 215. Wenn § 86 vorschreibt, daß der Prozeßbevollmächtigte des Erblassers, der nach der Aussetzung für die Erben auftritt, Vollmacht der Erben beizubringen habe, so läßt das die allgemeinen Grundsätze über die Prüfung der Vollmacht unberührt. Von Amtswegen verlangt also das Gericht nur im Parteiprozeß die Vollmacht (§ 88 II), während es im Anwaltsprozeß einer Rüge des Gegners bedarf (§ 88 I, vgl. auch § 80 II).

„Ich werde beantragen:

die Beklagten *Doris Bruchmüller* und *Paul Bruchmüller* als Gesamtschuldner zur Zahlung von 1822.00 *RM* nebst 8% Zinsen seit 23. Februar 1932 zu verurteilen und das Urteil, nötigenfalls gegen Sicherheitsleistung, für vorläufig vollstreckbar zu erklären.

Für den Kläger:
Schwarz, RA."

Beschränkte Erbenhaftung im Prozeß. Bisweilen kommt es zu einem Streit über die Rechtsnachfolge oder zu einem Kontumazialverfahren nach § 239 IV. In unserem Fall vereinfacht sich das Verfahren, da die Erben nunmehr aufnehmen:

„Breslau, den 15. Mai 1933.

In Sachen *Schilling* gegen *Bruchmüller*

nehme ich namens der Frau *Doris Bruchmüller* und des *Paul Bruchmüller* das Verfahren auf. Außer den bisherigen Anträgen auf Klageabweisung und Hinterlegungsbefugnis werde ich weiterhin den Hilfsantrag stellen:

den Beklagten die Beschränkung ihrer Haftung auf den Nachlaß des am 10. März 1933 verstorbenen *Artur Bruchmüller* vorzubehalten."

Die ihm im materiellen Recht gewährleistete Beschränkung seiner Haftung kann der Erbe nur dann in der Zwangsvollstreckung geltend machen, wenn das Urteil sie ihm vorbehält (§ 780 I). Von Amtswegen wird kein Vorbehalt gemacht.

Wenn also nicht bereits der Kläger den Klageantrag auf Leistung unter Vorbehalt der beschränkten Haftung eingeschränkt hatte, muß der Erbe die Aufnahme des Vorbehalts vor Rechtskraft des Urteils beantragen. Denn ist seine Verurteilung ohne Vorbehalt einmal rechtskräftig geworden, so gibt es überhaupt keine Möglichkeit mehr die Haftungsbeschränkung geltend zu machen: der Erbe haftet dann diesem einen Nachlaßgläubiger unbeschränkt. RG. 59, 301. — Nicht erforderlich ist der Vorbehalt, wenn der Schuldtitel gegen den Erben dadurch zustande kommt, daß ein gegen den Erblasser ergangenes Urteil gemäß § 727 gegen ihn umgeschrieben wird. Stein-Jonas I zu § 781; Staudinger II A 1 zu §§ 1990/2 c. cit.

„1. Die Klageforderung ist unbegründet.

(folgen Darlegungen, daß die Einwendungen des ursprünglichen Beklagten durch die Beweisaufnahme erwiesen seien).

2. In zweiter Reihe wird der Antrag auf Klageabweisung darauf gestützt, daß der Nachlaß, mit welchem die Beklagten allein haften, bereits vollständig erschöpft ist. Der Beklagte *Artur Bruchmüller* ist, was der Kläger nicht bestreiten wird, Anfang 1932 geschäftlich vollkommen zusammengebrochen. Seine wertvollsten Vermögensstücke waren dem Kläger übereignet, der die Forderungen eingezogen, die Sachen im Wege der Zwangsvollstreckung veräußert hat. Was noch übrig war, wurde von den übrigen Gläubigern gepfändet und versteigert. Schon am 13. September 1932 mußte *Artur Bruchmüller* den Offenbarungseid leisten; auf das von ihm damals beschworene, in den Akten 48 M 1228.32 befindliche Vermögensverzeichnis wird Bezug genommen. Seit August 1932 hat *Artur Bruchmüller* keine Geschäfte mehr gemacht, also auch kein neues Vermögen mehr erworben.

Beweis: ....

Der Nachlaß besteht danach nur aus

(folgt Aufzählung der Aktiva)

im Gesamtwert von . . . . 380.00 *RM*

denen folgende Nachlaßverbindlichkeiten gegenüberstehen:

(folgt Aufzählung der unbezahlten Geschäftsschulden, der Arztkosten der letzten Krankheit, Beerdigungskosten usw.)

Gesamtbetrag: . . . . 18625.60 *RM*

Beweis: ....

Die Beklagten haben Arzt- und Beerdigungskosten mit zusammen . . 583.60 *RM* laut den hiermit überreichten 5 Quittungen aus dem Nachlaß bezahlt.

Für die Beklagten:

Weiß, RA."

Die Beschränkung der Erbenhaftung darf grundsätzlich nur durch Nachlaßverwaltung oder Nachlaßkonkurs realisiert werden, es sei denn, daß der Nachlaß die Kosten eines solchen Verfahrens nicht deckt („Einrede des ärmlichen Nachlasses") oder daß die Überschuldung lediglich auf Vermächtnissen oder Auflagen beruht. §§ 1975, 1990, 1992 BGB. Bei einem Aktivnachlaß von bloß 380 RM. würden Nachlaßverwaltung oder -konkurs sicherlich abgelehnt werden. Nun gibt es bei der Erschöpfungseinrede keine Rangordnung der Nachlaßgläubiger (abgesehen von Pflichtteils-, Vermächtnis- und Auflagegläubigern, § 1991 IV), sondern es entscheidet reine Prävention. Der Erbe darf sich also die Nachlaßgläubiger, welche er befriedigen will, aussuchen, er kann auch seine eigenen Forderungen an den Nachlaß zuerst befriedigen (arg. § 1991 II), ja es gilt sogar die rechtskräftige Verurteilung des Erben zur Befriedigung eines Nachlaßgläubigers im Verhältnis zu später kommenden als

Befriedigung (§ 1991 III). Sind die Angaben des Schriftsatzes richtig, so hat Schilling aus dem Nachlaß nichts mehr zu fordern. Soll daraufhin die Klage abgewiesen werden?

§§ 780 I, 781, 785 ZPO. sehen vor, daß zunächst der Erbe mit Vorbehalt verurteilt wird, alsdann die Vollstreckung ohne Rücksicht auf den Vorbehalt erfolgt, und es dem Erben überlassen bleibt durch eine beim Prozeßgericht erster Instanz zu erhebende neue Klage die Beschränkung seiner Haftung auf den Nachlaß bzw. die Unzulässigkeit der Vollstreckung in das Privatvermögen geltend zu machen. Gesetzliche Bestimmungen, nach denen die erste Klage auf Grund der Feststellung, daß der Nachlaß erschöpft sei, alsbald abgewiesen werden darf, bestehen nicht, doch wird die Klageabweisung von der Praxis zugelassen. Bei der Wahl zwischen Verurteilung mit Vorbehalt und Klageabweisung soll das Gericht auf der einen Seite den Gesichtspunkt der „Prozeßökonomie" berücksichtigen: es hat keinen Zweck den Erben zum zweiten Prozeß zu zwingen, wenn der Streit in einem einzigen Verfahren ausgetragen werden kann. Auf der anderen Seite steht das Interesse des Nachlaßgläubigers, durch den Versuch einer Zwangsvollstreckung die tatsächlichen Verhältnisse aufzuklären; auch ist zu beachten, daß der für die Auseinandersetzung zwischen Nachlaßgläubiger und Erben maßgebende Nachlaßbestand die mandatsähnlichen Ansprüche des § 1978 BGB. mit umfaßt (§ 1991 I). Die Abweisung der Klage des Nachlaßgläubigers kommt also hauptsächlich dann in Frage, wenn die Erschöpfung des Nachlasses außer Streit oder ganz leicht festzustellen ist. RG. 69, 283; 77, 245; JW. 18, 816 [4]. Für den Erben liegt die Bedeutung der Frage hauptsächlich darin, daß er durch Klageabweisung von Kosten freigestellt wird, im Fall der Verurteilung mit Vorbehalt dagegen als unterlegene Partei (§ 91 I S. 1 ZPO.) die Kosten zu tragen hat und, wie wir bereits wissen (S. 142) insoweit unbeschränkt haftet.

Das vorstehend Ausgeführte gilt nicht bloß für „beschränkte Erbenhaftung" im technischen Sinne (vgl. S. 142) sondern überall, wo ein Schuldner unter Beschränkung auf eine bestimmte Vermögensmasse haftet. Z. B. machen der Vermögensübernehmer (§ 419, oben S. 467 f.), der Erbe gegenüber einem im Aufgebotsverfahren oder durch Zeitablauf nach §§ 1973, 1974 „ausgeschlossenen" Nachlaßgläubiger (oben S. 356), der Miterbe vor der Teilung (§ 2059 I S. 2) die Beschränkung ihrer Haftung ebenfalls in der Weise geltend, daß sie einen Vorbehalt ins Urteil aufnehmen lassen und, falls der Gläubiger später ohne Rücksicht auf die Beschränkung vollstreckt, Vollstreckungsgegenklage analog § 785 ZPO. erheben. Das Gericht kann jedoch in all diesen Fällen nach freiem Ermessen die Klage sofort abweisen, wenn die Erschöpfung bereits feststeht. Der Vorbehalt der Beschränkung der Haftung „auf den Nachlaß" deckt auch die Vergünstigungen der §§ 1973, 1974, 2059 I S. 2 BGB. Vgl. § 786 ZPO.; RG. 69, 283; 83, 330. — Dagegen muß der Einwand der Teilhaftung des Miterben aus § 2060 BGB. (oben S. 357) gegenüber der Klage des Nachlaßgläubigers vom Erben speziell erhoben und in der Urteilssumme berücksichtigt werden, denn hier handelt es sich um Beschränkung auf einen bestimmten Betrag, nicht auf einen bestimmten Gegenstand. Stein-Jonas V zu § 780. —

Die Kammer prüft zunächst das Bestehen des Anspruchs gegen den Erblasser Bruchmüller und bejaht ihn. Auf eine Untersuchung über die Erschöpfung des Nachlasses geht sie nicht ein, weil der Kläger den hierzu aufgestellten Behauptungen der Beklagten widersprochen hat und man diese Frage beim Nachlaß eines Geschäftsmanns besser dem dafür in der ZPO. vorgesehenen besonderen Prozeß vorbehält. Daher ergeht nach streitiger Verhandlung das Urteil:

„Die Beklagten werden als Gesamtschuldner verurteilt dem Kläger 1822.00 *RM* (i. W.) nebst 8% Zinsen seit 23. Februar 1932 zu zahlen und die Kosten des Rechtsstreits zu tragen.

Den Beklagten wird die Beschränkung ihrer Haftung auf den Nachlaß des am 10. März 1933 verstorbenen Kaufmanns *Artur Bruchmüller* in Breslau vorbehalten.

Das Urteil ist gegen Sicherheitsleistung in Höhe von 2500 *RM* (i. W.) vorläufig vollstreckbar."

Unterbrechung, Aussetzung, Aufnahme zwischen den Instanzen: Was geschieht, wenn zwischen Verkündung und Zustellung des Urteils, oder zwischen Urteilszustellung und Rechtsmitteleinlegung, oder nach Einlegung des Rechtsmittels, aber bevor der Gegner einen Anwalt für die höhere Instanz bestellt hat, eine Partei stirbt oder ein sonstiger Unterbrechungs- oder Aussetzungsfall eintritt?

So lange die Sache nicht durch Einlegung des Rechtsmittels beim oberen Gericht anhängig geworden ist, gehören Aussetzungsbeschluß und Aufnahmeverfahren zur unteren Instanz. Nehmen die Erben nicht freiwillig auf, so werden sie vor das untere Gericht zur Aufnahme geladen, und es ergeht ein besonderes Urteil über ihren Eintritt in den Prozeß, welches das bereits vorhandene Sach-Urteil ergänzt und zusammen mit ihm angefochten werden kann. Besonders wichtig wird in derartigen Fällen die Bestimmung des § 249II ZPO., daß während der Dauer der Unterbrechung oder Aussetzung keine wirksamen Prozeßhandlungen möglich sind. War also vor dem Tode das Urteil noch nicht zugestellt, das Rechtsmittel nicht eingelegt, so muß zunächst die Wiederingangsetzung des Prozesses nach den oben S. 539 besprochenen Grundsätzen herbeigeführt werden, bevor man das Urteil zustellt bzw. das Rechtsmittel einlegt.

Gilt nun in diesem Stadium der für die untere Instanz bestellte Anwalt noch als Prozeßbevollmächtigter im Sinne des § 246, so daß also nicht unterbrochen wird sondern bloß auszusetzen ist? Die Rechtsprechung verneint die Unterbrechung für den Fall, daß der Tod zwischen Urteilszustellung und Rechtsmitteleinlegung eingetreten war. Dagegen liegt ein Unterbrechungsfall vor, wenn eine Partei schon das Rechtsmittel eingelegt hatte und nunmehr erst der Gegner verstirbt; die dem Anwalt des Verstorbenen noch zustehenden prozessualen Befugnisse genügen nicht, um ihn noch als Prozeßbevollmächtigten anzuerkennen. RG 68, 247; 71, 155 (beides Plenarentscheidungen).

Nach Rechtskraft des Urteils gibt es weder Unterbrechung noch Aussetzung mehr.

Vollstreckbarkeitserklärung eines Schiedsspruchs.

Niederlegung des Spruchs.

„Schiedsspruch.

In der Schiedsgerichtssache der Orientalischen Zigarettenfabrik und Handelsgesellschaft ‚*Papyros*' m. b. H. in Dresden ....., vertreten durch ihren Geschäftsführer *Gottlieb Vogelgesang*, Klägerin,

gegen die Firma *Gebr. Schellenberg* in Breslau ..... Beklagte,

hat das Schiedsgericht des Verbandes Deutscher Zigarettenhändler Sitz Dresden E. V., bestehend aus dem Zigarettenfabrikanten *Schinkel* in Dresden, dem Zigarettengroßhändler *Settegast* in Halle a. d. S. und dem Zigarettenfabrikanten *Stadelmann* in Nürnberg, durch schriftliche Entscheidung für Recht erkannt:

Die Beklagte wird verurteilt an die Klägerin 2447.50 *RM* (i. W.) nebst 9% Zinsen seit dem 28. Februar 1933 zu zahlen und ihr 500 *RM* (i. W.) als Kosten des schiedsgerichtlichen Verfahrens zu erstatten.

Gründe.

Am 3. Februar 1933 offerierte die Klägerin der Beklagten brieflich:

einen Gelegenheitsposten von 80000 Stück Zigaretten, Marke ‚Hafis', ‚Hatem', ‚Suleika' und ‚Preisboxer', zum Preise von 40 *RM* pro Mille, Kasse bei Empfang der Faktura, zu den Bedingungen und Schiedsgerichtsbestimmungen des Verbandes Deutscher Zigarettenhändler, Sitz Dresden E. V.

Die Beklagte erwiderte am 5. Februar:

Wir nehmen Ihre Offerte mit der Maßgabe an, daß nur 50 Mille der Sorten ‚Hafis‘, ‚Hatem‘ und ‚Suleika‘ gekauft werden und Kasse innerhalb 10 Tagen nach Lieferung zu leisten ist. Sollte Ihnen dies nicht konvenieren, so sind wir auch bereit bei gleichem Zahlungsmodus 50 Mille der von Ihnen genannten 4 Sorten abzunehmen und für ‚Hafis‘, ‚Hatem‘ und ‚Suleika‘ 40 *RM* für ‚Preisboxer‘ 35 *RM* zu zahlen. Wir stellen Ihnen beide Offerten zur wahlweisen Annahme.

Die Klägerin schrieb am 7. Februar:

Da es sich um einen größeren Gelegenheitsposten handelt, müssen wir auf Abnahme von 80 Mille bestehen. Um Ihnen entgegenzukommen, ermäßigen wir den Preis auf 37.50 *RM* für alle 4 Sorten und geben Ihnen gleichzeitig die Versicherung, daß die Lieferung in der Hauptsache ‚Hafis‘, ‚Hatem‘ und ‚Suleika‘ umfaßt. Von der Bedingung der Zahlung bei Empfang der Faktura können wir leider nicht abgehen, da sie bei einem Gelegenheitsposten, der zu so billigem irregulären Preise geliefert wird, selbstverständlich ist.

Darauf entgegnete die Beklagte am 9. Februar:

Wiewohl es uns schwer fällt, wollen wir Ihre Bedingungen akzeptieren mit Ausnahme des Quantums. Wir schlagen vor die Mitte zwischen 50 und 80 Mille zu nehmen und den Schluß auf 65 Mille zu fixieren. Damit halten wir die Sache in dem Sinne geordnet, daß 65 Mille der Marken ‚Hafis‘, ‚Hatem‘, ‚Suleika‘, ‚Preisboxer‘, in der Hauptsache von den ersten 3 Sorten, zum gemeinsamen Durchschnittspreise von 37.50 *RM*, Kasse bei Rechnungsempfang, zu liefern sind. Der Ordnung wegen erwarten wir Ihre Bestätigung bis zum 11. d. M. mittags 1 Uhr hierseiend.

Am 10. Februar sandte die Klägerin einen Eilbrief ab, der unstreitig noch am selben Abend in den Besitz der Beklagten gelangt ist und in dem sie schrieb:

Wir haben nach Empfang Ihres Geehrten nochmals berechnet, ob es uns möglich wäre auf Ihren Wunsch einzugehen. Leider erwies es sich als ausgeschlossen den Ausnahmepreis von 37.50 *RM* bei Abnahme eines geringeren Quantums aufrecht zu erhalten. Sie können versichert sein, daß Sie bei dem Kauf sehr gut abschneiden. Wir nehmen also an, daß Sie zur Abnahme der vollen 80 Mille bereit sind.

Ferner telegraphierte die Klägerin am 11. Februar früh an die Beklagte:

Unter Widerruf unseres gestrigen Eilbriefes akzeptieren Eure Offerte vom 9. über 65 Mille.

Dieses Telegramm wurde der Beklagten vormittags 11½ Uhr bestellt. Die Beklagte telegraphierte zurück:

Bedarf inzwischen anderweit gedeckt. Können nur noch bei Ermäßigung auf 35 *RM* abnehmen. Drahtbescheid.

Die Klägerin stellte sich auf den Standpunkt, daß der Kauf perfekt geworden sei, und sandte die Ware mit Rechnung über 2437.50 *RM* Kaufpreis sowie 10 *RM* Portokosten am 27. Februar an die Beklagte ab, welche die Annahme verweigerte. Die Klägerin hat bei dem Schiedsgericht Klage mit dem aus dem Tenor ersichtlichen Antrag erhoben, Herrn *Schinkel* zu ihrem Schiedsrichter bestellt und gemäß § 5 der Schiedsgerichtsordnung die Beklagte durch das Sekretariat auffordern lassen, innerhalb 3 Tagen ebenfalls einen Schiedsrichter aus der Liste zu bestellen, widrigenfalls die Bestellung durch den Vorstand des Verbandes erfolgen würde.“

§ 1029 ZPO. enthält dispositives Recht und wird bei ständigen Schiedsgerichten im Interesse der größeren Beschleunigung fast immer durch andere Vorschriften nach Art der hier angewandten ausgeschlossen.

„Die Beklagte schrieb an das Sekretariat, daß sie die Bestellung eines Schiedsrichters ablehne, weil ein Vertrag und folglich ein Schiedsvertrag nicht zu stande gekommen sei. Es wurde daher vom Vorstand Herr *Settegast* als Schiedsrichter für die Beklagte bestellt. Die beiden Schiedsrichter haben Herrn *Stadelmann* als dritten Schiedsrichter gewählt.

Im Verhandlungstermin am 10. März 1933 hat der anwesende Mitinhaber der Beklagten, Herr *Max Schellenberg*, Klageabweisung mit der Begründung beantragt, daß der Abschluß nicht perfekt geworden sei. Darauf hat das Schiedsgericht beschlossen die Entscheidung nach Prüfung der Korrespondenz auf schriftlichem Wege zu fällen."

Hinsichtlich der Gestaltung des Verfahrens ist das Schiedsgericht vollkommen frei, sofern nicht der Schiedsvertrag (bzw. die als Bestandteil des Schiedsvertrags zu betrachtende Schiedsgerichtsordnung) entgegensteht (§ 1034^{II}). Obligatorisch ist nur die Gewährung des rechtlichen Gehörs. § 1041^{4}, dazu oben S. 364.

„Am 12. März schrieb dann die Beklagte an das Schiedsgericht:

In unserer Schiedsgerichtssache wollen wir der Ordnung wegen nochmals darauf hinweisen, daß wir natürlich auch die Zuständigkeit des Schiedsgerichts bestreiten und bitten, in erster Reihe hierüber zu entscheiden.

Es war, wie geschehen, zu erkennen.

Was zunächst die Zuständigkeit des Schiedsgerichts betrifft, so hat sie das Schiedsgericht unbedenklich bejaht, da die Beklagte im Termin vor dem Schiedsgericht vorbehaltlos zur Sache verhandelt und dadurch, wenn es nicht schon vorher geschehen ist, einen Schiedsvertrag mit der Klägerin abgeschlossen hat."

§§ 39, 274, 504 ZPO. finden als solche im schiedsgerichtlichen Verfahren keine Anwendung. Doch kann aus dem Verhalten der beklagten Partei im Einzelfalle die Unterwerfung unter die sachliche Entscheidung des Schiedsgerichts und damit der nachträgliche Abschluß eines Schiedsvertrags gefunden werden, wobei aber neben den im Termin abgegebenen Erklärungen auch ihre Schriftsätze zu berücksichtigen sind. RG. 116, 88.

„In der Sache selbst ist zwischen den Parteien ein Vertrag gemäß dem Schreiben der Beklagten vom 9. Februar zustande gekommen. Dies folgt einmal daraus, daß die Beklagte selbst schrieb, sie halte die Sache für geordnet und es sollte die Klägerin nur der Ordnung wegen ihr Einverständnis bestätigen. Außerdem hat die Klägerin durch ihr Telegramm vom 11. Februar, welches innerhalb der von der Beklagten gesetzten Frist eintraf, ihr Einverständnis ausdrücklich erklärt."

Die Ansicht des Schiedsgerichts ist irrig. Sämtliche Schreiben bis zum 9. Februar einschließlich waren bloße Offerten, da die Parteien die von der anderen Seite vorgeschlagenen Bedingungen niemals unverändert akzeptiert haben (§ 150^{II} BGB.). Die Offerte der Beklagten vom 9. Februar hatte die Klägerin durch den Eilbotenbrief vom 10. Februar unzweideutig abgelehnt. Damit war sie endgültig erloschen (§ 146) und konnte nicht mehr durch das Telegramm vom 11. Februar angenommen werden. Anders würde die Rechtslage sein, wenn der Beklagten das Telegramm vor oder wenigstens gleichzeitig mit dem Eilbotenbrief zugegangen wäre (§ 130^{I} S. 2).

„Die Beklagte ist daher verpflichtet der Klägerin den vereinbarten Kaufpreis mit 2437.50 *RM* sowie die durch Versendung der Ware vom Erfüllungsort Dresden entstandenen 10.00 *RM* Portokosten zu zahlen und von der Mahnung ab zu den geforderten verkehrsüblichen Sätzen zu verzinsen. Auch muß sie infolge ihres Unterliegens die Kosten des Verfahrens tragen, die nach § 17 der Schiedsgerichtsordnung auf 450 *RM* Schiedsgerichtskosten zuzüglich 50 *RM* Unkosten der Klägerin festgesetzt werden."

Die Zuständigkeit des Schiedsgerichts umfaßt auch die Entscheidung über die bei ihm entstandenen Kosten und deren Festsetzung. Die Kostenentscheidung wird vom ordentlichen Gericht in gleicher Weise für vollstreckbar erklärt, wie der materielle Teil des Schiedsspruchs. Es kann also nicht etwa die Geschäftsstelle des Gerichts unmittelbar auf Grund des Schiedsspruchs Kosten festsetzen. Stein-Jonas VIII zu § 1042 mit Rechtsprechung.

„Der Sekretär des Verbandes, Herr *Dr. jur. Dunst*, wird beauftragt und ermächtigt, die Zustellung des Schiedsspruchs an die Parteien sowie seine Niederlegung beim zuständigen Gericht im Namen des Schiedsgerichts zu veranlassen.

Dresden, Halle a. d. S., Nürnberg, den 17. März 1933.

Schinkel. Settegast. Stadelmann.

(Angeheftet sind Urkunden über die am 22. März 1933 bewirkte Zustellung je einer von den Schiedsrichtern unterschriebenen Ausfertigung des Schiedsspruches an die Parteien)."

„An das Landgericht
Kammer für Handelssachen
Breslau. Dresden, den 26. März 1933.

In der Schiedsgerichtssache .... lege ich namens des Schiedsgerichts auf Grund der mir im Schiedsspruch erteilten Ermächtigung den Schiedsspruch vom 17. März 1933 nebst Zustellungsurkunden gemäß § 1039 ZPO. auf der Geschäftsstelle nieder.

Dr. jur. Dunst
Sekretär des Verbandes Deutscher Zigarettenhändler,
Sitz Dresden, E. V."

Erst mit der ordnungsmäßigen Niederlegung beim zuständigen Gericht wird der Schiedsspruch in dem Sinne existent, daß er zwischen den Parteien materielle Rechtskraft schafft (§ 1040) und vom Gericht für vollstreckbar erklärt werden kann (§ 1042). Die Niederlegung ist beim Landgericht Breslau erfolgt, weil dieses für die gerichtliche Geltendmachung des Anspruchs zuständig sein würde. Wenn die Schiedsgerichtsordnung des Zigarettenhändler-Verbandes ein anderes Gericht (z. B. Dresden) bezeichnete, so hätte die Niederlegung nur dort erfolgen dürfen, denn der Schiedsspruch beruht ja auf der Annahme, daß die Parteien sich auf das Verbands-Schiedsgericht und seine Schiedsgerichtsordnung geeinigt haben. Ob ein schriftlicher oder bloß ein mündlicher Schiedsgerichtsvertrag vorliegt, macht keinen Unterschied. § 1045[1], Fassung des Ges. vom 25. Juli 1930 (RGBl. I 361).

Daß die Schiedsrichter die Zustellung und Niederlegung des Spruchs einem von sich oder einem Dritten übertragen, ist nicht zu beanstanden. Stein-Jonas II 2, 3 zu § 1039.

Antrag auf Vollstreckbarkeitserklärung.

„An das Landgericht
Kammer für Handelssachen
hier. Breslau, den 10. April 1933.

In Sachen ‚*Papyros*' G. m. b. H. gegen *Gebr. Schellenberg*
beantrage ich namens der Klägerin:

den am 26. März d. J. niedergelegten Schiedsspruch vom 17. März 1933 wegen Hauptforderung, Zinsen und Kosten für vollstreckbar zu erklären und mir vollstreckbare Ausfertigung des Beschlusses zu erteilen.

Abschrift für die Beklagte liegt bei.

Schwarz, Rechtsanwalt."

Das Verfahren der Vollstreckbarkeitserklärung von Schiedssprüchen und schiedsrichterlichen Vergleichen (S. 493) ähnelt in seiner gegenwärtigen Fassung den §§ 921^{I}, 922^{I}, 924, 925. Es herrscht fakultative Mündlichkeit. Erfolgt die Vollstreckbarkeitserklärung ohne mündliche Verhandlung, so hat sie die Form eines Beschlusses, gegen den kein Rechtsmittel sondern „Widerspruch" stattfindet, der zur mündlichen Verhandlung und zum Erlaß eines Urteils führt. Ordnet das Gericht von Anfang an mündliche Verhandlung an, so kommt es alsbald zum Urteil. Wird der Antrag ohne mündliche Verhandlung abgelehnt, so ist nur Beschwerde gegeben. Während aber die Beschwerde gegen Arrestablehnung und der Widerspruch im Arrestverfahren an keine Frist gebunden sind (oben S. 428), ist die Beschwerde des Vollstreckbarkeitsverfahrens die sofortige und für den Widerspruch besteht eine besondere Notfrist von zwei Wochen. §§ 1042 a^{I}, 1042 $c^{II, III}$, 1042 d^{I}, 1044 a^{III}.

Die im Vollstreckbarkeitsverfahren ergehende Entscheidung — Beschluß wie Urteil — schafft gleichzeitig Rechtskraft hinsichtlich der etwa gegen den Schiedsspruch bestehenden Aufhebungsgründe (mit einer praktisch nicht sehr wichtigen Ausnahme, § 1043^{I}). Doch kann die beim Schiedsgericht unterlegene Partei die Aufhebungsgründe auch durch besondere „Aufhebungsklage" geltend machen, welche zu den „Rechtsmittelklagen" (S. 449) zählt. So lange keine rechtskräftige Entscheidung über die Vollstreckbarkeit vorliegt, läuft die für Aufhebungsklagen bestimmte Notfrist nicht. §§ 1041, 1043^{II}.

Für das schriftliche Vollstreckbarkeitsverfahren gilt auf beiden Seiten Anwaltszwang, denn das Gesetz bestimmt nirgends, daß die Erklärungen der Parteien zu Protokoll des Urkundsbeamten abgegeben werden könnten (§ 78^{II}). — Verfügung:

„1. Abschrift des Antrags der Beklagten zur Äußerung mit Frist von 10 Tagen. Zusatz: Sie können Erklärungen nur durch einen beim unterzeichneten Gericht zugelassenen Rechtsanwalt abgeben.

2. 10 Tage nach Zustellung."

Einwendungen gegen den Schiedsspruch. Namens der Beklagten beantragt RA. Weiß:

„den Antrag auf Vollstreckbarkeitserklärung abzuweisen.

I. Der Schiedsspruch vom 17. März 1933 ist noch nicht rechtskräftig.

Nach § 11 der Schiedsgerichtsordnung des Verbandes, von der ich ein Druckexemplar überreiche, kann nämlich innerhalb einer Woche seit Verkündung bzw. Zustellung schriftlich Berufung an das Oberschiedsgericht eingelegt werden. Das hat die Beklagte am 25. März 1933 getan.

Beweis: Zeugnis des Verbandssekretärs *Dr. jur. Dunst.*"

Sind mehrere Schiedsgerichtsinstanzen vorgesehen, so darf das Gericht nur den innerhalb des schiedsgerichtlichen Verfahrens unanfechtbar gewordenen Spruch für vollstreckbar erklären. RG. 114, 165.

„II. Das schiedsgerichtliche Verfahren war unzulässig.

Selbst wenn der von der Klägerin behauptete Vertrag zwischen den Parteien abgeschlossen worden wäre, würde er keine Schiedsgerichtsklausel enthalten, da die allein maßgebende Offerte der Beklagten vom 9. Februar, welche die Klägerin mit ihrem Telegramm vom 11. Februar angenommen haben will, nichts von Verbandsbedingungen und Verbandsschiedsgericht sagt, obgleich sie die Bedingungen des geplanten Abschlusses vollständig zusammenstellt.

Es kann aber auch vom Zustandekommen eines Kaufes keine Rede sein ....
(folgen Ausführungen entsprechend S. 545).

Mithin fehlt es an einem Schiedsgerichtsvertrag.

Nach Einleitung des schiedsgerichtlichen Verfahrens ist ein solcher nicht zu stande gekommen. Im Termin am 10. März hat *Max Schellenberg* zu Beginn der Verhandlung erklärt:

Meine Herren, Sie wissen, daß wir auf dem Standpunkt stehen, daß überhaupt kein Kaufvertrag vorliegt und deshalb das Schiedsgericht unzuständig ist. Ich lasse mich deshalb nur mit Vorbehalt auf die Verhandlung ein.

Beweis: Zeugnis der sämtlichen Schiedsrichter sowie des Sekretärs *Dr. jur. Dunst*.

Es kommt aber hierauf nicht an. Denn da die Beklagte vorher schriftlich erklärt hatte, sich an der Konstituierung des Schiedsgerichts nicht beteiligen zu wollen, und kein Grund ersichtlich war, aus dem sie ihre Auffassung hätte ändern sollen, so kann man aus der Unterlassung einer nochmaligen ausdrücklichen Zuständigkeitsrüge im Termin keinesfalls die Unterwerfung unter das Schiedsgericht folgern."

Sind Schiedsgerichtsklauseln wirksam, die den Bestandteil eines materiell ungültigen Hauptvertrages bilden?

Grundsätzlich teilt die Schiedsgerichtsklausel das rechtliche Schicksal des Hauptvertrags. Hat das Schiedsgericht den Hauptvertrag und damit seine eigene Zuständigkeit bejaht, so kann die Entscheidung insoweit, also sie den materiellen Anspruch betrifft, vor dem ordentlichen Gericht nicht mehr angegriffen werden: denn der Schiedsspruch hat die Wirkung eines rechtskräftigen Urteils (§ 1040) und eine sachliche Nachprüfung seiner Richtigkeit darf im allgemeinen nicht stattfinden. Wohl aber kann die unterlegene Partei noch geltend machen, daß es infolge der Unwirksamkeit des Hauptvertrags an einem Schiedsvertrag fehle und daß der Schiedsspruch aus diesem Grunde unzulässig sei. Besonders wichtig wird das, wenn Verstöße gegen die gesetzlichen Bestimmungen über Termin- und Differenzgeschäfte, Devisenrecht und sonstige Verbotsgesetze in Frage kommen.

Andrerseits ist es zweifellos möglich, daß auch in den bezeichneten Fällen die Parteien durch selbständigen Schiedsvertrag die Entscheidung eines Schiedsgerichts über die Gültigkeit des Hauptvertrages herbeiführen. Läßt sich der Beklagte vorbehaltlos vor dem Schiedsgericht ein, so kann das nach Lage des einzelnen Falles als Abschluß eines solchen selbständigen Schiedsvertrags aufgefaßt werden. RG. 105, 385; 108, 139. Hat allerdings Max Schellenberg die von der Beklagten behauptete Äußerung getan, so liegt ein neuer selbständiger Schiedsvertrag natürlich nicht vor.

„III. Wie zu II dargelegt, setzt sich der Schiedsspruch über die das Zustandekommen der Verträge betreffenden Bestimmungen des BGB. hinweg. Seine Anerkennung würde daher gegen die guten Sitten und gegen die öffentliche Ordnung verstoßen (§ 1041^2 ZPO.).

Für die Beklagte:
Weiß, RA."

Ob und in welchem Umfang Schiedsgerichte an das materielle Gesetzesrecht gebunden sind, ist streitig (vgl. Übersicht bei Stein-Jonas I zu § 1034 mit Anm. 2). Man sollte meinen, daß in Ermangelung besonderer Bestimmungen des Schiedsvertrags der Schiedsrichter nach ehrlicher und gewissenhafter Rechtsüberzeugung, aber frei von der Bindung an das geschriebene Gesetzesrecht und seine offizielle

Auslegung, entscheiden solle. Indessen wird die Bindung vielfach bejaht, wobei teils mit dem, auch für Schiedsrichter geltenden, Rechtsbeugungs- § 336 StGB., teils mit einem Gegenschluß aus dem, auf die prozeßrechtlichen Vorschriften bezüglichen, § 1034 II ZPO. argumentiert wird. Eine vermittelnde Meinung will alles auf den Parteiwillen abstellen und diesen besonders aus der Zusammensetzung des Schiedsgerichts (Juristen oder Fachleute) entnehmen. — Aber auch, wenn das Schiedsgericht des Zigarettenhändlerverbandes nach dem Gesetz zu entscheiden hatte und wenn es in dem von der Beklagten bezeichneten Punkt objektiv die gesetzlichen Bestimmungen verletzt hat, würde das nicht dazu führen dem Schiedsspruch die Anerkennung zu versagen. Denn von einem „Verstoß gegen die guten Sitten oder die öffentliche Ordnung" (§ 1041 2) kann — ebenso wie in den verwandten Fällen der Art. 30 EG. zum BGB., § 328 4 ZPO. — nur bei ausgesprochenen Verbotsgesetzen die Rede sein. Die §§ 130, 146, 150, 154 BGB., um die es in unserem Fall geht, haben diesen Charakter nicht. Anders als unter den Voraussetzungen des § 1041 2 ZPO. wird die sachliche Richtigkeit des Spruchs überhaupt nicht nachgeprüft.

Verhandlung und Entscheidung. Da die Beklagte Aufhebungsgründe (§ 1041) geltend gemacht hat, muß mündliche Verhandlung stattfinden, der Termin hierzu wird von Amtswegen bestimmt und den Parteien bekanntgemacht. §§ 1042a II, 1042 b II.

Im Termin verhandeln die Parteien streitig. Die Klägerin überreicht die ihr vom Verband zur Verfügung gestellten Akten des Schiedsgerichts, in denen sich die angebliche Berufungseinlegung der Beklagten vom 25. März 1933 befindet. Sie lautet:

„Auf die Zustellung des Schiedsspruchs teilen wir Ihnen mit, daß wir Zahlung ablehnen."

Wenn auch an Rechtsmittel- und ähnliche Erklärungen juristisch ungeschulter Personen geringe Anforderungen zu stellen sind, so kann man das nicht als Berufung gelten lassen, weil die Absicht, die ergangene Entscheidung anzufechten, nicht erkennbar ist. Von den Einwendungen der Beklagten bleibt darnach bloß die des fehlenden Schiedsvertrags übrig. Sie hängt davon ab, ob Max Schellenberg bei der Verhandlung vor dem Schiedsgericht die Unzuständigkeitsrüge mit der im Schriftsatz behaupteten Äußerung aufrechterhalten oder ob er, wie der Schiedsspruch angibt, lediglich Klageabweisung aus materiellen Gründen beantragt und sich dadurch der Zuständigkeit des Schiedsgerichts stillschweigend unterworfen hat. Der Inhalt des Schiedsspruchs besitzt keine dem Urteilstatbestand (§ 314) entsprechende Beweiskraft. Es wird also Zeugenvernehmung über die Vorgänge im Schiedsgerichtstermin beschlossen.

Fällt die Beweisaufnahme gegen die Beklagte aus, so lautet das spätere Urteil:

„Die Zwangsvollstreckung aus dem Schiedsspruch vom 17. März 1933 wird wegen 2447.50 *RM* (i. W.) nebst 9% Zinsen seit dem 28. Februar 1933 und 500 *RM* (i. W.) Kosten des schiedsgerichtlichen Verfahrens für zulässig erklärt.

Die Beklagte hat die Kosten des gerichtlichen Verfahrens zu tragen.

Das Urteil ist gegen Sicherheitsleistung in Höhe von 3000 *RM* (i. W.) vorläufig vollstreckbar."

Man nimmt zweckmäßiger Weise den Inhalt des Schiedsspruchs in die Formel des Vollstreckbarkeitsbeschlusses bzw. -Urteils auf, weil die vollstreckbare Ausfertigung dieses Beschlusses (Urteils) den eigentlichen Vollstreckungstitel darstellt. Hinsichtlich der vorläufigen Vollstreckbarkeit gelten, wenn die Vollstreckbarkeit durch Urteil ausgesprochen wird, die allgemeinen Regeln der §§ 708f. Dagegen werden Vollstreckbarkeitsbeschlüsse immer ohne Sicherheitsleistung für vorläufig vollstreckbar erklärt. § 1042 c[I].

Im entgegengesetzten Fall wird für Recht erkannt:

„Der Schiedsspruch vom 17. März 1933 wird aufgehoben.

Der Antrag, den Schiedsspruch für vollstreckbar zu erklären, wird abgelehnt.

Die Kosten des Verfahrens hat die Klägerin zu tragen."

Die Aufhebung des Schiedsspruchs als Folge der Ablehnung der Vollstreckbarkeitserklärung aus den Gründen des § 1041 ist in § 1042[II] vorgeschrieben. Deshalb bedarf es nicht der Erhebung einer Aufhebungs-Widerklage, wenn die Beklagte die Aufhebung erreichen will. Daß eine Wiederholung des schiedsgerichtlichen Verfahrens ausgeschlossen ist, versteht sich in unserem Fall von selbst, da ja die Aufhebung nur aus dem Grunde in Betracht kommt, daß es an einem rechtsgültigen Schiedsvertrag fehlt (§ 1041[1]). Aber auch wenn die Aufhebung eines Schiedsspruchs wegen eines Mangels erfolgt, der bloß dem konkreten Verfahren anhaftet — etwa wegen nicht ordnungsmäßiger Vertretung einer Partei (§ 1041[3]), wegen Nichtgewährung des rechtlichen Gehörs (§ 1041[4]) u. dgl. — kann nach der Praxis keine Partei die Wiederholung des Schiedsgerichtsverfahrens verlangen. Mit dem Zustandekommen eines Spruches ist, wie man sagt, der Schiedsvertrag „verbraucht" und gegenstandslos geworden und die Parteien müssen ihr Recht nunmehr vor dem ordentlichen Gericht suchen. RG. 41, 396; 108, 374; Stein-Jonas II zu § 1041. —

Der Referendar: Sofern das Vollstreckbarkeitsverfahren mit rechtskräftiger Vollstreckbarkeitserklärung endigt, sind Gebr. Schellenberg zur Zahlung gezwungen. Sie werden dann Lieferung der s. Zt. refüsierten Zigaretten fordern. Wie ist die Rechtslage, wenn sich dabei herausstellt, daß die Sendung nicht von vertragsmäßiger Beschaffenheit war, indem z. B. die Mischung der vier Marken nicht den Vereinbarungen entsprach oder ganz andere Marken in dem Paket waren? Kann die Käuferin noch gemäß § 377 HGB. rügen, obgleich ihr die Ware bereits am 28. Februar angeboten war?

Der Richter: Die Untersuchungs- und Rügefrist des § 377 beginnt mit der „Ablieferung", die Ablieferung aber setzt Abnahme durch den Käufer voraus. Hat der Käufer die Annahme zunächst verweigert, so gilt das nicht als Ablieferung (RG. 99, 56). Die Frist läuft also erst, sobald der Beklagten auf ihr Verlangen die Sendung tatsächlich ausgehändigt wird, und wenn sie nunmehr rechtzeitig rügt, stehen ihr die Mängelrechte gemäß §§ 377/8 zu.

Referendar: In welchem Verfahren würde die Beklagte ihre Mängelrechte geltend zu machen haben?

Richter: Durch Vollstreckungsgegenklage nach § 767[II] ZPO. Die Klage ist bei uns zu erheben, weil wir die Vollstreckbarkeitserklärung erlassen.

Schiedsgerichtsverfahren in arbeitsgerichtlichen Sachen: Es weicht stark von der allgemeinen Regelung des Schiedsgerichtswesens ab: I. Während nach der ZPO. Schiedsverträge über alle Streitigkeiten zulässig sind, über welche die Parteien einen Vergleich schließen könnten (§ 1025), erkennt § 91 ArbGG. nur an: a) Schiedsgerichtsklauseln in Tarifverträgen, welche aber nicht wirken, sofern die Partei dem Tarifvertrag lediglich auf Grund seiner allgemeinen Verbindlichkeit (§ 2 TVVO.) unterworfen ist, b) Schiedsverträge für Streitigkeiten zwischen Tarifvertragsparteien, c) besondere Schiedsverträge für Einzelstreitigkeiten zwischen Arbeitgeber und Arbeitnehmer, falls der Arbeitnehmer ein Angestellter (nicht: Arbeiter) ist und sein Einkommen die jeweils für die Angestelltenversicherung maßgebende Höchstgrenze (gegenwärtig: 8400 RM., § 1 Ges. v. 10. Aug. 1928 RGBl. I 372) übersteigt. So wird beispielsweise in Bühnenengagementsverträgen regelmäßig die Zuständigkeit des Bühnenschiedsgerichts vereinbart, welches sogar mehrere Instanzen umfaßt. II. Das Schiedsgericht muß paritätisch mit Arbeitgebern und Arbeitnehmern besetzt sein (§ 93), außerdem können Unparteiische zugezogen werden. Die Vollstreckbarkeit wird vom Vorsitzenden des Arbeitsgerichts nach Anhörung des Gegners im Beschlußverfahren ausgesprochen und ist unanfechtbar. Schwebt eine Klage auf Aufhebung des Schiedsspruchs, so wird das Vollstreckbarkeitsverfahren bis zu deren Erledigung ausgesetzt (§ 99).

10. Kapitel.

In der Ehekammer.

Innerhalb des scheinbar einheitlichen Eheprozesses ergeben sich bei genauer Betrachtung zwei scharf geschiedene Gruppen von Verfahren: Scheidungs-, Anfechtungs-, Herstellungsklage auf der einen, Nichtigkeits- und Feststellungsklage auf der anderen Seite. Die Besonderheit des Eheprozesses liegt bekanntlich darin, daß wegen der hier im Spiel befindlichen öffentlichen Interessen die sonst den Zivilprozeß beherrschende Verhandlungsmaxime eingeschränkt und zum Teil durch die Offizialmaxime ersetzt wird. Der Staat will verhindern, daß ohne wirklich berechtigten Grund Ehen geschieden, der Anfechtungsklage stattgegeben, die Herstellung des ehelichen Lebens versagt wird, während es nichts schadet, wenn infolge — absichtlich oder unabsichtlich — schlechter Prozeßführung eine Scheidungs- oder Anfechtungsklage abgewiesen, auf Herstellung erkannt wird (das Gesetz zwingt ja auch niemand, von einem ihm zustehenden Scheidungs-, Anfechtungs- oder Herstellungsweigerungsrecht Gebrauch zu machen!). Dagegen hat bei der Nichtigkeits- und Feststellungsklage die Allgemeinheit ein Interesse sowohl daran, daß nicht zu Unrecht die Ehe für nichtig bzw. nicht bestehend, wie daran daß sie nicht zu Unrecht für gültig erklärt wird. Sonst könnte man nämlich auf dem Umweg über einen vereinbarten Prozeß und ein rechtskräftiges Urteil im einen Fall die Unlöslichkeit der Ehe, im anderen die Vorschriften über die Form und Voraussetzungen der Eheschließung (Ehehindernisse!) umgehen. Daher wird für Scheidungs-, Anfechtungs- und Herstellungsklagen nur hinsichtlich der „ehefeindlichen" Tatsachen — welche die Scheidung oder Anfechtung oder das Recht, die Herstellung des ehelichen Lebens zu verweigern, begründen sollen — durch Ausschaltung der Verhandlungsmaxime die Feststellung erschwert, und nur zwecks Aufrechterhaltung der Ehe die Berücksichtigung von Tatsachen und Erhebung von Beweisen ohne Antrag einer Partei zugelassen: Verfahren mit einseitiger Offizialtendenz pro matrimonio. Ehenichtigkeits- und Feststellungsprozeß dagegen sind Verfahren mit doppelseitiger Offizialmaxime, pro matrimonio und contra matrimonium: die Verhandlungsmaxime gilt weder für ehefeindliche noch für solche Tatsachen, aus denen die Gültigkeit der Ehe folgt; von den Parteien nicht vorgebrachte Tatsachen und Beweismittel können von Amts wegen sowohl zur Aufrechterhaltung wie zur Ermittlung des Nichtbestehens der Ehe beachtet werden; es gibt keine Klageabweisung mit sachlicher Rechtskraft durch Versäumnisurteil; und der Staatsanwalt, der sonst in Ehesachen ohne eigentliche Parteistellung bloß zur Mitwirkung als defensor matrimonii befugt ist, kann die Nichtigkeit einer Ehe im öffentlichen Interesse als Kläger geltend machen. §§ 607, 617^{II}, 618^{V}, 622^{I} gegen §§ 617^{III}, 618^{V}, 622^{II}, 632, 635, 638 ZPO. Die Verschiedenheit geht soweit, daß §§ 615, 633 Klageverbindungen und Widerklagen nur innerhalb einer jeden Gruppe gestatten. Man betrachtet also die beiden Arten des Eheprozesses gewissermaßen als besondere Prozeßarten (vgl. § 260)!

Das Offizialprinzip der Ehesachen hängt mit der subjektiven Begrenzung der

Rechtskraft zusammen. Wie wir wissen (S. 454), wirkt das Urteil regelmäßig nur unter den Parteien, weil es auf der Verhandlungsmaxime beruht. In status-rechtlichen Angelegenheiten wäre eine bloß relative Rechtskraft unerträglich. Aus der Einschränkung der Verhandlungsmaxime ergibt sich die Möglichkeit, die Urteile hier mit absoluter Rechtskraft auszustatten, was — mit einer Ausnahme für den Fall der Bigamie (§ 1326 BGB.) — in § 629 ZPO. geschieht.

Weshalb wird die absolute Rechtskraft in § 629 nicht für alle Arten der Ehesachen angeordnet? Konstitutivurteile wirken immer absolut, weil der Staatsakt unmittelbar die neue Rechtslage schafft. Hierin berührt sich das Rechtsgestaltungsurteil mit der Verurteilung zur Abgabe einer Willenserklärung: wenn die Erklärung gemäß § 894 als abgegeben „gilt" (oben S. 205), muß selbstverständlich jedermann diese Tatsache anerkennen. Das Problem der absoluten oder relativen Rechtskraft bezieht sich also ausschließlich auf den deklaratorischen Inhalt der Entscheidung. Darum nennt § 629 neben dem Feststellungsurteil bloß das Anfechtungs- und Nichtigkeitsurteil, deren konstitutive Natur immerhin zweifelhaft sein könnte, sowie die Klageabweisungen, welche ja die Bedeutung einer Feststellung des Nichtbestehens der mit der Klage beanspruchten Rechtsfolge haben. — Der Unterschied von ein- und doppelseitiger Offizialmaxime hat für die subjektive Begrenzung der Urteilswirkungen keine Bedeutung.

„Ehesachen" sind bloß die bereits genannten, in § 606[1] aufgeführten Rechtsstreitigkeiten. Der Scheidungsklage steht die Klage auf Aufhebung der ehelichen Gemeinschaft gleich (§ 639), ebenso selbstverständlich die Klage auf Umwandlung der Aufhebung in eine Scheidung. Sonstige familienrechtliche Prozesse unter Eheleuten, insbesondere aus dem Güterrecht, werden im gewöhnlichen Verfahren entschieden, auch wenn sie durch die Geschäftsverteilung der Ehekammer zugewiesen sind.

Scheidungsklage und -Widerklage. Mitschuldigerklärung.

Scheidungsklage.

„An das Landgericht, Breslau, den 1. April 1933.
II. Zivilkammer, hier.

Klage

der verehelichten Frau Landwirt *Selma Karge* geb. *Rosner* in Jakobsdorf, Kreis Breslau,
Klägerin,

Prozeßbevollmächtigter: RA. *Schwarz* in Breslau,
gegen ihren Ehemann, den Landwirt *Heinrich Karge* in Jakobsdorf, Beklagten,
wegen Ehescheidung.
Zur mündlichen Verhandlung des nachstehenden Rechtsstreits usw.
Ich werde beantragen:
die Ehe der Parteien zu scheiden und den Beklagten für den schuldigen Teil zu erklären.

Begründung.

Die Parteien, welche katholischen Glaubens und preußische Staatsangehörige sind, haben am 10. Januar 1918 vor dem Standesbeamten in Großenbohrau die Ehe geschlossen. Die Klägerin ist 39, der Beklagte 43 Jahre alt. Aus der Ehe sind zwei Mädchen im Alter von 13 und 11 Jahren und ein Sohn im Alter von 7 Jahren hervorgegangen."

In Scheidungssachen muß das Gericht stets die Nationalität der Ehegatten feststellen, weil das anzuwendende materielle Ehescheidungsrecht sich nach der Staatsangehörigkeit des Mannes bestimmt (Art.17[1] EG. z. BGB.). Bei Ausländern wird der Sachverhalt sowohl nach dem Recht des Heimatsstaates („Personalstatut") wie nach deutschem Recht („lex fori") geprüft, und nur wenn beide Rechte es über-

einstimmend gestatten, darf auf Scheidung oder Aufhebung der ehelichen Gemeinschaft erkannt werden (Art. 17^{V}).

Scheidung, Aufhebung der ehelichen Gemeinschaft und Trennung von Tisch und Bett: Die Aufhebung der ehelichen Gemeinschaft (§§ 1575, 1576, 1586, 1587 BGB.) wurde bekanntlich in Anlehnung an die separatio quoad torum et mensam des katholischen Kirchenrechts geschaffen, die als „Trennung von Tisch und Bett" (oder „Scheidung von Tisch und Bett") in verschiedene Gesetzgebungen übergegangen ist. Vgl. insbesondere §§ 103f. österr. ABGB., der durch die seit der Revolution im Verwaltungsweg eingeführte s. g. „Dispensehe" (Staudinger A III 3, S. 240f.) nicht berührt wird. Sind nun im Sinne des Art. 17^{IV} EG. und der entsprechenden Vorschrift in Art. 2 des Haager Scheid. Abk. vom 12. Juni 1902 (RGBl. 04, 231) Aufhebung der ehelichen Gemeinschaft und Trennung von Tisch und Bett als gleichartig zu betrachten?

Die Aufhebung der ehelichen Gemeinschaft hat alle Wirkungen der Scheidung mit der Ausnahme, daß 1. die Eingehung einer neuen Ehe ausgeschlossen, 2. die formlose Wiederherstellung der ehelichen Gemeinschaft und damit der Vollwirkungen der Ehe möglich ist, sowie daß 3. eine etwaige Nichtigkeit oder Anfechtbarkeit der Ehe auch jetzt noch nur mittels Nichtigkeits- bzw. Anfechtungsklage geltend gemacht werden kann. Es gelten also für die Unterhaltspflicht nicht die Vorschriften für bestehende Ehen (§§ 1360/1 BGB.), sondern diejenigen für den Scheidungsfall (§§ 1578f.) und ein Ehegattenerbrecht (§§ 1931f.) besteht nicht. Ob durch Aufhebung der ehelichen Gemeinschaft die Ehe dem Bande nach aufgelöst wird oder nicht, ist Streitfrage. Vgl. Staudinger II 1, III zu § 1586. Streitig ist namentlich die Anwendung des § 1586 auf Rechtsverhältnisse des öffentlichen Rechts, z. B. die Pension der Beamtenwitwe. Vgl. Brand, Beamtenrecht § 112 zu 1 (S. 397) c. cit.; dazu oben S. 414.

Bei der Trennung von Tisch und Bett bleibt die Ehe dem Bande nach bestehen und lediglich das Zusammenleben der Eheleute fällt weg.

Unbeschadet der Konstruktionsfrage sind die beiden Institute schon darum nicht identisch, weil die Aufhebung der ehelichen Gemeinschaft jederzeit auf Klage eines der beiden Eheleute, auch des nicht scheidungsberechtigten, in eine Scheidung umgewandelt werden muß, wobei der Schuldausspruch des Aufhebungsurteils automatisch in das Scheidungsurteil übernommen wird (§ 1576). Wenn also ein Teil es will, so ist die Aufhebung lediglich Vorstadium der Scheidung und der anderweiten Verheiratung steht dann kein Hindernis mehr entgegen. Übrigens kann der nicht scheidungsberechtigte Gatte schon im ersten Prozeß die Scheidung erzwingen, indem er gegenüber der Klage auf Aufhebung gemäß § 1575^{I} S. 2 Hilfsantrag auf Scheidung stellt.

Folgerung: Die Ehe katholischer Österreicher darf von einem deutschen Gericht weder geschieden werden (weil das Heimatsrecht es nicht gestattet), noch gibt es die im Heimatsrecht vorgesehene Trennung von Tisch und Bett (weil das deutsche Recht sie nicht vorsieht), noch Aufhebung der ehelichen Gemeinschaft (weil sie wiederum dem Heimatsrecht fremd ist). Eine solche Ehe ist daher in Deutschland unlöslich. RG. 55, 345 (Plenarentscheidung).

Gegebenen Falls verlangt das Gericht — trotz übereinstimmender Parteierklärungen — einen Staatsangehörigkeitsnachweis oder stellt Offizialermittlungen (S. 552) über sie an, um zu verhindern, daß ein unrichtiges Recht dem Urteil zu Grunde gelegt und dadurch die Scheidung erleichtert wird.

„Schon bei der Geburt des jüngsten Kindes verhielt sich der Beklagte ganz teilnahmslos und spielte, als die Entbindung erwartet wurde, im Gasthause Karten.

Beweis: Hebamme *Weidner* in Jakobsdorf.

Seitdem hat der Beklagte die Klägerin mehr und mehr vernachlässigt. Er ging häufig ins Wirtshaus, fuhr zu Versammlungen und Vergnügungen allein nach Breslau, beschimpfte die Klägerin und behandelte sie in jeder Weise lieblos, weil er ihrer offenbar überdrüssig geworden ist. Im Jahre 1928 erhob er sogar Scheidungsklage wegen angeblicher Vernachlässigung der Wirtschaft, doch fiel die Beweisaufnahme so ungünstig für ihn aus, daß er auf Zureden des Gerichts die Klage zurücknahm.

Beweis: die Akten *Karge* gegen *Karge*, 2 R 71/28 des hiesigen Landgerichts.

Er gab der Klägerin kein Wirtschaftsgeld und nötigte sie, wegen jeder Ausgabe um Geld zu bitten. Ihre Bitten wurden dann regelmäßig mit groben Redensarten beantwortet, wie: ‚Du hast Dir wohl wieder für das Wirtschaftsgeld Kleider und Hüte gekauft; ich möchte bloß wissen, wo das viele Geld hinkommt; mein Bruder wird von seiner Wirtschafterin auch beschissen, aber nicht so schlimm, wie ich von meiner eigenen Frau.' Das ist u. a. in der Zeit vom 1. bis 10. Januar 1933, als die Mutter der Klägerin bei den Parteien zu Besuch weilte, zwei- oder dreimal vorgekommen.

Beweis: Stellenbesitzersfrau *Karoline Rosner* in Großenbohrau.

Am 23. Februar d. J. kam es wegen des Wirtschaftsgeldes zu einem heftigen Auftritt. Der Beklagte warf der Klägerin vor, sie betrüge ihn und bringe das Geld beiseite. Die Klägerin antwortete ihm. Darauf packte der Beklagte die Klägerin am Halse, würgte sie und schlug sie mit einer Suppenkelle an Kopf und Händen blutig, wobei er laut rief: ‚am Besten wäre es, das Aas würde krepieren.'

Beweis: Dienstmagd *Fache* in Jakobsdorf.

Seit Anfang 1932 hat kein ehelicher Verkehr mehr unter den Parteien stattgefunden.

Hiernach hat der Beklagte durch schwere Verletzung der durch die Ehe begründeten Pflichten eine so tiefe Zerrüttung des ehelichen Verhältnisses verschuldet, daß der Klägerin die Fortsetzung der Ehe nicht zugemutet werden kann (§ 1568 BGB.).

Zu den Gerichtsakten überreiche ich:

a) die Heiratsurkunde der Parteien,

b) Bescheinigung über den am 12. März 1933 in den Akten 45 A 89.33 des hiesigen Amtsgerichts vorgenommenen erfolglosen Sühneversuch,"

— der Sühneversuch ist „erfolglos", wenn beide Parteien vor dem Amtsgericht erschienen sind und sich nicht geeinigt haben; „mißlungen", wenn nur der klagende Teil erscheint. Bleibt der Kläger aus, so ist das Verfahren gescheitert und es muß neuer Sühnetermin beantragt werden. §§ 1571 III BGB., 609/11 ZPO. —

„c) meine Prozeßvollmacht."

Im Eheprozeß muß sich der Anwalt des Klägers durch schriftliche Vollmacht ausweisen (§ 613). Das gilt auch für den Anwalt des Widerklägers, nicht für den des Beklagten. In der Berufungsinstanz verlangt die Praxis die Vollmacht vom Kläger-Anwalt nur dann, wenn seine Partei zugleich Berufungskläger ist. Stein-Jonas II zu § 613.

„Für die Berechnung des Streitwerts gebe ich an, daß der Beklagte eine wenig belastete Wirtschaft von 140 Morgen mit gutem Boden und 33 Stück Großvieh besitzt[1]).

Für die Klägerin:

Schwarz, Rechtsanwalt."

---

[1]) §§ 253 III Z. 2 ZPO., 11 GKG, Fassung vom 20. Dezember 1928 (RGBl. I 411). Normalobjekt in nicht vermögensrechtlichen Streitigkeiten: 2000 RM., Maximum: 1 Million RM., Minimum: in Ehesachen 2000 RM., sonst 500 RM. Die Objektsfestsetzung betrifft sowohl Gerichts- wie Anwaltskosten (§ 11 Geb.O.f.RA), ist dagegen angesichts der ausschließlichen Zuständigkeit der Landgerichte in allen nicht vermögensrechtlichen Streitigkeiten (§§ 23 I, 71 I GVG.) für die Zuständigkeit bedeutungslos. Auch für Ehesachen gilt der Grundsatz, daß Verhandlungstermin erst nach Zahlung der Prozeßgebühr anberaumt wird (§ 74 II S. 1 GKG.), welche wiederum die vorherige Festsetzung des Streitwerts voraussetzt.

Erster Termin. Im ersten Termin vor dem Einzelrichter (S. 452/3) am 5. Mai 1933 erscheint:

„1. für die Klägerin RA. *Schwarz*,

2. für den Beklagten niemand.

Auf Antrag der Klägerin wurde der Beschluß verkündet:

die Sache wird auf den 26. Mai 1933 vormittags 9½ Uhr vertagt."

Läßt sich der Beklagte im ersten Termin nicht durch einen zugelassenen Anwalt vertreten, so muß (abgesehen vom Fall der öffentlichen Zustellung) vertagt und der Beklagte zum neuen Termin geladen werden (§ 618$^{II, III, IV}$). Versäumnisurteil gegen den Beklagten darf auch im zweiten oder einem späteren Termin nicht ergehen, weil das Versäumnisurteil auf der Verhandlungsmaxime beruht. Bei nochmaligem Ausbleiben würde vielmehr Beweis über die Klagebehauptungen zu beschließen sein. Der Erlaß eines Urteils nach Aktenlage (§ 331 a) wird in § 618^{V} nicht verboten, ist jedoch in Ehesachen kaum jemals angebracht.

Klagebeantwortung. Widerklage. Nunmehr beantragt der vom Beklagten bestellte Anwalt:

„1. die Klage abzuweisen,

2. Widerklage erhebend:

die Ehe der Parteien zu scheiden und die Klägerin für den schuldigen Teil zu erklären."

Ob der Beklagte ein ihm gegen den Kläger zustehendes Recht durch Widerklage oder mittels besonderer Klage verfolgen will, steht im gewöhnlichen Prozeß in seiner Wahl. In Ehesachen muß er infolge der hier herrschenden „Einheitlichkeitsmaxime" (S. 561 f.) Widerklage erheben.

„Zu 1: Die Behauptungen der Klage werden bestritten.

(folgt ausführliche Gegendarstellung).

Es kommt aber auf alles das nicht an, weil die Klägerin dem Beklagten verziehen hat (§ 1570 BGB.). Am 1. März 1933 waren nämlich die Parteien zum Stiftungsfest des Feuerwehrvereins im ‚Lindenhof' in Hochkirch gewesen. Sie hatten sich gut unterhalten und kehrten in aufgeräumter Stimmung zurück. Als sie zu Bett gingen, sagte der Beklagte zur Klägerin: ‚na, Alte, wollen wir uns wieder vertragen?' Die Parteien haben dann die Beiwohnung vollzogen. Hierüber wird der Klägerin der

Eid

zugeschoben. Der Beklagte war deshalb sehr überrascht, als er wenige Tage später die Ladung zum Sühnetermin erhielt."

Die eheliche Beiwohnung braucht nicht unter allen Umständen Ausdruck des Verzeihungswillens zu sein. Im allgemeinen — und besonders bei dem hier behaupteten Sachverhalt — hat sie jedoch die Bedeutung einer Verzeihung. Der nicht selten erhobene Einwand, daß der Beischlaf nur zur Befriedigung eines natürlichen Bedürfnisses erfolgt sei, ist unerheblich. Übrigens kann von „Zerrüttung" nicht mehr die Rede sein, wenn Eheleute aus natürlichem Bedürfnis in wiederkehrendem ehelichen Geschlechtsverkehr mit einander stehen. RG. 134, 139 c. cit.; JW. 19, 573[8]; Leipz. Ztschr. 23, 60[3]. Erzwungener Geschlechtsverkehr ist natürlich keine Verzeihung.

Da die Verzeihung eine ehe-erhaltende Tatsache darstellt, bestehen gegen den Beweis durch Eideszuschiebung keine Bedenken (§ 617^{II}, oben S. 552). Der richterliche Eid (§ 475) ist in Ehesachen unbeschränkt, also im Scheidungsprozeß auch über ehefeindliche Tatsachen, zulässig, denn er beruht auf dem Offizialprinzip und verträgt sich deshalb gut mit der Offizialmaxime des Eheprozesses. Die einzige Prozeßart, die keinen richterlichen Eid kennt, ist der Entmündigungsprozeß (§ 670 II).

„Zu 2: Nicht der Beklagte, sondern die Klägerin hat die Ehe zerrüttet:

a) Sie hat Wirtschaft und Kinder vernachlässigt.

(folgen Einzelheiten mit Angabe von Beweismitteln).

b) Sie hat im Dorf den Beklagten verleumdet, er sei ein Trinker, Spieler und Herumtreiber und begehe Ehebruch mit fremden Frauen. Auch hat sie ganz fremden Personen Einzelheiten aus ihrem Eheleben erzählt und dadurch den guten Ruf des Beklagten bewußt untergraben.

(folgen Einzelheiten mit Angabe von Beweismitteln).

Vollmacht liegt bei.

Für den Beklagten und Widerkläger:
Weiß, Rechtsanwalt."

Besonders der Widerklagegrund zu 2 b kann der Klägerin gefährlich werden. Ein Ehegatte (namentlich eine Frau!), der bei der Mitteilung von Vorfällen aus dem Eheleben die gebotene Zurückhaltung außer Acht läßt und allzusehr „seinem Herzen Luft macht", gibt dem anderen Teil einen Scheidungsgrund aus § 1568 BGB., selbst wenn die weitererzählten Tatsachen wahr sind. RGR.-Komm. 3 zu § 1568.

Einstweilige Verfügung.

„An das Landgericht, Breslau, den 18. Mai 1933.
II. Zivilkammer, hier.

In Sachen *Karge* gegen *Karge* beantrage ich:
gemäß § 627 ZPO. im Wege der einstweiligen Verfügung bis zur rechtskräftigen Entscheidung des Rechtsstreites

a) das Getrenntleben der Ehegatten zu gestatten,
b) die Sorge für die Person der gemeinschaftlichen minderjährigen Kinder *Klara, Rosa* und *Ernst*, geboren am ...., mit Ausnahme der gesetzlichen Vertretung der Klägerin zu übertragen,
c) dem Beklagten für die Zeit vom 15. Mai 1933 ab die Zahlung einer vierteljährlich im voraus zu entrichtenden Unterhaltsrente von 180 *RM* (i. W.) an die Klägerin aufzugeben,
d) dem Beklagten ferner aufzugeben als Unterhalt für *Klara, Rosa* und *Ernst* Geschwister *Karge* an die Klägerin für die Zeit vom 15. Mai 1933 ab eine vierteljährlich im voraus zu entrichtende Geldrente von je 90 *RM* (i. W.) zu zahlen.

Am 15. Mai 1933 ist die Klägerin unter Mitnahme der Kinder zu ihren Eltern nach Großenbohrau gezogen, weil der Beklagte seit Zustellung der Klage die Klägerin mehrfach in Gegenwart des Gesindes als ‚schlechte Person' beschimpft hat, die man ‚mit Hunden vom Hofe hetzen' müsse.

Eidesstattliche Versicherung der Dienstmagd *Fache* wird zur Glaubhaftmachung beigefügt.

Für die Antragstellerin:
Schwarz, Rechtsanwalt."

Arreste und einstweilige Verfügungen haben im allgemeinen die Aufgabe, dem Antragsteller eine Sicherung zu verschaffen, nicht ihm wegen seiner Ansprüche zur Befriedigung zu verhelfen. Wenn aber § 627 bestimmt, daß das Gericht durch einstweilige Verfügung u. A. „die gegenseitige Unterhaltspflicht der Ehegatten nach

Maßgabe des § 1361 BGB. ordnen" könne, so sollen die Unterhaltsbeträge selbstverständlich nicht bloß hinterlegt werden sondern zur Auszahlung an den Unterhaltsberechtigten gelangen. Hier — wie auch im Falle des § 1716 BGB. — dient also die einstweilige Verfügung ausnahmsweise der Befriedigung.

Arten der einstweiligen Verfügung: 1. e. V. in Bezug auf den Streitgegenstand (§ 935 ZPO.). Sie sichert die künftige Verwirklichung eines dem Antragsteller zustehenden Individualanspruchs in gleicher Weise, wie der dingliche Arrest (§ 917) die spätere Vollstreckung von Geldansprüchen. Den Arrestgrund bildet die Besorgnis, durch Veränderung des bestehenden Zustandes könne die Verwirklichung des Rechts vereitelt oder wesentlich erschwert werden. 2. Bei der e. V. zum Zweck der Regelung eines einstweiligen Zustandes in Bezug auf ein streitiges Rechtsverhältnis (§ 940) soll „zur Abwendung wesentlicher Nachteile oder zur Verhinderung drohender Gewalt oder aus anderen Gründen", also zur Sicherung des Rechtsfriedens bzw. zur Vermeidung schwerer wirtschaftlicher Schäden, eine provisorische Regelung geschaffen werden, die beiden Parteien dient. Hier kann auch die materiell angegriffene Partei (z. B. im Eigentums- oder Besitzstreit) Antragsteller sein. 3. Aus §§ 627 ZPO., 1716 BGB. leitet die Praxis den allgemeinen Gedanken ab, daß auch außerhalb der dort vorgesehenen konkreten Fälle Geldzahlungen durch e. V. auferlegt werden dürfen, falls die vorläufige Regelung dringend erforderlich ist und bloße Hinterlegung zum Schutz des Antragstellers nicht ausreichen würde. So gibt man in Unterhalts- oder Schadensersatzprozessen dem Beklagten durch e. V. auf, dem Kläger bis zum endgültigen Austrag der Sache Rente in Höhe dessen, was der Kläger zum Leben unbedingt bedarf, auch einmalige Beträge für Heilverfahren u. dgl., zu zahlen. Man stützt diese e. V. gewöhnlich auf § 940 ZPO. In Wahrheit handelt es sich um eine Weiterbildung des Gesetzes. Die provisorische Befriedigung des Gläubigers einer Geldforderung auf Grund bloßer Glaubhaftmachung stellt eine von § 935 und § 940 durchaus verschiedene Verfahrensart dar. Stein-Jonas IV vor § 916. — Von den im BGB. vorgesehenen einstweiligen Verfügungen sind diejenigen der §§ 885, 899 (Vormerkung, Widerspruch) unter § 935 ZPO. zu rubrizieren, § 489 BGB. (unten S. 587) beruht auf dem Gedanken des § 940 ZPO., weshalb die Versteigerung des zu wandelnden Tieres „auf Antrag der einen oder der anderen Partei" angeordnet werden kann. § 1716 BGB. zählt zur provisorischen Befriedigung auf Grund bloßer Glaubhaftmachung.

Im Rahmen des § 1361 I S. 2 (oben S. 411) kann auch die Herausgabe von Sachen an die Frau durch einstweilige Verfügung nach § 627 ZPO. angeordnet werden.

Besonders eigenartig ist die Rechtslage bezüglich des Unterhalts der Kinder. Da der Unterhaltsanspruch nicht der Mutter sondern den Kindern zusteht und die Mutter die Kinder nicht gesetzlich vertritt, müßte eigentlich ein Kollisionspfleger (§ 1909 BGB.) bestellt werden, der den Anspruch der Kinder im Klageweg geltend macht und zur vorläufigen Regelung eine einstweilige Verfügung erwirkt, wobei die Mutter nicht als Pfleger in Betracht kommt, weil sie die Ehefrau des Prozeßgegners ist (S. 98). Alles das vereinfacht § 627 ZPO., indem er gestattet in der einstweiligen Verfügung auch „die Unterhaltspflicht der Ehegatten den Kindern gegenüber im Verhältnis der Ehegatten zu einander" zu ordnen, d. h. dem Vater die Zahlung des Unterhalts der Kinder an die Mutter aufzugeben, wie es hier beantragt wird. —

Nach Anhörung des Beklagten erläßt die Kammer (S. 458) den Beschluß:

„Im Wege der einstweiligen Verfügung wird für die Dauer des zwischen den Parteien schwebenden Scheidungsprozesses

a) das Getrenntleben der Ehegatten gestattet,

b) die Sorge für die Person der gemeinschaftlichen minderjährigen Kinder *Klara* und *Rosa*

Geschwister *Karge*, geboren am ...., mit Ausnahme der gesetzlichen Vertretung der Klägerin übertragen,

c) dem Beklagten aufgegeben, an die Klägerin für die Zeit vom 15. Mai 1933 ab eine vierteljährlich im voraus zu entrichtende Geldrente von 180 *RM* (i. W.) zu zahlen,

d) dem Beklagten weiterhin aufgegeben, an die Klägerin als Unterhalt für *Klara* und *Rosa Karge* für die Zeit vom 15. Mai 1933 ab eine vierteljährlich im voraus zu entrichtende Geldrente von je 90 *RM* (i. W.) zu zahlen.

Der Antrag auf Übertragung der Sorge für die Person des Kindes *Ernst Karge* und auf Zahlung einer Unterhaltsrente für ihn wird zurückgewiesen.

Die Kosten des einstweiligen Verfügungsverfahrens hat zu $^5/_6$ der Beklagte, zu $^1/_6$ die Klägerin zu tragen."

§ 627 nimmt unter den einstweiligen Verfügungen auch insofern eine Sonderstellung ein, als nicht, wie sonst bei Arresten und einstweiligen Verfügungen, die Glaubhaftmachung von Arrestanspruch und Arrestgrund verlangt wird. Besteht das Bedürfnis, die Verhältnisse der Eheleute provisorisch auf der Grundlage des Getrenntlebens zu regeln, so kann das Gericht die Anordnung nach freiem Ermessen erlassen, selbst wenn das Scheidungsrecht des einen oder anderen Teils noch nicht glaubhaft gemacht erscheint: der „Arrestgrund" schließt den „Arrestanspruch" in sich. Stein-Jonas I, II 5 zu § 627. Bedenklich ist allerdings die Praxis mancher Gerichte, die das Getrenntleben schon auf Grund der Anhängigkeit der Scheidungsklage zulassen, ohne zu berücksichtigen, daß die daraus folgende Verpflichtung des Mannes, Frau und Kinder in Geld zu alimentieren, ihn wirtschaftlich weit mehr drückt als Unterhaltsgewährung im eigenen Haushalt. Im Fall Karge wollen aber beide Parteien geschieden sein, das persönliche Verhältnis ist nach der eidesstattlichen Versicherung der Magd schlecht, und es muß bei weiterem Zusammenleben mit Beleidigungen, sogar mit Gewalttätigkeiten gerechnet werden. Darum hat das Gericht das Getrenntleben mit seinen weiteren Folgen ausgesprochen, ohne Stellung dazu zu nehmen, ob die durch die eidesstattliche Versicherung glaubhaft gemachten Schimpfworte für sich allein einen ausreichenden Scheidungsgrund abgeben. So lange nicht feststeht, ob und aus wessen Verschulden geschieden werden wird, wendet man die in § 1635 BGB. für das Erziehungsrecht nach vollzogener Scheidung aufgestellten Grundsätze analog an. Mithin verbleibt der 7jährige Sohn dem Vater. —

Gemäß § 627^{III} ZPO. wird die einstweilige Verfügung von Amtswegen dem Vormundschaftsgericht mitgeteilt. Der Vater hat dadurch, daß das Erziehungsrecht der beiden Mädchen für die Zeit des Prozesses auf die Mutter übertragen wurde, das Recht, mit den Kindern zu verkehren, nicht gänzlich verloren, vielmehr steht ihm ein „Besuchsrecht" analog § 1636 BGB. (S. 120) zu, ebenso der Mutter bezüglich des Ernst. Kommt es während des Scheidungsprozesses zwischen den Eltern zu Streitigkeiten über Erziehungs- oder Besuchsrecht, so gilt folgendes: die grundsätzliche Regelung des Erziehungsrechts steht dem Prozeßgericht zu, welches die in seiner einstweiligen Verfügung getroffene Anordnung auf Widerspruch (§§ 924, 936 ZPO.) oder auf Antrag wegen „veränderter Umstände" (§§ 927, 936) jederzeit umstoßen kann. Dagegen ist die Ausführung der einstweiligen Verfügung durch Regelung im Einzelnen Sache des Vormundschaftsgerichts. Liegen die besonderen Voraussetzungen des § 1666 BGB. (Gefährdung der Kinder durch Mißbrauch, Vernachlässigung, ehrlosen oder unsittlichen Lebenswandel) vor, so kann das Vormundschaftsgericht in die Befugnisse des nach der einstweiligen Verfügung erziehungsberechtigten Elternteils eingreifen, ihm sogar das Erziehungsrecht gänzlich entziehen. Nicht aber darf es die Bestimmungen der einstweiligen Verfügung mit der Begründung außer Kraft setzen, daß eine andere Verteilung im Interesse der Kinder liege. RG. 63, 275; 69, 94; KG. 26, 185; 39, 3; 44, 17.

Einstweilige Verfügung wegen Prozeßkosten: Häufig verlangt die Frau, daß dem Mann die vorschußweise Zahlung der Prozeßkosten an sie bzw. an ihren Anwalt aufgegeben werde; viele Scheidungsprozesse (oder Prozesse anderer Art, welche die Frau gegen den Mann oder gegen Dritte anstrengen will) werden sogar damit eingeleitet, daß der Mann auf Grund einstweiliger Verfügung der Frau die Kosten zur Führung des Prozesses gegen ihn selbst vorstrecken muß. Es werden folgende Meinungen vertreten: 1. Die Bezahlung von Prozeßkosten gehöre zu dem an die Frau zu leistenden Unterhalt, sei also unabhängig vom Güterstand (so u. a. Ernst Fuchs, Leipz. Ztschr. 29, 289) Von diesem Standpunkt aus läßt sich die einstweilige Verfügung auf § 627 ZPO. stützen. 2. Der Mann hätte als Nutznießer des eingebrachten Guts mit dessen übrigen Lasten auch die Kosten der Prozesse der Frau zu tragen, und hierzu gehörten die Kosten der zwischen den Ehegatten geführten Prozesse mindestens so lange, als der Ausgang noch ungewiß sei und daher nicht feststehe, daß sie dem Vorbehaltsgut zur Last fallen werden (§§ 1387[1], 1416 BGB., oben S. 372); gemäß § 940 ZPO. (gemeint ist in Wahrheit die S. 558 zu 3 besprochene dritte Art der einstweiligen Verfügungen) sei ihm die Zahlung durch einstweilige Verfügung aufzugeben. Nach dieser in der Praxis vorherrschenden Ansicht besteht die Vorschußpflicht des Mannes nicht bei Gütertrennung. 3. Stein-Jonas VI vor § 606 stimmt der Ableitung aus der ehemännlichen Nutznießung zu, lehnt jedoch die einstweilige Verfügung ab. Er will damit helfen, daß der Mann für die im Innenverhältnis von ihm zu tragenden „Lasten" den Gläubigern der Frau nach § 1388 BGB. als Gesamtschuldner haftet (vgl. S. 372). Der Anwalt der Frau soll daher seine Kosten vom Mann unmittelbar einziehen.

Beweisaufnahme. Im Termin am 26. Mai erläßt der Einzelrichter umfangreichen Beweisbeschluß, nach dessen Erledigung Termin vor der Kammer im November 1933 angesetzt wird. In seinem für diesen Termin vorbereiteten Votenzettel würdigt der Berichterstatter das Beweisergebnis folgendermaßen:

„I. Klage:

a) Von den Behauptungen der Klage sind bloß folgende Beschimpfungen erwiesen: ....

b) Der Einwand der allgemeinen Verzeihung durch Beiwohnung ist durch den von der Klägerin hierüber geleisteten Eid widerlegt (§ 463 ZPO.).

c) Die Beweisaufnahme hat aber ergeben, daß die Klägerin die Beschimpfungen zu a verziehen hat ....

II. Widerklage:

a) Vernachlässigung der Wirtschaft und der Kinder ist nicht erwiesen: ....

b) Dagegen hat die Klägerin den Beklagten durch unmotivierte Erzählungen im Dorf schwer verleumdet, so daß ihm ein Scheidungsrecht aus § 1568 BGB. zusteht: ....

c) Verzeihung ist nicht behauptet, kommt nach dem unstreitigen Sachverhalt auch nicht in Frage.

d) Das Verhalten der Klägerin bei den Vorfällen zu b ist so sonderbar, daß zweifelhaft wird, ob sie dafür verantwortlich gemacht werden kann. Es scheint, als ob sie unter dem Einfluß einer geistigen Störung oder krankhafter Wahnvorstellungen gehandelt hat.

III. Vorschlag: Befragung der Parteien, gegebenen Falls Beweiserhebung zu II d."

Obgleich der Berichterstatter die Klage für unbegründet hält, votiert er nicht auf Klagabweisung durch Teilurteil, weil Teilurteile in Ehesachen unzulässig sind.

Die vorgeschlagene Befragung der Parteien beruht auf dem allgemein gültigen § 139. Nach § 622 würden Feststellung und Ermittlungen über die Zurechnungsfähigkeit der Klägerin z. Zt. der beleidigenden Äußerungen auch von Amtswegen möglich sein, weil sie der Aufrechterhaltung der Ehe dienen.

Nachschieben von Scheidungsgründen. Protokoll der Verhandlung vom 20. November 1933:

„Der Anwalt der Klägerin nahm Bezug auf den Antrag usw.

Die Klägerin benannte den Gärtner *Badelt* in Jakobsdorf als Zeugen dafür, daß der Beklagte im Juni 1927 in Breslau mit einer Prostituierten Ehebruch begangen und daß die Klägerin hiervon am 14. September 1932 durch den Zeugen Kenntnis erlangt habe.

Der Beklagte benannte die Fremdenheimsinhaberin *Haase* in Breslau, Bahnhofstraße 32 als Zeugin dafür, daß die Klägerin im Januar 1927 mit dem inzwischen verstorbenen Organisten *Raimund Balzer* aus Groß-Gohlau Ehebruch begangen, sowie den Schmiedemeister *Kaboth* in Hochkirch als Zeugen dafür, daß ihm *Kaboth* im Januar 1933 Mitteilung von den Beziehungen der Klägerin zu *Balzer* gemacht habe."

Können die Parteien diese Scheidungsgründe noch geltend machen, obgleich die Frist des § 1571^{IV} jetzt offensichtlich verstrichen ist?

Im gewöhnlichen Verfahren wird nur der in der Klage erhobene konkrete Anspruch mit seiner tatsächlichen Begründung (dem „Klagegrund") „in iudicium deduziert", so daß jeder Änderung des Klagegrundes oder der aus ihm gezogenen Rechtsfolge die Rüge der Klageänderung (S. 600) entgegensteht und eine Unterbrechung der Verjährung und Wahrung von Fristen durch die Klage tritt nur für den erhobenen Anspruch mit seiner tatsächlichen Begründung ein. Dafür beschränkt sich die Rechtskraft des Urteils (vor allem im Fall der Klagabweisung) auf ihn (§ 322^{I} ZPO.). Dagegen sollen Ehesachen das ganze Eheverhältnis mit allen aus ihm hervorgehenden Scheidungs-, Anfechtungs- usw. Rechten erfassen und zur einheitlichen Aburteilung bringen: „Maxime der Einheitlichkeit des Eheprozesses". Das bedeutet im einzelnen:

1. Der Kläger kann nachträglich neue Klagegründe vorbringen (§ 614), kann Scheidungs-, Anfechtungs- und Herstellungsklage durch Klageverbindung gleichzeitig anhängig machen (§ 615), oder von einer dieser Klagen zur anderen übergehen, alles das auch in der Berufungsinstanz. Ebenso sind Widerklagen noch in der Berufungsinstanz ohne Zustimmung der Gegenpartei möglich.
2. Materiell-rechtlich wahrt die Klageerhebung die gesetzliche Ausschlußfrist sowohl für die zunächst geltend gemachten, wie für die im Lauf des Rechtsstreits nachgeschobenen Scheidungsgründe (§ 1572 BGB.). Wegen der Einheitlichkeit des Eheprozesses dehnt die Rechtsprechung diesen Satz auf die (in § 1572 nicht genannte) Anfechtungsklage aus. Geht also im Lauf des Rechtsstreits der Kläger von der Scheidungs- zur Anfechtungsklage über, so schadet es nichts, wenn die sechsmonatliche Anfechtungsfrist (§ 1339) zwischen Erhebung der Scheidungs- und der Anfechtungsklage abgelaufen war. Das ist um so wichtiger, weil die Anfechtungsfrist — zum Unterschied von der Scheidungsfrist (§ 1571^{II}) — auch während des Getrenntlebens der Ehegatten läuft.
3. Die Erhebung einer Scheidungs-, Anfechtungs- oder Herstellungsklage begründet Rechtshängigkeit für sämtliche Scheidungs-, Anfechtungs- und Herstellungsrechte, die bis zur rechtskräftigen Erledigung des Prozesses dem Kläger oder Beklagten zustehen. Die Parteien können diese ihre Rechte nur in dem

zuerst eingeleiteten Verfahren durch Klagenverbindung bzw. Widerklage verfolgen. RG. 104, 155.

4. Teilurteile sind in Ehesachen unstatthaft. RG. 58, 307.
5. Rechtskräftige Abweisung einer Scheidungs- oder Anfechtungsklage konsumiert nicht bloß den abgewiesenen Anspruch, sondern gleichzeitig alle Scheidungs- oder Anfechtungsgründe, die der Kläger im Vorprozeß gemäß §§ 614/5 ZPO. geltend machen konnte, ja sogar das Vorbringen, auf welches der Beklagte eine Widerklage hätte stützen können. § 616.

Danach sind die neuen Behauptungen der Parteien erheblich.

Der Ehebruch des Mannes soll am 14. September 1932 zur Kenntnis der Klägerin gelangt sein. Die Klagezustellung erfolgte erst Anfang April 1933. Nach § 1571 III BGB. wurde aber die Frist bereits durch die Ladung zum Sühnetermin gewahrt, da die Klägerin in diesem Termin erschienen ist und binnen 3 Monaten seit Abschluß des Sühneverfahrens Klage erhoben hat. Die Ladung zum Sühnetermin muß vor dem 12. März 1933 zugestellt sein, so daß ein am 14. September 1932 bekannt gewordener Scheidungsgrund bestimmt noch nicht verfallen ist.

Welches ist der für die Widerklage maßgebende Zeitpunkt? Bei dem zwischen § 1572 BGB. und §§ 614/6 ZPO. bestehenden inneren Zusammenhang wäre es das Einfachste, die durch Erhebung der Klage eintretende Fristwahrung auch auf die Widerklagegründe zu erstrecken. Die Praxis lehnt das aber ab und will § 1572 auf Widerklagen bloß „entsprechend" anwenden, dergestalt daß Widerklagegründe erhalten bleiben, wenn bei der ersten Erhebung der Widerklage die Frist noch nicht verstrichen war. Jedoch nimmt sie zu Gunsten des Widerklägers eine „Hemmung" der Ausschlußfrist zwischen Klagezustellung und erstem Verhandlungstermin gemäß §§ 1571 IV, 203 an. RG. 57, 192; 104, 155; JW. 09, 689[17]; 10, 475[15]. In unserem Fall brauchen wir keine Hilfskonstruktionen, da der Ehebruch der Frau dem Beklagten im Januar 1933 zu Ohren gebracht sein soll, so daß er bis zum Juli 1933 Zeit hatte, während die Widerklage bereits mit Zustellung (§ 281 ZPO.) in der ersten Maihälfte anhängig wurde. Jedenfalls tut ein Scheidungsbeklagter immer gut darin, seine Widerklage nicht allzulange zurückzuhalten.

Präklusion der neu geltend gemachten Tatsachen durch den Vorprozeß kann nach den für die Kenntnis angegebenen Daten nicht eingetreten sein. Überdies hat der Prozeß mit Klagerücknahme, nicht mit einem Urteil, geendet.

Die Kammer beschließt die Vernehmung von Sachverständigen und sachverständigen Zeugen über den Geisteszustand der Klägerin sowie Vernehmung der im Termin benannten Zeugen.

Weitere Beweisaufnahme. Antrag auf Mitschuldigerklärung. Der Hausarzt der Klägerin und der Gerichtsarzt äußern sich übereinstimmend dahin, daß Frau Karge die in der Beweisaufnahme festgestellten Beleidigungen offenbar unter Einwirkung eines, inzwischen wieder behobenen, Zustandes krankhafter Störung der Geistestätigkeit begangen habe und für sie nicht verantwortlich sei.

Badelt sagt zur Sache aus:

„Im Juni 1927 war ich mit dem Beklagten in Breslau auf dem Maschinenmarkt. Wir wohnten in verschiedenen Gasthäusern, waren aber fast den ganzen Tag zusammen. Abends besuchten wir gemeinschaftlich ein Café, wo mehrere Damen, anscheinend Prostituierte, saßen, die uns als ‚Maschinenonkels' anulkten. Dem Beklagten gefiel die eine sehr gut, und er äußerte zu mir: ‚Das wäre etwas für mich, so eine möchte ich mir mal nehmen.' Bald nachher stand die Dame auf und verließ das Café. Als das der Beklagte sah, sprang er auf, rief mir zu: ‚Der muß ich nach, bezahle für mich!' und ging ebenfalls eilig fort. Ob er mit ihr gegangen ist und den Beischlaf mit ihr vollzogen hat, weiß ich nicht, wir haben darüber nicht gesprochen.

Am 14. September 1932, dem Geburtstag meiner Frau, sprach die Klägerin mit mir über ihr schlechtes Eheleben. Sie fragte mich, ob ihr Mann ihr immer treu gewesen sei. Darauf erzählte ich ihr den Vorfall.

Vorgelesen, genehmigt."

Frl. Haase wird zunächst über das Recht belehrt die Beantwortung solcher Fragen zu verweigern, deren Beantwortung ihr zur Unehre gereichen oder die Gefahr strafgerichtlicher Verfolgung (Kuppelei, § 180 StGB.!) zuziehen könnte (§ 384² ZPO.).

Das Weigerungsrecht steht dem Zeugen nicht bloß dann zu, wenn er durch wahrheitsgemäße Antwort sich der unehrenhaften bzw. strafbaren Handlung schuldig bekennen müßte: denn sonst würde es seinen Zweck gänzlich verfehlen. Der Umstand, daß § 386¹ „Glaubhaftmachung" vorschreibt, ändert nichts, die Glaubhaftmachung liegt hier schon im Beweisthema. Weder darf das Gericht von dem Zeugen, der unter Berufung auf § 384² nicht aussagen will, irgend welche Nachweise fordern, noch darf es aus der Tatsache der Aussageweigerung schematisch die Folgerung ziehen, die unehrenhafte oder strafbare Handlung sei wahr. Solche Folgerungen sind nur auf Grund freier Würdigung der Gesamtumstände des Falles statthaft (vgl. S. 570). Schließlich begeht der Zeuge keinen Prozeßbetrug, wenn er sich hinter das Aussageweigerungsrecht verschanzt, obwohl er die Frage mit gutem Gewissen verneinen könnte. RGSt. 36, 114.

Sie erklärt sich zur Aussage bereit und gibt an:

„Ich vermiete in meinem Fremdenheim Zimmer an Reisende auf Wochen oder Monate, bisweilen auch für kürzere Zeiträume. Es ist möglich, daß *Balzer* einmal bei mir gewohnt hat, wenigstens glaube ich, den Namen in einem alten Jahrgang meines Fremdenbuchs gelesen zu haben. Wenn *Balzer* ein Zimmer mit einer Dame bewohnt hat, so hat er sie mir als seine Frau bezeichnet und ich habe sie dafür gehalten. Ob ich die hier anwesende Klägerin schon einmal gesehen habe, weiß ich nicht; ich pflege mir meine Gäste nicht näher anzusehen und kümmere mich nicht darum, was sie treiben.

Vorgelesen, genehmigt."

Kaboth bekundet folgendes:

„*Balzer* hat mir einmal erzählt, daß er in Breslau manchmal bei der Vorzeugin *Haase* wohne, die wisse von nichts, und es sei bei ihr sehr gemütlich. Er machte dabei eine mir nicht mehr genau erinnerliche Andeutung, die ich so verstand, als ob er mit der Klägerin einmal bei der *Haase* gewesen sei; ich muß jedoch zugeben, daß diese Auffassung vielleicht unberechtigt gewesen ist. Dem Beklagten habe ich nicht im Januar 1933 sondern jedenfalls schon vor der Ernte 1932 im Gasthaus erzählt, daß *Balzer* mit seiner Frau etwas gehabt haben solle. Darauf meinte er: ‚Das ist mir ganz egal, sie kann treiben, was sie will.'

Vorgelesen, genehmigt.

Die Parteien wurden persönlich gehört. Die Klägerin erklärte:

Ich bin bereit zu beschwören, daß ich niemals mit *Balzer* Ehebruch begangen habe und nicht bei der *Haase* war.

Der Beklagte erklärte:

Die Aussage des *Badelt* ist richtig. Ich bin aber damals aus dem Café allein in mein Gasthaus gegangen und habe mich ausgeschlafen. Ich wollte nur einen Vorwand haben, um von *Badelt*, der noch eine große Bierreise vorhatte, loszukommen. Was die von *Kaboth* bekundete Unterredung betrifft, so hatte ich geglaubt, daß sie erst später stattgefunden habe, kann mich aber auch täuschen.

Vorgelesen, genehmigt."

Da die Zeugen über Scheidungstatsachen ausgesagt haben, müssen sie, soweit zulässig, beeidigt werden, denn § 617 schließt mit anderen Auswirkungen der Verhandlungsmaxime die Möglichkeit des ausdrücklichen (§ 391 II) oder stillschweigenden (§ 295) Parteiverzichts aus. Nach Beratung beschließt die Kammer, auch die Zeugin Haase gemäß § 393 II zu vereidigen.

„Die Zeugen *Badelt*, *Haase* und *Kaboth* leisteten den Zeugeneid.

Hierauf nahm der Anwalt der Klägerin Bezug auf den Antrag der Klageschrift.

Der Anwalt des Beklagten nahm Bezug auf den Klageabweisungsantrag zu 1 der Klagebeantwortung. Außerdem verlas er an Stelle des Widerklageantrags den Antrag auf Mitschuldigerklärung der Klägerin für den Fall der Scheidung aus der Anlage.

Die Parteien verhandelten zur Sache und über das Ergebnis der Beweisaufnahme.

Der Beklagte schob der Klägerin über die in das Wissen der Zeugin *Haase* gestellte Tatsache den Eid zu, den sie annahm.

Vorgelesen, genehmigt."

Warum geht Karge von der Widerklage zum Mitschuldantrag über? Die Widerklage hätte nach dem Beweisergebnis keine Aussichten mehr, weil sie hinsichtlich Beweisführung (§ 617 II) und Fristwahrung (§§ 1571, 1574 II BGB.) den gleichen strengen Vorschriften unterliegt wie eine selbständige Scheidungsklage. Dagegen gilt für den Mitschuldantrag § 617 II ZPO. nicht; denn dieser Antrag hat bloß für den Fall, daß auf die Klage geschieden werden wird, Bedeutung, mithin sollen die Tatsachen, auf die er gestützt wird, nicht „die Scheidung begründen". Außerdem genügt es zur Mitschuldigerklärung, wenn bei Eintritt des von der Klägerin geltend gemachten Scheidungsgrundes das Scheidungsrecht des Beklagten noch bestanden hat, mag es auch inzwischen durch Zeitablauf oder Verzeihung erloschen sein. § 1574 III BGB.

Die Bestimmung beruht auf dem Gedanken, daß bei beiderseitigen Eheverfehlungen häufig der eine Teil die alsbaldige Geltendmachung seines Scheidungsgrundes in der Erwartung unterläßt, der andere werde das Gleiche tun. Täuscht er sich in dieser Annahme, so soll er wenigstens die Mitschuldigerklärung des Gegners trotz Fristablauf und Verzeihung immer noch herbeiführen können. Doch wird § 1574 III auch angewandt, wenn der Scheidungsgrund des Beklagten später als derjenige des Klägers entstanden war. Hauptsache ist, daß die beiderseitigen Scheidungsrechte überhaupt einmal unverjährt und unverziehen einander gegenübergestanden haben. RG. 70, 334. —

Der Berichterstatter in der Beratung: Wir haben es jetzt nur noch mit der Scheidungsklage der Klägerin zu tun. Die ursprünglichen Klagegründe sind verziehen. Der Ehebruch aus Anlaß des Maschinenmarkts 1927 wird durch die Aussage Badelts nicht bewiesen. Immerhin begründet die Aussage einen starken Verdacht. Deshalb will ich dem Beklagten hierüber gemäß § 475 ZPO. einen richterlichen Eid auferlegen. — Für den Fall, daß der Beklagte die Eidesleistung verweigern und daraufhin auf Scheidung erkannt werden sollte, müssen wir weiterhin zum Mitschuldantrag des Beklagten Stellung nehmen. Die in der Klagebeantwortung vom Beklagten behaupteten Verfehlungen der Klägerin kommen nicht in Betracht, weil sie ihr infolge ihrer damaligen Erregbarkeit nicht als schweres Verschulden angerechnet werden können. Bleibt der angebliche Ehebruch mit Balzer. Daß der Beklagte von ihm nach der glaubwürdigen Aussage des Kaboth schon vor der Ernte 1932 Kenntnis hatte, bildet nach § 1574 III BGB. kein Hindernis, die Klägerin auf diesen Ehebruch hin für mitschuldig zu erklären, weil der Beklagte, als er den ihm zur Last gelegten Ehebruch beging und nachher bis Anfang 1933 berechtigt gewesen wäre auf Scheidung zu klagen. Was die Beweisführung betrifft, so kommt richterlicher Eid nicht in Betracht, denn er setzt voraus, daß wenigstens etwas für die Behauptung bewiesen ist, während die Beweisaufnahme bisher keine ernsthafte Belastung der Klägerin ergeben hat. Folglich wird auf den vom Beklagten zugeschobenen und von ihr angenommenen Eid zu erkennen sein.

Die Kammer stimmt zu.

„Es wurde nachstehendes

Urteil

verkündet:

1. Wenn der Beklagte folgenden Eid leistet:
Ich habe nicht im Juni 1927 am Tage des Maschinenmarktes zu Breslau mit einer Prostituierten den Beischlaf vollzogen,
so wird die Klage abgewiesen werden.
2. Wenn der Beklagte den Eid verweigert und die Klägerin folgenden Eid leistet:
Ich habe nicht im Januar 1927 mit dem inzwischen verstorbenen Organisten *Raimund Balzer* aus Groß-Gohlau den Beischlaf vollzogen,
so wird die Ehe der Parteien geschieden und der Beklagte für allein schuldig erklärt werden.
3. Wenn auch die Klägerin den Eid verweigert, so wird die Ehe wegen Verschuldens des Beklagten geschieden und die Klägerin für mitschuldig erklärt werden.
4. Die Kosten des Rechtsstreits hat im Fall der Klageabweisung die Klägerin, im Fall der Scheidung wegen Alleinschuld des Beklagten der Beklagte zu tragen. Werden beide Teile für schuldig erklärt, so werden die Kosten gegen einander aufgehoben."

Vgl. § 92^{I} ZPO.

Im Fall 3 der Urteilsformel würde Frau Karge keinen Unterhaltsanspruch haben (arg. § 1578 BGB.) und das Erziehungsrecht der Kinder sich nach § 1635 verteilen. Insofern ist die Wirkung die gleiche, wie wenn auf Widerklage geschieden worden wäre. Aber Frau Karge kann nicht wegen Ehebruchs mit Balzer bestraft werden, denn die Ehe ist nicht „wegen" des Ehebruchs geschieden (§ 172^{I} StGB.). Aus dem gleichen Grund würde sie, wenn Balzer noch lebte, ihn ohne Dispens heiraten können (§ 1312^{I}: „als Grund der Scheidung festgestellt"). —

Der Referendar: Muß die Frau den auf Grund der einstweiligen Verfügung an sie geleisteten Unterhalt zurückerstatten, wenn sie zum Schluß für mitschuldig erklärt wird?

Der Richter: Einem Mann, dessen Ehe auf Anfechtung für nichtig erklärt worden war, hat RG. 104, 246 unter Aufgabe einer älteren Entscheidung die Rückforderung zugebilligt, und zwar sowohl aus dem — in § 627^{IV} ZPO. nicht ausdrücklich mitzitierten — Schadensersatz-§ 945 (oben S. 433) wie auch aus ungerechtfertigter Bereicherung. Nun liegen die Dinge bei der Scheidung wesentlich anders, weil hier die Ehe nicht mit rückwirkender Kraft für nichtig erklärt wird. Notdürftiger Unterhalt bis zur Rechtskraft des Scheidungsurteils steht der Frau unter allen Umständen zu (S. 131). Dem Rechtsgefühl widerstrebt es aber auch, daß sie die Differenz zwischen „standesmäßigem" und „notdürftigem" Unterhalt nachträglich herausgeben soll, denn Unterhaltszahlungen sind dazu bestimmt vom Empfänger zum Leben verbraucht zu werden. Tatsächlich macht selten ein geschiedener Ehemann in solcher Lage den Versuch, den objektiv zu viel gezahlten Betrag mittels besonderer Klage oder durch Anrechnung bei der güterrechtlichen Auseinandersetzung von der Frau wieder einzuziehen. Stellt sich aber schon während des Scheidungsprozesses das Vorliegen von Scheidungsgründen gegen die Frau heraus, so erreicht der Mann bei Glaubhaftmachung seiner Scheidungsgründe die Ermäßigung des Unterhaltssatzes auf den notdürftigen Betrag wegen veränderter Umstände nach § 927. — Sicher ist, daß der Mann Kostenvorschüsse, die ihm durch einstweilige Verfügung (S. 560) aufgegeben worden sind, von der Frau zurückfordern kann, soweit sie nach der endgültigen Kostenentscheidung des Prozesses ihm nicht auferlegt sind.

Bösliche Verlassung. Ehebruch und Zerrüttung. Eheanfechtung.

Die Schauspielerin Vera Hilbert geb. Düringer klagt gegen ihren Ehemann, den Schauspieler Peter Hilbert, auf Scheidung. Nach Schluß der Beweisaufnahme und des Einzelrichterverfahrens erstattet der Referendar Bericht und Gutachten:

„Die Klägerin ist 25 Jahre alt, katholisch, der Beklagte 33 Jahre alt, evangelisch, württembergischer Staatsangehörigkeit. Beide sind von Beruf Schauspieler. Sie lernten sich im Winter 1929/30, als sie am ‚Neuen Schauspielhaus' in Berlin engagiert waren, kennen und schlossen am 3. April 1930 vor dem Standesbeamten in Berlin die Ehe, die kinderlos geblieben ist. Schon nach wenigen Monaten kam es zu Zerwürfnissen. Der Beklagte löste im September 1930 plötzlich sein Anstellungsverhältnis und nahm Stellung bei den ‚Vereinigten Theatern' in Breslau, wo er bis Juni 1932 wirkte, während die Klägerin zunächst in Berlin blieb. Jetzt ist er in Graz, die Klägerin in Düsseldorf tätig.

Im November 1930 erhob die Klägerin beim hiesigen Landgericht in den Akten 2 R 298.30 Klage auf Herstellung der häuslichen Gemeinschaft. Nachdem der Beklagte ohne Anführung von Gründen der Klage widersprochen hatte, wurde er am 15. Januar 1931 zur Herstellung verurteilt. Das Urteil ist am 23. März 1931 rechtskräftig geworden.

Am 25. April 1932 hat die Klägerin die vorliegende Klage erhoben mit dem Antrag:

die Ehe der Parteien zu scheiden und den Beklagten für den schuldigen Teil zu erklären.

Die Klage war anfänglich darauf gestützt, daß der Beklagte die Klägerin böswillig verlassen und in böslicher Absicht gegen den Willen der Klägerin dem Herstellungsurteil nicht Folge geleistet habe. Nachdem der Beklagte gegen diese Klagebegründung Einwendungen erhoben hat, macht die Klägerin außerdem geltend, der Beklagte habe mit der Schauspielerin *Luise Regner* hier in der Zeit vom Februar bis August 1932 ein ehebrecherisches Liebesverhältnis unterhalten, wovon die Klägerin im November 1932 durch die damalige Wirtin des Beklagten, Frau *Säuberlich*, Kenntnis erlangt hätte.

Der Beklagte beantragt:

die Klage abzuweisen.

Er trägt vor:

Ende Oktober 1930 seien die Parteien in Berlin zusammengetroffen und einig geworden, sich durch gütliches Übereinkommen unter der Vorspiegelung einer böslichen Verlassung scheiden zu lassen. Der Beklagte habe die Rolle des schuldigen Teiles übernommen und dagegen die Klägerin versprochen, nach vollzogener Scheidung gegen eine einmalige Abfindung von 6000 *RM* auf alle Unterhaltsansprüche zu verzichten."

Eheleute, die von einander wollen, ohne einen gesetzlichen Scheidungsgrund zu haben, helfen sich, indem entweder der Mann auf Verabredung einen Ehebruch begeht, auf welchen dann die Frau eine Scheidungsklage stützt, oder eine „bösliche Verlassung" gemäß § 1567¹ BGB. inszeniert wird. Beides ist ungesetzlich: denn wenn die Frau dem Ehebruch des Mannes zugestimmt hat, steht ihr kein Scheidungsrecht zu (§ 1565ᴵᴵ), und bei verabredeter Trennung hat sich der Beklagte nicht „gegen den Willen des anderen Teils" (§ 1567¹) fern gehalten. Das Bedenken kann jederzeit vom Gericht von Amtswegen (§ 622 ZPO., S. 552, 561) oder vom Staatsanwalt (§ 607) als defensor matrimonii geltend gemacht werden, doch geschieht das fast niemals. Ist erst einmal auf Scheidung erkannt und das Urteil rechtskräftig geworden, so ist damit die Ehe kraft der abstrakten Wirkung des konstitutiven Staatsakts endgültig aufgelöst und niemand kann mehr einwenden, daß materiell kein Scheidungsrecht bestanden habe. Fast immer wird bei diesen „Kavaliersscheidungen" auch die Frage des Unterhalts nach der Scheidung durch Vereinbarung geregelt.

Die Abmachung der Hilbert'schen Eheleute war, wenn der Beklagte ihren Inhalt richtig wiedergibt, zweifellos eine unzulässige Erleichterung der Scheidung und daher nach § 138[1] BGB. nichtig (S. 406). Für den Beklagten bestand daher Gefahr, daß die Klägerin nach Durchführung der Scheidung Unterhalt über die 6000 RM. hinaus hätte fordern können, und daß er dann nicht in der Lage gewesen wäre sich auf ihren — einen Bestandteil des unsittlichen Abkommens bildenden — Verzicht zu berufen. Hierin liegt wohl der Grund, weshalb er aus der Rolle gefallen ist und die Vereinbarung zur Kenntnis des Gerichts gebracht hat.

„Im Dezember 1931 habe der Beklagte von der Schauspielerin *Wolfram* in Breslau erfahren, daß die Klägerin im Sommer 1930 in Karlsbad, wo sie zur Kur weilte, mit dem Arzt *Dr. Petri* aus Düsseldorf ein ehebrecherisches Verhältnis begonnen habe. Um dieses Verhältnis fortzusetzen, sei sie nach Düsseldorf gegangen, habe dort eine gering bezahlte Stellung am Theater inne und sei im übrigen von *Dr. Petri* bis April 1931 ausgehalten worden. Scheidung wegen böslicher Verlassung könne die Klägerin hiernach nicht verlangen.

Wegen des Ehebruchs der Klägerin mit *Dr. Petri* erhebt der Beklagte Widerklage und beantragt:

die Ehe der Parteien zu scheiden und die Klägerin für den schuldigen Teil zu erklären.

Die Klägerin beantragt:

Abweisung der Widerklage.

Es ist Beweis erhoben worden durch Vernehmung des Redakteurs *Dr. Hofer* in Berlin über die behauptete Vereinbarung vom Oktober 1930; des *Dr. Petri* und der *Wolfram* über den Ehebruch der Klägerin mit *Dr. Petri* und den Zeitpunkt, zu welchem der Beklagte Kenntnis davon erlangt hat; der Frau *Säuberlich* und der *Regner* über den Ehebruch des Beklagten mit der *Regner*.

Dr. Hofer hat eidlich ausgesagt: Er sei mit den Parteien befreundet. Im Oktober 1930 habe er auf Bitte der Klägerin den Beklagten nach Berlin bestellt, und es sei in der Wohnung des Zeugen vereinbart worden, die Ehe ‚auf anständige Art und Weise' scheiden zu lassen. Der Beklagte sollte sich von der Klägerin auf Herstellung der ehelichen Gemeinschaft verklagen und verurteilen lassen, nach einem Jahre sollte dann die Klägerin auf Scheidung wegen böslicher Verlassung klagen, nach rechtskräftiger Scheidung sollte der Beklagte an die Klägerin 6000 *RM* als einmalige Abfindung zahlen und diese dafür auf alle Unterhaltsansprüche verzichten.

Dr. Petri hat, über das ihm aus § 384[2] ZPO. zustehende Aussageverweigerungsrecht belehrt, die Aussage verweigert.

Die *Wolfram* hat eidlich bekundet: Von Düsseldorfer Kollegen sei ihr erzählt worden, daß die Klägerin im Sommer 1930 den *Dr. Petri* in Karlsbad kennen gelernt, mit ihm ein intimes Liebesverhältnis begonnen und deshalb Engagement in Düsseldorf genommen habe. Das Verhältnis solle bis zum April 1931 fortgesetzt worden sein. Im Dezember 1931 habe die Zeugin das dem Beklagten weitererzählt, der sehr erstaunt gewesen sei und geäußert habe, daß er so etwas seiner Frau nicht zugetraut haben würde.

Frau *Säuberlich* ist ebenfalls eidlich vernommen worden und hat ausgesagt: Der Beklagte habe bei ihr von April bis Juni 1932 ein möbliertes Zimmer gehabt. Während dieser Zeit habe ihn die *Regner* häufig bei Tage besucht. Zu einem Geschlechtsverkehr sei es bei diesen Besuchen bestimmt nicht gekommen. Sie habe gehört, daß die beiden sich geduzt hätten, auch habe der Beklagte die *Regner* als seine Braut und die *Regner* den Beklagten als ihren Bräutigam bezeichnet. Daß sie sich küßten und umarmten, habe die Zeugin nicht gesehen. Der Beklagte hätte allgemein als unverheiratet gegolten. Nach seinem Auszuge habe die Zeugin in einer Schublade folgende Briefe aufgefunden, die sie zu den Akten überreicht hat:

Lieber Schatz! Telephoniere mir sofort, ob Du morgen nach Fürstenstein mitkommst. Tausend Grüße und Küsse

3. 5. 32. Lulu.

Mein süßes Peterchen! Jetzt kann ich Dir ein Geburtstagsgeschenk für mich angeben. Gestern beim Abschied bist Du, wie gewöhnlich, zu stürmisch gewesen, und dabei ist mir der Verschluß meiner Halskette aufgegangen, so daß ich sie verloren habe. Nicht wahr, Du schenkst mir eine neue? Tausend Küsse

17. 5. 32. Lulu.

Geliebter Bubi! Mit Schrecken denke ich an die 14 Tage, die ich fern von Dir zubringen soll. Was soll ich ohne Dich anfangen? Kannst Du mich nicht einmal besuchen und Dich dabei meinen Eltern vorstellen?

14. 6. 32. Deine treue Lulu.

Die Zeugin habe dann gehört, daß der Beklagte verheiratet sei, und aus Empörung über sein Verhalten der Klägerin im November 1932 Mitteilung gemacht.

Der Beklagte hat eine Erklärung darüber, ob die von Frau *Säuberlich* überreichten Briefe von der *Regner* an ihn gerichtet worden sind, trotz Befragens nicht abgegeben.

Die *Regner* hat zum 19. Oktober 1932, auf welchen sie zur Vernehmung geladen war, ein ärztliches Attest eingesandt, daß sie an Grippe erkrankt sei und nicht erscheinen könne. Von neuem auf den 10. Januar 1933 vorgeladen, hat sie mitgeteilt, daß sie am 8. Januar zur Herstellung ihrer Gesundheit nach Nizza verreise und ihre dortige Adresse angegeben. Eine an diese Adresse gerichtete Anfrage, wann die Zeugin zurückkehren würde, ist als unbestellbar zurückgekommen. Darauf hat die Klägerin die Anberaumung eines Termins zur mündlichen Verhandlung beantragt. Sie macht geltend:

Die *Regner* sei überhaupt nicht in Nizza gewesen sondern, wie die Kopenhagener Polizeiverwaltung beauskunften würde, von Breslau zunächst nach Kopenhagen und von dort nach Amerika gegangen. Das sei im Einvernehmen mit dem Beklagten geschehen, der erreichen wolle, daß die Ehe nicht wegen Ehebruchs mit der *Regner* geschieden würde, um sie nachher ohne besondere Erlaubnis heiraten zu können.

Die Klägerin hat ausdrücklich erklärt, daß sie die Beziehungen des Beklagten zu der *Regner* in erster Reihe als Ehebruch geltend macht und nur hilfsweise den Scheidungsgrund des § 1568 BGB. daraus herleitet. Um weitere Prozeßverzögerungen zu vermeiden, hat sie die Benennung der *Regner* als Ehebruchszeugin zurückgezogen und gebeten dem Beklagten einen richterlichen Eid aufzulegen, falls der bisherige Beweis nicht ausreichen sollte."

Im prozessualen Teil des nunmehr folgenden Gutachtens wird außer der Prozeßvollmacht (S. 555) die Zuständigkeit geprüft; denn in Streitigkeiten nicht vermögensrechtlicher Art begründet die vorbehaltlose Verhandlung des Beklagten keine Zuständigkeit (§§ 39, 40^{II} ZPO.).

Dagegen darf, nachdem das Gericht — Vorsitzender oder Einzelrichter — einmal

Termin angesetzt hat, nicht mehr auf die Beobachtung der Vorschriften über den Sühnetermin (§§ 608f.) eingegangen werden.

„A. Förmlichkeiten:

1. Die ausschließliche Zuständigkeit des Gerichts ist gegeben, da der Ehemann bei Erhebung der Klage seinen Wohnsitz in Breslau hatte (§§ 606, 263² ZPO.).
2. Die Prozeßbevollmächtigten der Klägerin und des Widerklägers haben ihre Prozeßvollmacht gemäß § 613 ZPO. nachgewiesen.

B. Anzuwendendes Recht:

Der Ehemann besitzt deutsche Staatsangehörigkeit. Es ist daher deutsches Recht anzuwenden (Art. 17^I EG. z. BGB.).

C. Klage: Die Klage ist sowohl auf bösliche Verlassung wie auf Ehebruch und ehewidrige Beziehungen des Beklagten gestützt.

1. Die Scheidung wegen böslicher Verlassung setzt nach § 1567¹ BGB. voraus:
   a) daß ein Ehegatte rechtskräftig zur Herstellung der häuslichen Gemeinschaft verurteilt worden ist und dem Urteil ein Jahr lang nicht Folge geleistet hat,
   b) die Nichtbefolgung des Urteils muß ‚gegen den Willen des anderen Ehegatten' geschehen sein,
   c) der beklagte Gatte muß ‚in böslicher Absicht' dem Herstellungsurteil keine Folge geleistet haben.

Die Voraussetzung zu a ist erfüllt. An dem Erfordernis zu b würde es fehlen, wenn, wie der Beklagte behauptet, Herstellungs- und Scheidungsklage unter den Parteien verabredet waren. Zu c ist zu untersuchen, ob die ‚Böslichkeit' der Weigerung des Beklagten durch den von ihm gegen seine Frau geltend gemachten Scheidungsgrund beseitigt wird.

Nach § 1353^II S. 2 BGB. gibt der Scheidungsgrund ein Recht, die Herstellung der ehelichen Gemeinschaft zu verweigern. Es bleiben aber nach der Rechtsprechung (RG. 81, 296; 118, 191; Leipz. Ztschr. 17, 869¹⁴) solche Scheidungsgründe außer Betracht, die dem beklagten Teil bereits zur Zeit seiner Verurteilung im Herstellungsprozeß bekannt waren, weil sie durch das Herstellungsurteil konsumiert sind. Ebenso Scheidungsgründe, die erst nach Ablauf des Herstellungsjahres für den Beklagten eintreten oder ihm bekannt werden: denn das durch einjährige bösliche Weigerung für den Kläger nach § 1567¹ entstandene Scheidungsrecht kann durch sie nicht mehr beseitigt werden. Dagegen ist das Verhalten des beklagten Teils nicht böslich, und folgeweise kein Scheidungsrecht aus § 1567¹ gegeben, wenn sein Scheidungsgrund zwischen der Verurteilung zur Herstellung und dem Ablauf des Jahres seit Rechtskraft des Herstellungsurteils entstanden oder doch zu seiner Kenntnis gelangt war. Sogar ein in Wahrheit nicht existierender Scheidungsgrund kann diese Wirkung haben, wenn der Beklagte an ihn geglaubt hat und bei gewissenhafter Prüfung, z. B. auf Belehrung seines Anwalts, zu glauben berechtigt war.

Falls die vom Beklagten über den Ehebruch der Klägerin und den Zeitpunkt seiner eigenen Kenntnis aufgestellten Behauptungen zutreffen, würde hiernach auf Scheidung wegen böslicher Verlassung nicht erkannt werden können. Es entsteht freilich das Bedenken, ob der Beklagte den Ehebruch nicht bloß als Vorwand benutzt, um für sein Getrenntleben, zu welchem er von vornherein und ohne Rücksicht auf das Verhalten der Klägerin entschlossen war, eine nachträgliche Entschuldigung zu finden. Man darf aber dem Beklagten glauben, daß sein Entschluß, nicht wieder mit der Klägerin zusammen zu leben, durch die Kenntnis von einer so schweren Eheverfehlung jedenfalls entscheidend mitbestimmt worden ist."

Die Frage nach der Bedeutung von Scheidungsgründen des Beklagten für das Scheidungsrecht aus böslicher Verlassung wird besonders wichtig, wenn von der

Verneinung der böslichen Verlassung der Unterhaltsanspruch der Frau oder das Erziehungsrecht der Kinder abhängt. Über die Verwertung des Scheidungsgrundes für eine Widerklage s. unten.

Eigentümlich gestaltet sich nach der Judikatur die Einwirkung ehelichen Verkehrs auf § 1567[1]. Geschlechtsverkehr nach Ablauf des Herstellungsjahrs zerstört als Verzeihung das für den Kläger erwachsene Scheidungsrecht. Haben jedoch die Parteien während des Jahres geschlechtlich mit einander verkehrt, so soll das der Scheidung jedenfalls nicht unter dem Gesichtspunkt einer Verzeihung entgegenstehen. Der Kläger habe damit seinen ernstlichen Willen zur Aufnahme der ehelichen Gemeinschaft in stärkster Form bewiesen, wie es gerade Voraussetzung dieses Scheidungsgrundes sei. Allerdings sei sorgfältig zu prüfen, ob das weitere Fernbleiben des beklagten Teils in solchem Fall noch als wider den Willen des Klägers geschehen anzusehen sei. RG. 108, 15; Leipz. Ztschr. 27, 456[9]. —

Rechtlich einfacher liegen die übrigen Scheidungsgründe:

„2. Die Scheidungsklage wegen Ehebruchs des Beklagten mit der *Regner* ist schlüssig begründet, ebenso die hilfsweise auf Zerrüttung der Ehe durch das Liebesverhältnis gestützte nach § 1568 BGB.

D. Widerklage: Der unter Beweis gestellte Ehebruch der Klägerin mit *Dr. Petri* würde dem Beklagten ein Scheidungsrecht nach § 1565 BGB. geben. Auf den Zeitpunkt seiner Kenntnis kommt es dabei nicht an, weil die häusliche Gemeinschaft der Parteien aufgehoben und eine Aufforderung gemäß § 1571[II] S. 2 nicht ergangen ist, die sechsmonatliche Frist daher nicht läuft."

Eine Widerklage oder einen Mitschuldantrag kann der Beklagte auf ihm zustehende Scheidungsrechte unabhängig davon stützen, ob sie geeignet sind, die „Böslichkeit" seiner eigenen Herstellungsweigerung und damit das Scheidungsrecht des Klägers aus § 1567[1] auszuschließen, oder nicht. Es hindert ihn nicht einmal der Umstand, daß im Vorprozeß die Scheidungs-Widerklage möglich gewesen wäre (was hier, wenn der Beklagte erst im Dezember 1931 über den Fall Petri unterrichtet wurde, nicht zutrifft): denn § 616 S. 2 ZPO. spricht nur von Klageabweisungen, nicht von Verurteilung zur Herstellung, paßt also nicht auf den Fall. JW. 15, 567[10]; 26, 2436[9].

„E. Von streitigen Tatsachen sind daher erheblich: die Vereinbarung vom März 1931 über die Führung des Scheidungsprozesses, der Ehebruch der Klägerin mit *Dr. Petri* und der Zeitpunkt, zu welchem der Beklagte Kenntnis davon erlangt hat, endlich der Ehebruch des Beklagten mit der *Regner*; in zweiter Linie sodann der ehewidrige Verkehr der *Regner* mit dem Beklagten.

F. Beweisergebnis:

1. Durch die Aussage *Dr. Hofers* ist festgestellt, daß die frühere Herstellungs- und die gegenwärtige Scheidungsklage auf einer Verabredung der Parteien beruhen. Damit fällt die Scheidung wegen böslicher Verlassung, ohne daß es insoweit noch auf den Ehebruch der Klägerin ankäme.
2. Erheblich bleibt der Ehebruch der Klägerin für die Widerklage. Auf Grund der Zeugnisverweigerung des *Dr. Petri* halte ich bei freier Beweiswürdigung (§ 286 ZPO.) für erwiesen, daß die Klägerin mit ihm Ehebruch begangen hat.

(wird näher ausgeführt).

Die Widerklage ist also begründet."

Vgl. S. 563. Gegen die naheliegende Schlußfolgerung, daß der die Aussage verweigernde Ehebruchszeuge sich offenbar des Ehebruchs schuldig fühle, wird bisweilen eingewandt, der Zeuge habe durch die Weigerung bloß allen Unannehmlichkeiten entgehen wollen. Manchmal behauptet der beklagte Gatte sogar, die Weigerung sei im Einvernehmen mit dem Gegner erfolgt! Für Zweifelsfälle bleibt die Möglichkeit, dem beklagten Ehegatten einen richterlichen Eid aufzulegen.

„3. Ehebruch des Beklagten mit der *Regner* ist nicht bewiesen, die Liebesbriefe ergeben keinen sicheren Schluß auf intimen Geschlechtsverkehr. Dagegen steht fest, daß die beiden ein Liebesverhältnis unterhalten, sich als Brautpaar bezeichnet, Küsse und andere Zärtlichkeiten ausgetauscht haben. Das Verhalten des Beklagten stellt eine schwere ehezerrüttende Verletzung der durch die Ehe begründeten Pflichten dar, angesichts dessen der Klägerin — auch unter Berücksichtigung ihres eigenen Liebesverhältnisses mit *Dr. Petri* — die Fortsetzung der Ehe nicht zuzumuten ist. Damit würde die Scheidungsklage aus § 1568 BGB. spruchreif sein. Die Klägerin macht aber in erster Reihe den Scheidungsgrund des Ehebruchs geltend und behauptet nur hilfsweise ehewidriges Verhalten. Darum darf auf Scheidung aus § 1568 erst erkannt werden, wenn der Klaggrund des Ehebruchs verneint worden ist. RG. 110, 45; 115, 1, 193; JW. 28, 3039[4]."

Sind Scheidung wegen Ehebruchs und aus § 1568 gleichwertig? Die ältere Rechtsprechung legte ausschlaggebendes Gewicht auf den gleichlautenden Urteilstenor und gab dem Gericht die Befugnis alsbald auf Scheidung aus § 1568 zu erkennen, wenn die Zerrüttung liquid, der Ehebruch noch nicht bewiesen war. Das führte dann dazu, daß die Beklagten häufig die Feststellung des Ehebruchs durch Kunstgriffe so lange hinauszögerten, bis der Beweis der Zerrüttung erbracht und daraufhin die Ehe geschieden wurde. In den im Gutachten zitierten Entscheidungen wird diese Praxis aufgegeben. Die beiden Arten der Scheidung haben durchaus verschiedene rechtliche Tragweite: wird die Ehe der Parteien wegen Ehebruchs mit der Regner geschieden, so kann Bestrafung aus § 172 StGB. eintreten und es besteht das Ehehindernis des § 1312 BGB. — bei einer Scheidung wegen ehewidrigen Verhaltens kommt beides in Wegfall.

Eine unter Umständen wichtige verschiedene prozessuale Behandlung der beiden Scheidungsgründe ergibt sich aus den Bestimmungen über die Aussetzung. Scheidungsklagen, die auf den relativen Scheidungsgrund des § 1568 gestützt sind, können nämlich auch ex officio ausgesetzt werden, falls das Gericht eine Aussöhnung der Parteien für möglich hält. Bei absoluten Scheidungsgründen ist Aussetzung nur auf Antrag des Klägers zulässig. §§ 620, 621 ZPO.

Deshalb hat der Kläger ein Recht darauf, daß gerade wegen Ehebruchs geschieden wird, jedoch muß er sein Interesse an dieser Art der Scheidung zum Ausdruck bringen, indem er die Scheidung wegen Ehebruchs ausdrücklich in erster Reihe und diejenige wegen Zerrüttung bloß hilfsweise begehrt, wie es Frau Hilbert getan hat. Die Gründe, welche sie zu einem solchen Verhalten bestimmen, können auf den verschiedensten Gebieten liegen: Rachsucht, Besorgnis, daß durch Wiederverheiratung des Beklagten mit „der Person" der eigene Unterhaltsanspruch gemäß § 1579 BGB. beeinträchtigt wird (S. 414) usw. In unserem Fall will sich die Klägerin wohl die Möglichkeit des Strafantrags sichern, damit nicht der Beklagte wegen ihres Ehebruchs mit Petri Strafantrag stellt. — Auf der anderen Seite wird dem Beklagten die Berufung gewährt, wenn — nach seiner Meinung zu unrecht — wegen Ehebruchs statt wegen Zerrüttung geschieden war.

„Nachdem die Klägerin die Benennung der *Regner* als Zeugin zurückgenommen hat, kommt als Beweismittel für den Ehebruch bloß richterlicher Eid des Beklagten in Betracht.

Die bereits festgestellten Beziehungen des Beklagten zu der *Regner* begründen einen so starken Verdacht des Ehebruchs, daß ich die Auferlegung des richterlichen Eides an ihn nach § 475 ZPO. für angemessen halte. Verweigert der Beklagte den Eid, so steht nach § 464[II] der Ehebruch fest und die Ehe ist wegen Ehebruchs des Beklagten auf die Klage zu scheiden. Leistet er ihn, so fällt die Behauptung des Ehebruchs (§ 463) und die Ehe wird auf die Klage wegen Ehezerrüttung geschieden. Daneben erfolgt in jedem Fall Scheidung auf die Widerklage wegen Ehebruchs der Klägerin.

G. Ich schlage daher nachstehendes Urteil vor:

1. wenn der Beklagte folgenden Eid leistet:

   Ich habe mit der Schauspielerin *Luise Regner* nicht Ehebruch begangen,

   so wird die Ehe der Parteien auf die Klage wegen ehezerrüttenden Verhaltens des Beklagten und auf die Widerklage wegen Ehebruchs der Klägerin mit *Dr. Petri* geschieden werden.
2. Verweigert der Beklagte den Eid, so wird die Ehe der Parteien auf die Klage wegen Ehebruchs des Beklagten mit *Luise Regner* und auf die Widerklage wegen Ehebruchs der Klägerin mit *Dr. Petri* geschieden werden.
3. Die Kosten des Rechtsstreits werden gegeneinander aufgehoben."

Vgl. § 92[I] ZPO.

Die Gründe der Scheidung und insbesondere den Namen des Ehebrechers (§ 1312 BGB.) in die Urteilsformel aufzunehmen, ist nicht vorgeschrieben, hier jedoch zweckmäßig, weil dadurch die Bedeutung des vom Beklagten zu leistenden Eides sofort klar wird.

Irrtumsanfechtung. Verhandlung vor der Kammer am 10. April 1933:

„In Sachen *Hilbert* gegen *Hilbert*
erschienen seitens der Parteien:

1. für die Klägerin der RA. *Schwarz*,
2. für den Beklagten der RA. *Weiß*.

Sie nahmen Bezug auf die in der Verhandlung vom 23. Juni 1932 gestellten Anträge und verhandelten hierauf zur Sache und über das Ergebnis der Beweisaufnahme.

RA. *Weiß* verlas noch den Antrag aus der überreichten Anlage und erklärte, daß die Widerklage in erster Reihe auf Nichtigkeitserklärung wegen Irrtums und erst hilfsweise auf Scheidung gerichtet werde.

Vorgelesen, genehmigt."

Die Anlage lautet:

„In Sachen *Hilbert* gegen *Hilbert*
wird beantragt:

die Ehe der Parteien für nichtig zu erklären.

Die Klägerin leidet häufig an Krämpfen, bei denen sie das Bewußtsein verliert. Bisweilen bricht sie ohne rechten Anlaß in Wutanfälle aus, verliert jede Herrschaft über sich, schlägt mit Händen und Füßen um sich und sinkt zuletzt erschöpft zusammen. In der kurzen Zeit des Zusammenlebens der Parteien ist es fast täglich zu solchen Szenen gekommen. Dazwischen hat wieder die Klägerin den Beklagten auf das Zärtlichste geliebkost. Ferner sind ihre Erzählungen, selbst über einfache Tatsachen des täglichen Lebens, an deren Entstellung sie gar kein Interesse hat, unzuverlässig.

(Folgt eine Reihe einzelner Vorfälle mit Angabe von Zeugen. U. a. wird der Berliner Arzt der Klägerin, *Dr. Martens*, als sachverständiger Zeuge benannt).

Diese Erscheinungen sind darauf zurückzuführen, daß die Klägerin schwer hysterisch ist und es bereits bei Eingehung der Ehe war.

Beweis: Gutachten des gerichtlichen Sachverständigen.

Dem Beklagten steht daher das Recht zu, die Ehe wegen Irrtums über eine persönliche Eigenschaft der Klägerin, die ihn bei Kenntnis der Sachlage und verständiger Würdigung des Wesens der Ehe von der Eingehung der Ehe abgehalten haben würde, anzufechten (§ 1333 BGB.)."

Geisteskrankheit, Hysterie, gänzliche Unfruchtbarkeit der Frau, nicht gänzlich überwundene syphilitische Erkrankung sind wichtige Fälle persönlicher „Eigenschaften", die dem anderen Gatten ein Anfechtungsrecht geben. Häufig hat sich die Krankheit erst im Lauf der Ehe entwickelt: dann genügt es zur Anfechtung, wenn bei Abschluß der Ehe das Leiden wenigstens schon im Anfangsstadium bestand, während bloße „erbliche Belastung" ohne das tatsächliche Hervortreten von Krankheitserscheinungen keinen Anfechtungsgrund bildet. RGR.-Kommentar 5 zu § 1333; JW. 27, 1191[3], [4].

„Er hat das sonderbare Wesen der Klägerin früher auf gewöhnliche Nervosität oder auf Bösartigkeit der Klägerin zurückgeführt. Erst am 22. März d. J. hat er durch die Unterredung mit einem Freunde, dem Nervenarzt *Dr. Baldrian* in Graz, erfahren, daß die Klägerin offenbar an schwerer Hysterie leidet.

Beweis: *Dr. Baldrian*."

Da die Scheidungswiderklage auch die Anfechtungsfrist für den Beklagten gewahrt hat (S. 561), interessiert der Zeitpunkt, zu welchem er von der krankhaften Veranlagung seiner Frau Kenntnis erlangt hat, höchstens insofern, als Hilbert dartun will, daß er durch sein früheres Zusammenleben die Ehe nicht „bestätigt" habe (§ 1337[II]). Doch kann ihm Letzteres ohne weiteres geglaubt werden: Kenntnis der Symptome ist nicht Kenntnis der den Anfechtungsgrund bildenden Krankheit.

„Mit der Widerklage wird die Ehe angefochten. In erster Reihe erklärt der Beklagte die Anfechtung und nur für den Fall, daß die Anfechtung keinen Erfolg haben sollte, verlangt er Scheidung."

Während im gewöhnlichen Prozeß bedingte Klageerhebung unzulässig ist (Stein-Jonas II B 2 zu § 260), dürfen die Klagen des Eheprozesses anerkanntermaßen im Eventualverhältnis mit einander verbunden werden. Logischer Weise müßte man immer zuerst über die Anfechtung entscheiden, weil eine wirksam angefochtene Ehe nicht geschieden werden kann. Das Gericht hat aber die von der Partei angegebene Reihenfolge auch dann zu beachten, wenn in erster Reihe auf Scheidung und nur hilfsweise auf Anfechtung geklagt wird. RG. 83, 340. Der letztere Fall bildet sogar die Regel: denn wird eine Ehe wegen Verschuldens geschieden, so ist der andere Gatte von der Unterhaltspflicht frei; wird sie wegen Irrtums für nichtig erklärt, so behandelt man ihn ebenso wie den an einer Ehescheidung schuldigen Teil. § 1346 S. 2.

Erfolgt die Nichtigkeitserklärung nicht wegen einfachen Irrtums sondern wegen arglistiger Täuschung (z. B. weil ein Ehegatte schwere Vorstrafen, syphilitische Erkrankung oder dergleichen dem anderen verschwiegen hat), so hat der Getäuschte die Rechte eines unschuldig Geschiedenen, weil der zur Nichtigkeit führende Anfechtungsgrund dem Gegner bekannt war (§ 1345). Er kann die Arglist im Unterhaltsprozeß geltend machen, obgleich das Nichtigkeitsurteil bloß Irrtum festgestellt hat. RG. 78, 369. — Bisweilen ist das richtige Eventualverhältnis durch Auslegung des Parteiwillens zu ermitteln, vgl. JW. 27, 2573[8]. Wenn eine Partei nur Scheidung, die andere nur Anfechtung verlangt, so hat das Gericht immer zuerst über die Anfechtung zu entscheiden. RG. 104, 292.

Daß Hilbert die Irrtumsanfechtung, die ihn mit dauernder Unterhaltspflicht belastet, vor der Scheidung geltend macht, bei welcher er durch die mit Sicherheit zu erwartende Schuldigerklärung der Klägerin unterhaltsfrei sein würde, muß einen besonderen Grund haben. Offenbar befürchtet er, daß im Fall der Scheidung auch sein Ehebruch mit der Regner als Scheidungsgrund angenommen werden wird, und will deshalb durch Anfechtung die Scheidungsmöglichkeit überhaupt ausräumen.

„Es wurde der Beschluß verkündet:

I. Über folgende streitigen Parteibehauptungen soll Beweis erhoben werden:

1. Leidet die Klägerin häufig an Krämpfen? usw.
durch Vernehmung: a) des praktischen Arztes *Dr. Martens* in Berlin als sachverständigen Zeugen, b) des Dienstmädchens ...... in Berlin, c) ...... als Zeugen, benannt vom Beklagten.

2. Sind die zu 1 bezeichneten Erscheinungen auf schwere Hysterie der Klägerin zurückzuführen? Hat die Klägerin bereits bei Eingehung der Ehe an Hysterie gelitten?
durch Vernehmung des Gerichtsarztes in Düsseldorf als Sachverständigen, vom Beklagten benannt. Dem Sachverständigen wird aufgegeben, die Klägerin vor Erstattung seines Gutachtens zu untersuchen.

3. Befindet sich die Klägerin in einem die freie Willensbestimmung ausschließenden, nicht bloß vorübergehenden Zustande krankhafter Störung der Geistestätigkeit?
durch Vernehmung des zu 2 bezeichneten Sachverständigen.

Die Klägerin soll innerhalb von 3 Wochen erklären, ob sie den *Dr. Martens* von der Verpflichtung zur Verschwiegenheit entbindet.

II. ......"

Die Hysterie ist den Geisteskrankheiten so nahe verwandt, daß das Gericht alsbald nach § 56 ZPO. Beweis über die Prozeßfähigkeit der Klägerin von Amts wegen miterhoben hat (I 3 des Beschlusses). Denn wenn auch in Ehesachen ein beschränkt geschäftsfähiger Ehegatte die Prozeßfähigkeit besitzt (§ 612 ZPO., S. 131), so kommt doch hier Geschäftsunfähigkeit (§ 104^2 BGB.) in Frage.

Beweisaufnahme und Entscheidung. Die Klägerin erklärt, daß sie weder den Dr. Martens von der Verschwiegenheit befreien noch sich vom Gerichtsarzt untersuchen lassen werde. Die Zeugen bestätigen zum großen Teil die Behauptungen des Beklagten. Der Gerichtsarzt gibt sein Gutachten dahin ab:

„Die gestellten Fragen lassen sich mit Sicherheit nur auf Grund eingehender Untersuchung, möglicher Weise sogar Beobachtung, beantworten. Nach den Aussagen der Zeugen besteht jedoch eine sehr große Wahrscheinlichkeit dafür, daß die Klägerin an schwerer Hysterie leidet und bereits zur Zeit der Eheschließung gelitten hat. Ihre Geschäftsfähigkeit ist durch die Krankheit nicht beeinträchtigt."

Der Referendar trägt in der Beratung vor: Es besteht keine Möglichkeit, die Klägerin zu zwingen, daß sie die Einwilligung zur Aussage des Dr. Martens gibt und daß sie sich untersuchen läßt. Andrerseits kann sie dem Beklagten die Führung des Beweises nicht abschneiden. Ich will den Grundsatz anwenden, daß sich die Beweislast umkehrt, falls die nicht beweispflichtige Partei dem Gegner die Beweisführung unmöglich macht oder wesentlich erschwert (S. 400) und will darauf den Beweis der Hysterie als erbracht ansehen.

Der Vorsitzende: Für den ordentlichen Prozeß würden Sie Recht haben. Dagegen ist es undenkbar, den Beweis einer eheeindlichen Tatsache im Eheprozeß durch einen aus der Verhandlungsmaxime abgeleiteten formalen Rechtssatz zu ersetzen. Wir können nur die Weigerung der Klägerin nach dem Grundsatz der freien Beweiswürdigung (§ 286 ZPO.) beurteilen. Nun ist eine Reihe hysterischer Symptome einwandfrei festgestellt. Der Sachverständige spricht sich ziemlich bestimmt für Hysterie aus. Hätten wir keine Möglichkeit zur Untersuchung der Klägerin, z. B. weil sie verstorben wäre, so würden wir uns mit dem vorliegenden Beweise sicherlich begnügen. Das gleiche muß gelten, wenn sie sich nicht untersuchen läßt. Doch wollen wir Frau Hilbert zunächst die Auffassung des Gerichts mitteilen, damit sie Gelegenheit nimmt, sich — vielleicht durch einen anderen Arzt — nachträglich doch noch untersuchen zu lassen.

„Die Klägerin wurde darauf hingewiesen, daß möglicher Weise die Hysterie durch die bisherige Beweisaufnahme als festgestellt anzusehen sei und daß es zur Widerlegung dieses Beweisergebnisses der Untersuchung der Klägerin und des daraufhin erstatteten Gutachtens des Gerichtsarztes oder eines anderen Arztes bedürfen würde. Sie erklärte:

Ich bleibe bei der Weigerung stehen, mich durch irgend einen Arzt untersuchen zu lassen.

Vorgelesen, genehmigt.

Es wurde folgendes

Urteil

verkündet:

1. Die Klage wird abgewiesen.
2. Auf die Widerklage wird die Ehe der Parteien für nichtig erklärt.
3. Die Kosten des Rechtsstreits hat die Klägerin zu tragen."

Rechtsstellung der Kinder aus nichtigen oder angefochtenen Ehen.

1. Ist die Ehe wegen Formmangels nichtig und nicht einmal ins standesamtliche Heiratsregister eingetragen (§§ 1317, 1324 BGB.), so sind die Kinder nach § 1699^II ohne Rücksicht auf Gut- oder Bösgläubigkeit der Eltern unehelich und haben gegen den Vater nicht einmal den erweiterten Unterhaltsanspruch des § 1703.
2. Liegt ein sonstiger Nichtigkeitsgrund vor und waren beide Eltern bösgläubig, so sind die Kinder ebenfalls unehelich, können jedoch vom Vater Unterhalt verlangen wie eheliche Kinder. §§ 1699^I, 1703.
3. War der Vater gutgläubig, die Mutter bösgläubig, so sind die Kinder ehelich und stehen unter elterlicher Gewalt des Vaters. Die bösgläubige Mutter kann niemals die elterliche Gewalt erlangen. Nach dem Tode des Vaters muß also ein Vormund bestellt werden (§ 1773^I), neben dem die Mutter nur das Recht der tatsächlichen Sorge für die Person hat. § 1702.
4. Bei gutem Glauben der Mutter und bösem Glauben des Vaters steht die elterliche Gewalt der Mutter zu. § 1701.
5. Bei gutem Glauben beider Elternteile finden nach § 1700 die Vorschriften Anwendung, die für Kinder aus geschiedener Ehe bei Schuldigerklärung beider Ehegatten gelten. § 1635^I S. 1, zweiter Satzteil (oben S. 119).
6. Wird die Ehe auf Anfechtung für nichtig erklärt (§ 1343^I S. 1), so gelten die Regeln zu 2 bis 5. Mithin kommt es darauf an, wer von den Eheleuten den später zur Nichtigkeitserklärung führenden Anfechtungsgrund bei der Eheschließung gekannt hat, mit der in § 1704 angeordneten Modifikation, daß bei Anfechtung wegen widerrechtlicher Drohung der bedrohte Ehegatte stets die Rechte eines Gutgläubigen hat, Kenntnis des Anfechtungsgrundes = Kenntnis der die Anfechtung begründenden Tatsachen plus Kenntnis, daß diese Tatsachen für den anderen Teil einen Anfechtungsgrund abgeben können. Wußte der Mann, daß die Frau sich über seine persönlichen Eigenschaften im Irrtum befand und bei Kenntnis der Sachlage die Ehe nicht eingegangen sein würde, so darf er

sich nicht darauf berufen, daß er geglaubt habe, die Frau würde, wenn sie nach der Eheschließung ihren Irrtum erfährt, sein Verhalten milder beurteilen und deshalb oder im Hinblick auf die Tatsache der einmal geschlossenen Ehe sich nicht zur Anfechtung entschließen. RG. 109, 64.

Kostenurteil nach Tod einer Partei.

„Geschäftsnummer: 2 R 148.32.

Im Namen des Volkes!

Verkündet am 14. April 1933.
Urkund
als Urkundsbeamter der Geschäftsstelle.

In Sachen 1. des Polizeioberwachtmeisters *Guido Grosche* in Malapane (Oberschlesien),
2. der verehelichten Ausschänker Frau *Hermine Bahr* geb. *Grosche* in Berlin.....
als Erben des am 20. November 1932 verstorbenen Hausbesitzers *Reinhold Grosche* aus Breslau,
Kläger,
Prozeßbevollmächtiger: RA. *Schwarz* in Breslau,
gegen die verehelichte Frau Hausbesitzer *Irma Grosche* geb. *Kania* in Breslau, ...
.... Beklagte,
Prozeßbevollmächtigter: RA. *Weiß* in Breslau,
hat das Landgericht 2. Zivilkammer in Breslau auf die mündliche Verhandlung vom 14. April 1933 durch .... für Recht erkannt:

Die Kläger haben die Kosten des Rechtsstreites zu tragen.

Tatbestand.

Der Erblasser der Kläger, der preußische Staatsangehörige *Reinhold Grosche*, hat am 13. Mai 1929 mit der Beklagten vor dem Standesamt in Breslau die Ehe geschlossen, nachdem ein Jahr vorher seine frühere kinderlose Ehe durch den Tod der Frau aufgelöst worden war. Im Mai 1932 hat er nach vorausgegangenem Sühneverfahren — die Ladung zum Sühnetermin ist der Beklagten am 3. Mai 1932 zugestellt — Klage auf Scheidung der Ehe wegen Verschuldens der Beklagten erhoben und zur Begründung vorgetragen:

Die Beklagte habe im Juli und August 1931 dem Schriftsteller *Dr. Pfefferkorn* in Breslau, Herausgeber der Wochenzeitschrift ‚Die Bombe', Material zu mehreren Aufsätzen geliefert, die schwere Angriffe gegen *Reinhold Grosche* und seine ehrenamtliche Tätigkeit im hiesigen Hausbesitzerverein enthalten hätten. U. a. sei ihm darin der Vorwurf gemacht worden, seine Ämter zur zinslosen Entnahme größerer Geldbeträge aus der Vereinskasse mißbraucht und ihm nicht genehme Vorstands- und Vereinsmitglieder wider besseres Wissen verleumdet, in einem Fall sogar eine unbegründete anonyme Strafanzeige bei der hiesigen Staatsanwaltschaft erstattet zu haben. Während der angegebenen Zeit habe sich die Beklagte mehrfach mit *Dr. Pfefferkorn* in Kaffeehäusern getroffen, ihn in seiner möblierten Wohnung besucht, ihm Geldbeträge zugesteckt, sich von ihm küssen lassen und vom 3.—5. August 1931 sogar eine gemeinschaftliche Reise nach Krummhübel mit ihm unternommen, während sie ihrem Manne vorgegeben habe eine erkrankte Tante in Leipzig zu besuchen.

Unstreitig ist *Dr. Pfefferkorn* auf die von *Reinhold Grosche* angestrengte Privatklage vom hiesigen Schöffengericht in den Akten 12 B 305.31 am 10. Dezember 1931 wegen öffentlicher Beleidigung und übler Nachrede zu einer Geldstrafe von 500 *RM* verurteilt worden.

Die Beklagte hat die Klagebehauptungen bestritten. Nachdem auf Grund der Beschlüsse vom 20. Juni und 13. Oktober 1932 Beweis erhoben worden war, ist *Reinhold Grosche* am 20. November 1932 verstorben. Die Kläger haben als seine Geschwister und gesetzlichen Erben den Rechtsstreit aufgenommen, die Klägerin zu 2 mit Zustimmung ihres Ehemannes und beantragen:

die Kosten des Rechtsstreits der Beklagten aufzulegen."

Vgl. S. 539.

„Die Beklagte beantragt:

den Klägern die Kosten des Rechtsstreits aufzulegen.

Sie bestreitet die ihr in der Scheidungsklage zur Last gelegten Eheverfehlungen sowie die Wahrheitswidrigkeit der in den *Pfefferkorn*schen Artikeln aufgestellten Behauptungen nicht mehr, wendet aber ein, daß *Reinhold Grosche* schon vor dem 15. Oktober 1931 genaue und sichere Kenntnis von ihren Beziehungen zu *Pfefferkorn* erlangt habe, die Scheidungsklage daher verspätet erhoben sei. Außerdem habe er ihr verziehen.

Hierüber sind auf Grund des Beschlusses vom 28. Januar 1933 die Zeugen .... vernommen worden, auf deren Aussagen zum Protokoll vom 20. Februar 1933 verwiesen wird.

Entscheidungsgründe.

Durch den vor Rechtskraft des Urteils erfolgten Tod des ursprünglichen Klägers hat sich der Rechtsstreit in der Hauptsache erledigt (§ 628 ZPO.) und es kann nur noch eine Entscheidung über die Kostenlast ergehen."

Von „Erledigung" der Hauptsache spricht man, wenn durch eine nach Klageerhebung eingetretene Änderung des materiellen Sachverhalts die sachliche Entscheidung des Prozesses überflüssig wird. Beispiel: der Beklagte oder ein Dritter bezahlt nach Klageerhebung die Klageforderung oder tilgt sie durch Aufrechnung; die eingeklagte Hypothek erlischt durch Zuschlag in der Zwangsversteigerung; im Interventionsprozeß wird das Pfandstück freigegeben oder geht unter; während des Konkursanfechtungsprozesses wird infolge Zwangsvergleichs das Konkursverfahren aufgehoben (RG. 58, 414, unten 15. Kap.). Für Ehesachen ergibt sich die Unmöglichkeit, nach dem Tode einer Partei noch eine Entscheidung in der Sache selbst zu fällen, aus der Eigenart des Statusprozesses.

Nach dem Tod einer Partei kann die Restitutions- oder Nichtigkeitsklage (§§ 578f.) gegen eine Ehescheidung nur noch mit dem Antrag erhoben werden, unter Aufhebung des Scheidungsurteils die Hauptsache für erledigt zu erklären und über die Kosten anderweit zu entscheiden (RG. 118, 73). Ähnlich wenn gegen das erstinstanzliche Scheidungsurteil nach Ablauf der Berufungsfrist Berufung mit Antrag auf Wiedereinsetzung in den vorigen Stand eingelegt wird und vor Erlaß des Berufungsurteils eine Partei verstirbt: der Berufungskläger (bzw. seine Erben) beantragt Abänderung des ersten Urteils und Erledigungserklärung, der Berufungsbeklagte Ablehnung der Wiedereinsetzung und folgeweise (§ 238^{II}) Verwerfung der Berufung als unzulässig.

In § 628 wird die Erledigung des Statusprozesses gesetzlich vorgeschrieben. In anderen Prozessen tritt sie erst dadurch ein, daß wenigstens der Kläger aus der Rechtsänderung (Zahlung usw.) die Konsequenz zieht keinen Sachantrag mehr zu stellen: 1. Erkennen beide Parteien übereinstimmend die Erledigung an, indem sie bloß noch Anträge im Kostenpunkt stellen, so braucht nur hierüber entschieden zu werden, und wenn das Gericht (was nicht notwendig ist) außerdem in der Urteilsformel ausspricht, daß „die Hauptsache für erledigt erklärt" werde, so bedeutet das keine Entscheidung in der Hauptsache, sondern lediglich eine der besseren Übersicht wegen in die Formel aufgenommene Feststellung. 2. Beantragt der Kläger Erledigungserklärung, während der Beklagte Klageabweisung verlangt, weil die Klageforderung niemals bestanden habe und deshalb keine nachträgliche Veränderung der Rechtslage erfolgt sei, und erkennt daraufhin das Gericht nach dem Antrag des Klägers auf erledigt, so ist das Erledigungsurteil eine materielle kontradiktorische Entscheidung, welche nicht unter § 99^{III} fällt. 3. Erkennt der Kläger die Erledigung nicht an, indem er die Zahlung, Aufrechnung usw. bestreitet, so kommt es zum kontradiktorischen Urteil auf Verurteilung bzw. Klageabweisung.

Die Partei, welche in den Fällen 2 und 3 mit ihrem Antrag unterliegt, wird in die Kosten verurteilt. RG. 52, 141; 53, 324; 57, 381; 58, 414; Stein-Jonas III zu § 91. Über Fall 1 siehe alsbald.

Für die Auferlegung der Kosten bei Erledigung der Hauptsache fehlt es an einer gesetzlichen Regel. Man hilft sich durch sinngemäße Anwendung des § 91:

„Ergeht keine Entscheidung auf die Klage, so sind die Kosten derjenigen Partei aufzulegen, die ohne das den Rechtsstreit erledigende Ereignis in der Sache unterlegen sein würde.

Wird darnach geprüft, wie der Scheidungsprozeß ohne den Tod des ursprünglichen Klägers ausgegangen sein würde, so ergibt sich folgendes:

An sich begründete das Verhältnis der Beklagten zu *Dr. Pfefferkorn* für *Reinhold Grosche* nach § 1568 BGB. das Recht, die Scheidung der Ehe wegen Verschuldens der Beklagten zu verlangen. Die Beweisaufnahme hat auch nicht dargetan, daß *Reinhold Grosche* ihr verziehen hätte; im Gegenteil steht durch die Bekundung des Spezialarztes *Dr. Unblutig* fest, daß *Reinhold Grosche* sein vorher zu Gunsten der Beklagten errichtetes Privattestament wegen ihrer Beziehungen zu *Dr. Pfefferkorn* zerrissen hat, um es zu widerrufen (§ 2255 BGB.). Ferner hat *Reinhold Grosche* nach der Aussage des Zeugen *Glocke* der Beklagten in Gegenwart des Zeugen am 10. oder 11. Oktober 1931 gesagt, er verlange, daß sie ihm die schenkungshalber aufgelassenen Miteigentumshälften seiner sieben Breslauer Grundstücke wieder zurück auflasse, die Sache mit *Pfefferkorn* schreie ja zum Himmel, sie sei es nicht wert, daß er sie überhaupt geheiratet habe. Aus diesen Aussagen geht aber gleichzeitig hervor, daß dem *Reinhold Grosche* die mit der Klage geltend gemachten Eheverfehlungen spätestens am 11. Oktober 1931 in allen wesentlichen Punkten bekannt waren, so daß er die Klage oder die Ladung zum Sühnetermin bis zum 11. April 1932 hätte zustellen müssen (§ 1571 I, III BGB.). Die erhobene Scheidungsklage hätte also, wenn *Reinhold Grosche* nicht gestorben wäre, wegen Nichtwahrung der gesetzlichen Ausschlußfrist zu keinem Erfolg führen können. Aus diesem Grunde mußten den Klägern als Rechtsnachfolgern des ursprünglichen Klägers die Kosten des Rechtsstreits auferlegt werden.

(3 Unterschriften)."

Gegen das Urteil findet sofortige Beschwerde statt (§ 99 III ZPO.). —

Der Referendar: Hat Frau Grosche trotz der festgestellten Eheverfehlungen ihren Mann beerbt?

Der Richter: Nach §§ 1933, 2077 BGB. verliert der schuldige Ehegatte immer sein gesetzliches und im Zweifel auch sein testamentarisches Erbrecht, wenn der Verstorbene zur Zeit seines Todes auf Scheidung zu klagen berechtigt war und die Klage erhoben hatte. Ferner kann der scheidungsberechtigte Teil, ohne auf Scheidung zu klagen, dem schuldigen nach § 2335 den Pflichtteil durch testamentarische Anordnung (§ 2336) entziehen; dieses Recht erlischt durch Verzeihung, nicht aber durch Ablauf der Ausschlußfrist. Der Scheidungsgrund beseitigt also das Erb- und Pflichtteilsrecht nicht von selbst (wie etwa die Tatbestände der Erbunwürdigkeit, § 2339), sondern der Verstorbene muß entweder die Scheidungsklage — und zwar eine begründete Scheidungsklage — bereits erhoben oder aber den Pflichtteil entzogen haben. Reinhold Grosche besaß bei Erhebung der Klage infolge Versäumung der Frist kein Scheidungsrecht mehr. Und er hat zwar das die Beklagte begünstigende Testament widerrufen, aber die Pflichtteilsentziehung, zu welcher er befugt gewesen wäre, verabsäumt. Resultat: Frau Grosche ist kraft Gesetzes (§ 1931 I S. 1) Miterbin zur Hälfte neben den Geschwistern geworden. Entsteht hierüber Streit, so wird er im ordentlichen Prozeß ausgetragen. Unser Kostenurteil hat für den Erbschaftsprozeß selbstverständlich keine Bedeutung, seine Rechtskraft beschränkt sich gemäß § 322 I ZPO. auf die in der Urteilsformel behandelte Kostenlast.

§ 2077 beruht auf der Auslegung des zu präsumierenden Willens des Erblassers und ist den

Anfechtungen wegen Irrtums (§ 2078) und Übergehung von Pflichtteilsberechtigten (§ 2079) verwandt, denn dem schuldigen Ehegatten bleibt der Gegenbeweis offen, daß der Verstorbene die letztwillige Verfügung trotz der Scheidungsklage aufrechterhalten wollte (§ 2077^{III}). — Bei Zuwendungen an die außereheliche Geliebte kommt § 2077 nicht einmal zur analogen Anwendung (JW. 27, 1202[16]), folglich muß, wenn das Verhältnis vor dem Tode gelöst war, rechtzeitig (§§ 2082/3) aus § 2078 angefochten werden (S. 158f.).

Referendar: Was wird aus der Schenkung unter Lebenden?

Richter: Die muß Frau Grosche zur Nachlaßmasse herausgeben. Allerdings nicht auf Grund der Spezialvorschriften über die Rückforderung von Schenkungen im Falle der Ehescheidung (§ 1584), denn sie setzen voraus, daß ein rechtskräftiges Scheidungsurteil ergangen und daß dabei der Beschenkte für allein schuldig erklärt worden ist. Daneben besteht aber das allgemeine Widerrufsrecht wegen groben Undanks gemäß §§ 530f. Eine Eheverfehlung, die einen Scheidungsgrund bildet, kann (nicht: muß) zugleich „grober Undank" sein und gewährt dann unabhängig von der Schuldfrage den Widerruf. Vgl. z. B. JW. 10, 148[9]. Die einjährige Widerrufsfrist, die im Fall der Scheidung mit der Rechtskraft des Urteils beginnt, läuft beim groben Undank schon von der Kenntnis ab (§ 532). Reinhold Grosche hat sein höchst-persönliches (§ 532 S. 2) Widerrufsrecht wegen groben Undanks mit der von Glocke bekundeten Erklärung rechtzeitig ausgeübt (§ 531^{I}). Damit war für ihn der Rückforderungsanspruch (§ 531^{II}) zur Entstehung gelangt, der einer 30jährigen Verjährung unterliegt und auf die Erben übergegangen ist.

Kostenlast bei Zahlung oder Klaglosstellung des Klägers vor dem ersten Termin: 1. Erfolgt Zahlung zwischen Einreichung und Zustellung der Klage, so trifft die prozessuale Kostenlast den Kläger, weil die Klage zur Zeit ihrer Erhebung unbegründet war. Zivilrechtlich kann aber der Kläger vom Beklagten fast immer Erstattung unter dem Gesichtspunkt des Schadensersatzes wegen Verzuges (§ 286^{I}) fordern. Wie wird nun dieser Anspruch verfolgt? Der Kläger könnte sich in die Kosten verurteilen lassen und dann in einem neuen Prozeß die Kosten als Verzugsschaden vom Beklagten zurückverlangen. Wenn er statt dessen den Verzug im ersten Prozeß geltend macht, so handelt es sich dabei um keinen Kostenerstattungsanspruch im Sinne der §§ 91f. ZPO., sondern um einen neuen Hauptanspruch. Das Urteil muß daher korrekt nicht dahin lauten, daß die Kosten dem Beklagten auferlegt werden, sondern auf Verurteilung des Beklagten zu der — ziffernmäßig anzugebenden — Summe. Demgemäß findet nicht sofortige Beschwerde gemäß § 99^{III} statt, sondern nach allgemeinen Grundsätzen die Berufung. Da der Kosten-Schadensersatzanspruch mit der ursprünglichen Klageforderung nicht identisch ist, wäre der Einwand der Klageänderung denkbar (RG. 54, 37). Vorsichtige Kläger erklären daher in ihren Waren- und sonstigen Formularklagen von vornherein, daß für den Fall der Zahlung der Hauptforderung vor Klagezustellung der Kostenerstattungsanspruch als Verzugsschaden geltend gemacht werden würde (S. 507/8). 2. Zahlt der Beklagte erst zwischen Zustellung und erstem Termin, so muß der Kläger die Hauptsache für erledigt erklären. Die Kosten werden dann durch ein mit sofortiger Beschwerde angreifbares (§ 99^{III}) Urteil dem Beklagten auferlegt, außer wenn der Kläger keine Veranlassung zur Klage hatte. Verkehrt ist es, wenn Kläger in derartigen Fällen die Klage zurücknehmen, denn die Rücknahme verpflichtet nach Prozeßrecht den Kläger zur unbedingten Kostentragung (§ 271^{III}). — Die gleichen Grundsätze gelten, wenn der Interventionsbeklagte nach Zustellung freigibt. Hier besteht vor allem Streit darüber, ob der Beklagte Anlaß zur Klage gegeben hat, wenn ihm vor der Klage das Interventionsrecht vom Kläger nicht nachgewiesen worden war. Vgl. Stein-Jonas V zu § 771.

Es sei noch bemerkt, daß eine Rückdatierung der Zustellungswirkungen auf die Einreichung der Klage (§ 496^{III}) hier nicht stattfindet.

11. Kapitel.

In der Berufungs- und Beschwerdekammer.

Berufungsurteil in einem Pferdeprozeß.

„Geschäftsnummer: 1 S 15.33.

Im Namen des Volkes!

Verkündet am 18. April 1933.

Urkund

als Urkundsbeamter der Geschäftsstelle.

In Sachen des Pferdehändlers *Ernst Kummer* in Wohlau, Beklagten und Berufungsklägers,
Prozeßbevollmächtigter: RA. *Weiß* in Breslau,
gegen den Bauergutsbesitzer *August Drach* in Nimsdorf, Kreis Wohlau, Kläger und Berufungsbeklagten,
Prozeßbevollmächtigter: RA. *Schwarz* in Breslau,
wegen Anspruchs aus Viehkauf

hat die erste Zivilkammer des Landgerichts in Breslau auf die mündliche Verhandlung vom 11. April 1933 durch ...... für Recht erkannt:

Auf die Berufung des Beklagten wird das Urteil des Amtsgerichts in Wohlau vom 16. Dezember 1932 abgeändert.

Wenn der Beklagte folgenden Eid leistet:

‚Ich habe dem Kläger nicht gesagt: Der Wallach ist ebenso gut wie die Schimmelstute, die Ihr Vater gekauft hat‘,

so wird die Klage auf Kosten des Klägers abgewiesen werden.

Leistet der Beklagte den Eid nicht, so wird er verurteilt werden an den Kläger 245 *RM* (i. W.) nebst 8% Zinsen seit dem 13. August 1932 zu zahlen und die Kosten des Rechtsstreits zu tragen.“

Das Amtsgericht hatte ohne Eid verurteilt, während das Berufungsgericht die Entscheidung vom Eide abhängig macht. Hier darf im Tenor nicht die Auflage des Eides an den Beklagten an die Spitze gestellt und für den Fall der Eidesleistung die Abänderung des ersten Urteils, für den Fall der Verweigerung die Zurückweisung der Berufung ausgesprochen werden. Schon dadurch, daß an Stelle der unbedingten eine von der Leistung des Eides abhängige Entscheidung gesetzt wird, ist das erste Urteil abgeändert.

Die spätere Eidesleistung und Läuterung des Urteils erfolgt in der Berufungsinstanz (§ 537 S. 2 ZPO.).

„Tatbestand.

Am 13. August 1932 kam der Kläger mit seinem inzwischen verstorbenen Vater zum Beklagten, um Pferde zu kaufen. Zunächst kaufte der Vater für 600 *RM* ein schweres Arbeitspferd, eine Schimmelstute, wobei er sich vom Beklagten zusichern ließ, daß das Pferd ‚gesund und reell‘ sei.

Im Anschluß daran fragte der Kläger den Beklagten, ob er für ihn ein passendes Pferd habe; er suche ein kräftiges Pferd, das auch im Wagen ein- und zweispännig gut zu verwenden sei. Der Beklagte erwiderte: ‚Ich habe einen Fuchswallach, der wie für Sie geschaffen ist'. Er ließ dem Kläger einen Fuchswallach vorführen, für den er 500 *RM* verlangte. Es wurde über den Preis und die Gewährleistung verhandelt. Dabei erklärte der Beklagte: ‚Der Wallach ist gesund und reell, ich komme für alle gesetzlichen Fehler auf.' Schließlich einigten sich die Parteien auf 460 *RM* sowie 5 *RM* Stallgeld für den Stallmeister des Beklagten, *Ahlert*.

Der Kläger bezahlte sofort und nahm das Pferd mit.

Am 30. August schrieb der Kläger dem Beklagten:

Der Fuchswallach ist ein arger Schläger. Außerdem hat *Dr. Brettschneider* vorgestern, als ich ihn wegen einer Erkältung zu Rate zog, festgestellt, daß das Pferd ein Krippensetzer ist und an chronischem Darmkatarrh leidet. Da Sie mir beim Kauf gesagt haben, daß das Pferd gesund und reell wäre, so fechte ich das Geschäft hierdurch an und ersuche Sie, das Pferd gegen Zahlung von 465 *RM* nebst Zinsen bei mir abzuholen.

Der Beklagte antwortete am 2. September:

Ihre Anfechtung des Kaufes muß ich zurückweisen. Ich habe Ihnen nur gesagt, daß ich für alle gesetzlichen Fehler aufkomme. Schläger und Darmkatarrh sind, wie Sie wissen werden, keine gesetzlichen Fehler. Auch kommt Ihre Anzeige verspätet.

Am 12. September 1932 beantragte der Kläger beim Amtsgericht Wohlau, den dortigen Tierarzt *Dr. Brettschneider* im Wege des Beweissicherungsverfahrens als Sachverständigen zu vernehmen. Die Vernehmung erfolgte am 19. September. Dem Beklagten sind Terminsladung, Beweissicherungsgesuch und -Beschluß erst am 20. September zugestellt worden, weil der Kläger ihn im Gesuch bloß als ‚Pferdehändler *E. Kummer* in Wohlau' bezeichnet und die Anfrage der Geschäftsstelle, ob der Beklagte *Ernst* oder der gleichfalls in Wohlau wohnende Pferdehändler *Eduard Kummer* gemeint sei, mehrere Tage lang unbeantwortet gelassen hatte. Der Beklagte hat den Termin auch nicht wahrgenommen."

Beim amtsgerichtlichen Beweissicherungsverfahren liegt der Betrieb in der Hand des Gerichts (arg. § 497^{I}), welches daher grundsätzlich die Verantwortung für Ordnungsmäßigkeit der Ladungen und Zustellungen zu tragen hat. Hieraus folgt, daß der Antragsteller zur Benutzung der Beweisaufnahme im Hauptprozeß im allgemeinen auch dann befugt sein wird, wenn der Gegner nicht rechtzeitig geladen war: denn er kann gemäß § 493^{II} glaubhaft machen, daß er an dem Versehen schuldlos sei. Anders im Beweissicherungsverfahren eines Kollegialgerichts als Gericht der Hauptsache (§ 486^{I}), welches dem Parteibetrieb unterliegt. In unserem Fall mußte die Beweisaufnahme wiederholt werden, weil die verspätete Ladung auf der Unvollständigkeit der Angaben des Antragstellers beruhte und Kummer im Termin nicht erschienen war. Die Vernehmung des Sachverständigen wurde durch den Mangel nicht gehindert (§ 491^{II}).

Für die Unterbrechung der Verjährung ist der Formfehler unschädlich. Das Beweissicherungsverfahren zählt nicht zu den allgemeinen Unterbrechungsgründen; nur bei den Gewährleistungsansprüchen des Käufers und Bestellers unterbricht es die Verjährung. §§ 209, 477^{II}, 639 BGB. Die Frist wurde mit Eingang des Gesuchs am 12. September unterbrochen und fing erst mit Beendigung des Beweissicherungsverfahrens von neuem zu laufen an. §§ 477^{II}, 490^{I} S. 2.

„Am 3. Oktober 1932 verkaufte der Kläger den Wallach für 220 *RM* an den Stellenbesitzer *Gottfried Rädler* in Hochkirch.

Am 22. Oktober 1932 hat er Klage eingereicht mit dem Antrag:

den Beklagten kostenpflichtig zu verurteilen, dem Kläger 245 *RM* nebst 8% Zinsen seit dem 13. August 1932 zu zahlen und das Urteil für vorläufig vollstreckbar zu erklären.

Er behauptet, daß das Pferd schon bei der Übergabe die im Brief vom 30. August 1932 bezeichneten Fehler gehabt habe. Das sei dem Beklagten bekannt gewesen. Infolge der Mängel habe der Wert des Pferdes höchstens 220 *RM* betragen. Ferner schiebt er dem Beklagten den Eid darüber zu, daß er gesagt habe: ‚Der Wallach ist ebenso gut wie die Schimmelstute, die Ihr Vater gekauft hat.'

Der Beklagte beantragt:

die Klage abzuweisen.

Er bestreitet die Behauptungen des Klägers und nimmt den zugeschobenen Eid an.

Hilfsweise stellt er in Höhe von 70 *RM* eine Schadensersatzforderung zur Aufrechnung. Am 10. Mai 1932 hatte nämlich der Kläger dem Beklagten eine Milchziege verkauft und übergeben. Da das Tier tuberkulös war, wurde es nach einigen Wochen vom Kläger zurückgenommen. Der Beklagte behauptet nun unter Berufung auf das Zeugnis des Pferdewärters *Riedel* und auf Zeugnis und Gutachten des Tierarztes *Dr. Obermüller* in Breslau, daß die kranke Ziege in seinem Stalle zwei andere Ziegen im Werte von je 35 *RM* angesteckt habe und daß die beiden Ziegen infolge dessen krepiert seien.

Der Kläger hat bestritten, daß er die Krankheit der von ihm verkauften Ziege habe erkennen können, und hat Verjährung des Schadensersatzanspruchs eingewandt.

Das Amtsgericht hat auf Grund des Beweisbeschlusses vom 18. November 1932 den Tierarzt *Dr. Brettschneider* als sachverständigen Zeugen und den Kreistierarzt *Dr. Lämchen* als Sachverständigen über Mängel und Wert des Pferdes vernommen."

Der Kläger wünschte seinen Tierarzt Brettschneider als Sachverständigen. Ein Arzt, der gegen Entgelt als Privatgutachter einer Partei tätig geworden ist, kann aber vom Gegner wegen Besorgnis der Befangenheit abgelehnt werden (§§ 406, 42 ZPO.). Im Beweissicherungsverfahren gibt es keine Ablehnung, vielmehr sind die vom Beweisführer Benannten als Sachverständige zu vernehmen. § 487³, dazu Stein-Jonas Anm. 3, 4. Häufig wird deshalb dem eigentlichen Prozeß ein Beweissicherungsverfahren vorausgeschickt, um auf diesem Wege die Vernehmung eines bestimmten Sachverständigen zu erzwingen. Infolge der unterbliebenen Zustellung (S. 581) konnte Drach das Brettschneidersche Gutachten im Prozeß nicht benutzen; nunmehr hat er ihn als „sachverständigen Zeugen" benannt, weil ein solcher nur als Zeuge behandelt wird (§ 414), eine Ablehnung also nicht stattfindet. Auch das ist ein beliebter Prozeßkniff: den eigentlichen Sachverständigen wählt zwar das Gericht unabhängig von den Parteiwünschen aus (§ 404), aber die Auffassung des sachverständigen Zeugen verfehlt in der Regel nicht ihren Einfluß auf das Urteil des Sachverständigen.

„Auf die Beweisverhandlung vom 9. Dezember 1932 wird Bezug genommen.

Ferner hat der Beklagte in der Verhandlung vom 9. Dezember 1932 den zugeschobenen Eid, über dessen Norm und Erheblichkeit die Parteien einig waren[1]), geleistet, daß ihm die Fehler des Pferdes beim Verkauf nicht bekannt gewesen seien.

Das Amtsgericht hat den Beklagten antragsgemäß verurteilt. In der unstreitigen Erklärung des Beklagten: der Wallach sei gesund und reell, er komme für alle gesetzlichen Fehler auf, findet es eine allgemeine Gewährleistung für Güte und Tauglichkeit des Tieres. Deshalb hafte er nicht bloß für das Krippensetzen, welches wegen verspäteter Mängelanzeige vom Kläger nicht mehr geltend gemacht werden könne, sondern auch für Schlagen und Darmkatarrh, hin-

[1]) § 461 I ZPO. Oben S. 397.

sichtlich derer eine Anzeigepflicht des Klägers nicht bestehe. Die Gegenforderung des Beklagten wird verneint, weil das Verschulden des Klägers für den entstandenen Schaden nicht unter Beweis gestellt sei."

Der Vortrag der Parteien vor dem Berufungsgericht (§ 526 ZPO.) umfaßt auch die Entscheidungsgründe des ersten Richters. In den Tatbestand des Berufungsurteils gehören sie nur insoweit, als es sich um den allgemeinen Gedankengang des Urteils oder um solche Einzelausführungen handelt, ohne die das Parteivorbringen der Berufungsinstanz nicht verständlich sein würde.

„Gegen das Urteil hat der Beklagte Berufung eingelegt, mit der er beantragt:
unter Abänderung des amtsgerichtlichen Urteils die Klage abzuweisen."

In welcher Form soll man im Urteil die Einlegung von Rechtsmitteln darstellen? Besonders gewissenhafte Urteilsverfasser verfahren so, daß sie im Tatbestand die Daten der Urteilszustellung, des Eingangs der Berufungsschrift, der Berufungsbegründung und des Zahlungsnachweises (S. 589) mitteilen, um später zu Beginn der Entscheidungsgründe die Zulässigkeit des Rechtsmittels zu prüfen. Sie halten es für eine unzulässige Vorwegnahme der rechtlichen Würdigung, wenn im Tatbestand lediglich die Tatsache der Berufungseinlegung — als einer zulässigen und ordnungsmäßigen — steht. Aber in der überwiegenden Mehrzahl aller Fälle steht die Ordnungsmäßigkeit des Rechtsmittels außer Zweifel, und dann läuft eine solche umständliche Fassung des Urteils auf eine überflüssige Belastung und auf eine Ablenkung des Lesers von dem wirklich Wesentlichen hinaus. Die Abgrenzung von rein tatsächlichen Angaben und rechtlicher Beurteilung ist flüssig: schon darin, daß das Urteil sagt, es sei an einem bestimmten Tage die Klage erhoben, Strafantrag gestellt, ein Eid geleistet od. dergl., liegt das Ergebnis einer gewissen rechtlichen Prüfung, und doch wird es Niemand einfallen, in absolut klaren Fällen etwa die einzelnen Klageformalien im Tatbestand aufzuzählen und nachher in den Gründen die Ordnungsmäßigkeit der Klage festzustellen. Die erwähnte umständliche Methode hat nur dann Berechtigung, wenn irgend etwas zweifelhaft sein kann. Andernfalls genügt es im Tatbestand kurz zu sagen, daß die Partei „Berufung eingelegt" habe, was das Gleiche bedeutet wie die beliebte Formel, daß die Berufung „frist- und formgerecht eingelegt" worden sei.

„Er führt aus, daß seine Erklärung beim Kaufabschluß keine allgemeine Gewährleistung darstelle. Vielmehr habe er durch die Zusage, für alle ‚gesetzlichen' Fehler aufkommen zu wollen, jede über das Gesetz hinausgehende Haftung deutlich abgelehnt. Die Pflicht des Klägers zum Ersatz des durch die tuberkulöse Ziege entstandenen Schadens folge daraus, daß er bei Anwendung der im Verkehr erforderlichen Sorgfalt die Krankheit der Ziege hätte erkennen müssen. Äußersten Falles sei der Beklagte zur Herauszahlung des Kaufpreises nur Zug um Zug gegen Rückgabe des Pferdes verpflichtet.

Der Kläger beantragt:
die Berufung zurückzuweisen.

Auf Grund des Beweisbeschlusses vom 19. Februar 1932 ist der Tierarzt *Dr. Obermüller* als von beiden Parteien benannter sachverständiger Zeuge über die Frage vernommen worden, ob die Krankheit der Ziege für einen Laien erkennbar gewesen sei. Auf die Beweisverhandlung vom 25. März 1932 wird Bezug genommen.

Entscheidungsgründe.

Von den Fehlern des Pferdes, die der Kläger geltend macht, ist nur das Krippensetzen gesetzlicher Gewährsmangel (§ 482 BGB.)."

Beim gewöhnlichen Kauf hat der Verkäufer für Gebrauchsmängel (§ 459 I BGB.) und für Zusicherungen (§ 459 II) einzustehen (S. 20). Beim Viehkauf tritt an Stelle des elastischen Gebrauchsmangels der numerus clausus der „Hauptmängel". Eine über die Hauptmängel hinausgehende Haftung findet statt: 1. wenn zwischen Kauf und Übergabe die Beschaffenheit des Tieres sich verschlechtert; denn die Sonderregelung der §§ 459f., also auch der §§ 481f., betrifft nur die Rechte, die dem Käufer nach dem Gefahrübergang zustehen, und läßt den aus § 446 I S. 1 hervorgehenden allgemeinen Grundsatz unberührt, daß der Käufer das Kaufobjekt in einem schlechteren Zustande, als es bei Abschluß des Kaufes war, nicht abzunehmen braucht, 2. wenn Vieh als Zubehör eines landwirtschaftlichen Grundstücks mit diesem verkauft ist und durch seuchenhafte Erkrankung des Viehstandes (Verkalbungsseuche) nicht bloß der Wert der einzelnen kranken Stücke, sondern die Tauglichkeit des ganzen Grundstücks zu dem nach dem Vertrag vorausgesetzten Zweck gemindert wird (RG. 102, 307), 3. bei Zusicherung des Verkäufers, unten S. 585.

„Die Gewährfrist für Krippensetzen beträgt 14 Tage von der Ablieferung (§ 1 I 6 Kais. VO. vom 27. März 1899), der Kläger hätte also nach § 485 BGB. spätestens am 29. August 1932 eine Anzeige des Mangels an den Beklagten absenden müssen. Da er die Frist nicht eingehalten hat und die von ihm behauptete Arglist des Beklagten durch den geleisteten Eid widerlegt ist, hat der Kläger die ihm wegen des Mangels zustehenden Rechte verloren."

Der Viehkäufer muß zur Wahrung seiner Rechte zwei verschiedene Fristen wahren: die Ausschlußfrist für die Anzeige des § 485 und die Verjährungsfrist des § 490 BGB. Erstere wird von Amtswegen, die Verjährung bloß auf Einrede des Verkäufers (§ 222 I) beachtet. Bei Arglist des Verkäufers fallen beide Fristen fort. Die Verjährungsfrist von 6 Wochen seit Ende der Gewährfrist, also 8 Wochen seit Übergabe, ist hier durch das Beweissicherungsgesuch gewahrt (§§ 490 I, 483, 477 II), und deshalb gar keine Verjährungseinrede geltend gemacht.

„Unbegründet ist die vom Kläger erklärte Anfechtung des Kaufes wegen Irrtums. Neben der besonderen Regelung der Mängelhaftung des Verkäufers kann keine Anfechtung des Vertrages auf Grund von Willensmängeln zugelassen werden. RG. 70, 423."

Die Frage, ob die Anfechtung wegen eines Willensmangels mit den spezifischen Gewährleistungsansprüchen des Käufers in Konkurrenz treten kann, läßt sich auf Grund des begrifflichen und systematischen Verhältnisses der beiden Rechtsbehelfe nicht mit Sicherheit entscheiden. Ausschlaggebend müssen praktische Gesichtspunkte sein. Durch die Verjährungsvorschrift des § 477 hat das Gesetz die Gewährleistung auf knapp bemessene Fristen beschränkt, weil es erfahrungsgemäß ohnehin schwierig ist den Zustand einer Sache nachträglich mit Sicherheit festzustellen, und weil im Laufe der Zeit die Beweisführung — besonders für den Verkäufer — immer schwieriger wird. Wegen Irrtums würde ein Käufer, der den Mangel der Kaufsache erst sehr spät entdeckt, noch nach Jahr und Tag anfechten können; denn § 121 I S. 1 verlangt nur, daß die Anfechtungserklärung „unverzüglich" nach Feststellung des Irrtums abgegeben, nicht daß der Irrtum selbst so früh als möglich erkannt wurde. Dem Käufer muß daher die Anfechtung wegen Irrtums über die Fehler der Sache versagt werden, damit die Tendenz des § 477 nicht vereitelt wird. Bei arglistiger Täuschung sieht § 477 eine 30jährige Verjährung vor, so daß kein Bedenken besteht in diesem Falle auch die Anfechtung aus § 123 zu gestatten. Trotzdem wird — wenigstens für den Gattungskauf, bei dem die zu liefernde Sache im Zeitpunkt des Vertragsschlusses noch nicht absolut bestimmt, die arglistige Täuschung deshalb schwer konstruierbar ist — die Auffassung vertreten, es sei durch die Sonderregelung der §§ 459 f. auch die Anfechtung wegen Arglist ausgeschlossen. RG. 70, 423; 96, 156.

Auch beim Kauf von Gemälden, Musikinstrumenten u. dergl. kann der Käufer, der sich über die Echtheit getäuscht hat, nicht wegen Irrtums anfechten sondern höchstens nach §§ 459 f. wandeln, mindern oder Schadensersatz wegen Nichterfüllung verlangen. Hat jemand eine gewöhnliche Violine für ein wertvolles Soloinstrument gehalten und deshalb teuer gekauft, so stehen ihm keine Mängelrechte zu; als „Fehler" im Sinne von § 459^{I} stellt sich nur ein Abweichen von der normalen Beschaffenheit dar, nicht aber kann man eine, an sich brauchbare, Orchestergeige als fehlerhafte Sologeige bezeichnen. Anders ist die Rechtslage, wenn vertragsmäßig eine bestimmte Herkunft zu Grunde gelegt wurde: dann bildet die Echtheit eine Eigenschaft, die Unechtheit einen Fehler gemäß § 459^{I}. Echtheitsgarantien (§§ 459^{II}, 463) können ausdrücklich oder stillschweigend gegeben werden, sie liegen beim Verkauf von Bildern mit bestimmtem Signum regelmäßig vor. RG. 97, 351; 114, 239; 115, 286 c. cit.

„Dagegen ist die Klage begründet, sofern der Kläger beweist, daß eine vom Beklagten übernommene, über das Gesetz hinausgehende Gewährleistungspflicht nicht erfüllt ist. Denn soweit es sich um vereinbarte Mängel handelt, brauchte der Kläger nicht anzuzeigen, weil keine Gewährfrist zwischen den Parteien vereinbart wurde."

Eine von den mancherlei Sonderbarkeiten des, die Gewährleistung für vereinbarte Fehler regelnden, § 492 BGB.: die sechswöchentliche Verjährungsfrist beginnt, wenn für den vereinbarten Fehler eine Gewährfrist festgelegt wurde, erst mit Ablauf der Gewährfrist, andernfalls mit der Ablieferung des Tieres zu laufen. Insofern ist der Käufer im Falle der Vereinbarung einer Gewährfrist besser gestellt. Dagegen liegt ihm, falls eine Gewährfrist vereinbart wurde, eine dem § 485 entsprechende Anzeigepflicht ob, welche entfällt, wenn die Parteien von einer Gewährfrist abgesehen haben!

„Unstreitig hat der Beklagte beim Kauf dem Kläger erklärt: ‚Der Wallach ist gesund und reell, ich komme für alle gesetzlichen Fehler auf.' Die Worte ‚gesund und reell' bedeuten im Pferdehandel, daß das Tier nicht nur von gesetzlichen Hauptmängeln, sondern auch von allen anderen Fehlern frei ist, welche seinen Wert und seine Tauglichkeit zu dem gewöhnlichen oder vertragsmäßigen Zweck aufheben oder mindern würden."

Verkauft jemand ein Pferd als „gesund und reell", so haftet er zufolge der Zusicherung (§ 492 S. 1) für den gleichen Kreis von Mängeln, wie der Verkäufer beim gewöhnlichen Kauf unmittelbar kraft Gesetzes (§ 459^{I}). Stillschweigende Zusicherungen sind möglich, aber nicht ohne Weiteres anzunehmen, z. B. liegt darin, daß der Verkäufer den vom Käufer beabsichtigten Verwendungszweck des Pferdes kennt, nicht schon eine über die gesetzliche Gewährleistung für Hauptmängel hinausgehende Zusicherung der für diesen Zweck erforderlichen Eigenschaften. RG. 123, 147.

„Im vorliegenden Fall hat aber der Beklagte seine Erklärung eingeschränkt durch die Worte: ‚Ich komme für alle gesetzlichen Fehler auf'. Wer jemals Pferdegeschäfte gemacht hat, weiß, daß nach dem Gesetz nur für ganz bestimmte Mängel gehaftet wird.' Der Kläger konnte also aus der Erklärung des Beklagten ersehen, daß sich die Worte ‚gesund und reell' hier nur auf gesetzliche Hauptmängel bezogen. Eine Erweiterung der Haftung ist durch diese Äußerung des Beklagten nicht herbeigeführt worden.

Die Haftung würde erweitert sein, wenn der Beklagte dem Kläger gesagt hat: ‚Der Wallach ist ebenso gut wie die Schimmelstute, die Ihr Vater gekauft hat.' Denn unmittelbar vorher hatte der Beklagte dem Vater des Klägers dafür garantiert, daß dessen Schimmelstute ,gesund und reell' — ohne Beschränkung auf Hauptmängel — sei. Die angegebene Äußerung des Beklagten würde daher bedeuten, daß für den Fuchswallach die gleiche Gewähr der allgemeinen Tauglichkeit geleistet werde.

Daß der Wallach zur Zeit des Gefahrübergangs ein Schläger war und an einem chronischen Darmkatarrh litt, ist durch die Beweisaufnahme festgestellt."

Die Gewährleistung des Verkäufers bezieht sich immer auf den Zeitpunkt des Gefahrübergangs (§ 459); wenn über den Zustand zu einer früheren oder späteren Zeit Beweis erhoben wird, so geschieht das lediglich wegen der daraus auf die Beschaffenheit bei Gefahrübergang zu ziehenden Schlußfolgerungen.

Beim Viehkauf tritt, soweit es sich um gesetzliche Hauptmängel handelt, das weitere Erfordernis hinzu, daß der Mangel sich innerhalb der Gewährfrist gezeigt haben muß (§ 482I). War das der Fall, so wird vermutet, daß der Mangel schon bei Gefahrübergang vorhanden gewesen sei (§ 484). Die Vermutung ist widerlegbar (§ 292 ZPO.). Hat sich ein Hauptmangel in der Gewährfrist gezeigt, gelingt aber dem Verkäufer der Nachweis, daß das Tier z. Zt. des Gefahrübergangs noch gesund war, so stehen dem Käufer keine Mängelrechte zu. Ebenso wenn der Hauptmangel zwar nachweislich schon bei Gefahrübergang bestand, jedoch erst nach Ablauf der Gewährfrist hervortrat.

Für nicht zu den Hauptmängeln gehörige vereinbarte Fehler gelten diese Besonderheiten nicht. Daher mußte Drach den positiven Beweis führen, daß das Pferd im Augenblick der Übergabe mit den Fehlern behaftet war.

„Beides sind Fehler, die den Wert und die Tauglichkeit des Pferdes erheblich mindern. Der Kläger ist daher, vorausgesetzt daß die Zusicherung bewiesen wird, zur Wandelung berechtigt.

Die Wandelung besteht in der Rückgängigmachung des Kaufes. Da der Käufer infolge des Verkaufs des Pferdes an *Rädler* zur Rückgabe außerstande ist, so tritt an die Stelle des Pferdes sein Wert (§§ 467, 487II BGB.)."

Bei der Wandelung muß der Käufer die Kaufsache in unverändertem Zustand herausgeben und verliert durch eine von ihm oder seinem Abkäufer herbeigeführte wesentliche Veränderung das Wandelungsrecht; kommt er mit der Rückgewähr in Verzug, so kann ihm der Gegner eine Nachfrist stellen, nach deren Ablauf das Wandelungsrecht erlischt. §§ 467, 346, 352/53, 354 BGB. Ausnahmsweise behält der Käufer das Wandelungsrecht trotz Umgestaltung, wenn der Mangel sich erst bei der Spezifikation gezeigt hatte (§ 467 S. 1). Darüber hinaus erklärt beim Viehkauf das Gesetz die Schlachtung und sonstige Umgestaltung überhaupt für unschädlich und setzt an Stelle der Rückgabe des gekauften Tieres den Werterſatz. Ebenso im Falle der Veräußerung. Das hängt damit zusammen, daß es eine Minderung — mit der sich beim gewöhnlichen Kauf der Käufer, dem die Wandelung versagt ist, noch helfen kann — beim Viehkauf nicht gibt (§ 487I).

Zu beachten ist, daß nicht schon die Weiterveräußerung der Kaufsache, sondern erst die vom Abkäufer vorgenommene Umgestaltung bzw. die Unfähigkeit des Käufers, sich die Sache zwecks Rückgabe an den Verkäufer wiederzuverschaffen, den Verlust des Wandelungsrechts begründet. Ferner verlangt § 354 „Verzug" des Käufers in der Durchführung der Wandelung, also ein Verschulden (§ 285). Hieraus ergeben sich schwierige Fragen, besonders wenn der Käufer das Eigentum des Kaufgrundstücks durch Zwangsversteigerung verloren hatte und wenn sein Vermögensverfall eine Folge gerade des die Wandelung begründenden Mangels gewesen war. Vgl. RG. 54, 233; 56, 258; 59, 92.

Das wirtschaftliche Ergebnis des § 487^{II} deckt sich übrigens nicht genau mit demjenigen der Minderung, weil bei der Minderung auch der Wert, den die Sache in mangelfreier Beschaffenheit haben würde, eine Rolle spielt. Vgl. 27. Kap. „Rechte des Käufers bei Ankunft mangelhafter Ware".

„Durch die Aussage von *Dr. Brettschneider* und das Gutachten von *Dr. Lämchen* steht fest, daß der Fuchswallach nicht mehr als die beim Verkauf an *Rädler* erlösten 220 *RM* wert war."

Wäre der Wert höher gewesen, so müßte Drach die Differenz tragen. Denn er hat es verabsäumt, zu seiner Deckung gemäß § 489 BGB. die öffentliche Versteigerung des Pferdes auf Grund einstweiliger Verfügung (S. 558) anordnen zu lassen, in welchem Falle der Erlös — gleichviel ob er den wirklichen „Wert" (§ 487^{II} S. 1) erreichte oder nicht — unbedingt an Stelle des zurückzugewährenden Tieres getreten sein würde.

„Der Beklagte würde also gegen Zahlung von 220 *RM* die 465 *RM* Kaufpreis nebst Kaufkosten herauszuzahlen, d. h. an den Kläger 245 *RM* zu zahlen haben. Der Kaufpreis ist vom Empfang an zu verzinsen (§§ 347 S. 3, 467 S. 2 BGB.). Im Hinblick auf die üblichen Zinssätze sind die geforderten 8% berechtigt."

Die Gründe gehen jetzt zur Gegenforderung des Beklagten über. Diese beruht auf „positiver Vertragsverletzung". Da das BGB. in §§ 459f. die Mängelrechte des Käufers ausführlich aufzählt und den Anspruch aus positiver Vertragsverletzung nicht erwähnt, so könnte zweifelhaft sein, ob er auf mangelhafte Beschaffenheit der Kaufsache gestützt werden kann. Die Rechtsprechung bejaht den Anspruch. RG. 52, 18.

Hieraus ergibt sich folgendes System der Gewährleistungsansprüche des Käufers:

I. Rechte, die vom Verschulden des Verkäufers unabhängig sind (vgl. S. 387): a) Wandelung (§ 462). b) Minderung (§ 462), c) beim Gattungskauf auch Nachlieferung (§ 480).

II. Schadensersatz wegen Nichterfüllung statt Wandelung, Minderung oder Nachlieferung: a) bei Zusicherung von Eigenschaften (§§ 463 S. 1, 480^{II}), b) bei arglistiger Verschweigung von Fehlern (§§ 463 S. 2, 480^{II}), c) wegen Ähnlichkeit des Rechtsgrundes bei arglistiger Vorspiegelung von Eigenschaften ohne Zusicherung (oben S. 443).

III. Schadensersatz wegen des dem Käufer durch den Mangel entstandenen Schadens (auch neben Wandelung usw.), bei einfachem Verschulden des Verkäufers oder seiner Erfüllungspersonen (§ 278), wobei der Verkäufer — wie stets bei Vertragsansprüchen (S. 388/9) — gegenüber der Behauptung des Verschuldens sich zu exkulpieren hat (diese Beweislastverteilung hatte das Amtsgericht in unserem Fall verkannt, vgl. S. 583 oben).

Dazu kommen noch die nach Verjährung der Ansprüche als Rückstand übrig bleibenden Einreden bzw. Aufrechnungsbefugnisse aus §§ 478, 479.

Obgleich der Schadensersatzanspruch aus allgemeinen Rechtsgrundsätzen des Obligationenrechts hergeleitet wird, unterstellt ihn die Rechtsprechung (RG. 53, 200; 56, 167) doch der kurzen Verjährung des § 477 (bzw. beim Viehkauf § 490^{I}):

„Die zur Aufrechnung gestellte Gegenforderung aus der Ansteckung der Ziegen ist zwar nicht verjährt, weil auf Ansprüche aus dem Verkauf von Ziegen die sechsmonatliche Verjährung des § 477 BGB. Anwendung findet."

Ziegen gehören (ebenso wie Hunde, Katzen usw.) zu den Haustieren, für welche nicht die Sonderregelung des Viehkaufs gilt (§ 481). Nach § 390 S. 2 kommt es darauf an, ob die Ansprüche des Beklagten aus dem Ziegenkauf z. Zt. der Entstehung und Fälligkeit der Klageforderung, also am 13. August 1932, bereits verjährt waren.

Die Aufrechnungseinrede aus § 479 BGB. kommt nicht in Betracht, weil sie nur gegenüber Ansprüchen aus demselben Kauf durchgreift.

„Sie ist aber überhaupt unbegründet, denn nach der Aussage des *Dr. Obermüller* war der tuberkulöse Zustand der vom Kläger verkauften Ziege für Laien nicht zu erkennen. Der Kläger hat also den Schaden des Beklagten nicht durch Fahrlässigkeit herbeigeführt.

Die Entscheidung hängt hiernach ab von dem dem Beklagten über seine Äußerung, der Fuchswallach sei ebenso gut wie die vom Vater des Klägers gekaufte Schimmelstute, zugeschobenen und von ihm angenommenen Eide. Daher ist dieser Eid unter Abänderung des Urteils des Amtsgerichts zum Erkenntnis gestellt worden. Leistet der Beklagte den Eid nicht, so steht die Zusicherung der Fehlerfreiheit des Fuchswallachs fest und der Klageanspruch ist begründet. Leistet er ihn, so ist die behauptete Zusicherung widerlegt und die Klage abzuweisen. Die Kosten des Rechtsstreits hat in jedem Falle der unterliegende Teil zu tragen. §§ 91, 463, 464 ZPO.

(Unterschriften)."

Spiel-Darlehn. Berufung. Anschlußberufung.

Berufungseinlegung. Vorschußfrist.

„Eingegangen am 21. April 1933. Breslau, den 20. April 1933.
Urkund.

Berufungsschrift

in Sachen des Rennfahrers *Klaus Rübsam* in Breslau, ...

Beklagten und Berufungsklägers,

Prozeßbevollmächtigter: RA. *Weiß* in Breslau,

gegen den Kaufmann *Gerd Rabsahl* in Breslau, ...

Kläger und Berufungsbeklagten,

Prozeßbevollmächtigter 1. Instanz: Kaufmann *Ernst Schenk* in Breslau, ...,

wegen Darlehnsforderung.

An das Landgericht — I. Zivilkammer —
hier.

Namens des Beklagten lege ich gegen das am 16. März 1933 verkündete und am 25. März 1933 zugestellte Urteil des Amtsgerichts Breslau, Aktenzeichen 21 C 1913.32, Berufung ein. Ich werde beantragen:

die Klage in Höhe von 250 *RM* (i. W.) nebst Zinsen abzuweisen und die Kosten des Rechtsstreits anderweit zu verteilen.

Beglaubigte Abschrift dieser Berufungsschrift liegt bei. Ausfertigung des angefochtenen Urteils wird mit der Bitte um Rückgabe beigefügt.

Für den Beklagten:
Weiß, Rechtsanwalt."

Das Amtsgericht hatte für Recht erkannt:

„Der Beklagte wird verurteilt dem Kläger 550 *RM* (i. W.) nebst 6% Zinsen seit dem 16. Dezember 1932 zu zahlen.

Mit dem Anspruch auf weitere 150 *RM* (i. W.) nebst Zinsen wird der Kläger abgewiesen.

Von den Kosten des Rechtsstreits hat der Kläger $^{3}/_{14}$, der Beklagte $^{11}/_{14}$ zu tragen.

Das Urteil ist gegen eine Sicherheit von 650 *RM* (i. W.) vorläufig vollstreckbar."

Der Berufungsantrag würde bis zur Berufungsbegründung (§ 519 ZPO.) Zeit gehabt haben. Er ist offenbar deshalb bereits in die Berufungsschrift aufgenommen worden, weil sich die Berufung nur gegen einen Teil der Entscheidung richtet und weil der Beschwerdeführer verhindern will, daß die Prozeßgebühr vom vollen Streitobjekt berechnet wird. Infolge der Aufnahme des Antrags entspricht die Berufungsschrift gleichzeitig den Erfordernissen einer Berufungsbegründung und wahrt die Begründungsfrist. Denn der Angabe neuer Tatsachen, Beweismittel und Beweiseinreden in der Berufungsbegründung (§ 519^{III} S. 2) bedarf es bloß dann, wenn die Partei solche geltend zu machen beabsichtigt, so daß die Mitteilung des Berufungsantrages formell als Begründung ausreicht. Materiell setzt sich freilich der Berufungskläger, sofern er sein neues Vorbringen nicht innerhalb der Begründungsfrist ankündigt, der Zurückweisung wegen Verspätung aus. Vgl. unten S. 591 — Verfügung des Vorsitzenden:

„1. Dem Berufungskläger wird gemäß § 519^{VI} ZPO. eine Frist bis zum 21. Mai 1933 bestimmt, innerhalb welcher er den Nachweis zu erbringen hat, daß er die für die Berufungsinstanz von ihm erforderte Prozeßgebühr bezahlt hat.

2. Zu 1 dem Berufungskläger z. H. des RA. *Weiß* mit Berechnung der Prozeßgebühr zustellen."

Die Vorschußfrist ist keine Notfrist, läuft also — in Nichtferiensachen — während der Gerichtsferien nicht, doch findet gegen ihre Versäumung Wiedereinsetzung in den vorigen Stand statt. Das gleiche gilt von der Begründungsfrist. §§ 223, 233^{I}. Zur Wahrung der Frist genügt nicht die Zahlung als solche, vielmehr muß dem Prozeßgericht innerhalb der Frist auch der Nachweis erbracht werden, daß die Gebühr eingezahlt ist. Am einfachsten erfolgt der Nachweis durch Einreichung von Kostenmarken an das Prozeßgericht.

Berechnung der Prozeßgebühr: S. 434.

„3. Begl. Abschrift der Berufungsschrift dem Kläger z. H. seines Prozeßbevollmächtigten mit der Mitteilung zustellen, daß die Berufungsschrift am 21. ds. Mts. eingegangen ist.

4. Akten vom Amtsgericht Breslau erfordern.

5. Urteil an RA. *Weiß* zurückgeben (Beh.-Schein).

6. Am 22. Mai."

Berufungsbegründung: Terminsbestimmung. Noch vor Ablauf der gesetzlichen Begründungsfrist (§ 519^{II}) rechtfertigt RA. Weiß die eingelegte Berufung:

„Der Kläger kann aus dem Darlehn von 250 *RM* keine Ansprüche herleiten.

Bereits in der Klagebeantwortung vom 16. Januar 1933 war Zeugenbeweis dafür angeboten, daß der Beklagte die 250 *RM* am 15. November 1932 abends gegen 11½ Uhr vom Kläger erhalten hat, um sich an dem Bakkaratspiel des Spielklubs ‚Viadrina', also einem ausgesprochenen Glücksspiel, zu beteiligen, daß er vorher seine mitgebrachte Barschaft von 150 *RM* bei diesem Spiel verloren hatte und daß er auch die 250 *RM* im Klub verspielt hat.

Im Schriftsatz vom 6. Februar 1933 waren weiterhin Zeugen dafür benannt, daß der Kläger Mieter der Wohnung war, in welcher der Klub spielte, und daß er nach den mit der Klubleitung getroffenen Abmachungen 25% der Bruttoeinnahmen bezog. Gelingt dieser Beweis, so hat sich der Kläger aus § 284 StGB. strafbar gemacht, indem er ohne behördliche Erlaubnis die Einrichtungen zu einem öffentlichen Glücksspiel — das Spiel in solchen Klubs gilt nach § 284^{II} als öffentlich — bereitstellte. Vgl. RGSt. 56, 117. Es würde daraus ferner hervorgehen, daß der Kläger mit der Hingabe des Darlehns eigennützige Ziele, nämlich die Erhöhung seiner Tantieme, verfolgte.

Da auch die Teilnahme des Spielers an einem öffentlichen — z. B. Vereins- — Glücksspiel nach § 284a StGB. bestraft wird, waren die vom Beklagten mit seinen Mitspielern im Klub geschlossenen Spielverträge wegen Verstoßes gegen ein gesetzliches Verbot nichtig (§ 134 BGB.), und es verstieß die Hingabe des Darlehns zu einem durch das Strafgesetz verbotenen Spiel gegen die guten Sitten (§ 138I BGB.). Vgl. RGR.-Kommentar 6 zu § 762.

Neu wird noch angeführt, daß der Beklagte seit 1. Oktober 1932 ohne Beschäftigung war, daß die von ihm verspielten 150 *RM* seine Ersparnisse aus der früheren Tätigkeit darstellten, und daß er alles das in Gegenwart des Klägers vor Empfang des Geldes erzählt hatte.

Beweis: ......"

Sind Spieldarlehen rechtsgültig? Der Verwendungszweck des dargeliehenen Geldes gehört nicht zum Inhalt des Rechtsgeschäfts, mithin kann dadurch, daß der Empfänger das Geld verspielt oder Spielschulden damit bezahlt, die Wirksamkeit des Darlehns prinzipiell nicht berührt werden. Bei besonderem Sachverhalt ist jedoch das Spieldarlehn als verkleidete Spielschuld anzusehen und demgemäß als Naturalobligation analog § 762I BGB. zu behandeln, oder es verstößt sogar gegen die guten Sitten, woraus dann gemäß § 138I seine Nichtigkeit folgt. Der erste Fall liegt bei einem Darlehn vor, welches der Gewinner dem Verlierer gewährt, damit daraus der Spielverlust an ihn bar ausgezahlt werde. Beispiel für Verletzung der guten Sitten: der Darlehnsgeber will die Spielleidenschaft des Empfängers aus Eigensucht anregen, oder der Empfänger ist ein junger und unreifer Mensch, der es sich nicht leisten dürfte so hohe Beträge aufs Spiel zu setzen. RG. 67, 355; 70, 1; RGR.-Komm. 5 zu § 762. Zu weit geht es aber wohl, wenn die im Schriftsatz zitierte Anmerkung der Reichsgerichtsräte das Darlehn schon für unsittlich erklärt, sobald das Spiel vom Strafgesetz verboten war.

Wann ist Glücksspiel strafbar? 1. Bei öffentlicher Veranstaltung, und zwar sowohl für die Teilnehmer wie für den Veranstalter wie für denjenigen, der die zugehörigen Einrichtungen „bereitstellt", z. B. den Wirt des Lokals. §§ 284, 284a StGB. Dabei gelten als öffentlich veranstaltet auch Glücksspiele in Vereinen oder geschlossenen Gesellschaften, in denen gewohnheitsmäßig (nicht: gewerbsmäßig) Glücksspiele stattfinden! § 284II. 2. Bei Gewerbsmäßigkeit (§ 285). Strafbar sind ferner 3. die Veranstaltung öffentlicher Lotterien oder Ausspielungen ohne behördliche Erlaubnis (§ 286), 4. das Spiel in außerpreußischen Lotterien (pr. Ges. vom 29. August 1904, GS. 255), 5. Totalisator- und Rennwettbetrieb ohne behördliche Erlaubnis sowie die Anreizung zu Rennwetten (§§ 5f. Totalis.-G. vom 8. April 1922, RGBl. 393).

Zivilrechtlich sind die Wetten des nicht konzessionierten („wilden") Buchmachers im besten Fall Naturalobligation gemäß § 762 BGB., wenn man nicht gar absolute Nichtigkeit aus § 134 oder § 138 annimmt. Der konzessionierte Totalisatorunternehmer oder Buchmacher muß die Wette ins „Wettbuch" eintragen bzw. den „Wettschein" aushändigen. Wird diese Formalität beobachtet, so ist die Wette für den Unternehmer verbindlich, und der Kunde kann den geleisteten Einsatz nicht unter Berufung auf § 762 kondizieren; im übrigen bleiben die Vorschriften des BGB. unberührt. § 4II TotalisG. Diese Regelung soll den Buchmacher abschrecken Wetten unter Kreditgewährung abzuschließen. Denn der Kunde kann zur Zahlung kreditierter Einsätze niemals gezwungen werden, während andrerseits, falls der Kunde gewinnt, der Buchmacher zur Herauszahlung des Gewinns abzüglich des gestundeten Einsatzes verpflichtet ist (§ 4II S. 3). — Diese einseitige Bindung des Buchmachers können allerdings die Parteien vertraglich ausschließen, indem sie vereinbaren, daß die Wette erst durch Zahlung des dem Kunden kreditierten Einsatzes für den Buchmacher verbindlich wird. JW. 26, 2283².

Mag auch das Glücksspiel in ausgesprochenen Spiel-Vereinigungen ausnahmslos strafbar sein, so läßt sich doch darüber, ob es gegen die guten Sitten verstößt, sehr streiten. Keinesfalls entspricht es der allgemeinen Anschauung, sogar das mit einem derartigen Spiel in Verbindung stehende Darlehn als anstößig oder unsittlich zu betrachten.

„Die Zurückweisung des Vorbringens des Schriftsatzes vom 6. Februar 1933 durch das Amtsgericht war nicht gerechtfertigt. Der Beklagte konnte erst nach und nach durch Befragung von Personen, die er in dem Klub ‚Viadrina' kennen gelernt hatte, sich Informationen über das Verhältnis des Klägers zu diesem Klub verschaffen. Die entscheidenden Auskünfte hat er erst am 3. oder 4. Februar 1933 von dem Maurermeister *Colden* erhalten,

Beweis: *Colden*,

und war daher nicht in der Lage die Tatsachen schon in der Klagebeantwortung mitzuteilen.

Zu den neuen Anführungen der Berufungsschrift ist der Beklagte dadurch veranlaßt worden, daß das Amtsgericht in seinen Entscheidungsgründen die Sittenwidrigkeit des Darlehns u. a. deswegen verneint hat, weil der Beklagte als Radrennfahrer hohe Summen schnell und leicht verdiene und als unverheirateter Mann von 25 Jahren sich größere Spielverluste gestatten könne.

Beglaubigte Abschrift zur Zustellung an den Kläger liegt bei.

Für den Beklagten:
Weiß, Rechtsanwalt."

Im allgemeinen dürfen die Parteien ihre Angriffs- und Verteidigungsmittel, Beweismittel und Beweiseinreden bis zum Schluß der mündlichen Verhandlung, auf welche das Urteil ergeht, vorbringen, auch noch in der Berufungsinstanz. §§ 278^{I}, 283^{I}, 529^{I} ZPO.: Maxime der „Einheitlichkeit des Verfahrens". Ausnahmsweise kann auf Grund der „Eventual-" oder „Konzentrationsmaxime" verspätetes Vorbringen zurückgewiesen werden:

1. in erster und zweiter Instanz, falls nach Ansicht des Gerichts Verschleppungsabsicht oder wenigstens grobe Nachlässigkeit vorliegt und durch Zulassung der nachträglichen Anführungen die Erledigung des Rechtsstreits verzögert werden würde (§§ 279, 283^{II}, 529^{II} S. 1); die zweite Voraussetzung ist z. B. dann nicht erfüllt, wenn ohnehin noch Beweis erhoben werden muß und die verspätet angetretenen Beweise daher keine Verzögerung der Entscheidung bedeuten;
2. in erster und zweiter Instanz, wenn der vom Gericht gemachten Auflage, innerhalb bestimmter Frist Erklärungen abzugeben, keine Folge geleistet und die Verspätung nicht ausreichend entschuldigt wird (§§ 279a, 283^{II});
3. in der Berufungsinstanz außerdem, wenn der Berufungskläger neue Anführungen nicht in der Berufungsbegründung mitgeteilt hat (§ 529^{III}).

Jede Zurückweisung wirkt zunächst bloß für die Instanz, doch kann das Berufungsgericht nach freiem Ermessen Parteianführungen, die in erster Instanz zurückgewiesen waren, nach § 529^{II} S. 2 auch für die Berufungsinstanz zurückweisen: deshalb die von Rübsam angeführten Entschuldigungsgründe. Hält andrerseits das Berufungsgericht eine vom ersten Richter ausgesprochene Präklusion für unangebracht, so hat es die Wahl, ob es das zurückgewiesene Vorbringen berücksichtigen und selbst in der Sache entscheiden, oder aber wegen Mangels im Verfahren das Urteil aufheben und die Sache an die Vorinstanz zurückverweisen will (§ 539). Die Zurückweisung in der Berufungsinstanz ist endgültig.

Privilegiert sind Ehesachen in der Berufungsinstanz. Bei ihnen findet nach § 626 eine Zurückweisung nur statt, wenn der Berufungskläger neue Anführungen oder Beweismittel entgegen § 519 nicht in der Begründungsschrift mitgeteilt hat oder das Gericht Prozeßverschleppung annimmt (also nicht schon wegen grober Fahrlässigkeit!). Behauptet die Partei immer neue Eheverfehlungen des Gegners, die sie angeblich erst jetzt erfahren hat, so kann ihr die Nichtaufnahme in die Berufungsbegründung nicht zum Vorwurf gemacht werden, es bleibt aber Zurückweisung wegen Verschleppungsabsicht.

Im Gegensatz dazu gelten für das Landesarbeitsgericht verschärfte Bestimmungen. Dort steht die Zurückweisung der nicht in die Berufungsbegründung aufgenommenen nova nicht im freien Ermessen des Gerichts, sondern wird ihm als Norm vorgeschrieben, es sei denn daß positive Entschuldigungsgründe vorliegen. Außerdem besteht auch für den Berufungsbeklagten ein fester Präklusionszeitpunkt, nämlich der erste Verhandlungstermin. § 67 ArbGG.

Geht das Gericht auf ein verspätetes Vorbringen ein, so kann es die säumige Partei durch Belastung mit Prozeßkosten gemäß §§ 97^II^, 278^II^ ZPO. oder durch Auferlegung einer besonderen Vertagungsgebühr (§ 39 GKG.) bestrafen. —

Nachdem Rübsam rechtzeitig die Prozeßgebühr in Kostenmarken entrichtet und seine Berufung gerechtfertigt hat, wird Termin zur mündlichen Verhandlung auf den 15. Juni angesetzt, und zwar nicht — was an sich statthaft wäre (§§ 523, 523a ZPO.) — vor dem Einzelrichter, sondern vor der Kammer, damit diese bei der verschiedenartiger Auffassung fähigen Rechtslage entscheidet, ob und in welchem Umfang Beweis erhoben werden soll. Beide Parteien werden zum Termin von Amtswegen geladen, der Kläger unter Zustellung einer beglaubigten Abschrift der Berufungsbegründung und mit der Aufforderung, sich durch einen Landgerichtsanwalt vertreten zu lassen. §§ 519a S. 1, 519b, 520.

Beschluß über die Zulässigkeit der Berufung: Hätte der Berufungskläger die Vorschuß- oder Begründungsfrist versäumt, oder wäre seine Berufung verspätet oder nicht formgerecht eingelegt oder sonst unzulässig, so würde nicht Termin angesetzt, sondern die Berufung ohne mündliche Verhandlung durch Beschluß als unzulässig verworfen worden sein. §§ 519 VI S. 3, 519b. Nach § 519b II unterliegt der Verwerfungsbeschluß der sofortigen Beschwerde, „sofern gegen ein Urteil gleichen Inhalts die Revision zulässig wäre". Das trifft bei oberlandesgerichtlichen Beschlüssen ohne Rücksicht auf die Höhe des Streitwerts immer zu, ausgenommen Arrest- und einstweilige Verfügungssachen. §§ 545 II, 547 1. Dagegen findet gegen Verwerfungsbeschlüsse des Landgerichts niemals sofortige Beschwerde statt, woraus sich für das Gericht das nobile officium ergibt, dem Berufungskläger vor der Entscheidung Gelegenheit zur Äußerung zu gewähren. Im übrigen kann das Berufungsgericht die Verwerfung als unzulässig auch auf Grund mündlicher Verhandlung durch Urteil aussprechen.

Daß die Zulässigkeit der Berufung, wenn sie bejaht wird, vor der Terminsanberaumung auszusprechen sei, schreibt das Gesetz nicht vor. Derartige Beschlüsse kommen hauptsächlich dann vor, wenn die Berufungsfrist versäumt und Wiedereinsetzung in den vorigen Stand (§ 233) beantragt ist; denn die Entscheidung über die Wiedereinsetzung bildet einen Teil der Entscheidung über die Zulässigkeit der Berufung und wird in gleicher Weise wie diese angefochten (§ 238 I, II). Wenn nun das Berufungsgericht durch Beschluß Wiedereinsetzung gegen die Fristversäumnis bewilligt und demgemäß die Berufung für zulässig erklärt hat, so ist — anders als in dem entgegengesetzten Fall des § 519b II — sicherlich keine Beschwerde gegen diesen Beschluß gegeben. JW. 31, 1759 5. Kann er aber mit dem Endurteil angefochten werden, und bindet der Beschluß das Berufungsgericht selbst? Da grundsätzlich nur eine Bindung an eigene Zwischenurteile, nicht auch an Beschlüsse besteht (§ 318, oben S. 396), hindert der Zulassungsbeschluß nach richtiger Ansicht das Berufungsgericht nicht, nachher die Wiedereinsetzung abzulehnen und die Berufung als unzulässig zu verwerfen. Geschieht das in einem neuen Beschluß, so unterliegt er sofortiger Beschwerde nach Maßgabe von § 519b II; wird die Entscheidung im Urteil getroffen, so findet Revision statt. Bleibt aber das Berufungsgericht bei der Rechtsauffassung seines Zulassungsbeschlusses, so muß die Revision, welche gegen das später ergehende Urteil eingelegt wird, auch zur Nachprüfung des Zulassungsbeschlusses führen. A. M. anscheinend Leipz. Ztschr. 28, 757 27; offen gelassen von JW. 31, 1759 5. Die Entscheidung JW. 22, 1392 8 betrifft einen ganz singulären Fall. — Mithin besitzt der Zulassungsbeschluß lediglich provisorische Tragweite.

Dagegen wird man dem Gericht nicht die Befugnis zugestehen dürfen seinen eigenen Verwerfungsbeschluß nachträglich wieder aufzuheben, auch nicht wenn es sich um einen mit Rechtsmitteln unangreifbaren Landgerichtsbeschluß handelt und das Landgericht später die Überzeugung gewinnt, daß es sich über den tatsächlichen Sachverhalt oder die Rechtslage geirrt habe. Zwar hat bei dem entsprechenden strafprozessualen Revisionsverwerfungsbeschluß (§ 349[I] S. 1 StPO.) das Reichsgericht für sich das Recht beansprucht derartige Beschlüsse unter Umständen „zurückzunehmen" (RGSt. 59, 419). Ebenso das Kammergericht als weiteres Beschwerdegericht in freiwilliger Gerichtsbarkeit (JW. 28, 1603[1], dagegen Josef 1943[2]). Aber eine solche, an keine Frist gebundene, freie Abänderungsmöglichkeit widerspricht jedem geordneten Verfahren, zumal dadurch die formelle Rechtskraft des erstinstanzlichen Urteils dauernd in der Schwebe bleiben würde. Stein-Jonas III D 2 zu § 519 b; II 2 zu § 547.

Erster Termin. Vorläufige Vollstreckbarkeit. Im Termin erscheinen bei Aufruf:

„1. für den Beklagten und Berufungskläger: RA. *Weiß*,
2. für den Kläger und Berufungsbeklagten: RA. *Schwarz*.

Es wurde festgestellt, daß das Urteil des Amtsgerichts vom 16. am 25. März 1933 zugestellt und daß die Berufung am 21. April 1933 bei Gericht eingegangen ist.

RA. *Weiß* verlas den Antrag aus der Berufungsschrift vom 20. April 1933,
RA. *Schwarz* den Antrag aus der von ihm überreichten Anschlußberufungsschrift."

Die überreichte Schrift lautet:

„In Sachen *Rabsahl* gegen *Rübsam* lege ich namens des Klägers gegen das Urteil des Amtsgerichts in Breslau vom 16. März 1933

Anschlußberufung

ein mit dem Antrag:

unter Zurückweisung der vom Beklagten eingelegten Berufung den Beklagten zur Zahlung von weiteren 150 *RM* (i. W.) nebst 6% Zinsen seit dem 16. Dezember 1932 zu verurteilen und dem Beklagten die gesamten Kosten des Rechtsstreits aufzulegen.

Das Amtsgericht hat den Kläger wegen des Darlehns von 150 *RM* als beweisfällig angesehen, weil er die Quittung in erster Instanz nicht vorlegen konnte. Nunmehr hat der Kläger die Quittung des Beklagten über das am 16. November 1932 gewährte Darlehn aufgefunden. Die Quittung wird in der Anlage überreicht und dem Beklagten über die Echtheit der Eid zugeschoben. Daß für alles dem Beklagten vom Kläger geliehene Geld Rückzahlung bis 15. Dezember 1932 vereinbart war, hat der Beklagte nicht bestritten.

Beglaubigte Abschrift dieser Anschlußberufungsschrift liegt bei.

Für den Kläger:
Schwarz, Rechtsanwalt."

Die Einlegung der Berufung hemmt die Rechtskraft des Urteils (§ 705 S. 2 ZPO.) zu Gunsten des Berufungsklägers wie auch für die Gegenpartei, welche nunmehr das Recht hat gemäß §§ 521, 522 a Anschlußberufung einzulegen. Während für die Anschlußrevision der Ablauf der Begründungsfrist den spätesten Zeitpunkt bildet (§ 556), ist Anschlußberufung bis zur mündlichen Verhandlung, auf welche das Berufungsurteil ergeht, möglich. Sie erfolgt durch Einreichung der Anschlußberufungsschrift und muß, wie die Berufung selbst, schriftlich begründet werden; dagegen läuft für den Anschlußberufungskläger keine Vorschußfrist (arg. § 522 a). Es besteht aber ein sehr wesentlicher Unterschied zwischen der innerhalb der Berufungsfrist eingelegten „selbständigen" und der später erhobenen „unselbständigen" Anschlußberufung. Die erste steht einer besonders eingelegten Berufung gleich, bleibt also auch dann in Kraft, wenn der Berufungskläger seine Berufung zurücknimmt, während die unselbständige Anschlußberufung mit Zurücknahme der Hauptberufung ihre Wirkung verliert (§ 522). Nun darf der Berufungskläger sein Rechtsmittel bis zur mündlichen Verhandlung des Berufungsbeklagten ohne dessen Einwilligung zurücknehmen (§ 515 I). Deshalb verfahren Berufungsbeklagte, die nach Ablauf der Berufungsfrist Anschlußberufung erheben möchten und befürchten, daß der Berufungskläger, um den Erfolg der Anschlußberufung zu verhindern, seine Berufung zurücknehmen werde, so, wie es Rabsahl getan hat: sie kündigen die Anschlußberufung nicht an, verlesen vielmehr zunächst im Termin ihren Antrag auf Zurückweisung der Hauptberufung, womit die einseitige Berufungsrücknahme unmöglich wird und überreichen erst im Anschluß hieran die Anschlußberufungsschrift.

Das Protokoll fährt fort:

„Beglaubigte Abschrift der Anschlußberufungsschrift wurde Herrn RA. *Weiß* ausgehändigt.

RA. *Weiß* verlas den Antrag auf Zurückweisung der Anschlußberufung aus der überreichten Anlage und beantragte mit Rücksicht auf die ohne vorherige Ankündigung erhobene Anschlußberufung die Vertagung.

RA. *Schwarz* beantragte das Urteil erster Instanz, soweit es durch die Berufungsanträge nicht angefochten wird, ohne Sicherheitsleistung für vorläufig vollstreckbar zu erklären.

Vorgelesen, genehmigt.

Es wurde der Beschluß verkündet:

Gemäß § 534 I ZPO. wird das Urteil des Amtsgerichts Breslau vom 16. März 1933 insoweit, als es den Beklagten zur Zahlung von 300 *RM* (i. W.) nebst 6% Zinsen seit 16. Dezember 1932 verurteilt, für unbedingt vorläufig vollstreckbar erklärt.

Neuer Termin zur mündlichen Verhandlung wurde auf den ...... bestimmt.“

Der Referendar: War die Vollstreckbarkeitserklärung nötig? Da Rübsam wegen der 300 Mark keine Berufung eingelegt hat, ist das Amtsgerichtsurteil doch insoweit rechtskräftig geworden?

Der Richter: Die Hemmung der Rechtskraft durch Einlegung der Berufung (§ 705 S. 2) ist eine totale. Wenn auch das Berufungsgericht das angefochtene Urteil nur im Rahmen der jeweils gestellten Berufungsanträge abändern darf (§ 536), so steht doch nichts entgegen, daß der Berufungskläger den zunächst gestellten Antrag nachträglich erweitert. Folglich hat die zur Zeit nicht angefochtene Verurteilung zur Zahlung der 300 Mark noch keine Rechtskraft erlangt; und eben darum sieht § 534 die unbedingte Vollstreckbarkeitserklärung vor. Sonst könnte nämlich der zu einer großen Summe verurteilte Beklagte, indem er wegen eines geringen Teilbetrages Berufung einlegt, die damit verbundene niedrige Prozeßgebühr bezahlt und das Verfahren möglichst lange hinzieht, den Kläger zwingen die im erstinstanzlichen Urteil bezeichnete hohe Sicherheit zu leisten, wenn er vollstrecken will.

Referendar: Hat § 534 auch dann praktische Bedeutung, wenn das erste Urteil ohne Sicherheit vollstreckbar ist?

Richter: In solchem Fall wird das Urteil regelmäßig die Hinterlegungsbefugnis für den Beklagten (§ 713 II) enthalten. Der Sinn des § 534 geht dahin dem Kläger die Vollstreckung wegen des nicht angefochtenen Teils in gleicher Weise zu ermöglichen, wie wenn die Verurteilung bereits rechtskräftig wäre. Die Hinterlegungsbefugnis hat gewisse Beschränkungen der Vollstreckung zur Folge (12. Kap. „Mobiliarpfändung für mehrere Gläubiger“). Der Kläger kann also gemäß § 534 I erreichen, daß sie in Wegfall kommt.

Erweiterung der Berufung. Urteil. Nachdem bereits Beweis erhoben ist, kommt es tatsächlich zur Erweiterung der Berufung. Der Beklagte reicht einen Schriftsatz ein, in welchem er den Ingenieur Dreher als Zeugen benennt:

„*Dreher* wird bekunden, daß der Kläger bei Hingabe des Darlehns von 300 *RM* am Morgen des 18. November 1932 den Beklagten animierte dieses Geld ebenfalls zum Spiel zu verwenden, indem er ihm sagte: ‚Versuchen Sie nur Ihr Glück, vielleicht holen Sie alle Verluste wieder ein.' Es ist also nicht richtig, daß der Kläger, wie er vorgetragen hat, diese 300 *RM* dem Beklagten aus reiner Gutmütigkeit gegeben habe, damit er bis zur nächsten beruflichen Einnahme etwas zum Lebensunterhalt habe. Der Beklagte hat dann die 300 *RM* mit *Anlauf, Basler* und *Dreher* restlos verspielt. Daß dies nicht mehr in den Räumen des Spielklubs sondern in der Wohnung des *Anlauf* und im Pokerspiel geschah, ändert an der Unsittlichkeit des Darlehensgeschäfts nichts; denn der Kläger hatte gehört, wie der Beklagte sich zu dem Spiel verabredete.

Beweis: *Dreher*.

Ich erweitere deshalb die Berufung dahin:

unter Zurückweisung der vom Kläger eingelegten Anschlußberufung die Klage in vollem Umfang abzuweisen."

Die Erweiterung der Berufung kann bis zur Beendigung der Instanz erfolgen und bildet das Gegenstück zu der dem Berufungsbeklagten eben so lange offenstehenden Anschlußmöglichkeit (S. 593).

Die durch Berufungserweiterung und Anschlußberufung geschaffene Elastizität des Berufungsverfahrens wird noch dadurch erhöht, daß der Kläger (oder Widerkläger) — sowohl als Berufungskläger wie als Berufungsbeklagter — seine Klage gemäß § 268² erweitern und dadurch Ansprüche, die in erster Instanz noch nicht anhängig waren, in den Prozeß hineinziehen darf (arg. § 529^{IV}). Das ist besonders wichtig, wenn in erster Instanz nur eine Teilklage erhoben war. Wird durch die Klageerweiterung die amtsgerichtliche Kompetenzgrenze nunmehr überschritten, so bleibt nach der nicht unbedenklichen Entscheidung RG. 119, 379 das Landgericht als Berufungsgericht trotzdem zur endgültigen Entscheidung der Sache zuständig, so daß dem Beklagten der Instanzenzug, welcher für das jetzt vorliegende Landgerichtsobjekt an sich gegeben wäre, abgeschnitten wird!

Die vom Kläger nachgebrachte Quittung über 150 RM. wird als echt anerkannt. Die Beweisaufnahme bestätigt aber die Behauptungen des Beklagten bezüglich sämtlicher Darlehen. Urteil:

„Unter Zurückweisung der Anschlußberufung des Klägers wird auf die Berufung des Beklagten das am 16. März 1933 verkündete Urteil des Amtsgerichts in Breslau abgeändert.

Die Klage wird in voller Höhe abgewiesen.

Die Kosten des Rechtsstreits hat der Kläger zu tragen."

Deliktsanspruch zwischen Arbeitnehmer und Arbeitgeber. Gesetzlicher Forderungsübergang auf Versicherungsträger.

Der Kläger, Häusler Fahlbusch in Heinrichswaldau bei Winzig, war bei dem Landwirt und Molkereibesitzer Lummert daselbst, Beklagten zu 1, als landwirtschaftlicher Arbeiter beschäftigt. Als er eines Abends im Oktober 1932 auf dem an der Rückseite des Lummertschen Gehöfts entlang führenden „Kirchweg" von der Arbeit nach seiner Wohnung ging, stürzte er über Leitern, Baumaterialien und Gerätschaften, welche der Beklagte zu 2, Dachdeckermeister Bennewitz aus Winzig, dort hingelegt hatte, weil er in Lummerts Auftrag am nächsten Morgen mit einer Reparatur des Kuhstalldaches beginnen wollte. Den Anspruch des Fahlbusch auf Ersatz von 200 RM. Vermögensschaden und 150 RM. Schmerzensgeld hat das Amtsgericht Winzig gegen beide Beklagten als Gesamtschuldner dem Grunde nach für berechtigt erklärt (§ 304 ZPO.), gegen Lummert mit der Begründung, daß er nach dem Beweisergebnis den ungeeigneten Platz zur Lagerung der Gerätschaften und Materialien selbst dem Bennewitz angegeben habe. Die Beklagten haben gegen das Urteil Berufung eingelegt.

„Berufungsbegründung

in Sachen *Lummert* und Gen. gegen *Fahlbusch*.

Antrag:

die Klage abzuweisen.

I. Für den Anspruch des Klägers gegen den Beklagten *Lummert* ist, was in erster Instanz sowohl vom Beklagten wie vom Gericht übersehen wurde, nicht das ordentliche Gericht sondern das Arbeitsgericht zuständig, weil die dem Beklagten zur Last gelegte unerlaubte Handlung mit dem Arbeitsverhältnis im Zusammenhang steht. § 2^2 ArbGG."

Die arbeitsgerichtliche Kompetenz für Einzelstreitigkeiten umfaßt, was leicht übersehen wird, nicht bloß Vertrags- sondern auch Deliktsansprüche zwischen Arbeitgebern und Arbeitnehmern. Das gesetzliche Erfordernis, daß die unerlaubte Handlung mit dem Arbeitsverhältnis „im Zusammenhang stehen" müsse, wird weit zu interpretieren sein. Neben Diebstahl oder Sabotageakten, die der Arbeitnehmer bei der Arbeit begeht, gehören hierher z. B. Ansprüche aus Streik, Boykott, Aussperrung, Verrufserklärung. Wird der Arbeitgeber für eine Gesundheitsbeschädigung des Arbeitnehmers verantwortlich gemacht, so handelt es sich regelmäßig um keinen Delikts- sondern um einen Vertragsanspruch gemäß § 618 BGB., was zur Folge hat, daß der Arbeitgeber dem Arbeitnehmer (bzw. dessen Hinterbliebenen) für Erfüllungspersonen nach § 278 ohne Exkulpationsmöglichkeit haftet. In unserem Fall dürfte § 618 unanwendbar sein, da Fahlbusch den Unfall außerhalb der Arbeitsstätte auf einem allgemein zugänglichen Weg erlitten hat. Immerhin liegt im prozeßrechtlichen Sinne des § 2^2 ArbGG. Zusammenhang mit dem Arbeitsverhältnis vor.

Trotzdem wird Lummert mit seinem Einwand — der übrigens, falls Kläger den dazu erforderlichen Antrag nachholt, nicht zur Klageabweisung sondern höchstens nur zur Verweisung an das zuständige Arbeitsgericht führen würde (§§ 276 ZPO., 48 ArbGG., oben S. 514) — keinen Erfolg haben. Denn im ersten Rechtszug war die Unzuständigkeit des ordentlichen Gerichts nicht geltend gemacht. Nun ist zwar die arbeitsgerichtliche Zuständigkeit ex officio zu beachten. Aber ebenso wie Unzuständigkeit des Gerichts wegen eines bei einem anderen Gericht begründeten ausschließlichen Gerichtsstandes kann auch die Unzuständigkeit der ordentlichen Gerichte in Arbeitsgerichtssachen in der Berufungsinstanz nicht mehr gerügt werden. Nur unverzichtbare prozeßhindernde Einreden sowie der Einwand des ausschließlichen Gerichtsstandes in nicht vermögensrechtlichen Streitigkeiten werden in der Berufungsinstanz noch neu berücksichtigt. § 528 ZPO.

„II. Sachlich scheitert der Anspruch des Klägers gegen den Beklagten *Lummert* an §§ 544, 545a, 898, 922, 1042 RVO., Fassung vom 14. Juli 1925 (RGBl. I 97)."

Der Schutz, den die öffentlich-rechtliche Unfallversicherung dem verunglückten Arbeitnehmer und seinen Hinterbliebenen gewährt, geht in vieler Beziehung über die zivilrechtliche Vertrags-, Delikts- und Gefährdungshaftung hinaus. Er ist vom Verschulden des Arbeitgebers und seiner Leute vollkommen unabhängig, wird andrerseits nicht durch jedes konkurrierende Verschulden des Verletzten aufgehoben oder gemindert, sondern regelmäßig bloß durch Vorsatz oder strafbare Handlung (§§ 556, 557, vgl. aber unten zu IV). Für die Leistungen der Unfallversicherung haftet die stets zahlungsfähige Berufsgenossenschaft, und die Feststellung erfolgt in einem von Amtswegen einzuleitenden (§§ 1552 f.) und gänzlich kostenlosen Verfahren. Dafür erhält der Verunglückte keinen vollen Schadensersatz.

Beispielsweise beträgt die Rente bei 100%iger Erwerbsunfähigkeit (sog. „Vollrente") nur zwei Drittel des Jahresarbeitsverdienstes, bei teilweiser Erwerbsunfähigkeit eine entsprechende Quote dieser $^2/_3$ (§ 559); doch wird dem Verletzten ausnahmsweise die Rente bis zur vollen Höhe seines Jahresarbeitsverdienstes erhöht, wenn er infolge des Unfalls so hilflos ist, daß er nicht ohne fremde Wartung und Pflege allein bestehen kann (§ 560). Dazu kommt die allgemeine Rentenkürzung der NotVO. vom 14. Juni 1932 (RGBl. I 273) 1. Teil Kap. II Art. 4 und der gänzliche Wegfall der Renten bei Erwerbsbeschränkung unter 20% (IV. NotVO. 5. Teil II. Kap. 1. Abschn. §§ 2 f.). Witwen- und Waisenrenten dürfen zusammen $^3/_5$ des Jahresarbeitsverdienstes nicht übersteigen (§ 595). Der über eine gewisse Summe hinausgehende Jahresarbeitsverdienst wird nur zu einem Drittel angerechnet (§ 563^{II}), und Erhöhungen, die ohne den Unfall in späterer Zeit voraussichtlich eingetreten sein würden, werden überhaupt nicht berücksichtigt (arg. § 563^{I}). Ein Schmerzensgeld wird nicht gewährt.

Nun würde der Verletzte (bzw. seine Hinterbliebenen) an sich wegen der Beträge, die durch die Unfallversicherung nicht gedeckt sind, zivilrechtlichen Schadensersatz fordern können. Das Gesetz faßt jedoch die Unfallversicherung als Ablösung der privatrechtlichen Haftpflicht auf und befreit die Unternehmer — welche ja die Leistungen der Unfallversicherung aus eigenen Mitteln ohne jede Beteiligung der Arbeitnehmer oder des Reichs aufzubringen haben (§§ 623, 731, 956, 989) — für den Regelfall von jeder Ersatzpflicht. Ausnahmsweise wird der Unternehmer herangezogen:

1. vom versicherten Arbeitnehmer und dessen Hinterbliebenen auf die Differenz zwischen vollem Schadensersatz und Versicherungsleistung, wenn strafgerichtlich festgestellt ist, daß der Unternehmer den Unfall vorsätzlich herbeigeführt hat (§§ 898, 1042),
2. von der Berufsgenossenschaft selbst in Höhe der Leistungen, welche sie auf Grund des Unfalls zu bewirken hat, schon auf Grund der strafgerichtlichen Feststellung, daß der Unternehmer die Sorgfalt außer acht gelassen hatte, zu der er Kraft seines Berufes besonders verpflichtet war (§§ 903, 1042).

Die Anwendung dieser Vorschrift auf unseren Fall setzt voraus, daß Fahlbusch „Versicherter" und daß sein Unfall ein „Betriebsunfall" war. Beides ist zu bejahen. Denn sämtliche in landwirtschaftlichen Betrieben beschäftigten Personen unterliegen der Unfallversicherung (§ 919), und als Betriebsunfall gilt nach ausdrücklicher Bestimmung des § 545 a auch der mit der Beschäftigung in einem versicherungspflichtigen Betrieb zusammenhängende Weg nach und von der Arbeitsstätte.

Mit der weiten Fassung des „Betriebsunfall"-Begriffs will das Gesetz den Arbeitnehmern die Vorteile der Unfallversicherung in möglichst großem Umfang verschaffen. Dem entspricht die sehr weitherzige Auslegung durch die Judikatur, welche es genügen läßt, wenn zwischen Unfall und Betrieb ein bloß mittelbarer Zusammenhang besteht; wenn der Betrieb bloß eine der Bedingungen ist, die zusammen mit anderen (z. B. krankhafter Veranlagung) das schädigende Ereignis herbeigeführt hat; wenn Gefahren des täglichen Lebens im Betrieb an den Arbeitnehmer herantreten. Vgl. Kommentare zu § 544. Die Kehrseite dieser sozialpolitischen Vergünstigung bildet alle Mal der Ausschluß des zivilistischen Schadensersatzanspruchs gegen den Unternehmer. So weist RG. 99, 33 einen Milchkutscher ab, der mit seinem Dienstherrn, einem Hofpächter, im Pferdestall Streitigkeiten bekommen hatte, in deren Verlauf der Pächter ihn schließlich auf den steinernen Boden warf und ihm einen Kniescheibenbruch zufügte: der Streit habe sich um die Beköstigung, also einen Teil der Leistungen aus dem Dienstvertrag, gedreht, der Pächter seine Rechte und sein Ansehen als Dienstherr gewahrt, und damit sei zwischen der Körperverletzung und dem Betrieb ein Zusammenhang hergestellt, der seine Behandlung als Betriebsunfall rechtfertige.

Um Divergenzen zwischen der Rechtsprechung der ordentlichen Gerichte und der Versicherungsinstanzen vorzubeugen, bindet § 901 das ordentliche Gericht an die Entscheidung, welche von den nach diesem Gesetz zuständigen Stellen über die Frage des entschädigungspflichtigen Unfalls ergeht. Nötigen Falls muß der Zivilprozeß ausgesetzt werden. —

Dem Beklagten Bennewitz, der bloß auf Grund eines speziellen Werkvertrages für Lummert tätig geworden war, kommt das Prinzip des § 898 nicht zu gute. Außer dem Unternehmer selbst werden nur Betriebsleiter und Aufseher von der Ersatzpflicht befreit (§ 899). Möglicher Weise führt jedoch eine andere Vorschrift der RVO. zur Abweisung der gegen Bennewitz gerichteten Klage:

„III. Alle Schadensersatzansprüche, die der Kläger etwa gegen den Beklagten Bennewitz erworben hat, sind kraft Gesetzes auf die landwirtschaftliche Unfall-Berufsgenossenschaft übergegangen und der Kläger daher nicht zu ihrer Geltendmachung legitimiert. § 1542 I RVO."

Nach § 1542 gehen alle Ansprüche gegen dritte Personen auf Ersatz von Schaden, die einem nach der RVO. Versicherten gegen Krankheit, Unfall, Invalidität oder Tod des Ernährers entstanden sind, auf die Träger der Sozialversicherung — Berufsgenossenschaften, Krankenkassen, Landesversicherungsanstalten — insoweit über, als sie den Entschädigungsberechtigten Leistungen zu gewähren haben. Der Grundsatz, daß unpfändbare Ansprüche nicht abgetreten werden und nicht kraft Gesetzes übergehen können (§§ 400, 412 BGB.) muß nach dem Zweck des Gesetzes hier außer Anwendung bleiben (JW. 30, 2638[20]). Wiederum gilt die Bindung des ordentlichen Gerichts an die Entscheidungen der Versicherungsbehörden über das Vorliegen eines entschädigungspflichtigen Unfalls, und unter Umständen der Zwang zur Aussetzung des gerichtlichen Verfahrens (§ 1543 RVO.).

Während der in § 67 VVG. zu Gunsten der privaten Versicherungsgesellschaften statuierte gesetzliche Forderungsübergang (oben S. 486f.) an den Zeitpunkt der tatsächlichen Entschädigungsleistung geknüpft ist, tritt die cessio legis des § 1542 RVO. mit Entstehung des Anspruchs ein. So lange aber noch nicht feststeht, ob überhaupt Ansprüche an die Versicherungsträger begründet sind, wird man dem Verletzten die Aktivlegitimation gegenüber dem Dritten zubilligen müssen. RG. 76, 215 Werden später im Lauf des Rechtsstreits die Ansprüche aus der RVO. festgestellt, so muß der Verletzte seinen Klageantrag auf Leistung an den Versicherungsträger umstellen (oben S. 486). Zur Klageabweisung wird der Einwand zu III also nur führen, wenn bei Erhebung der Klage die Unfallansprüche bereits festgestanden hatten, oder wenn Fahlbusch die gebotene Änderung des Klageantrags ablehnt.

In jedem Fall beschränkt sich die Wirkung der gesetzlichen Zession auf die Beträge, welche die Berufsgenossenschaft dem Kläger Fahlbusch zu gewähren hat. Soweit der zivilrechtliche Schadensersatzanspruch darüber hinausgeht, bleibt Fahlbusch Gläubiger des Bennewitz.

„IV. Die vom Beklagten in erster Instanz erhobenen Einwendungen werden aufrecht erhalten.

Der Unfall ist nicht durch Verschulden der Beklagten, sondern durch eigene grobe Fahrlässigkeit des Klägers selbst herbeigeführt worden.

(wird näher dargelegt).

Beglaubigte Abschrift zur Zustellung an den Kläger liegt bei.

Für die Beklagten:
Weiß, Rechtsanwalt."

Das behauptete eigene Verschulden des Fahlbusch würde nicht bloß nach Maßgabe von § 254[I] BGB. seinen Schadensersatzanspruch gegen Bennewitz ausschließen oder mindern, sondern möglicher Weise auch auf die Ersatzpflicht der Berufsgenossenschaft von Einfluß sein. Zur Entlastung der Versicherungsträger bestimmt nämlich die IV. NotVO. (5. Teil II. Kap. 1. Abschn. § 1), daß gerade bei Unfällen auf dem Wege von und zur Arbeit bei konkurrierendem Verschulden des Verletzten der Ersatz ganz oder teilweise versagt werden „kann". Sollte Fahlbusch deshalb von der Berufsgenossenschaft abgewiesen werden, so ändert das nichts an der gänzlichen Befreiung des Beklagten Lummert gemäß §§ 898, 1042 RVO., denn nach ausdrücklicher Vorschrift haftet der Unternehmer dem Versicherten selbst dann nicht, wenn dieser in concreto keinen Rentenanspruch hat!

Beamtenunfallfürsorge: Beamte unterliegen keiner Sozialversicherung. Wenn sie aber durch einen im Dienst erlittenen Betriebsunfall dauernd dienstunfähig werden, stehen ihnen nach den Unfallfürsorgegesetzen des Reichs vom 18. Juni 1901 (RGBl. 211) und Preußens vom 21. November 1922 (GS. 431) gegen den Dienstherrn analoge Ansprüche zu, wie einem verunglückten unfallversicherten Arbeitnehmer gegen die Berufsgenossenschaft. Insbesondere können sie statt der niedrigeren gewöhnlichen Pension Ruhegehalt in Höhe von 66²/₃% des letzten Diensteinkommens, im Falle völliger Hilflosigkeit bis zu 100% fordern (s. g. „Unfallpension"). Die Gesetze gelten für Reichs- und unmittelbare preußische Staatsbeamte, die Anwendung auf Kommunalbeamte ist strittig (Brand § 120, 1). Vorausgesetzt wird, daß der Beamte „in einem reichsgesetzlich der Unfallversicherung unterliegenden Betrieb beschäftigt" war, d. h. daß er nach der Art seiner Beschäftigung unfallversichert sein würde, wenn er nicht Beamter sondern Vertragsangestellter oder Arbeiter wäre. Bekanntlich erfaßt die Unfallversicherung — zum Unterschied von den übrigen Zweigen der öffentlich-rechtlichen Versicherung — nur bestimmte Kategorien von Arbeitnehmern, welche in den in §§ 537 f., 915 f., 1046 RVO. aufgeführten gefährlichen Berufen und Betrieben (Bergwerken, Fabriken, Werften, Baufach, Eisenbahn, Post, Telegraphien, Heer und Marine, Schiffahrt, Fuhrwerk, Spedition, Lagerei, Landwirtschaft usw., nicht dagegen rein büromäßige kaufmännische Tätigkeit oder Verkäufertätigkeit im Laden) beschäftigt sind. Dem entsprechend hat die Unfallfürsorge vorzugsweise für Beamte der Eisenbahn, Post, Bergwerks- und Bauverwaltung u. dgl. Bedeutung, während Beamte, die lediglich am Schreibtisch arbeiten, wie Postbeamte der Rechnungsstellen eines Postscheckamts, nicht unter das Gesetz fallen. RG. 95, 131. Die Rechtsprechung hält es jedoch für ausreichend, wenn ein Beamter mit grundsätzlich nicht unfallversicherungspflichtiger Tätigkeit gelegentlich dienstlich in einem Unfallversicherungsbetrieb zu tun hat und „im Banne des Betriebes" einen Unfall erleidet: z. B. Zoll- und Polizeibeamte bei Revision oder Überwachung von Fabriken, Richter bei Abhaltung eines Lokaltermins. RG. 86, 6 c. cit.; 87, 352. Da der Beamte im Dienst erwerbsunfähig geworden ist, behält er die Unfallpension sogar im Fall späterer disziplinarischer Dienstentlassung (RG. 72, 70)! Über Beamtenunfallfürsorgeansprüche entscheiden nicht die Versicherungsbehörden der RVO., sondern wie über alle beamtenrechtlichen Ansprüche die ordentlichen Gerichte. Erste Instanz bildet stets das Landgericht, und die Prozesse sind ohne Rücksicht auf die Höhe des Streitwertes revisibel. §§ 71[1] GVG., 547[2] ZPO.

Auf das Reich bzw. den Staat, der hier gewissermaßen die Rolle der Berufsgenossenschaft übernommen hat, gehen entsprechend § 1542 RVO. die Ansprüche des verletzten Beamten gegen Dritte kraft Gesetzes über.

Gastwirtshaftung. Schaden eines Dritten. Klageänderung. Versäumnisverfahren in der Berufungsinstanz.

Der Kläger, Geschäftsreisender Wenzel aus Berlin, war im Hotel „Märkischer Hof" des beklagten Hotelbesitzers Gumpert abgestiegen und hatte seine Musterkoffer an die ihm vom Portier bezeichnete Stelle hinter der Portiersloge setzen lassen. Von dort sind sie auf unaufgeklärte Art verschwunden. Seine Schadensersatzklage hat das Amtsgericht nach Beweiserhebung abgewiesen, weil die Koffer und ihr Inhalt nicht dem Kläger sondern der Firma Stolzenburg in Berlin gehört hätten, für die der Kläger reist und weil dem Kläger mithin kein Schaden entstanden sei. Wenzel hat Berufung eingelegt, eine Abtretungserklärung von Stolzenburg beigebracht und neue Beweise angetreten. Im Termin vor der Berufungskammer ist für den Beklagten niemand erschienen. RA. Schwarz hat als Vertreter des Berufungsklägers den Berufungsantrag gestellt, sich auf das Urteil und seine Berufungsbegründung bezogen (§ 137^{III} ZPO.) und um Erlaß des Versäumnisurteils gebeten.

In der Beratung trägt der Referendar vor:

„Ich will das beantragte Versäumnisurteil erlassen.

Die Berufungsformalien, die Ladung zum heutigen Termin und die Zustellung der Berufungsbegründung an den Beklagten sind in Ordnung.

(Wird näher dargelegt).

In der Sache entsteht zunächst die Frage, ob die vom Kläger in der Berufungsinstanz neu beigebrachte Abtretung der *Stolzenburg*schen Ansprüche überhaupt zu berücksichtigen ist. In erster Instanz hatte der Kläger seinen Anspruch nur damit begründet, daß in seiner Person der Anspruch gegen den Beklagten entstanden sei, während er jetzt mit der Zession hilfsweise geltend macht, der Beklagte hafte der Firma *Stolzenburg* auf Ersatz und *Stolzenburg* habe den Anspruch dem Kläger abgetreten. Hierin liegt eine Klageänderung, die in der Berufungsinstanz mangels ausdrücklicher oder stillschweigender Einwilligung des Beklagten nicht zugelassen werden darf. §§ 264, 269, 527 ZPO."

Grundsätzlich stellt jede Änderung von Klageantrag oder Klagegrund eine Klageänderung dar. Kraft positiver Vorschrift soll es aber nicht als Klageänderung angesehen werden: wenn ohne Änderung des Klagegrundes die rechtlichen oder tatsächlichen Anführungen ergänzt oder berichtigt werden; wenn der Klageantrag erweitert oder beschränkt wird; oder wenn statt des ursprünglich geforderten Gegenstandes wegen einer später eingetretenen Veränderung ein anderer Gegenstand oder das Interesse gefordert wird, z. B. nach fruchtlosem Ablauf einer Nachfrist aus § 326 BGB. Schadensersatz wegen Nichterfüllung statt der Vertragserfüllung. § 268^{1-3}. In erster Instanz kann das Gericht die Klageänderung zulassen, wenn es sie für „sachdienlich" hält (§ 264 ZPO.). Dem Berufungsgericht ist keine entsprechende Befugnis verliehen. Die Tendenz der Rechtsprechung geht dahin, nicht bloß Klageänderungen in weitgehendem Umfange als sachdienlich zuzulassen, sondern auch in der Berufungsinstanz dem Kläger dadurch zu helfen, daß man das Vorhandensein der Klageänderung in Fällen verneint, wo streng genommen Antrag oder Klagegrund geändert ist und die Ausnahmen des § 268 nicht zutreffen. Denn es läuft dem Grundsatz der „Prozeßökonomie" zuwider den Kläger zur Anstrengung einer zweiten Klage zu nötigen, wenn es möglich wäre den gesamten Streitstoff in einem einzigen Prozesse zu erledigen. Vgl. RG. 71, 360; 88, 405; 98, 22; 99, 172; 109, 134.

Daß dies der Auffassung des Gesetzes entspricht, beweist § 270: die Entscheidung, daß keine Klageänderung gegeben oder daß sie zuzulassen sei, wird ausdrücklich der Anfechtung im Instanzenwege entzogen, während die Zurückweisung eines Klagevorbringens vom Kläger mittels Berufung und Revision angefochten werden kann. Die beigebrachte Abtretung stellt aber selbst bei wohlwollendster Auslegung eine ausgesprochene Klageänderung dar, weil damit der Klaggrund, nämlich die klagbegründenden Tatsachen, grundlegend geändert wurde.

Die Annahme einer Klageänderung, die nicht zugelassen werden kann oder soll, braucht nicht unbedingt zur Klageabweisung zu führen. Die unmittelbare Folge ist vielmehr nur Ausschaltung des geänderten Vorbringens von der Sachentscheidung. Wird der Anspruch durch den übrigen Klagevortrag gerechtfertigt, so erfolgt Verurteilung. Andernfalls wird eine Abweisung ausgesprochen, die für den geänderten Anspruch bzw. Klaggrund keine materielle Rechtskraft macht, da das Gericht ein Eingehen auf die geänderte Klage ja überhaupt ablehnt („absolutio ab instantia" = „nicht in der Sache selbst entscheidendes Urteil" im Sinne des § 212 BGB.). Deshalb hat der Referendar die Frage der Klageänderung zweckmäßiger Weise an den Anfang gestellt.

„Es bedarf dessen aber auch nicht, weil ich im Gegensatz zum Amtsgericht den Kläger für legitimiert ansehe Schadensersatzansprüche wegen des Verlustes der Sachen aus eigenem Recht geltend zu machen. Das Amtsgericht argumentiert: da der Kläger nicht Eigentümer der Sachen gewesen sei, habe der Schaden des Verlustes zunächst nicht ihn, sondern die Eigentümerin *Stolzenburg* betroffen; er würde zwar indirekt gleichfalls geschädigt sein, sofern er der Firma für den Verlust aufzukommen hätte; da aber kein Verschulden des Klägers am Verlust ersichtlich sei, könne ihn *Stolzenburg* nicht haftbar machen und es fehle daher an jedem eigenen Schaden des Klägers. Dabei läßt das Amtsgericht außer acht, daß der Schadensersatzberechtigte auch den einem Dritten entstandenen Schaden geltend machen kann. Das wird besonders in Fällen angenommen, wo jemand als stiller Stellvertreter eines anderen (Kommissionär, Spediteur, Geschäftsbesorger) im Rechtsverkehr auftritt; ferner im Verhältnis desjenigen, der mit dem vom Dritten gemieteten Kahn Transporte ausführt, gegenüber einem anderen, der den Kahn beschädigt hat. RG. 58, 42; 62, 331; 90, 240; 93, 39; 113, 254. So muß m. E. auch der Kläger das Recht haben, gegenüber dem Beklagten den Schaden zu liquidieren, der nicht ihm sondern seiner Dienstherrin *Stolzenburg* entstanden ist, ohne daß es darauf ankäme, ob er von *Stolzenburg* für den Verlust haftbar gemacht werden kann."

Weitere Fälle, in denen der Kläger im Endergebnis den Schaden eines Dritten fordert, liegen vor, wenn der Mieter aus dem nach § 538 BGB. vom Vermieter zu vertretenden Unfall eines seiner Angehörigen klagt (S. 388), beim Warenzeichen-Monopolisten (RG. 87, 147); bei Gewährung einer Mitgift auf Grund betrügerischer Auskunft (RG. 88, 406); beim Regreß des Hypothekennießbrauchers gegen den Anwalt, der den Ausfall der Hypothek verschuldet hat (RG. 89, 426). Die Berücksichtigung des Schadens des Dritten beruht letzten Endes auf dem in § 249 BGB. ausgesprochenen Prinzip der Naturalrestitution. Besteht in abstracto Schadensersatzpflicht, so hat der Ersatzpflichtige den Zustand herzustellen, der ohne das zum Schadensersatz verpflichtende Ereignis vorhanden sein würde und das wirkt auch zum Vorteil des Dritten. Der „Schaden" des BGB. ist ein technischer Begriff und mit dem Schadensbegriff des gewöhnlichen Lebens — der eine wirtschaftliche Schädigung des Subjekts voraussetzt — nicht identisch.

„Die Voraussetzungen des § 701 BGB. sind gegeben."

Die Sonderhaftung wird auf „Gastwirte" i. e. S. beschränkt und weder auf Speisewirte (Restaurateure), noch auf Dampfschiffahrtsunternehmer, Schlafwagengesellschaften, Badeanstaltsbesitzer oder Vermieter gewöhnlicher möblierter Zimmer ausgedehnt. Familienpensionen sind Gasthäuser im Sinne der Vorschrift. In Sanatorien, die wesentlich ärztlich geleitete Hotels oder Pensionen mit Heilgelegenheit darstellen, besteht die Haftung; nicht dagegen in solchen, bei denen der Kurbetrieb die Hauptsache ist. RG. 103, 9; 104, 45; 112, 58; RGR.-Kommentar 1 zu § 701.

„Von höherer Gewalt beim Abhandenkommen von Sachen kann nicht die Rede sein."

Als höhere Gewalt gelten, wie wir wissen (S. 481), nur solche Ereignisse, die durch Vorsichtsmaßregeln nicht verhindert werden können und ihren Grund nicht in der typischen Gefährlichkeit des Betriebes haben. Die Gefährlichkeit des Gastwirtsbetriebes liegt in dem ständigen Wechsel der Personen. Vgl. RG. 75, 386: Hoteldiebstahl keine höhere Gewalt.

„Der Wert der Koffer und ihres Inhalts sind unstreitig.

Daher bleibt bloß noch zu prüfen, ob den Ansprüchen des Klägers vertraglicher Haftungsausschluß entgegensteht. Der Beklagte hat in erster Instanz behauptet, daß der Inhalt des in seinem Hotel für Geschäftsreisende mit Musterkoffern eingeführten Reverses zum Bestandteil des Gastaufnahmevertrages gemacht worden sei. Es handelt sich dabei nicht um den vielfach üblichen Revers, durch den der Gast auf die Rechte aus § 701 BGB. gänzlich verzichtet, sondern um eine Abmachung, laut welcher der Beklagte für Aufbewahrung von Musterkoffern keine besondere Vergütung berechnet, während dagegen der Reisende auf Ersatzansprüche wegen Verlustes oder Beschädigung solcher Koffer verzichtet, abgesehen von nachgewiesenem Verschulden des Gastwirts und seiner Leute. Diese Abmachung enthält keine übermäßige Ausnutzung der Monopolstellung der Hotels."

Wie so viele andere Vorschriften des Obligationenrechts, steht auch die gesetzliche Gastwirtshaftung der §§ 701f. oft genug auf dem Papier. Zwar ist nach § 701 III ein Anschlag, durch den der Wirt seine gesetzliche Haftung ablehnt, wirkungslos. Aber es steht nichts entgegen die Haftung durch eine ausdrückliche — schriftliche oder mündliche — Vereinbarung zu beseitigen. Die Hotelbesitzer pflegen jedem ankommenden Gast einen Revers zur Unterzeichnung vorzulegen, der die Gastwirtshaftung gänzlich ausschließt, und die Gerichte zeigen wenig Neigung solche Reverse auf Grund von § 138 für ungültig zu erklären. RGR.-Komm. 5, Soergel 5c zu § 701; JW. 31, 1977[7] (Düsseldorf).

Für Verwahrung von Kleidungsstücken in Garderoben gilt die Sondervorschrift des § 701 nicht, so daß hier dem Ausschluß der Haftung durch einseitige Anschläge nichts entgegensteht. War der Anschlag deutlich angebracht und leicht lesbar, so darf sich der Hinterleger nicht darauf berufen, ihn nicht gesehen oder nicht gelesen zu haben. Der Verkehr an der Garderobe erfordert schnelle Abfertigung, deshalb hat sich die Sitte, besondere Bedingungen durch Anschläge kundzugeben, hier allgemein durchgesetzt. RG. 113, 425.

Schärfer als die Hotelreverse beurteilt die Rechtsprechung die allgemeinen Spediteurbedingungen für Beförderung und Lagerung von Gütern. RG. 99, 107 hielt noch die Beschränkung der Spediteurhaftung auf einen minimalen Betrag für zulässig, weil der Kunde gleichzeitig auf die Möglichkeit hingewiesen worden war den weitergehenden Schaden durch Versicherung zu decken, und weil der Spediteur sich zur Vermittlung des Abschlusses der Versicherung erboten hatte; dagegen erklären RG. 103, 82; 106, 386; 115, 218; JW. 27, 655[4] die Bedingung trotz des Versicherungshinweises teils überhaupt, teils insoweit für unsittlich, als auch die Haftung für eigenes Verschulden des Spediteurs oder seiner leitenden Angestellten darin ausgeschlossen ist. Die Zwangslage des Reisenden, der zu später Stunde an fremdem Orte eintrifft und Quartier sucht, ist der des Spediteurkunden nicht unähnlich. Die in unserem Fall vom Beklagten angewandte Vereinbarung muß allerdings als verhältnismäßig maßvoll bezeichnet werden.

Wir kommen jetzt zu der schwierigen Frage, von welchem Sachverhalt das Berufungsgericht für das Versäumnisverfahren auszugehen hat. Der Gegensatz von Versäumnisverfahren gegen Kläger und gegen Beklagten (S. 380, 433) wird auf die Berufungsinstanz so übertragen, daß der Berufungskläger, gleichviel ob er Kläger oder Beklagter ist, als Angreifer die Rolle des Klägers, der Berufungsbeklagte die des Beklagten hat. Das Versäumnisurteil gegen den Berufungskläger auf Zurückweisung der Berufung ergeht also ohne sachliche Prüfung lediglich auf Grund der Säumnis, während der Erlaß eines Versäumnisurteils gegen den Berufungsbeklagten voraussetzt, daß die Berufung sich als schlüssig erweist. Im letzteren Fall wird aber das tatsächliche mündliche Vorbringen des Berufungsklägers nicht schlechthin, sondern nur insoweit als zugestanden erachtet, als „das festgestellte Sachverhältnis nicht entgegensteht" (§ 542II ZPO.). Man wird das dahin zu verstehen haben, daß zunächst einmal die im Tatbestand des ersten Urteils (direkt oder mittels Bezugnahme auf Schriftsätze) festgehaltenen Parteierklärungen des Berufungsbeklagten nicht übergangen werden dürfen: war also eine bestimmte Behauptung vom Berufungsbeklagten bestritten, so bleibt sie es auch für das Berufungs-Versäumnisverfahren. Ferner wird nicht — wie dies beim erstinstanzlichen Versäumnisurteil geschehen muß — die in erster Instanz stattgehabte Beweisaufnahme ignoriert, sondern die Fiktion des Zugeständnisses findet auch an dem feststehenden Beweisergebnis ihre Grenzen. Wie kann der Berufungskläger diese Hindernisse beseitigen? Nach § 542II ist „in Ansehung einer zulässigerweise beantragten Beweisaufnahme anzunehmen, daß sie das in Aussicht gestellte Ergebnis gehabt habe". Der Berufungskläger kann also neue Beweise anbieten, und es muß dann unterstellt werden, daß die Beweise erfolgreich gewesen seien, d. h. es wird eine Abwägung der wirklichen Beweisaufnahme erster und der fingierten der Berufungsinstanz vorgenommen, deren Resultat unter Umständen die Auferlegung eines richterlichen Eides sein kann. Natürlich müssen die Beweisangebote dem Berufungsbeklagten rechtzeitig zugestellt sein. — Der Referendar trägt weiter vor:

„Gegenüber der Aussage des vom Amtsgericht als Zeugen vernommenen Empfangschefs des Beklagten, *Höflich*, benennt der Kläger in der Berufungsbegründung den Geschäftsreisenden *Pawlik* aus Beuthen O.-S. als Zeugen für folgenden Sachverhalt: bei der Ankunft im Hotel habe der Kläger auf den Zuruf des Beklagten, daß er noch den Revers wegen der Haftung unterschreiben solle, erwidert: ‚Herr *Gumpert*, lassen Sie mich in Ruhe, Sie wissen doch, daß ich keine Reverse unterschreibe.' *Höflich* hat die Vereinbarung des Haftungsausschlusses nur in recht unbestimmter Weise bestätigt. Wird also fingiert, daß der vom Kläger benannte, offenbar unbeteiligte Zeuge *Pawlik* die vom Kläger behauptete Äußerung bekundet, so würde damit die Behauptung des Beklagten widerlegt sein."

Der Vorsitzende: Was hat Höflich ausgesagt?

Der Referendar: Die Aussage lautet:

„Ich bin Empfangschef im Hotel ‚Märkischer Hof'. Als der Kläger das letzte mal bei uns wohnte, legte ich ihm bei seiner Ankunft den Revers zur Unterschrift vor, nach welchem die Gäste auf Ansprüche wegen der großen Koffer verzichten. Der Kläger tat so, als ob er das Schriftstück nicht sähe, und wollte auf sein Zimmer gehen. Der Beklagte trat heran und bat ihn zu unterschreiben. Was der Kläger darauf erwidert hat, habe ich nicht genau gehört. Dem Sinne nach sagte er ungefähr: ‚Herr *Gumpert*, ich weiß schon, der Koffer-Revers. Lassen Sie mich nur jetzt in Ruhe, ich bin von frühmorgens an auf den Beinen, der Revers gilt auch so.'

In den früheren Fällen hat der Kläger den Revers einige Male unterschrieben, einige Male nicht."

Der Vorsitzende: Die Aussage ist allerdings reichlich unsicher und Höflich überdies als Angestellter des Beklagten kein klassischer Zeuge.

Der Referendar fährt fort:

„Der Grund des Anspruchs steht also für das Versäumnisverfahren fest. Was die Höhe betrifft, so sind die Behauptungen des Klägers ohne jegliche Einschränkung als zugestanden zu betrachten, weil Beweis über die Höhe noch nicht erhoben worden war. Auch gegen den Zinsanspruch bestehen keine Bedenken. Daher muß nach dem Antrag des Klägers, wie folgt, durch

Versäumnisurteil

erkannt werden:

Das Urteil des Amtsgerichts in Breslau vom 20. März 1933 wird abgeändert. Der Beklagte wird verurteilt an den Kläger 450 *RM* (i. W.) nebst 6% Zinsen seit dem 13. Januar 1933 zu zahlen und die Kosten des Rechtsstreits zu tragen. Das Urteil ist vorläufig vollstreckbar."

Die vorläufige Vollstreckbarkeit muß aus § 708³ ausgesprochen werden, weil das Urteil als Versäumnisurteil dem Einspruch unterliegt, daher nicht sofort rechtskräftig ist.

Die Kammer schließt sich dem Vorschlag des Referendars an. —

Der Vorsitzende zum Referendar: Darf Wenzel den ihm zugesprochenen Betrag für sich behalten?

Der Referendar: Ich halte es für selbstverständlich, daß er das Geld an Stolzenburg abführt. Verpflichtet ist er hierzu allerdings nicht, da ihn ja keine Schuld an dem Verlust der Koffer trifft.

Vorsitzender: Wenn Wenzel zur Ablieferung des Erstatteten nicht verpflichtet wäre, so dürfte er auch nicht gegenüber dem Beklagten den Schaden der Firma Stolzenburg liquidieren. Die Begründung von Schadensersatzansprüchen aus dem Recht eines Dritten darf niemals zur Bereicherung des als Gläubiger Auftretenden führen, sie findet ihre Rechtfertigung erst dadurch, daß der Gläubiger dem Dritten den Ersatz herauszugeben hat. Die Verpflichtung Wenzels zur Herausgabe folgt aus § 281 BGB. An sich müßte er seiner Dienstherrin die ihm zur Benutzung überlassenen Koffer nebst Inhalt zurückgeben; das ist ihm ohne sein Verschulden unmöglich geworden (§ 275); da er infolge des die Rückgabe unmöglich machenden Umstandes einen Ersatzanspruch an Gumpert erlangt hat, so ist der Ersatz, unabhängig von der Schuldfrage, als Surrogat an Stolzenburg abzutreten. Schreiben Sie das in die Urteilsgründe mit hinein! — Wie würde zu entscheiden gewesen sein, wenn wir dem ersten Richter in der Beurteilung des eigenen Anspruchs des Klägers beigetreten wären, aber die Geltendmachung der abgetretenen Ansprüche nicht als Klageänderung betrachtet und demgemäß zugelassen hätten?

Referendar: Stolzenburg ist zwar Eigentümer der abhanden gekommenen Sachen, aber nicht Gast des Beklagten gewesen. Die Firma kann also Ansprüche nicht aus der Einbringung, sondern nur aus schuldhafter Verletzung ihres Eigentums (§ 823¹ BGB.) erheben. Hierbei trifft den Kläger die Beweislast für den tatsächlichen Hergang und für das Verschulden. So lange der Kläger nicht in bestimmter Weise darlegt, wie die Koffer abhanden gekommen sind, halte ich es, auch im Versäumnisverfahren, nicht für möglich ihm aus abgetretenem Recht von Stolzenburg einen Ersatz zuzusprechen.

Vorsitzender: Und was hätten Sie gemacht, wenn Wenzel gegenüber der Zeugenaussage von Höflich keinen Gegenzeugen benannt, sondern dem Beklagten den Eid zugeschoben hätte?

Referendar: Der Eid würde eine in zulässiger Weise beantragte Beweisaufnahme gewesen sein; denn die Aussage Höflichs hat so geringen Beweiswert, daß sie durch Eideszuschiebung entkräftet werden konnte (§ 446 ZPO.). Wir hätten aber nicht den Eid normieren, sondern nach § 542^{II} den Erfolg des Beweisantritts, d. h. die Eidesweigerung (§ 464^{II}) unterstellen müssen. Es wäre also gleichfalls der Beklagte durch Versäumnisurteil zur Zahlung zu verurteilen gewesen.

Beschwerdebeschluß. Zwangsvollstreckung aus einem Immissionenurteil.

„Geschäftsnummer: 1 T 53.33.

Verkündet am 3. Mai 1933.

Urkund

als Urkundsbeamter der Geschäftsstelle.

In der Zwangsvollstreckungssache des Pferdehändlers *Robert Taschner* in Neumarkt in Schlesien, Lessingstr. 5, Gläubigers,

Prozeßbevollmächtigter: RA. *Schwarz* in Breslau,

gegen den Gerbermeister *Josef Schwedowitz* in Neumarkt in Schlesien, Lessingstr. 6, Schuldner,

Prozeßbevollmächtigter: RA. *Weiß* in Breslau,

hat die I. Zivilkammer des Landgerichts in Breslau auf die sofortige Beschwerde des Gläubigers gegen den Beschluß des Amtsgerichts in Neumarkt in Schlesien vom 2. April 1933, Aktenzeichen 4 M 17.33, auf die mündliche Verhandlung vom 3. Mai 1933 beschlossen:

Der angefochtene Beschluß wird aufgehoben.

Der Schuldner wird zur Zahlung einer Geldstrafe von 100 *RM* (i. W.) verurteilt und hat die Kosten des Verfahrens zu tragen."

Das Gericht hat von der ihm durch § 573^{I} ZPO. gewährten Befugnis Gebrauch gemacht, mündliche Verhandlung anzuordnen, was gerade im Verfahren aus §§ 887 f. ziemlich häufig geschieht, auch in erster Instanz. Vgl. § 891. Die Einlegung der Beschwerde war vom Anwaltszwang befreit (arg. §§ 569^{II} S. 2, 78^{II}). Nachdem aber mündliche Verhandlung angeordnet war, mußten sich die Parteien durch Landgerichtsanwälte vertreten lassen.

„Gründe.

Auf Klage des Gläubigers ist der Schuldner durch das am 12. Februar 1933 verkündete vorläufig vollstreckbare Urteil des Amtsgerichts in Neumarkt in Schlesien, Aktenzeichen 1 C 290.32, verurteilt worden bei Vermeidung einer Strafe von 50 *RM* für jeden Fall der Zuwiderhandlung"

— Das Maß der zu verhängenden Geldstrafe ist unbeschränkt, während die Haftstrafe 6 Monate im Einzelfall, 2 Jahre im ganzen nicht übersteigen darf; im Urteil braucht die Strafandrohung nicht ausgesprochen zu sein. § $890^{I, II}$. In dem verwandten Straffestsetzungsverfahren zur Erwirkung unvertretbarer Handlungen (§ 888^{I}) ist die Geldstrafe ebenfalls unbeschränkt, Haft nur bis zu der Höchstgrenze von 6 Monaten (§ 913) zulässig. —

„folgende Handlungen zu unterlassen:
1. das Ausgießen von Schmutzwasser in den zwischen den Grundstücken der Parteien befindlichen Gang,
2. das Öffnen von Fenstern oder Türen der Arbeits- und Lagerräume nach dem Grundstück des Gläubigers zu,
3. jede Zuführung von Gasen, Dämpfen und Gerüchen nach dem Grundstück des Gläubigers, welche die Benutzung seines Grundstücks in nicht unwesentlicher Weise beeinträchtigt und nicht unbedingt zum ordnungsmäßigen Betrieb des Gerbereigewerbes des Schuldners erforderlich ist."

Taschner hatte aus §§ 1004, 906 BGB. negatorisch auf Unterlassung unzulässiger Immissionen geklagt. Nach § 903 würde der Grundstückseigentümer alle Immissionen verbieten können; § 906 schränkt das im Interesse des gewerblichen und Verkehrslebens dahin ein, daß man sich — abgesehen vom Falle der Zuführung durch besondere Leitung — solche Einwirkungen gefallen lassen muß, die entweder die Benutzung des belästigten Grundstückes nur unwesentlich beeinträchtigen oder bei Grundstücken solcher Lage gewöhnlich sind. Eine weitere Einschränkung ergibt sich daraus, daß Gerbereien nach § 16 GewO. einer Genehmigung bedürfen, die vom Kreisausschuß erteilt wird (§ 109 pr. ZuständGes.), und daß nach § 26 GewO. gegenüber konzessionierten Anlagen die Klage des Nachbarn niemals auf völlige Einstellung des Betriebes sondern nur auf Herstellung von Schutzeinrichtungen oder, wo solche untunlich oder mit einem gehörigen Betriebe des Gewerbes unvereinbar sind, auf „Schadloshaltung" in Geld gerichtet werden darf. Diese Schadloshaltung setzt kein Verschulden voraus. Es handelt sich um die Folgen einer im Verwaltungsweg, also im öffentlichen Interesse, erteilten Konzession, und nach einem allgemeinen Rechtssatz muß derjenige, dessen Eigentum mit Rücksicht auf das Allgemeinwohl entzogen oder beeinträchtigt wird, dafür voll entschädigt werden. Freilich gilt das nur, soweit der Schadensersatzanspruch Surrogat der durch die Sonderbestimmung dem beeinträchtigten Nachbarn entzogenen actio negatoria ist, d. h. soweit er sich auf die Zeit von Klageerhebung ab bezieht. Schadensersatzansprüche für die Vergangenheit sind nach herrschender Ansicht vom Nachweis eines Verschuldens gemäß §§ 823f. BGB. abhängig. Vgl. § 75 Einl. zum ALR.; Art. 153 II RVerf.; RG. 105, 213 c. cit.; 113, 301; Kommentare zu § 906.

Den Hauptstreitpunkt der Immissionenprozesse bildet gewöhnlich die Frage, ob bestimmte Einwirkungen die Benutzung des Nachbargrundstücks „unwesentlich" stören und ob sie nach den örtlichen Verhältnissen „gewöhnlich" sind. Das Urteil braucht aber nicht konkret anzugeben, was noch zulässig und was bereits unzulässig ist: vielmehr läßt die Praxis Klagen und Urteile auf Unterlassung „übermäßiger" oder „nicht unwesentlicher" Immissionen und auf Herstellung „geeigneter" Schutzeinrichtungen usw. in abstrakter Fassung zu und verweist damit den Streit in die Vollstreckungsinstanz, also in das durch §§ 890/1 ZPO. geregelte Verfahren. RGR.-Komm. 13 zu § 906.

„Mit der Behauptung, daß der Schuldner am frühen Morgen des 8. und des 13. März 1933 große Mengen stinkenden Schmutzwassers in den Gang entleert habe oder durch dritte Personen habe entleeren lassen, hat der Gläubiger beim Amtsgericht Neumarkt die Festsetzung zweier Geldstrafen von zusammen 100 *RM* beantragt."

Das Amtsgericht ist nur deshalb Vollstreckungsgericht, weil es Prozeßgericht erster Instanz gewesen war. Auch Landgerichte und Arbeitsgerichte können in den Fällen der §§ 887f. in der Funktion eines Vollstreckungsgerichts tätig werden.

„Nach uneidlicher Vernehmung der Ehefrau und des 19jährigen Sohnes *Rudolf* des Gläubigers sowie des beim Schuldner beschäftigten 15jährigen Gerberlehrlings *Bolz* hat das Amtsgericht den Antrag durch Beschluß vom 2. April 1933 kostenpflichtig zurückgewiesen, weil die behaupteten Zuwiderhandlungen nicht glaubhaft gemacht seien.

Gegen den Beschluß hat der Gläubiger sofortige Beschwerde erhoben und Festsetzung der Strafen mit zusammen 100 *RM* beantragt, während der Schuldner

Zurückweisung der Beschwerde

beantragt."

Vgl. § 793. — Bis hierher entspricht der Inhalt des Beschlusses ungefähr dem Tatbestand des Urteils (§ 313³ ZPO.). Die Wiedergabe des Sach- und Streitstandes ist für Beschlüsse nicht vorgeschrieben, aber (besonders bei Beschwerdeentscheidungen und den auf Grund mündlicher Verhandlung erlassenen Beschlüssen) vielfach üblich. Gewöhnlich werden der referierende Teil und die jetzt beginnenden eigentlichen Gründe durch stereotype Sätze wie: „die Beschwerde ist zulässig und begründet" bzw. im anderen Falle: „die Beschwerde ist zulässig, jedoch nicht begründet", getrennt.

„Die Meinung des Amtsgerichts, daß im Verfahren des § 890 ZPO. die Zuwiderhandlung glaubhaft zu machen sei, ist unzutreffend. Das Glaubhaftmachungsverfahren wird nur in den Fällen angewandt, für die es das Gesetz vorschreibt."

Das sind insbesondere: Arrest und einstweilige Verfügung (S. 425, 430), einstweilige Einstellung bzw. Hinterlegung (§§ 769, 771ᴵᴵᴵ, 805ᴵⱽ, vgl. 13. Kap. „Hinterlegungsbeschluß"), gewisse prozessuale Zwischenfragen (wie Ablehnungsgründe bei der Ablehnung von Richtern oder Sachverständigen — §§ 44ᴵᴵ, 406ᴵᴵᴵ, mit Besonderheiten! —, Zeugnisweigerungsgründe, § 386ᴵ usw.). Keine Glaubhaftmachung findet statt in den Verfahren der §§ 887f., bei der Erinnerung (§ 766), im vormundschaftsgerichtlichen Erziehungsstreit. Vgl. jedoch S. 122.

Der Bestrafung dessen, der vorsätzlich oder fahrlässig (§§ 156, 163 StGB.) eine unrichtige Versicherung an Eidesstatt abgegeben hat, steht es nicht entgegen, daß die eidesstattliche Erklärung in einem Verfahren eingereicht wurde, für welches die Glaubhaftmachung nicht zugelassen ist, sondern tatsächliche Behauptungen zu beweisen sind. Strafrechtlich ist das Gericht zur Entgegennahme eidesstattlicher Erklärungen immer „zuständig". In der Regel wird die eidesstattliche Versicherung für das Gericht auch nicht völlig bedeutungslos sein, z. B. wenn es sich darum handelt, ob ein Zeuge nochmals vernommen, die Fortdauer der Untersuchungshaft angeordnet werden solle oder dgl. RGSt. 58, 147 c. cit.; 59, 175.

Gelten die allgemeinen Beweisvorschriften der ZPO., so findet auch Eideszuschiebung statt:

„Infolge dessen wird der Beweis nach den gewöhnlichen Regeln geführt, und es war dem Gläubiger, nachdem einerseits der direkte Beweis mißlungen ist, weil die vom Kläger benannten Zeugen das Ausgießen selbst nicht gesehen haben, andrerseits die uneidliche Aussage des in wirtschaftlicher Abhängigkeit vom Schuldner stehenden und erst 15jährigen Zeugen *Bolz* zur Widerlegung nicht ausreichte, unbenommen, Beweis durch Eideszuschiebung anzutreten. Für den Schuldner ist deshalb folgender vom Gläubiger in der Beschwerdeinstanz zugeschobene Eid normiert worden:

Ich habe am 8. und 13. März 1933 weder selbst Schmutzwasser in den Gang zwischen meinem Grundstück und dem des Gläubigers entleert, noch durch dritte Personen entleeren lassen."

Wurde das Wasser von Dritten ausgegossen, ohne daß Schwedowitz persönlich die Schuld trifft, so würde die Strafe wegen ihres alsbald zu erörternden halbkriminellen Charakters nicht einmal dann verfallen sein, wenn er zivilrechtlich nach § 278 oder § 831 BGB. für diesen Dritten einzustehen hat.

„Die Leistung des Eides hat der Schuldner in der Verhandlung am 3. Mai 1933 verweigert. Gemäß § 464^II ZPO. steht daher fest, daß er in zwei Fällen selbst oder durch beauftragte andere Personen dem Urteil zuwidergehandelt hat, und es ist unter Aufhebung der Vorentscheidung gemäß § 890 ZPO. die verwirkte Strafe von zweimal 50 = 100 *RM* festgesetzt worden. Die Kosten des Verfahrens hat der Schuldner als unterlegener Teil nach § 91^I ZPO. zu tragen.

Richter I. *Richter III.*"

Nach herrschender Meinung (Stein-Jonas Note 8 zu § 329) genügt für Beschlüsse die Unterzeichnung durch Vorsitzenden und Berichterstatter. Die Wirksamkeit eines zu Protokoll verkündeten Beschlusses ist überhaupt nicht durch die Unterzeichnung bedingt. Stein-Jonas I 6 a. a. O.

Gegen den Beschluß, der für ihn einen neuen selbständigen Beschwerdegrund enthält, hat Schwedowitz weitere sofortige Beschwerde. §§ 568^II, 793.

Vollstreckung der Unterlassungsstrafe: Die Unterlassungsstrafe des § 890 ist kriminelle Ungehorsamsstrafe. Zwar bedarf es zur Festsetzung eines Antrags des Gläubigers. Ist aber die Strafe einmal rechtskräftig festgesetzt und der Festsetzungsantrag nicht vorher zurückgenommen, so geschieht die Vollstreckung von Amtswegen durch das Gericht, gleichgültig ob es sich um Geld- oder Haftstrafe handelt. Das Gericht hat auch, wenn die Geldstrafe in ein Grundstück vollstreckt werden soll, das Grundbuchamt um Eintragung der Zwangshypothek zu ersuchen. §§ 98^5, 108^3 S. 1 Gesch.Anw.f.GV. (S. 138); DNotZ. 31, 429^5 (KG.) mit Übersicht über Rechtsprechung und Literatur. Sogar eine Begnadigung wird für möglich gehalten!

Im Gegensatz dazu hat die Strafe zur Erwirkung unvertretbarer Handlungen (§ 888) die Natur eines reinen prozessualen Zwangsmittels. Deshalb fällt sie fort, sobald der Schuldner nachträglich die Handlung vornimmt. Die Vollziehung der Haft- und die Beitreibung der Geldstrafe liegen hier in der Hand des Gläubigers (§§ 98^1,2, 108^3 S. 2 GeschAnw.f.GV.) und eine Begnadigung kommt nicht in Betracht.

Beiden Straffällen gemeinsam ist, daß die Geldstrafen der Staatskasse zufließen und daß eine Umwandlung unbeitreibbarer Geld- in Haftstrafen nicht vorgesehen ist. Die Strafen können schon vor der Rechtskraft vollstreckt werden (arg. § 794^3). Das steht zu der Auffassung der Unterlassungsstrafe als Kriminalstrafe in einem gewissen Widerspruch. Vgl. 17. Kap. „Strafvollstreckung".

FSC
www.fsc.org
MIX
Papier | Fördert
gute Waldnutzung
FSC® C083411

Kolibri 360 GmbH
Ferdinand-Jühlke-Straße 7
99095 Erfurt, Deutschland
produktsicherheit@kolibri360.de